坚持"两个毫不动摇"研究

洪功翔 著

中国人民大学出版社
·北京·

前言
Foreword

中国共产党立足我国社会主义初级阶段的基本国情，总结了社会主义建设正反两方面的经验，在党的十五大报告中确立了"公有制为主体、多种所有制经济共同发展，是我国社会主义初级阶段的一项基本经济制度"①，并强调建设有中国特色社会主义的经济，"就要坚持和完善社会主义公有制为主体、多种所有制经济共同发展的基本经济制度"。② 党的十六大报告根据解放和发展生产力的要求，提出"坚持和完善公有制为主体、多种所有制经济共同发展的基本经济制度"，"必须毫不动摇地巩固和发展公有制经济"，"必须毫不动摇地鼓励、支持和引导非公有制经济发展"，"坚持公有制为主体，促进非公有制经济发展，统一于社会主义现代化建设的进程中，不能把这两者对立起来"。③ 党的十七大④和十八大报告⑤重申了"完善公有制为主体、多种所有制经济共同发展的基本经济制度"和"两个毫不动摇"。党的十八届三中全会通过的《中共中央关于全面深化改革若干重大问题的决定》强调"公有制为主体、多种所有制经济共同发展的基本经济制度，是中国特色社会主义制度的重要支柱，也是社会主义市场经济体制的根基。公有制经济和非公有制经济都

---

① 江泽民. 江泽民文选：第2卷. 北京：人民出版社，2006：19.
② 江泽民. 江泽民文选：第2卷. 北京：人民出版社，2006：17.
③ 江泽民. 江泽民文选：第3卷. 北京：人民出版社，2006：547-548.
④ 胡锦涛. 胡锦涛文选：第2卷. 北京：人民出版社，2016：632.
⑤ 胡锦涛. 胡锦涛文选：第3卷. 北京：人民出版社，2016：627-629.

是社会主义市场经济的重要组成部分，都是我国经济社会发展的重要基础。必须毫不动摇巩固和发展公有制经济，坚持公有制主体地位，发挥国有经济主导作用，不断增强国有经济活力、控制力、影响力。必须毫不动摇鼓励、支持、引导非公有制经济发展，激发非公有制经济活力和创造力"①。党的十九大报告把坚持"两个毫不动摇"上升为新时代坚持和发展中国特色社会主义的基本方略②。党的二十大报告继续强调："坚持和完善社会主义基本经济制度，毫不动摇巩固和发展公有制经济，毫不动摇鼓励、支持、引导非公有制经济发展。"③

坚持"两个毫不动摇"也被载入《中华人民共和国宪法》和《中国共产党章程》。2018年修订的《中华人民共和国宪法》第一章总纲中明确界定："国家在社会主义初级阶段，坚持公有制为主体、多种所有制经济共同发展的基本经济制度""国家保障国有经济的巩固和发展""国家鼓励、支持和引导非公有制经济的发展"④。经中国共产党第二十次全国代表大会修正通过的《中国共产党章程》（2022年）明确指出："必须坚持和完善公有制为主体、多种所有制经济共同发展"的基本经济制度，"毫不动摇地巩固和发展公有制经济，毫不动摇地鼓励、支持、引导非公有制经济发展"⑤。因此，迫切需要加强对"为什么"要坚持、"为什么"能够坚持、"怎样"坚持"两个毫不动摇"重大论断的研究、阐释和宣传力度。正是基于这些背景，我们申报并获准承担国家社科基金项目《坚持"两个毫不动摇"研究》（项目批准号：19AJL001），呈现给大家的，便是这个项目的

---

① 中共中央关于全面深化改革若干重大问题的决定. 求是, 2013 (22): 3-18.
② 习近平. 习近平谈治国理政: 第3卷. 北京: 外文出版社, 2020: 17.
③ 党的二十大文件汇编. 北京: 党建读物出版社, 2022: 22.
④ 中华人民共和国宪法. 人民日报, 2018-03-22.
⑤ 中国共产党章程. 北京: 人民出版社, 2022: 5-6.

最终研究成果。

本书按照理论阐释、理论述评、实证研究和对策研究的逻辑顺序展开，分为四篇，共十二章。

第一章坚持"两个毫不动摇"的历史逻辑、理论逻辑与实践逻辑。坚持"两个毫不动摇"是坚持和完善社会主义基本经济制度的重要举措。坚持和完善社会主义基本经济制度，是确保改革开放不犯"颠覆性"错误，建设中国特色社会主义市场经济需要遵循的基本原则。本章分别从历史维度阐释了坚持"两个毫不动摇"的必然性，从理论维度阐释了坚持"两个毫不动摇"的现实可能性，从实践维度阐释了确保"两个毫不动摇"政策落地生根的具体举措。

第二章坚持"两个毫不动摇"的统一性、差异性与长期性。深刻理解坚持"两个毫不动摇"的统一性、差异性与长期性，对"高举中国特色社会主义伟大旗帜"、"坚持和完善社会主义基本经济制度"、贯彻落实党的二十大精神和习近平新时代中国特色社会主义思想具有重要意义。统一性的理论基础是共生发展，现实条件是政策的一以贯之。公有制经济和非公有制经济在建设中国特色社会主义市场经济中的地位是不同的，坚持"两个毫不动摇"的政策内涵是有差异的，尤其是要深刻理解为什么要"引导非公有制经济发展"。坚持"两个毫不动摇"不是权宜之计，将贯穿于整个社会主义初级阶段。

第三章公有制经济促进共同富裕的历史逻辑、理论逻辑与实践逻辑。人类几千年的历史发展反复证明，私有制是实现不了共同富裕的。公有制取代私有制，为按劳分配提供了制度基础。按劳分配制度通过调动劳动者的积极性、初次分配的公平、劳动成果的社会共享，可以促进共同富裕。在高质量发展中发挥主体作用，自觉践行按劳分配制度，让社会共享国有企业发展成果，在共同富裕道路上发挥示范引领作用，是公有制经济促进共同富裕的实践逻辑。发展壮大公有制经济，引导非公有制经济在初次分配中兼顾公平，对推动共同富裕目标的实现意义重大。

第四章民营经济地位和作用研究的理论论争与评述。梳理分析学者们围绕"消灭私有制论"、"民营经济离场论"和"新公私合营论"所进行的研究及争论，揭示其论争的实质，澄清了一些错误认识和不正确观点，指出我国民营经济从小到大、从弱到强，不断发展壮大，已经成为推动经济社会发展的重要力量，支持民营企业发展，是党中央的一贯方针。

第五章"所有制中性论"研究的理论论争与评述。"所有制中性论"缘起于对竞争中性的引入与研究。主张"所有制中性论"的学者认为，所有制中性是竞争中性原则的延展、是重大理论创新、落实竞争中性要取消所有制分类、应对贸易摩擦要主动落实两个"中性"原则、所有制中性具有《中华人民共和国宪法》依据。反驳者认为，由竞争中性推导不出所有制中性、"所有制中性论"违反了《中华人民共和国宪法》和违背了马克思主义政治经济学原理、所有制本身与不公平竞争没有必然关系、"所有制中性论"的本质是私有化。事实上，"所有制中性论"不但陷入了西方的话语体系，又有悖于坚持"两个毫不动摇"。更值得重视的是，一些学者在发表文章时竟然轻易接受了"所有制中性论"。因此，对这些研究进行梳理，有利于正本清源，推动我国改革开放沿着正确的方向前进。

第六章海外文献关于中国国有企业改革的研究进展与评述。对1979—2019年SSCI期刊中关于中国国有企业改革研究的文献进行分析发现，海外文献研究主要涉及中国国有企业TFP与GTFP、中国国有企业效率高低、中国国有企业改制动因及方式、中国国有企业改制有效性以及中国国有企业与民营企业关系五个方面。研究者大多认为：中国国有企业的 TFP 或 GTFP 都低于非国有企业，中国国有企业的效率低下，民营化改革提高了中国国有企业效率，中国国有企业的存在妨碍了公平竞争、挤压了民营企业的发展空间等。显然，这些学术观点更符合西方语境，既有悖于中国国有企业在改革中效益改善、发展壮大的事实，又有悖于坚持公有制为主体、多种所有制经济共同发展的基本经济制度。据此，我们提出：科学评价和正确运用海外研究成果显得十分必要，对为迎合西方语境而发表的一些不利于中国特色社会主义市场经济建设的文章和言论，我们要保持高度警醒和鉴别能力。

第七章国有企业与民营企业公平竞争指标体系的构建与评价。针对国有企业与民营企业之间存在不公平竞争的争论，以 2013—2019 年 A 股上市公司为样本，从要素获得、竞争参与两个维度构建了企业公平竞争指标体系，以分析竞争环境状况。实证研究表明，无论从单个指标还是综合水平层面看，国有企业与民营企业之间均不存在"一边倒"的显著差异。利用 Blinder-Oaxaca 回归分解显示，其差异主要源于企业禀赋差异而非所有制歧视，其中企业规模、资产负债结构等企业禀赋特征贡献较大。

第八章国有经济与民营经济共生发展的市场规模效应研究。基于 Lotka-Volterra 模型，从理论上证明了国有经济与民营经济共生发展，实现了"1＋1＞2"的效应。利用 1992—2018 年国有与民营上市公司时间序列数据，使用 VAR 模型的实证分析结果证明了：国有经济发展，推动市场规模扩大，有助于民营经济发展；民营经济发展，推动市场规模扩大，有助于国有经济发展；市场规模扩大为国有经济与民营经济共生发展拓展了发展空间，促进二者相互合作、互利共赢。本研究成果从市场规模效应视角，解释了国有经济与民营经济共生发展的机理。

第九章国有经济与民营经济共生发展的竞争效应研究。利用2012—2021年按行业划分的国有控股工业企业和私营工业企业面板数据，基于静态的固定效应模型，实证分析证明了国有经济与民营经济共生发展存在相互正向的竞争效应。异质性检验表明，国有经济与民营经济共生发展相互正向的竞争效应没有因行业主导经济类型、重工业与轻工业、制造业与非制造业不同发生变化。机制检验表明，国有经济与民营经济共生发展通过市场规模效应、技术溢出效应和产业结构优化效应实现了相互正向的竞争效应。

第十章国有企业技术创新的空间溢出效应研究。利用好国有企业技术创新的空间溢出效应，有利于促进其他市场主体的创新能力提升，进而提升我国整体创新水平。本章以基础知识创新和成果转化创新两个阶段为分析视角，利用中国2008—2020年的分省份数据，通过三阶段DEA模型测度了各省份国有企业技术创新能力，然后运用空间杜宾模型实证分析证明了国有企业的创新溢出让市场上各类主体受益，尤其是民营企业，也是助推区域经济发展的重要因素。本章还从理论层面分析阐释了国有企业技术创新发生空间溢出效应的基础和机理。

第十一章毫不动摇巩固和发展公有制经济。坚持"两个毫不动摇"基本方略的关键是，如何确保"两个毫不动摇"政策的落地生根、开花结果。本章在分析我国公有制经济的建立、发展和演变，以及公有制经济基础性作用的基础上，从如何推动国有企业和国有资本做强做优做大，如何大力发展国有控股混合所有制经济，如何大力发展农村新型集体经济和城镇集体经济五个方面，对"毫不动摇巩固和发展公有制经济"进行了深入的讨论。在当前，大力发展农村新型集体经济和城镇集体经济，对巩固和壮大公有制经济至关重要。

第十二章毫不动摇鼓励、支持和引导非公有制经济发展。非公有制经济是推进我国社会经济高质量发展的生力军，是把我国建成富强民主文明和谐美丽的社会主义现代化强国、实现中华民族伟大复兴的重要力量。本章在梳理非公有制经济发展历史脉络，总结非公有制经济发展经验启示和所取得成绩的基础上，立足中国式现代化对非公有制经济提出的新要求，从推动民营企业高质量发展、支持中小微企业发展、积极吸引和利用外商投资三个方面，对"毫不动摇鼓励、支持、引导非公有制经济发展"进行了深入的讨论，提出了相关对策建议。

本书在调研和研究报告写作过程中，承蒙全国哲学社会科学工作办公室、国务院国有资产监督管理委员会财务监管与运行评价局、安徽省人民政府国有资产监督管理委员会、安徽省委宣传部和众多企业，以及省内外多所高校的有关专家和领导的大力支持、关心及帮助，在此一并表示衷心感谢！在写作过程中，我参阅了大量中外文资料和文献，借此机会也向各位作者表示衷心的感谢！

目 录
Contents

第一篇 理论阐释

第一章 坚持"两个毫不动摇"的历史逻辑、理论逻辑
与实践逻辑 / 4
  第一节 坚持"两个毫不动摇"的历史逻辑 / 4
  第二节 坚持"两个毫不动摇"的理论逻辑 / 13
  第三节 坚持"两个毫不动摇"的实践逻辑 / 20

第二章 坚持"两个毫不动摇"的统一性、差异性
与长期性 / 31
  第一节 坚持"两个毫不动摇"的统一性 / 31
  第二节 坚持"两个毫不动摇"的差异性 / 36
  第三节 坚持"两个毫不动摇"的长期性 / 43

第三章 公有制经济促进共同富裕的历史逻辑、理论
逻辑与实践逻辑 / 53
  第一节 公有制经济促进共同富裕的历史逻辑 / 53
  第二节 公有制经济促进共同富裕的理论逻辑 / 57
  第三节 公有制经济促进共同富裕的实践逻辑 / 63

第二篇 理论述评

第四章 民营经济地位和作用研究的理论论争与评述 / 76
  第一节 民营经济地位与作用研究的缘起 / 76

第二节 "消灭私有制论"的理论来源与论争 / 80

第三节 "民营经济离场论"的理论来源与论争 / 84

第四节 "新公私合营论"的理论来源与论争 / 87

第五节 研究评述 / 89

第五章 "所有制中性论"研究的理论论争与评述 / 94

第一节 "所有制中性论"研究的缘起 / 94

第二节 "所有制中性论"的核心观点 / 97

第三节 反驳"所有制中性论"的主要观点 / 103

第四节 对"所有制中性论"论争的评述 / 111

第六章 海外文献关于中国国有企业改革的研究
进展与评述 / 122

第一节 关于中国国有企业 TFP 与 GTFP 的研究 / 123

第二节 关于中国国有企业效率的研究 / 125

第三节 关于中国国有企业改制动因及方式的研究 / 128

第四节 关于中国国有企业改制有效性的研究 / 131

第五节 关于中国国有企业与民营企业关系的研究 / 135

第六节 研究评述 / 138

第三篇 实证研究

第七章 国有企业与民营企业公平竞争指标体系的
构建与评价 / 145

第一节 问题的提出 / 145

第二节 文献综述 / 147

第三节 国有企业与民营企业公平竞争指标体系
的构建 / 151

第四节 测度及结果分析 / 156

　　　　第五节　竞争环境差异原因分析 / 159

　　　　第六节　研究结论与政策启示 / 165

第八章　国有经济与民营经济共生发展的市场规模
　　　　效应研究 / 168

　　　　第一节　问题的提出 / 168

　　　　第二节　国有经济与民营经济共生发展市场规模
　　　　　　　效应的理论分析 / 170

　　　　第三节　研究设计 / 176

　　　　第四节　实证分析 / 179

　　　　第五节　研究结论与政策启示 / 188

第九章　国有经济与民营经济共生发展的竞争效应研究 / 190

　　　　第一节　问题的提出 / 190

　　　　第二节　理论分析及假设 / 192

　　　　第三节　研究设计 / 195

　　　　第四节　国有经济与民营经济共生发展的竞争效应
　　　　　　　实证分析 / 201

　　　　第五节　研究结论与政策启示 / 224

第十章　国有企业技术创新的空间溢出效应研究 / 227

　　　　第一节　问题的提出 / 227

　　　　第二节　研究概况 / 228

　　　　第三节　国有企业技术创新空间溢出的机理 / 234

　　　　第四节　国有企业技术创新能力分析 / 240

　　　　第五节　国有企业技术创新空间溢出效应分析 / 253

　　　　第六节　国有企业技术创新空间溢出效应的
　　　　　　　机制检验 / 272

　　　　第七节　研究结论与政策启示 / 283

第四篇 对策研究

第十一章　毫不动摇巩固和发展公有制经济 / 289
　　第一节　我国公有制经济的建立、发展和演变 / 289
　　第二节　公有制经济的基础性作用 / 297
　　第三节　推动国有企业做强做优做大 / 312
　　第四节　推动国有资本做强做优做大 / 335
　　第五节　大力发展国有控股混合所有制经济 / 341
　　第六节　大力发展集体经济 / 350

第十二章　毫不动摇鼓励、支持和引导非公有制
　　　　　经济发展 / 364
　　第一节　非公有制经济发展的历史脉络 / 364
　　第二节　非公有制经济发展的经验启示 / 375
　　第三节　非公有制经济发展取得的成绩 / 382
　　第四节　中国式现代化对非公有制经济提出的
　　　　　　新要求 / 390
　　第五节　大力发展非公有制经济 / 394

后　记 / 420

第一篇

理论阐释

自党的十六大报告提出"坚持和完善公有制为主体、多种所有制经济共同发展的基本经济制度""必须毫不动摇地巩固和发展公有制经济""必须毫不动摇地鼓励、支持和引导非公有制经济发展"以来，党的历次全国代表大会和重要会议都反复强调要坚持"两个毫不动摇"。如今，"两个毫不动摇"重大论断已成为中国特色社会主义市场经济改革和发展必须遵循的重要原则及依据，成为习近平新时代中国特色社会主义思想的重要组成部分。

贯彻落实"两个毫不动摇"重大论断，需要从学理上讲清楚其必然性、必要性和来龙去脉。本篇包括第一章至第三章。第一章从历史逻辑、理论逻辑、实践逻辑三个方面，阐释了为什么要坚持"两个毫不动摇"，为什么能够坚持"两个毫不动摇"，以及在实践中如何贯彻坚持"两个毫不动摇"基本方略。第二章从统一性、差异性与长期性三个方面，阐释了坚持"两个毫不动摇"是一个有机整体，既不能只强调发展公有制经济，更不能只强调发展非公有制经济，而是促进公有制经济与非公有制经济共同发展；公有制经济和非公有制经济在中国特色社会主义市场经济建设中的地位是不同的，坚持"两个毫不动摇"的政策内涵是有差异的，贯彻落实"两个毫不动摇"方针需要准确理解其思想内涵；坚持"两个毫不动摇"不是权宜之计，将贯穿于整个社会主义初级阶段。第三章是在第一章、第二章分析的基础上，从实现共同富裕目标的角度，阐释了为什么"两个毫不动摇"的政策内涵是有差异的，为什么要强调巩固和发展公有制经济，为什么要强调坚持公有制为主体。同时指出，在高质量发展中发挥主体作用，自觉践行按劳分配制度，让社会共享国有企业发展成果，在共同富裕道路上发挥示范引领作用，是公有制经济促进共同富裕的实践逻辑。

本篇的研究有利于读者深刻理解坚持"两个毫不动摇"的丰富内涵,并为坚持和完善公有制为主体、多种所有制经济共同发展的基本经济制度和"两个毫不动摇"提供了坚实的学理支撑。

第一章
坚持"两个毫不动摇"的历史逻辑、理论逻辑与实践逻辑

党的十五大报告首次提出社会主义初级阶段的基本经济制度这个创新性理论。党的十六大报告就如何"坚持和完善公有制为主体、多种所有制经济共同发展的基本经济制度",提出"必须毫不动摇地巩固和发展公有制经济","必须毫不动摇地鼓励、支持和引导非公有制经济发展"。党的十七大报告、十八大报告、十九大报告、二十大报告和习近平总书记的多个重要讲话,以及近几年的中央经济工作会议,都反复强调要坚持"两个毫不动摇"。贯彻落实"两个毫不动摇"基本方略,需要从历史、理论与实践逻辑深刻理解。

第一节 坚持"两个毫不动摇"的历史逻辑

历史逻辑是指从中国近现代史、新中国史、改革开放史和世界史的发展与比较看,从中国特色社会主义所有制结构与市场经济所取得的成效看,坚持"两个毫不动摇"是历史的必然选择。

一、中国选择马克思主义和社会主义的历史必然性

1840年鸦片战争以后，中国逐步成为半殖民地半封建社会，中华民族陷入了无穷的灾难和屈辱中。众多仁人志士奔走呼号，进行了可歌可泣的斗争。"太平天国运动、洋务运动、戊戌变法、义和团运动接连而起，各种救国方案轮番出台，但都以失败告终。"[①] 辛亥革命虽然推翻了君主专制制度，但未能改变中国半殖民地半封建社会的性质和中国人民暗无天日的悲惨命运。1917年俄国十月革命的胜利，给中国送来了马克思列宁主义。在马克思列宁主义同中国工人运动的紧密结合中，中国共产党于1921年7月应运而生。以马克思主义理论为指导思想的中国共产党，从成立之始就旗帜鲜明地将马克思主义写在自己的旗帜上。针对马克思、恩格斯指出的，"共产党人可以把自己的理论概括为一句话：消灭私有制"[②]，"共产主义革命就是同传统的所有制关系实行最彻底的决裂"[③]，要"推翻资产阶级的统治，由无产阶级夺取政权"[④]，然后"无产阶级将利用自己的政治统治，一步一步地夺取资产阶级的全部资本，把一切生产工具集中在国家即组织成为统治阶级的无产阶级手里，并且尽可能快地增加生产力的总量"[⑤]，中国共产党第一次全国代表大会通过的《中国共产党纲领》就提出，"消灭资本家私有制，没收机器、土地、厂房和半成品等生产资料"[⑥]；《中国共产党第二次全国代表大会宣言》提出，中国共产党成立的目的"是要组织无产阶级，用阶级斗争的

[①] 中共中央关于党的百年奋斗重大成就和历史经验的决议. 人民日报，2021-11-17.
[②] 马克思，恩格斯. 共产党宣言. 北京：人民出版社，2014：42.
[③] 马克思，恩格斯. 共产党宣言. 北京：人民出版社，2014：49.
[④] 马克思，恩格斯. 共产党宣言. 北京：人民出版社，2014：41.
[⑤] 马克思，恩格斯. 共产党宣言. 北京：人民出版社，2014：49.
[⑥] 中央档案馆. 中国共产党第一次代表大会档案资料：增订本. 2版. 北京：人民出版社，1984：6.

手段，建立劳农专政的政治，铲除私有财产制度，渐次达到一个共产主义的社会"[①]。中国共产党在全国夺取政权后，迅速成立中华人民共和国中央人民政府，组织恢复被战争破坏的经济。在1949年10月中华人民共和国成立至1952年底的国民经济恢复时期，中国共产党通过没收以"蒋、宋、孔、陈"四大家族为首的反动官僚资本，对解放区创办的国营企业进行改造，在农村全面推动土地改革，积极建立社会主义生产关系。此后，通过"一化三改造"，积极向社会主义社会过渡。1953年，毛泽东同志正式提出了党在过渡时期的总路线和总任务："要在一个相当长的时期内，逐步实现国家的社会主义工业化，并逐步实现国家对农业、对手工业和对资本主义工商业的社会主义改造。"[②] 对农业和手工业的社会主义改造，是通过组织广大单干农民和手工业个体户走合作化道路实现的。对资本主义工商业的改造，是通过实行公私合营，把资本主义工商业和金融业改造为社会主义全民所有制企业实现的。经过1953—1956年的社会主义改造，基本完成了从新民主主义社会到社会主义社会的转变，建立了以生产资料公有制为基础的社会主义经济制度。到1956年，中国农业和农村全部实现了生产经营和土地的集体所有制。在工业经济中，全民所有制、集体所有制和公私合营工业分别占54.5%、17.1%和27.2%，私营工业和个体工业分别只占0.04%和1.2%，而在1949年，这5个比重依次是26.2%、0.5%、1.6%、48.7%和23.0%。到1965年，在中国工业经济中，全民所有制和集体所有制分别占90.1%和9.9%，私营工业和个体工业彻底消失了。在农业经济中，普遍实现了土地集体所有制，全国农村实现了人民

---

① 中共中央党校党史教研室. 中国共产党史稿：第一分册. 北京：人民出版社，1981：70.

② 中共中央文献研究室. 毛泽东文集：第6卷. 北京：人民出版社，1999：316.

公社化。①

新中国成立初期，我国建立了单一的生产资料社会主义公有制（包括全民所有制和集体所有制），除了以马恩经典文本为依据外，还深受世界上第一个社会主义国家苏联的影响。俄国自1917年十月革命成功后，首先在银行、交通、土地、矿山、森林等方面，实行了彻底的国有化。从1918年夏天开始，俄共（布）推行了"战时共产主义"政策，几乎消灭了所有的私营工商企业。② 斯大林领导建立的苏联模式，更是将"公有制＋计划经济"的生产关系模式推向了顶峰，在实行单一生产资料公有制的基础上，实行高度集中的指令性计划经济体制模式，甚至以牺牲农民利益为代价重点发展重工业。1928—1940年苏联整个工业增长了5.5倍，年均增长率为16.9%，其中重工业增长了9倍，年均增长率为21.2%③，建成了近万个国有企业和部门较为齐全的工业体系。苏联用十几年时间走过了资本主义国家50～100年的工业化路程，实现了由农业国向工业国的跨时代飞跃。苏联工业产值占世界工业产值的比重由1917年的不到3%上升到1937年的10%，居欧洲第一位、世界第二位。④ 与此同时，苏联由欧洲最落后国家发展成经济规模在欧洲占第一位、世界占第二位的强国，并取得了反法西斯卫国战争的胜利。甚至可以说，新中国成立初期建立的单一生产资料公有制是仿照十月革命后苏联的社会主义经济制度建立起来的。

---

① 方福前. 从单一公有制到公有制为主体的混合所有制：中国共产党对生产资料所有制形式和结构的百年探索与实践. 中国工业经济，2021（8）：5-19.
② 王中汝. 生产资料所有制与人的发展：马克思恩格斯所有制理论的根本指向及其在当代中国的实践. 社会主义研究，2020（2）：24-31.
③ 顾玉兰. 全面认识苏联社会主义工业化. 中共天津市委党校学报，2005（3）：84-88.
④ 汤德森. 苏联国家工业化的伟大实践及其经验教训. 湖北大学学报（哲学社会科学版），2006（3）：289-292.

向社会主义过渡的完成，不仅在新中国确立了公有制的主体和统治地位，而且消除了国民党统治时期四大家族官僚垄断资本和外国垄断资本对中国经济的控制，推翻了资本家阶级剥削工人阶级、地主阶级剥削贫苦农民的不平等制度，使广大工人、农民成为社会和生产资料的主人，塑造了新型平等的劳动关系，确保了社会的生产目的是为人民利益而生产，为此后中国社会经济发展和富起来、强起来奠定了制度基础。

从新中国成立初期的基本情况看，也需要建立单一的公有制经济。1949年新中国成立时，我国有5.42亿人口，而国民收入仅358亿元，人均66元，同时经济落后、工业基础尤其薄弱。1949年，在我国国民收入中，农业占68.4%，工业占12.6%，建筑业、运输业和商业占19.0%，重工业几乎一片空白。[1] 毛泽东同志曾经指出："现在我们能造什么？能造桌子椅子，能造茶碗茶壶，能种粮食，还能磨成面粉，还能造纸，但是，一辆汽车、一架飞机、一辆坦克、一辆拖拉机都不能造。"[2] 人类社会发展史告诉我们，落后就会挨打。由于我们没有赶上现代工业文明，在近代屡受西方列强欺凌。新中国成立后百废待兴，亟待建立独立完整的工业体系和国民经济体系。与此同时，以美国为首的西方资本主义国家除在技术、经济上对新中国封锁外，还悍然发动朝鲜战争，妄图把新生的社会主义中国扼杀在摇篮之中。迅速增强国防实力成为新中国的不二选择。增强国防实力，必须要建立起自己独立完整的工业体系。毛泽东同志讲："没有独立、自由、民主和统一，不可能建设真正大规模的工业。没有工业，便没有巩固的国防，便没有人民的福利，便没有国家的富强。"[3]

---

[1] 国家统计局.1983中国统计年鉴.北京：中国统计出版社，1983：22.
[2] 中共中央文献研究室.毛泽东文集：第6卷.北京：人民出版社，1999：329.
[3] 毛泽东.毛泽东选集：第3卷.2版.北京：人民出版社，1991：1080.

推进工业化需要大量资金,在经济发展水平低、国家财力十分有限的情况下,国有企业能更好地执行国家的工业化战略,而且国有企业的利润为国家掌握,可以保证优先发展工业。因此,国家既积极投资创办国有工业企业,又积极对非国有工业企业进行国有化改造。那么,为何要在农村采用集体所有制呢?1949年新中国成立时,我国农村人口占比超过90%,是一个典型的、非常落后的农业国。在当时的背景下,一个农业大国发展工业所需要的基金,既不可能通过海外掠夺和举债获得,也无法通过社会其他方面的发展缓慢积累,唯一的选择就是通过"工农业产品价格剪刀差"牺牲农业为工业发展积累资本。毛泽东同志曾反复强调:"为了完成国家工业化和农业技术改造所需要的大量资金,其中有一个相当大的部分是要从农业方面积累起来的。"[1] 据国家有关权威部门测算,从1954年至1978年,我国农业部门为工业部门提供了5 100亿元左右的资金积累。[2] 而1978年,我国的国民收入只有3 010亿元。可见,是农业农村为新中国的工业化提供了坚强有力的支撑。世界各国的经验也表明,落后国家要克服小生产方式的局限性发展现代生产的前提是建立工业体系,并且必须依靠国家的力量。[3] 同时,在农村建立的"三级所有,队为基础"的人民公社体制,有效发挥了集体经济的强大动员和组织能力,兴建了大量的农田水利设施。[4] 据统计,1952—1982年全国共建成水库8.7万座,农田有效灌溉面积从1957年的2 733.9万公顷增加到1980年的4 488.8万公顷。

---

[1] 中共中央文献研究室. 毛泽东文集:第6卷. 北京:人民出版社,1999:432.
[2] 《农业投入》总课题组. 农业保护:现状、依据和政策建议. 中国社会科学,1996(1):56-71.
[3] 谢富胜. 中国道路的政治经济学. 北京:中国人民大学出版社,2023:41.
[4] 李明秋,李雯. 农村土地集体所有制形成的历史必然性及其绩效. 现代管理科学,2019(11):54-56.

二、单纯的生产资料公有制超越了生产力发展水平

消灭私有制、建立和发展社会主义公有制经济是中国共产党坚定不移的奋斗目标。社会主义改造的完成使这一目标得到了初步的实现。[①] 单纯的生产资料公有制形式对推动工业化、迅速提高国力和建立完整的国民经济体系,以及加强农村基础设施建设,起着非常重要的作用。但由于这种单纯的生产资料公有制形式超越了我国生产力发展水平,其局限性至少有三个方面:第一,我们不能通过吸引外商投资和港澳台投资来利用它们的资本,学习它们先进的技术和管理经验,为推动我国生产力发展服务。第二,我们不能有效激发民间的力量,包括社会的闲散资金和广大老百姓的创新创业潜力。第三,我们不能有效调动企业和职工的积极性,因为实行了平均主义分配方式,所以"干多干少""干好干坏"一个样,导致企业、职工和社会缺少动力与活力。其直接表现是影响了经济增长。资料显示,尽管当时我国经济增长速度位居世界前列,但1965—1977年世界人均国内生产总值(GDP)从591.72美元增加到1 729.56美元,增长了1.92倍,而我国只增长了0.88倍;1952—1978年我国人均收入年增长率只有2.3%,低于世界2.6%的平均水平。[②]

三、多种所有制经济共同发展是取得"中国奇迹"的一条基本经验

党的十一届三中全会重新确立了"解放思想、实事求是"的思想路线,为非公有制经济发展打开了大门。党的十一届六中全会首

---

① 洪银兴,杨德才,等. 中国共产党百年经济思想史论:上册. 天津:天津人民出版社,2021:386.

② 方福前. 从单一公有制到公有制为主体的混合所有制:中国共产党对生产资料所有制形式和结构的百年探索与实践. 中国工业经济,2021(8):5-19.

次提出，个体经济是公有制经济的必要补充。党的十二大报告提出，由于我国生产力发展水平总的说来还比较低，又很不平衡，在很长时期内需要多种经济形式并存。党的十二届三中全会提出，利用外资，吸引外商来我国举办合资经营企业、合作经营企业和独资企业，也是对我国社会主义经济必要的有益的补充。党的十三大报告提出，私营经济是公有制经济必要的和有益的补充。党的十五大报告把"公有制为主体、多种所有制经济共同发展"确立为我国社会主义初级阶段的一项基本经济制度。党的十六大报告提出"毫不动摇地巩固和发展公有制经济"和"毫不动摇地鼓励、支持和引导非公有制经济发展"。此后，党的历次全国代表大会和重要会议都反复强调这两个"毫不动摇"。在国家方针政策的引导和支持下，我国非公有制经济也从无到有、从小到大、从弱到强，不断发展壮大。事实证明，公有制为主体、多种所有制经济共同发展的所有制结构，是"创造了经济快速发展和社会长期稳定两大奇迹"的重要制度因素。多种所有制经济共同发展，为充分利用国内和国外两种资源，开拓国内和国外两个市场，充分调动一切可以利用的力量和资源，克服依靠单一力量的局限性，提供了制度保障。从国内发展情况看，旧中国是以私有制经济为基础，但社会经济发展裹足不前，并导致中国长期频遭帝国主义列强掠夺、瓜分和霸凌。从国际比较看，中国以公有制为主体的经济发展，远超第二次世界大战后纷纷独立并走上资本主义市场经济道路的原殖民地国家，也远超实行资本主义市场经济的众多发展中国家。1978—2019 年世界 GDP 的年均增长率为 2.91%，中国 GDP 的年均增长率为 9.41%，比世界平均水平高出 6.5 个百分点。[①] 与美国、日本、德国、英国、法国、意大利和加

---

① 刘伟，蔡志洲. 中国经济发展的突出特征在于增长的稳定性. 管理世界，2021，37(5)：11-23.

拿大七国集团相比较，我国的经济增长速度也把它们远远地甩在后面。2020年在受疫情影响、七国集团为负增长的背景下，只有中国保持了正增长（见表1-1）。

表1-1 中国与七国集团经济增长速度的比较（%）

国别	1995年	2000年	2005年	2010年	2015年	2017年	2018年	2019年	2020年	2021年
中国	10.5	8.0	11.4	10.6	6.9	6.9	6.8	6.0	2.2	8.1
美国	2.0	3.7	3.5	2.7	2.6	2.3	2.9	2.3	−3.4	5.7
日本	1.4	2.8	1.8	4.1	1.2	1.7	0.6	−0.2	−4.5	1.6
德国	1.9	2.9	0.7	4.2	1.7	2.7	1.1	1.1	−4.6	2.9
英国	2.7	3.9	2.6	2.1	2.2	2.1	1.7	1.7	−9.3	7.4
法国	2.1	4.2	1.7	1.9	1.1	2.3	1.9	1.8	−7.9	7.0
意大利	2.9	3.0	0.8	1.7	0.8	1.7	0.9	0.5	−9.0	6.6
加拿大	2.3	5.2	5.0	3.1	0.9	3.0	2.8	1.9	−5.2	4.6

资料来源：根据相关年份《中国统计年鉴》的数据整理。

在经济高增长率的带动下，中国经济规模占七国集团的比重除了在改革开放初期有所波动外，总体上呈稳步提高态势。按汇率法计算，1980年中国GDP占世界的份额为2.66%，2010年提高到9.13%，2021年提高到18.27%；1980年中国GDP占美国的比重为10.72%，2010年提高到40.45%，2021年提高到76.43%；1980年中国GDP占日本的比重只有27.11%，2010年提高到105.70%，2021年提高到356.01%。与德国、英国、法国、意大利和加拿大相比较，中国的经济总量已是这5个国家的若干倍（见表1-2）。我国改革开放四十多年的飞速发展，超过了古往今来一切实行私有制的国家和社会，其背后是多种所有制经济的共同发展。显然，面对中国式现代化的新任务、新目标，我们将毫不动摇地坚持"两个毫不动摇"，鼓励多种所有制经济共同发展。

表 1-2　中国 GDP 占世界以及七国集团比重的变化（%）

年份	世界	美国	日本	德国	英国	法国	意大利	加拿大
1980	2.66	10.72	27.11	32.22	54.19	43.66	64.15	111.42
1985	2.39	7.14	21.71	42.30	63.32	56.01	68.51	84.61
1990	1.72	6.62	12.38	22.27	36.09	31.09	33.40	66.19
1995	2.36	9.61	13.24	28.40	54.64	45.87	62.53	121.21
2000	3.57	11.82	24.38	62.18	72.73	88.70	105.64	162.64
2005	4.78	17.53	47.31	80.30	89.89	104.05	123.02	194.86
2010	9.13	40.45	105.70	179.05	244.91	230.12	284.97	376.37
2015	14.69	60.76	248.86	329.45	377.80	453.49	602.27	710.67
2016	14.68	60.09	224.50	323.74	417.73	454.24	598.45	735.17
2017	15.11	63.20	249.66	333.54	459.32	474.37	627.51	746.42
2018	16.06	67.67	275.64	349.61	483.92	497.85	664.21	805.35
2019	16.27	66.79	279.01	367.17	500.80	523.29	709.99	818.93
2020	17.23	69.74	290.92	377.80	544.43	554.79	774.07	891.46
2021	18.27	76.43	356.01	416.51	567.26	602.17	826.80	890.36

资料来源：根据《世界银行 WDI 数据库》整理。

第二节　坚持"两个毫不动摇"的理论逻辑

理论逻辑是指现有的理论和实证研究证明，公有制经济和非公有制经济为相辅相成、相得益彰的共生发展关系，而不是相互排斥、相互抵消的关系。因此，坚持"两个毫不动摇"是可行的，可以统一于社会主义现代化建设的进程中。

一、共生发展关系是坚持"两个毫不动摇"的逻辑起点

公有制经济与非公有制经济之间的关系，不是一般的理论问题，它关系到要不要坚持、能不能坚持"两个毫不动摇"这一重大理论问题。

从现有研究文献看，存在两种截然对立的观点。一种观点认为，公有制经济与非公有制经济之间是对立的、冲突的。另一种观点认为，公有制经济与非公有制经济之间是相互依存、相互竞争、共同

发展的。研究和争论的焦点主要围绕国有经济是否"与民争利"、是否"挤压"了民营经济的发展空间、是否妨碍了公平竞争、是否"拖累"了民营经济增长四个方面展开。有关这四个方面的争论，我们已经在《国有经济与民营经济之间关系研究：进展、论争与评述》①一文中作了逐一反驳，并指出：一些学者对公有制经济与非公有制经济之间互为补充、互为促进的关系视若无睹，对我国多种所有制经济共同发展所取得的成绩视而不见，顽固地坚持"与民争利"论、"挤压"民营经济发展空间论、不公平竞争论和"增长拖累"论，实际上是宣扬公有制经济与非公有制经济之间是对立的，公有制经济与市场经济之间是矛盾的、不相融的，其目的是通过为"国退民进"制造舆论环境，进而达到全面否定坚持"两个毫不动摇"的目的。对此，我们既要保持高度警惕，揭露在学术争论背后隐藏的真实目的，更要学懂弄通和贯彻落实习近平新时代中国特色社会主义思想，发扬伟大斗争精神，勇于同各种直接的或间接的，公开的或隐晦的，试图否定"两个毫不动摇"的各种错误思潮进行不懈斗争。

从实证研究看，我们在《国有经济与民营经济共生发展的理论与实证研究——基于中国 2000—2015 年省级面板数据》②一文中证明，国有经济与民营经济具有很多与生物相似的特性，可以把它们看成经济中的两个种群，"你中有我，我中有你"的"共生"既是一种普遍存在的生物现象，也是人类经济生活所遵循的基本生存规律，还可能是中国不同所有制经济共同发展的逻辑起点。基于此，我们将生物学中的共生理论引入国有经济与民营经济互动关系的研究中，借鉴生物学和经济增长理论中的 Logistic 模型，运用 2000—2015 年

---

① 洪功翔. 国有经济与民营经济之间关系研究：进展、论争与评述. 政治经济学评论, 2016, 7 (6): 42 - 60.

② 洪功翔, 顾青青, 董梅生. 国有经济与民营经济共生发展的理论与实证研究：基于中国 2000—2015 年省级面板数据. 政治经济学评论, 2018, 9 (5): 68 - 100.

中国30个省级行政区的面板数据，建立了共生度的静态、动态面板模型，证明了国有企业与民营企业可以通过市场规模效应、优势互补效应、相互竞争效应、分工合作效应、要素流动效应等机制形成相互促进、共同发展的经济格局，亦即中国的国有经济与民营经济存在非对称性互惠的共生发展关系。国有经济是公有制经济的主体，民营经济是非公有制经济的主体，国有经济与民营经济存在非对称性互惠的共生发展关系，意味着公有制经济与非公有制经济也存在非对称性互惠的共生发展关系。这些发现既为坚持"两个毫不动摇"提供了有力的学理支撑和事实证据，也为坚持公有制为主体、多种所有制经济共同发展的基本经济制度提供了创新性的理论阐释。

从实践层面看，有关统计数据也验证了上述实证研究结论。以工业为例，1998—2021年国有控股工业企业的资产总额由74 916.3亿元增加到565 082.1亿元，营业收入由33 566.1亿元增加到350 557.9亿元，利润总额由525.1亿元增加到24 435.2亿元；私营工业企业的资产总额由1 487.0亿元增加到409 303.1亿元，营业收入由1 846.3亿元增加到517 444.3亿元，利润总额由67.3亿元增加到31 774.1亿元；外商投资和港澳台投资工业企业的资产总额由21 327.0亿元增加到279 178.6亿元，营业收入由15 604.6亿元增加到282 716.2亿元，利润总额由418.6亿元增加到22 795.8亿元。[①] 尽管国有控股工业企业、私营工业企业、外商投资和港澳台投资工业企业的营业收入、利润总额在一些年份出现波动，但总体来看是上升的（见表1-3）。由此可见，从资产总额、营业收入和利润总额三个重要经济指标看，都反映国有经济与其他经济成分呈现共同发展的态势。

---

① 国家统计局.2022中国统计年鉴.北京：中国统计出版社，2022：418-431.

表1-3 国有控股工业企业、私营工业企业、外商投资和港澳台投资工业企业主要指标

单位：亿元

年份	国有控股工业企业主要指标			私营工业企业主要指标			外商投资和港澳台投资工业企业主要指标		
	资产总额	营业收入	利润总额	资产总额	营业收入	利润总额	资产总额	营业收入	利润总额
1998	74 916.3	33 566.1	525.1	1 487.0	1 846.3	67.3	21 327.0	15 604.6	418.6
2000	84 014.9	42 203.1	2 408.3	3 873.8	4 791.5	189.7	25 714.1	22 545.7	1 282.5
2005	117 629.6	85 574.2	6 519.8	30 325.1	45 801.4	2 120.7	64 308.5	78 564.5	4 140.8
2010	247 759.9	194 339.7	14 737.7	116 867.8	207 838.2	15 102.5	124 477.6	188 729.4	15 019.6
2015	371 308.8	241 668.9	11 416.7	229 006.5	386 394.6	24 249.7	198 162.1	245 697.6	15 905.8
2017	439 622.9	265 393.0	17 215.5	242 636.7	381 034.4	23 043.0	215 998.1	247 619.7	18 412.4
2018	456 504.2	290 753.9	19 284.7	263 450.6	343 843.2	21 762.8	219 165.4	236 958.7	16 943.5
2019	469 679.9	287 707.7	16 067.8	282 829.6	361 133.2	20 650.8	228 743.9	234 409.8	16 483.0
2020	500 461.0	279 606.8	15 346.1	345 022.8	413 564.0	23 800.5	248 426.9	243 188.6	18 167.4
2021	565 082.1	350 557.9	24 435.2	409 303.1	517 444.3	31 774.1	279 178.6	282 716.2	22 795.8

资料来源：根据国家统计局的《2022中国统计年鉴》整理。

从政策层面看，2013年党的十八届三中全会通过的《中共中央关于全面深化改革若干重大问题的决定》指出，"国有企业总体上已经同市场经济相融合"，"公有制为主体、多种所有制经济共同发展的基本经济制度，是中国特色社会主义制度的重要支柱，也是社会主义市场经济体制的根基。公有制经济和非公有制经济都是社会主义市场经济的重要组成部分，都是我国经济社会发展的重要基础"。[①] 2018年11月1日，习近平总书记在民营企业座谈会上旗帜鲜明地指出："我们强调把公有制经济巩固好、发展好，同鼓励、支持、引导非公有制经济发展不是对立的，而是有机统一的。公有制经济、非公有制经济应该相辅相成、相得益彰，而不是相互排斥、相互抵消。"[②] 党的十九大后，党的系列文件和习近平总书记多个重要讲话中，以及党的二十大报告，都反复强调"坚持和完善社会主义基本经济制度，毫不动摇巩固和发展公有制经济，毫不动摇鼓励、支持、引导非公有制经济发展"[③]。同时，坚持"两个毫不动摇"也写入了《中华人民共和国宪法》[④] 和《中国共产党章程》[⑤]。中国共产党肩负着为中国人民谋幸福、为中华民族谋复兴的使命，只要中国共产党执政，在整个社会主义初级阶段，就会一如既往地坚持"公有制为主体的基本经济制度"和"两个毫不动摇"。

二、巩固和发展公有制经济是由中国特色社会主义性质决定的

党的十一届三中全会开启改革开放伟大决策以来，党的历次全

---

① 中共中央关于全面深化改革若干重大问题的决定. 人民日报，2013-11-16.
② 习近平. 在民营企业座谈会上的讲话. 人民日报，2018-11-02.
③ 党的二十大文件汇编. 北京：党建读物出版社，2022：22.
④ 中华人民共和国宪法. 人民日报，2018-03-22.
⑤ 中国共产党章程. 北京：人民出版社，2022：6.

国代表大会都反复强调我们走的是社会主义道路，建设的是中国特色社会主义，从党的十二大报告到党的二十大报告，每次党的全国代表大会报告的题目都始终包含"社会主义"这个主题和关键词。据统计，"社会主义"在党的十二大至二十大报告中，依次出现了146次、175次、169次、165次、118次、148次、165次、147次和116次，见表1-4。这足以说明改革开放也好，发展市场经济也好，我们始终坚持的是社会主义方向。马克思主义政治经济学基本原理告诉我们，社会性质是由占主体地位的生产关系决定的。社会主义与资本主义之所以性质不同，在于占主体地位的生产关系是不同的。一个是以公有制为主体，一个是以私有制为主体。公有制主体地位是社会主义的一条根本原则，我们建立的是中国特色社会主义，只能是、必须是坚持公有制的主体地位。如果公有制主体地位动摇了，社会主义的经济基础就不稳固，我们的改革开放就走到邪路上去了。[①] 那么，要确保公有制的主体地位，就必须要巩固和发展公有制经济。要巩固和发展公有制经济，一方面要大力发展国有经济和集体经济，另一方面要深化国资、国企改革，以此推动国有企业和国有资本做强做优做大。

表1-4 党的十二大至二十大报告的题目及"社会主义"出现的频次

党的全国代表大会	召开时间	代表大会报告的题目	"社会主义"出现频次
十二大	1982年	全面开创社会主义现代化建设的新局面	146
十三大	1987年	沿着有中国特色的社会主义道路前进	175
十四大	1992年	加快改革开放和现代化建设步伐 夺取有中国特色社会主义事业的更大胜利	169
十五大	1997年	高举邓小平理论伟大旗帜 把建设有中国特色社会主义事业全面推向二十一世纪	165

---

① 洪功翔. 坚持"两个毫不动摇"的统一性、差异性与长期性. 教学与研究, 2023 (8): 57-67.

续表

党的全国代表大会	召开时间	代表大会报告的题目	"社会主义"出现频次
十六大	2002 年	全面建设小康社会 开创中国特色社会主义事业新局面	118
十七大	2007 年	高举中国特色社会主义伟大旗帜 为夺取全面建设小康社会新胜利而奋斗	148
十八大	2012 年	坚定不移沿着中国特色社会主义道路前进 为全面建成小康社会而奋斗	165
十九大	2017 年	决胜全面建成小康社会 夺取新时代中国特色社会主义伟大胜利	147
二十大	2022 年	高举中国特色社会主义伟大旗帜 为全面建设社会主义现代化国家而团结奋斗	116

资料来源：根据党的十二大至二十大报告整理。

三、非公有制经济健康发展是推动社会经济发展的重要力量

伴随着改革开放，我们党对非公有制经济在中国特色社会主义市场经济中的作用与地位的认识不断深化，由"公有制经济的必要补充"到"社会主义市场经济的重要组成部分"；与此同时，鼓励支持非公有制经济发展的政策日益完善，力度不断增强，由此推动我国民营经济从小到大、从弱到强，不断发展壮大，在国民经济中的作用日益凸显。截至 2023 年 6 月底，全国登记在册个体工商户达 1.19 亿户，占经营主体总量的 67.4%。[1] 截至 2023 年 5 月底，我国登记在册民营企业达到 5 092.76 万户，较 2012 年底的 1 085.7 万户增长了约 3.7 倍，在企业中的占比由 79.4% 提升至 92.4%。[2] 截至 2021 年 6 月底，全国共有民营上市公司 2 819 家，占我国境内上市

---

[1] 孔德晨. 全国登记在册个体工商户达1.19亿户. 人民日报（海外版），2023-07-14.
[2] 林丽鹏. 登记在册民营企业超5 000万户. 人民日报，2023-07-14.

公司总数（4 386 家）的 64%。其中，科创板民营上市公司占比80%，创业板民营上市公司占比 86%。截至 2022 年 9 月 1 日，北京产权交易所累计上市 110 家企业，其中民营企业占比 90%。2022 年8 月，工业和信息化部公布的第四批 4 357 家国家级专精特新"小巨人"中，民营企业占比 84%。"中国企业 500 强"的榜单显示，2010年上榜的民营企业数量为 175 家，2021 年上榜的民营企业数量为249 家，占比达 50%。从 2022 年 7 月公布的"2021 年新经济 500强"榜单看，民营企业数量为 422 家，占比 84.4%。[①] 这一系列数据表明，非公有制经济在我国社会经济发展中的地位和作用进一步提升，其贡献和重要性比"五六七八九"还要大。因此，无论是增加就业、增加税收和推动科技创新，还是解决发展不平衡不充分问题，以及实现中国式现代化，都需要非公有制经济的大力发展，都需要非公有制经济继续作出更大的贡献。当然，由于非公有制经济发展水平参差不齐，存在管理水平不高、违规违法经营、妨碍公平竞争、无序扩张，以及向国外转移资产等问题，因此需要引导非公有制经济健康发展[②]，使非公有制经济更好地服务于中国式现代化建设新征程。

第三节 坚持"两个毫不动摇"的实践逻辑

实践逻辑是指在遵循历史逻辑和理论逻辑的基础上，如何在改革开放实践中，推动"两个毫不动摇"方针政策落地生根，更好坚持和完善公有制为主体、多种所有制经济共同发展的基本经济制度。

---

① 易宪容. 非公有制经济仍是社会主义市场经济的重要组成部分. 光彩，2022（11）：8.
② 洪功翔. 坚持"两个毫不动摇"的统一性、差异性与长期性. 教学与研究，2023(8)：57-67.

一、界定清楚公有制经济主体地位量的规定性

党的十六大报告就如何"坚持和完善公有制为主体、多种所有制经济共同发展的基本经济制度"提出,"必须毫不动摇地巩固和发展公有制经济""必须毫不动摇地鼓励、支持和引导非公有制经济发展"。也就是说,坚持"两个毫不动摇"是"坚持和完善公有制为主体、多种所有制经济共同发展的基本经济制度"的具体举措,是以公有制为主体作为存在前提的。此后,党的历次全国代表大会和重要文件都把坚持"两个毫不动摇"作为坚持和完善社会主义基本经济制度的具体举措。因此,我们在贯彻落实坚持"两个毫不动摇"方针政策时,不要把"公有制为主体"这个前提给忽略了。卫兴华认为,非公有制经济发展必须以坚持和发展作为主体的公有制经济为前提,否则必然会导致公有制为主体成为一句空话,社会主义经济制度将不复存在,共产党执政的经济基础将被釜底抽薪。[①] 刘国光认为,坚持基本经济制度,首先要巩固公有制为主体这个前提和基础。[②]

既然要坚持公有制的主体地位,从理论上说,就要界定清楚公有制主体地位量的规定性,否则就不能很好地贯彻落实。党的十五大报告对公有制的主体地位作了原则性的阐释:公有资产在社会总资产中占优势;国有经济控制国民经济命脉,对经济发展起主导作用;国有经济起主导作用,主要体现在控制力上。习近平总书记在上海国资委调研时明确指出:我们讲"公有制为主体",这个"公有制"不是抽象的,是要有具体量化的,如果没有量化,那就是"玩"概念。[③] 裴

---

① 卫兴华. 警惕"公有制为主体"流于空谈. 经济学动态,2005(11):15-18.
② 刘国光. 关于社会主义初级阶段基本经济制度若干问题的思考. 经济学动态,2011(7):14-19.
③ 田玉珏,路也. 习书记让我们重新认识上海国资国企改革在全国的特殊意义. 学习时报,2021-09-13.

长洪认为，公有制主体地位最直接、最准确的指标就是估算公有资产是否占有"量的优势"，公有资产在社会总资产中是否维持在50%以上。① 邱海平认为，公有制为主体并不能以公有制经济的规模在国民经济总量中所占比重超过50%这样一个简单的尺度来衡量，而要看公有资产在社会总资产中是否占优势地位、国有经济在国民经济中是否起主导作用。② 吴文认为，公有制主体地位应体现在"控制力""相对规模""目的性"三方面，考虑到公有制经济所在行业的资本有机构成较高，单位资本可吸纳的劳动力较少，不能再把公有制的企业实收资本、企业资产、国内生产总值和工业总产值所占相应总量的比重超过50%，视为公有制占主体地位了，要达到60%、70%甚至更多才行。③ 赵华荃认为，在全社会资产中，公有制经济应占55%～60%。④ 谭劲松和王文焕认为，公有制经济吸收的劳动就业要占全社会就业的60%以上；公有制经济创造的GDP占全社会GDP总量的50%以上；公有制经济上缴财政税收占全社会财政税收收入的60%以上；公有制经济拥有的固定资产占全社会固定资产的60%以上；公有制经济出口创汇占全国总创汇的50%以上；公有制经济在高技术产业中所占比例在70%以上。⑤ 何干强认为，劳动者在公有制经济中的就业人数占全社会劳动就业人数的比重，应是衡量公有制经济主体地位的一个重要指标。⑥ 张作云认为，公有制经济

---

① 裴长洪. 中国公有制主体地位的量化估算及其发展趋势. 中国社会科学, 2014 (1): 4-29, 204.
② 邱海平. 社会主义基本经济制度中的所有制问题研究. 马克思主义理论学科研究, 2022, 8 (2): 53-65.
③ 吴文. 公有制主体地位应体现在"控制力""相对规模""目的性"三方面. 毛泽东邓小平理论研究, 2021 (10): 47-50.
④ 赵华荃. 关于公有制主体地位的量化分析和评价. 当代经济研究, 2012 (3): 41-48, 93.
⑤ 谭劲松, 王文焕. 公有制主体地位的衡量标准与评价体系研究. 马克思主义研究, 2010 (10): 65-74.
⑥ 何干强. 维护社会主义公有制主体地位的若干观点. 海派经济学, 2010 (4): 32-43.

的主体地位具有特殊的质和量的界限，如果公有制经济量的变化达到或超过了这个界限，公有制经济的主体地位就会动摇，甚至导致我国所有制结构和生产关系结构质的变化。① 应品广认为，基于非公有资本在量上已经绝对超过公有资本且呈现出不可逆趋势的事实，再以数量优势作为衡量市场经济社会主义属性的指标不再合适，国有经济的主导力量在定位上要从重"量"转向重"质"。② 还有一些学者研究了公有制主体地位的衡量指标及其界定，公有制主体地位的量化估算工作，在此就不一一列举了。

总体而言，学界对公有制主体地位的内涵界定、衡量指标与量化估算并未达成一致意见，有关部门也没有出台衡量公有制主体地位的量化指标。而公有制的主体地位是事关中国特色社会主义发展道路的大问题，因此学界要继续关注此研究，政府要加大对此研究的支持力度，以便在条件成熟时推出公有制主体地位的量化指标，更好地指导实际工作。

二、宣传坚持"两个毫不动摇"政策的长期性

自党的十六大提出"必须毫不动摇地巩固和发展公有制经济，必须毫不动摇地鼓励、支持和引导非公有制经济发展"以来，党的历次全国代表大会和重要会议都反复强调坚持"两个毫不动摇"，并成为党中央始终坚持的中国特色社会主义市场经济体制的重大发展原则。但是，社会上一直有人散布和渲染不利于坚持"两个毫不动摇"的舆论。针对有人发表"民营经济离场论""新公私合营论""加强企业党建和工会工作是要对民营企业进行控制"等否定、怀疑

---

① 张作云. 公有制主体地位及其质和量的规定性. 河北经贸大学学报，2016，37（1）：9-16.
② 应品广. 竞争中性视角下所有制中性的理论解释. 人文杂志，2022（5）：54-64.

民营经济的言论,习近平总书记明确指出:"这些说法是完全错误的,不符合党的大政方针","非公有制经济在我国经济社会发展中的地位和作用没有变","我们毫不动摇鼓励、支持、引导非公有制经济发展的方针政策没有变","我们致力于为非公有制经济发展营造良好环境和提供更多机会的方针政策没有变","我国基本经济制度写入了宪法、党章,这是不会变的,也是不能变的","任何否定、怀疑、动摇我国基本经济制度的言行都不符合党和国家方针政策,都不要听、不要信","基本经济制度是我们必须长期坚持的制度","民营经济是我国经济制度的内在要素,民营企业和民营企业家是我们自己人","我国民营经济只能壮大、不能弱化,不仅不能'离场',而且要走向更加广阔的舞台"。① 党的十八大以来,习近平总书记多次重申坚持基本经济制度,坚持"两个毫不动摇",但社会上仍有人散布不利于坚持"两个毫不动摇"的言论,所以习近平总书记2022年12月在中央经济工作会议上再次强调,"一段时间以来,社会上对我们是否还搞社会主义市场经济、是否坚持'两个毫不动摇'有一些不正确甚至错误的议论。我们必须亮明态度、决不含糊,始终坚持社会主义市场经济改革方向,坚持'两个毫不动摇'"②。中共中央、国务院发布的《关于促进民营经济发展壮大的意见》进一步指出:"坚决抵制、及时批驳澄清质疑社会主义基本经济制度、否定和弱化民营经济的错误言论与做法,及时回应关切、打消顾虑","持续营造关心促进民营经济发展壮大社会氛围"。③ 因此,我们既要加大对坚持"两个毫不动摇"的长期宣传力度,更要勇于批驳在坚持"两个毫不动摇"问题上的一些错误认识和不当言论。

---

① 习近平. 在民营企业座谈会上的讲话. 人民日报,2018-11-02.
② 习近平. 当前经济工作的几个重大问题. 求是,2023(4):10-17.
③ 中共中央国务院关于促进民营经济发展壮大的意见. 人民日报,2023-07-20.

三、为多种所有制经济共同发展营造公平竞争环境

公平竞争是市场经济的真谛与一般特征。市场经济的效率与活力正是来源于不同所有制经济之间的公平竞争。为多种所有制经济的共同发展营造公平竞争环境，既是推进中国式现代化和市场经济发展的要求，也是党和国家的方针政策。推进中国式现代化，国有企业和民营企业都要实现高质量发展。[①] 这里有几个问题值得我们重视：一是公平竞争只存在于竞争性领域。那些关系到国家经济命脉、国防、科技、战略资源、安全等的领域，国有企业应起主导作用，不能由市场机制自发起作用，不能强调公平竞争，尤其是让外资进入。这是由维护国家安全决定的。二是反对垄断。既要反对国有企业在竞争性领域的垄断，也要反对民营企业在平台经济领域的垄断。有关市场管理部门要强化反垄断执法，让竞争性领域保持充分的竞争性。三是反对不公平竞争。要认真贯彻落实国务院印发的《关于在市场体系建设中建立公平竞争审查制度的意见》[②]，既要重点清理地方政府政策措施中含有的地方保护、指定交易、市场壁垒等内容，也要解决公有制企业经常遭遇一些非公有制企业采取不正当手段开展的不公平竞争。比如我们到一些国有建筑企业调研时发现，其社会负担比非公有制企业要重，职工工资福利比非公有制企业要高，其现金使用、用工制度没有非公有制企业灵活，甚至在招投标中受非公有制企业的围标、串标围堵，等等。四是在法律面前一律平等。要从制度和法律上把对公有制经济和非公有制经济平等对待的要求

[①] 李政，周希禛. 充分发挥国有企业带动民营企业共同发展的重要作用. 光明日报，2024-01-09.

[②] 国务院关于在市场体系建设中建立公平竞争审查制度的意见（国发〔2016〕34号），2016-06-01.

落下来，要依法保护公有制企业、非公有制企业的产权和公有制企业、非公有制企业的企业家权益，对公有制企业与非公有制企业及其管理人员的违规行为要必"纠"，违法行为要必"究"，一视同仁。五是把支持中小微企业发展放到重要位置。我们在《国有企业与民营企业公平竞争指标体系的构建与评价》[①] 一文中，以 2013—2019 年的 A 股上市公司为样本，从要素获得、竞争参与两个维度构建了企业公平竞争指标体系以分析竞争环境状况，结果发现：无论从单个指标还是综合水平层面看，国有企业与民营企业之间均不存在"一边倒"的显著差异。中小微企业由于其自身特点，在竞争参与、要素获取等方面处于劣势地位是世界性难题。因此，我们要将重点放在支持中小微企业发展上，尽可能针对每个企业的特质制定不同的政策，做到精准施策，有的放矢地支持和帮助它们提高自身素质及竞争能力，建立现代企业制度，从而不断发展壮大。

四、发展壮大公有制经济要有紧迫感

巩固和发展公有制经济既是由中国特色社会主义市场经济性质所决定的，也是由确保共同富裕目标实现、巩固中国共产党长期执政地位、以中国式现代化实现中华民族伟大复兴目标共同决定的。从我国现阶段多种所有制经济共同发展的政策层面和状况看，发展壮大公有制经济要有紧迫感、危机感。

从政策层面看，公有制经济和非公有制经济都是中国经济不可或缺的组成部分。如果将中国经济比作一个"巨人"，公有制经济和非公有制经济就好比这个"巨人"的"两条腿"，只有"两条腿"状

---

① 洪功翔，黄月. 国有企业与民营企业公平竞争指标体系的构建与评价. 上海经济研究，2021（1）：66-77.

态都良好，这个"巨人"才能行稳致远。坚持"两个毫不动摇"就是要通过促进公有制经济和非公有制经济共同发展，进而推动中国经济实现高质量发展。但是，我们坚持的"两个毫不动摇"，又是以公有制主体地位为前提的。要确保公有制的主体地位，就要确保公有制经济在国民经济中占有一定的比例。在强调公平竞争的市场经济中，公有制经济、非公有制经济所占比重的变化，只能是由各自发展潜力、市场竞争能力决定的，而不能是人为政策的结果。公有制经济的竞争能力提高了，所占的比重自然会提高；反之，则下降。也就是说，为保持公有制的主体地位，只能是通过公有制经济自身发展、竞争力提高来实现。从非公有制经济在国民经济中所占的比例看，国家统计局并没有公布相关数据，一般采用习近平总书记《在民营企业座谈会上的讲话》[①] 中所提到的"五六七八九"的特征，即贡献了 50％以上的税收，60％以上的国内生产总值，70％以上的技术创新成果，80％以上的城镇劳动就业，90％以上的企业数量。易宪容用相关数据证实了，非公有制经济在国民经济中所占的比例与贡献比"五六七八九"还要大。[②] 从工业部门看，根据《中国统计年鉴》的数据，国有控股工业企业的企业数、资产总计、营业收入、利润总额、用工人数占规模以上工业企业的比重由 2000 年的 32.84％、66.57％、50.15％、54.82％和 53.88％，下降到 2022 年的 5.73％、37.72％、28.17％、28.99％和 17.64％。其中，国有控股工业企业的资产总计、用工人数占比，几乎呈直线下降，企业数、营业收入、利润总额占比在到达最低点后，有一定反弹，见表 1-5。

---

① 习近平. 在民营企业座谈会上的讲话. 人民日报，2018-11-02.
② 易宪容. 非公有制经济仍是社会主义市场经济的重要组成部分. 光彩，2022（11）：8.

表 1-5　国有控股工业企业主要指标占规模以上工业企业比重的动态变化（％）

年份	企业数	资产总计	营业收入	利润总额	用工人数
2000	32.84	66.57	50.15	54.82	53.88
2001	27.35	64.92	47.42	50.47	49.16
2002	22.60	60.93	43.70	45.52	43.90
2003	17.49	55.99	40.53	46.01	37.62
2004	12.88	50.94	35.91	45.71	29.80
2005	10.11	48.05	34.43	44.04	27.19
2006	8.27	46.41	32.34	43.51	24.52
2007	6.14	44.81	30.68	39.75	22.13
2008	5.00	43.78	29.50	29.66	20.30
2009	4.72	43.70	27.96	26.89	20.42
2010	4.47	41.79	27.85	27.78	19.24
2011	5.24	41.68	27.19	26.81	19.77
2012	5.19	40.62	26.37	24.51	19.78
2013	5.02	39.50	24.82	23.28	19.30
2014	4.98	38.81	23.73	21.29	18.47
2015	5.03	38.83	21.77	17.25	18.19
2016	5.02	38.47	20.62	17.14	17.90
2017	5.10	39.19	23.42	22.98	17.81
2018	5.13	39.58	27.50	26.93	18.24
2019	5.47	38.95	26.95	24.42	17.89
2020	5.53	38.39	25.80	22.41	17.83
2021	5.70	38.53	26.67	26.29	17.49
2022	5.73	37.72	28.17	28.99	17.64

资料来源：根据《2022 中国统计年鉴》整理。

　　从建筑部门看，根据《中国统计年鉴》的数据，国有建筑企业和集体建筑企业的企业数、用工人数、产值、税金总额和利润总额占建筑业的比重由 2000 年的 71.10％、76.37％、72.37％、70.75％和 50.62％，分别下降到 2022 年的 4.36％、10.58％、15.30％、13.22％和 14.79％。国有建筑企业和集体建筑企业的企业数、用工人数、产值、税金总额、利润总额占建筑业的比重，均不到六分之一（见表

1-6)。工业和建筑业是实体经济的主体,由表可见,无论怎么理解公有制主体地位的量的规定性,现阶段保持公有制的主体地位不但要发展壮大公有制经济,而且发展壮大公有制经济要有紧迫感、危机感。另外,带动和促进民营企业共同发展,是新时代新征程中国有企业肩负的一项重要责任。如果国有经济所占的比例过低,则很难发挥带动作用。

表1-6 国有建筑企业和集体建筑企业主要指标占建筑业比重的动态变化(%)

年份	企业数	用工人数	产值	税金总额	利润总额
2000	71.10	76.37	72.73	70.75	50.62
2001	59.62	63.04	59.49	57.69	37.85
2002	43.31	50.01	48.15	46.58	32.76
2003	35.05	42.66	40.42	41.35	25.51
2004	26.22	34.15	34.74	37.87	22.99
2005	23.99	31.17	32.55	34.09	24.50
2006	20.95	27.78	29.17	30.14	21.75
2007	19.22	25.12	27.01	27.84	21.12
2008	15.69	22.29	24.90	26.39	21.62
2009	14.63	20.85	24.05	25.46	18.46
2010	13.69	19.79	22.70	23.36	17.32
2011	13.13	17.27	21.25	21.59	15.46
2012	12.28	15.80	20.30	20.31	15.21
2013	9.60	12.69	15.75	15.40	12.88
2014	9.05	12.04	15.14	14.51	11.69
2015	8.55	11.52	14.46	14.42	12.45
2016	8.13	11.69	14.59	14.40	11.34
2017	7.18	10.62	14.36	13.32	11.55
2018	6.12	10.59	14.12	12.28	11.87
2019	5.43	9.60	13.83	11.39	12.28
2020	5.08	9.98	14.53	12.53	14.09
2021	4.54	10.41	14.15	12.15	13.43
2022	4.36	10.58	15.30	13.22	14.79

资料来源:根据《中国统计年鉴》整理。

发展壮大公有制经济，有三个方面的工作是重要的：一是推动国有经济、集体经济和国有控股的混合所有制经济共同发展，不能只强调发展国有经济。二是深入实施国有企业改革深化提升行动，用更大力度把国有企业改革向纵深推进，激发国有企业发展的内生动力，更好地履行新时代新征程国有企业的新使命。三是通过提高科技自立自强能力，大力发展新质生产力，不断提高国有企业的竞争力、创新力。

坚持公有制为主体、多种所有制经济共同发展是我国社会主义基本经济制度的基石[①]，坚持"两个毫不动摇"既是坚持和完善社会主义基本经济制度的必然要求与具体体现，也是建设中国特色社会主义市场经济所要遵循的基本方略。坚持"两个毫不动摇"，需要从历史逻辑阐释清楚其必然性，从理论逻辑阐释清楚其现实可能性，从实践逻辑阐释清楚确保"两个毫不动摇"政策落地生根的具体路径，以便从基本制度层面认识和把握"两个毫不动摇"的客观必然性，形成坚持"两个毫不动摇"的高度自觉性。本章在这三个方面进行了一些尝试性探索。

---

① 李政，周希禛．充分发挥国有企业带动民营企业共同发展的重要作用．光明日报，2024-01-09．

第二章
坚持"两个毫不动摇"的统一性、差异性与长期性

习近平总书记在党的二十大报告中强调,"坚持和完善社会主义基本经济制度,毫不动摇巩固和发展公有制经济,毫不动摇鼓励、支持、引导非公有制经济发展"。其实,自党的十六大报告提出坚持"两个毫不动摇"思想以来,党的历次全国代表大会都对此反复强调。如今,"两个毫不动摇"重大论断已成为中国特色社会主义市场经济改革和发展所要遵循的重要原则和依据,成为社会主义初级阶段的基本经济制度的重要内容,成为习近平新时代中国特色社会主义思想的重要组成部分。贯彻落实"两个毫不动摇"重大论断的前提,是准确理解其丰富的内涵。

第一节 坚持"两个毫不动摇"的统一性

统一性是指坚持"两个毫不动摇"是一个有机整体,既不能只强调发展公有制经济,更不能只强调发展非公有制经济,而是促进

公有制经济与非公有制经济共同发展。

一、统一性的理论基础是共生发展

公有制经济与非公有制经济之间的关系，不是一般的理论问题，它关系到要不要坚持、能不能坚持"两个毫不动摇"，以及如何坚持"两个毫不动摇"方针政策。从现有的文献看，学者们对公有制经济与非公有制经济两者之间关系的认识并不一致。一种观点认为，公有制经济与非公有制经济之间是对立的、冲突的关系。另一种观点认为，公有制经济与非公有制经济之间是统一的，是相互依存、相互竞争、共同发展的关系。那么，公有制经济与非公有制经济之间究竟是何种关系？

从功能方面看，公有制经济与非公有制经济具有不同的功能和优势，各自发挥着不可替代的作用。公有制经济在宏观稳定、创新引领、克服市场失灵、应对国内外突发事件和国际竞争、兼顾整体利益和长远利益、确保共同富裕等方面具有重要作用，同时也为民营经济发展创造了有利的社会环境。非公有制经济机制灵活、适应性强，具有扩大就业、增强国家经济实力、催发形成市场机制和竞争关系、促进政府部门和公有制经济加快改革等特殊优势及功能。从全球范围看，西方国家实行的是以私有制为基础的市场经济，奉行的是私有化、自由化，但几乎每个国家都有一定数量的公有制企业。这一现象说明，公有制经济在保证社会经济和社会化大生产有效运行等方面发挥着至关重要的作用，公有制经济与非公有制经济两者在功能上是优势互补、相互促进的。

从竞争方面看，公有制经济与非公有制经济之间毫无疑问存在激烈的竞争。无论是公有制企业的做强做优做大，还是非公有制企业的发展壮大，都只能在市场竞争中实现，以自己的竞争实力赢得相应的市场地位。非公有制企业通过产品市场、资本市场、企业家市场、薪酬市场的竞争,起到了激活公有制企业的"鲶鱼效应",迫使公有制企业励精图治、奋发图强、加强管理、强化改革、重视创新。民营企业在与国有企业的竞争中,学习了国有企业的规范管理和人文关怀,更加注重现代化管理与培养研发能力、拓展业务链条,强化员工的归属感。不少民营企业从家族制、家长制管理体制逐步过渡到现代企业制度,并通过发展"专精特新"或抢占未来产业发展制高点,提高了在竞争性领域的对抗能力。相互竞争效应最终将促进公有制企业与非公有制企业的整体竞争力提高,形成国有企业与民营企业"共同发展、相得益彰"的鲜明特色和整体格局。国有经济与民营经济存在长期稳定的均衡发展关系,国有经济发展壮大了市场规模,促进了民营经济发展,民营经济发展同样壮大了市场规模,促进了国有经济发展。[①]

从分工协作方面看,公有制经济和非公有制经济都是开放的经济体系,它们在市场经济发展过程中形成了密切的分工与协作关系。一方面是产业链配套中的分工合作。国有企业无论规模有多大,从全产业链来看,它只处于其中一个或几个环节,不可能囊括整个产业链,一般需要大量中小企业为其生产提供配套服务。民营企业为大中型国有企业的生产提供配套服务,有利于国有企业集中精力开展原始创新,发展主营业务,向产业链高端攀升,而民营企业也能借此融入国有企业的产业链布局中,赢得稳定的市场份额。我们常常看到,各大中型国有企业的发展,带动了一批为之配套、服务的中小民营企业发展。另一方面是科技研发中的分工合作。重大科技研发需要现代化的实验室、庞大的研发团队和资金投入,而且成功

---

① 洪阳,兰传春,洪功翔. 国有经济与民营经济共生发展的市场规模效应研究. 经济理论与经济管理,2022,42(2):101-112.

与否存在很大的不确定性，大多数中小民营企业一般无力投入。因此，一些基础性研究工作往往要由国有企业来承担，像航空航天、重大生物技术等领域的技术创新都是由国有企业或者国有的科研院所来承担的。国有企业在关键和基础技术方面取得突破后，通过产业链配套、技术人员流动、技术模仿和技术扩散，向民营企业溢出，推动了民营企业的技术进步。

以上三个方面的理论分析说明了公有制经济与非公有制经济之间是相互依存、相互竞争、共同发展的关系，而不是对立的、冲突的关系。对此，2018年11月1日习近平总书记《在民营企业座谈会上的讲话》中明确指出："公有制经济、非公有制经济应该相辅相成、相得益彰，而不是相互排斥、相互抵消。"[1] 不仅如此，有学者通过实证研究证明，公有制经济与非公有制经济之间存在非对称性互惠的共生发展关系。[2] 这个问题特别重要，如果公有制经济与非公有制经济之间是对立的、冲突的，则意味着"两个毫不动摇"将失去存在的依据。

二、统一性的现实条件是政策的一以贯之

从政策层面看，党的十六大报告提出："必须毫不动摇地巩固和发展公有制经济"，"必须毫不动摇地鼓励、支持和引导非公有制经济发展"。党的十八届三中全会提出：公有制经济和非公有制经济都是社会主义市场经济的重要组成部分，都是我国经济社会发展的重要基础；公有制经济财产权不可侵犯，非公有制经济财产权同样不可侵犯；国家保护各种所有制经济产权和合法利益；坚持权利平等、

---

[1] 习近平. 在民营企业座谈会上的讲话. 人民日报，2018-11-02.
[2] 洪功翔. 坚持和完善公有制为主体 多种所有制经济共同发展基本经济制度研究. 北京：中国经济出版社，2022：59-91.

机会平等、规则平等，废除对非公有制经济各种形式的不合理规定，消除各种隐性壁垒等。党的十九大把"两个毫不动摇"上升为新时代坚持和发展中国特色社会主义的基本方略。党的十九大后，在党的系列文件和习近平总书记多个重要讲话以及党的二十大报告中，都反复强调"坚持两个毫不动摇"。针对社会上有的人发表的"民营经济离场论""新公私合营论"等否定、怀疑民营经济的言论，习近平总书记带头加以批驳，明确指出这些说法是完全错误的，不符合党的大政方针。"我们党在坚持基本经济制度上的观点是明确的、一贯的，从来没有动摇。"①

从法律层面看，《中华人民共和国宪法》（以下简称《宪法》）第七条规定："国有经济，即社会主义全民所有制经济，是国民经济中的主导力量。国家保障国有经济的巩固和发展。"第十一条规定："在法律规定范围内的个体经济、私营经济等非公有制经济，是社会主义市场经济的重要组成部分。"②《宪法》作为国家根本大法，在法律制度层面明确给"两个毫不动摇"赋予了法律地位。不仅如此，"必须坚持和完善公有制为主体、多种所有制经济共同发展"等基本经济制度，"毫不动摇地巩固和发展公有制经济，毫不动摇地鼓励、支持、引导非公有制经济发展"，也被写入了《中国共产党章程》③。中国共产党立志于中华民族千秋伟业，百年恰是风华正茂。只要中国共产党执政，就会坚持"公有制为主体、多种所有制经济共同发展的基本经济制度"，就会义无反顾地坚持"两个毫不动摇"。

从实践层面看，坚持"两个毫不动摇"是中国40多年改革开放取得辉煌成就的一条基本经验。从国内发展来看，新中国成立前实行的是多种私有制经济，但经济社会发展缓慢，并直接导致中华民

---

① 习近平. 在民营企业座谈会上的讲话. 人民日报，2018-11-02.
② 中华人民共和国宪法. 人民日报，2018-03-22.
③ 中国共产党章程. 北京：人民出版社，2022：5-6.

族长期羸弱和频遭列强欺凌。从国际视野看，中国以公有制为主体的多种所有制经济共同发展，既大大超过了在第二次世界大战后独立并走上资本主义道路的原殖民地国家，也超过了全面实行私有制的各个发展中国家。特别是我国改革开放以来的持续、高速增长，超过了历史上各个实行私有制的国家和社会。

由此可见，从政策层面、法律层面、实践层面看，党中央坚持"两个毫不动摇"的方针政策将一以贯之。

第二节　坚持"两个毫不动摇"的差异性

差异性是指公有制经济和非公有制经济在建设中国特色社会主义市场经济中的地位是不同的，"毫不动摇巩固和发展公有制经济，毫不动摇鼓励、支持、引导非公有制经济发展"的政策内涵是不同的。当然，这种不同并非对立的，而是统一于中国特色社会主义市场经济发展框架下的异同。

一、公有制经济和非公有制经济的地位是不同的

党的十五大报告首次提出社会主义初级阶段的基本经济制度这个创新性理论。党的十六大报告就如何"坚持和完善公有制为主体、多种所有制经济共同发展的基本经济制度"，提出"必须毫不动摇地巩固和发展公有制经济"，"必须毫不动摇地鼓励、支持和引导非公有制经济发展"。也就是说，坚持"两个毫不动摇"是"坚持和完善公有制为主体、多种所有制经济共同发展的基本经济制度"的具体举措，是以基本经济制度为存在前提的。从党的十七大报告到二十大报告，以及党内其他重要文件和习近平总书记的重要讲话，在提出坚持"两个毫不动摇"时，都是作为"坚持和完善社会主义基本

经济制度"的具体举措强调的，没有只谈坚持"两个毫不动摇"的。也就是说，"坚持和完善社会主义基本经济制度"与坚持"两个毫不动摇"是一个有机整体。这就意味着，虽然公有制经济和非公有制经济都是我国社会主义市场经济的重要组成部分以及社会经济发展的重要基础，但两者的功能定位是不同的，公有制处于主体地位。

为什么要坚持公有制的主体地位？第一，由中国特色社会主义的性质决定的。党的二十大报告明确提出，"高举中国特色社会主义伟大旗帜""坚持中国特色社会主义道路"，而且"社会主义"在党的二十大报告中被反复强调了116次。生产资料所有制结构是生产关系的核心，决定着人们在社会生产活动中的地位及其相互关系，决定着社会的基本性质、生产的目的和发展方向。依据马克思主义政治经济学原理，一个社会的性质是由占主体地位的生产关系决定的。社会主义与资本主义的本质区别在于占主体地位的生产关系是不同的：一个是以公有制为主体，一个是以私有制为主体。公有制的主体地位是社会主义的一条根本原则，我们建立的是中国特色社会主义，只能是、必须是坚持公有制的主体地位。如果公有制的主体地位动摇了，社会主义的经济基础就不稳固，我们的改革开放就走到邪路上去了。[①]第二，实现共同富裕目标的需要。共产党人为社会主义和共产主义事业奋斗终身的根本目的，是要让广大劳动人民过上共同富裕的美好生活。马克思主义认为，分配关系只是生产关系的一个方面，分配方式、分配结构取决于生产资料所有制形式与结构。人类社会几千年的发展历史表明，私有制是产生贫富两极分化与阶级剥削、压迫的制度根源。因此，让人民过上共同富裕的幸福生活，必须要进行分配制度改革，实行新的按劳分配制度。生产

[①] 洪功翔. 坚持"两个毫不动摇"的统一性、差异性与长期性. 教学与研究，2023(8)：57-67.

资料公有制是按劳分配的制度基础。实行新的按劳分配制度,必须要建立生产资料公有制。① 邓小平曾明确指示:"我们在改革中坚持了两条,一条是公有制经济始终占主体地位,一条是发展经济要走共同富裕的道路……只要我国经济中公有制占主体地位,就可以避免两极分化。"② 第三,保证中国共产党长期执政的需要。鸦片战争以来的中国社会实践充分说明,是历史和人民选择了中国共产党,没有中国共产党领导,中国的民族独立、人民解放是不可能实现的。只有中国共产党才能肩负中华民族伟大复兴的历史使命。新中国成立以来的社会经济发展证明,公有制经济的发展对促进国民经济又好又快发展、提高综合国力和国际竞争力、维护最广大人民根本利益和国家经济安全、增强宏观调控能力、实现科技自立自强具有重大意义;对赢得人民拥护,应对国内外突发事件、国外政治动乱、国内严重自然灾害具有重大意义;对巩固和发展社会主义制度、加强全国各族人民的大团结、保证党和国家长治久安具有重大意义。没有公有制经济,就没有稳固的社会主义经济基础,也就没有中国共产党长期执政和整个社会主义上层建筑的经济基础及强大物质手段。因此,要确保中国共产党长期执政,就必须大力发展公有制经济和坚持公有制的主体地位。

二、坚持"两个毫不动摇"的政策内涵是不同的

一个是"必须毫不动摇地巩固和发展公有制经济",另一个是"必须毫不动摇地鼓励、支持和引导非公有制经济发展"。"必须毫不动摇地巩固和发展公有制经济"是由公有制经济的主体地位决定的。

---

① 洪功翔,洪阳. 公有制经济促进共同富裕的历史逻辑、理论逻辑与实践逻辑. 上海经济研究,2022(9):21-30.
② 邓小平. 邓小平文选:第3卷. 北京:人民出版社,1993:149.

至于为什么要维护公有制的主体地位,我们在前面已经作了详细分析,这里不再赘述。"必须毫不动摇地鼓励、支持和引导非公有制经济发展"是由我国社会主义初级阶段生产力发展水平和非公有制经济发展现状、性质决定的。

从政策内涵方面看,巩固和发展公有制经济包括两个方面:

第一,要巩固公有制经济的主体地位。公有制经济的主体地位是我们正在建设的中国特色社会主义的制度基础。如果公有制经济的主体地位这个根基被动摇了、蛀空了,中国特色社会主义大厦也将不稳固,甚至会随之动摇和倒塌。因此,公有制经济的主体地位对于我们正在建设的中国特色社会主义来说,不是可要可不要、可有可无的事情。公有制经济的主体地位,只有巩固没有其他。

第二,要依靠发展国有企业和集体所有制企业来巩固公有制经济的主体地位。市场经济的效率来自不同经济主体之间的公平竞争、有效竞争。公有制企业、民营企业、外资企业、港澳台企业等不同经济主体之间的有效竞争,是我国改革开放以来"创造了世所罕见的经济快速发展奇迹和社会长期稳定奇迹"的一条基本经验。此外,坚持"两个毫不动摇"的方针政策将是长期的,这就意味着公有制经济的发展是坚持"两个毫不动摇"基础上的共同发展,是多种所有制经济公平竞争基础上的共同发展。从理论上说,公有制经济比非公有制经济发展得好,公有制的主体地位就会巩固。因此,既需要通过创新国有企业的内部决策机制、整合机制、激励问责机制、运营机制和优化国有经济布局,以及发展混合所有制经济来增强国有经济的竞争力、创新力、控制力、影响力、抗风险能力,推动国有企业和国有资本实现高质量发展,不断做强做优做大,又要在农村深化集体产权制度改革,发展新型农村集体经济,发展壮大集体所有制经济。

从政策内涵方面看,鼓励、支持和引导非公有制经济发展包括三个方面:

第一，要鼓励非公有制经济发展。新中国成立初期，我们把社会主义与公有制画等号，建立的是"纯而又纯"的单一公有制形式。随着社会主义实践的充分展开，我们逐步认识到我国的社会主义还处于不发达的初级阶段，从解放和发展生产力的要求出发，需要大力发展非公有制经济。1981年党的十一届六中全会首次提出个体经济是公有制经济的必要补充，1982年党的十二大报告提出在很长时期内需要多种经济形式并存，1987年党的十三大报告提出社会主义初级阶段的所有制结构应在公有制为主体的前提下继续发展多种所有制经济，1992年党的十四大报告提出个体经济、私营经济、外资经济为补充，1997年党的十五大报告明确提出非公有制经济是我国社会主义市场经济的重要组成部分，2002年党的十六大报告提出必须毫不动摇地鼓励、支持和引导非公有制经济发展。可见，伴随着改革开放，伴随着对社会主义认识的深入，我们对待非公有制经济发展的政策在不断调整完善。

第二，要支持非公有制经济发展。鼓励非公有制经济发展，落实到行动上就是要有支持政策。2005年2月国务院颁布了《关于鼓励支持和引导个体私营等非公有制经济发展的若干意见》，共36条，简称"非公经济36条"，2010年5月国务院颁布了《关于鼓励和引导民间投资健康发展的若干意见》，简称"新非公经济36条"，鼓励和引导民间资本进入法律法规未明确禁止准入的行业和领域，逐步为民营企业拓宽了准入领域和范围，以期破解民营企业市场准入的"堵点"，为民营企业创造了公平竞争的市场环境。党的十八届三中全会提出："国家保护各种所有制经济产权和合法利益，保证各种所有制经济依法平等使用生产要素、公开公平公正参与市场竞争、同等受到法律保护，依法监管各种所有制经济。"[1] 党的十九大报告指

---

[1] 中共中央关于全面深化改革若干重大问题的决定. 人民日报, 2013 - 11 - 16.

出:"全面实施市场准入负面清单制度,清理废除妨碍统一市场和公平竞争的各种规定和做法,支持民营企业发展,激发各类市场主体活力。"① 党的二十大报告指出:"优化民营企业发展环境,依法保护民营企业产权和企业家权益,促进民营经济发展壮大。"② 这一系列政策旨在为民营企业发展创造公平的市场环境。在党和政府一系列方针政策和法律的支持、引导下,我国民营经济从无到有、从小到大、从弱到强,不断发展壮大。

第三,要引导非公有制经济发展。对于"必须毫不动摇地鼓励、支持和引导非公有制经济发展"中的"引导非公有制经济发展",学术界重视不够,也鲜有解读的理论性文章。为什么会提出要"引导非公有制经济发展",我们的解读是由非公有制经济的性质和发展现状决定的。具体包括四个方面:一是要引导民营中小企业提高管理水平。到2021年底,全国中小企业数量已超过4 400万家,其中绝大多数为非公有制企业,它们的发展水平参差不齐。因此,迫切需要引导这些民营中小企业健全财务与基础管理制度,完善治理结构,发展"四新经济",加强信息化、数字化建设,提高经营管理水平,严格遵守安全、环保、质量、卫生、劳动保障等法律法规,诚实守信经营,履行社会责任。二是要引导非公有制经济人士健康成长。习近平总书记指出:"非公有制经济要健康发展,前提是非公有制经济人士要健康成长。"③ 民营企业家的素质差距巨大,构成复杂,在少数人中还存在着偷税漏税、商标侵权、合同欺诈、虚假广告等不法行为。部分民营企业家的信用缺失、债务毁约、掺杂使假以

---

① 习近平.决胜全面建成小康社会 夺取新时代中国特色社会主义伟大胜利:在中国共产党第十九次全国代表大会上的报告.北京:人民出版社,2017:33—34.
② 习近平.高举中国特色社会主义伟大旗帜 为全面建设社会主义现代化国家而团结奋斗:在中国共产党第二十次全国代表大会上的报告.北京:人民出版社,2022:29.
③ 习近平.在民营企业座谈会上的讲话.人民日报,2018-11-02.

及偷工减料等现象时有出现。《企业家刑事风险分析报告（2014—2018）》显示，2018年企业家犯罪2 889宗，民营企业家犯罪数约占企业家犯罪总数的88.58%；共涉及犯罪企业家2 773人，民营企业家约占犯罪企业家总人数的89.29%。[①] 法律意识和诚信意识的欠缺，不仅严重损害了消费者利益，也扰乱了市场经营秩序。三是要引导非公有制资本的国际有序流动。随着经济全球化的发展，不少中国企业纷纷走出国门，在全球范围内寻找投资机会来有效配置资源，这是应该鼓励的，但对部分民营企业家的投资移民，要引起我们足够的重视和警惕。有数据显示，2004—2013年的这十年间，我国仅仅对美国、加拿大和澳大利亚基于投资移民而产生的投资额分别是370亿美元、1 050亿美元、860亿美元，总计2 280亿美元。[②] 有能力投资移民的大多是享受了我国改革开放红利并积累下一定财富的民营企业。投资移民规模如此之大，给我国社会经济发展带来诸多不利影响。从短期看，投资移民冲击外汇体制，危及国家经济安全。从中期看，投资移民转移国民财富，拉大贫富差距。从长期看，我国经济发展所取得的成果将随着投资移民的出国定居而离开中国，既影响综合国力，也影响共同富裕。更为恶劣的是，有的人利用"个人分拆购汇""信用卡套现""过境香港"等外汇管理制度漏洞转移资产，有的人利用"地下钱庄""地下影子银行""携带巨额现金出境"等非法渠道转移资产、逃避外汇管制，形成事实上的资本外逃，其危害性也更大。四是要引导资本健康发展。发展社会主义市场经济是中国共产党的一个伟大创造。只要是市

---

① 周志超，王文俊. 新时代我国民营企业家精神的培育路径. 陕西行政学院学报，2019，33（4）：43-47.

② 丁晓钦，钱玉波，程恩富. 我国富人移民潮的经济影响及应对措施. 河北经贸大学学报，2017，38（3）：21-29.

场经济，就必然产生各种形态的资本，发挥各种形态资本的作用是必然的。① 但资本天然地具有积极作用和消极作用。推动社会生产力发展和社会财富的增加，是资本的积极作用。不择手段地追逐利润，会产生一系列消极作用。部分民营企业的"血汗工厂"、"996"、恶意欠薪，都使社会矛盾突出。部分民营企业在发展过程中，为了获取更高、更多的利润，拉拢、腐蚀国家公职人员，通过官商勾结、偷税漏税、权钱交易，腐化了社会风气，降低了人们对发展非公有制经济的认同感。部分民营企业的资本无序扩张、野蛮生长，从而形成了垄断、扩大了收入分配差距、妨碍了公平竞争。特别值得我们警惕的是，各类平台、数字经济、新媒体是最容易产生新的垄断和不正当竞争的领域，并存在危害国家安全的重大隐患。② 正因为如此，习近平总书记指出，"我们要探索如何在社会主义市场经济条件下发挥资本的积极作用，同时有效控制资本的消极作用"，"要为资本设置'红绿灯'"，"要防止有些资本野蛮生长"，"要依法加强对资本的有效监管"，"要支持和引导资本规范健康发展"。③ 上述分析和习近平总书记的论述使我们认识到，规范、引导非公有制经济发展，使各类资本更好地服务于现代化建设新征程和共同富裕的目标，对保证改革开放的社会主义性质和确保中国特色社会主义又好又快发展具有重要意义。

第三节　坚持"两个毫不动摇"的长期性

长期性是指坚持"两个毫不动摇"不是权宜之计，将贯穿于整

---

① 陈培永. 马克思主义为什么行. 北京：中国人民大学出版社，2023：129.
② 邱海平. 关于社会主义利用资本的几个理论问题. 经济学动态，2022（7）：3-15.
③ 习近平. 正确认识和把握我国发展重大理论和实践问题. 求是，2022（10）：4-7.

个社会主义初级阶段。巩固和发展社会主义制度，不是简简单单就能实现的，而是需要我们一代代人持续努力、接续奋斗，是一个很长的历史过程。

一、社会主义初级阶段的长期性决定的

马克思主义的科学社会主义理论区别于空想社会主义的重要方面，在于清楚认识到共产主义发展的不同历史阶段。马克思在《哥达纲领批判》中，把共产主义划分为"共产主义社会第一阶段"和"共产主义社会高级阶段"。马克思在《哥达纲领批判》中指出："我们这里所说的是这样的共产主义社会，它不是在它自身基础上已经发展了的，恰好相反，是刚刚从资本主义社会中产生出来的，因此它在各方面，在经济、道德和精神方面都还带着它脱胎出来的那个旧社会的痕迹。"[1] 由于存在旧社会的痕迹，民主和平等未能广泛实现。"这些弊病，在经过长久阵痛刚刚从资本主义社会产生出来的共产主义社会第一阶段，是不可避免的。"[2] 这就意味着"共产主义社会第一阶段"的建成不是一蹴而就的，社会主义物质技术基础的建立，雇佣劳动关系的消灭，都是一个长期的历史过程。马克思在《哥达纲领批判》中强调了进入"共产主义社会高级阶段"的标志，如"迫使个人奴隶般地服从分工的情形已经消失"，"劳动已经不仅仅是谋生的手段，而且本身成了生活的第一需要"，"随着个人的全面发展，他们的生产力也增长起来，而集体财富的一切源泉都充分涌流"。[3] 显然，这将是更为漫长的历史过程。

我们现在使用的"社会主义"概念，是由列宁首先提出的。列

---

[1] 马克思. 哥达纲领批判. 北京：人民出版社，2018：14.
[2] 马克思. 哥达纲领批判. 北京：人民出版社，2018：16.
[3] 马克思. 哥达纲领批判. 北京：人民出版社，2018：16.

宁曾经指出："通常所说的社会主义，马克思把它称作共产主义社会的'第一'阶段或低级阶段。"① 我们党对于社会主义本质特征和发展阶段的认识，是伴随着社会主义实践的充分展开，在总结长期社会主义革命和建设实践经验的基础上，特别是在改革开放实践中逐渐深化的。改革开放前，我国实行的是单一的生产资料公有制和高度集中的计划经济体制，但被实践证明，它超越了生产力发展水平，不能充分调动地方政府、企业和职工的积极性，人民生活水平提高缓慢。改革开放初期，围绕什么是社会主义，怎样建设社会主义，产生了广泛的争论。争论的结果是形成了"社会主义初级阶段"的共识，也就是中国的国情决定着我们还处在社会主义初级阶段，初级阶段的社会主义与马恩等经典作家所设想的社会主义并非完全相同，我们要建设具有中国特色的社会主义，我们不能教条地理解马恩等经典作家的设想。1981年通过的《关于建国以来党的若干历史问题的决议》，首次在中共中央的正式文件中提出，我国的社会主义还处在"初级的阶段"。党的十二大报告和十二届六中全会决议从不同角度多次强调社会主义还处在初级阶段。党的十三大报告从历史客观性、特点、任务等方面对社会主义初级阶段进行了系统的论述。党的十五大报告作了更进一步的阐释："社会主义是共产主义的初级阶段，而中国又处在社会主义的初级阶段，就是不发达的阶段。在我们这样的东方大国，经过新民主主义走上社会主义道路，这是伟大的胜利。但是，我国进入社会主义的时候，就生产力发展水平来说，还远远落后于发达国家。这就决定了必须在社会主义条件下经历一个相当长的初级阶段，去实现工业化和经济的社会化、市场化、现代化。这是不可逾越的历史阶段。"② 可以说，社会主义初级阶段

---

① 列宁. 列宁全集：第31卷. 2版. 北京：人民出版社，1985：94.
② 江泽民. 江泽民文选：第2卷. 北京：人民出版社，2006：13-14.

理论是我们党在社会主义实践中对马克思主义科学社会主义理论的重大发展,是中国特色社会主义理论的认识前提。不仅如此,我们党还深刻认识到社会主义初级阶段的历史长期性,以及整个社会主义事业发展的历史长期性。邓小平同志说:"我们搞社会主义才几十年,还处在初级阶段。巩固和发展社会主义制度,还需要一个很长的历史阶段,需要我们几代人、十几代人,甚至几十代人坚持不懈地努力奋斗,决不能掉以轻心。"[1] 党的十八大以来,习近平总书记多次强调:"发展中国特色社会主义是一项长期的艰巨的历史任务。"[2] 习近平主席《在2018年春节团拜会上的讲话》中指出:"伟大事业需要几代人、十几代人、几十代人持续奋斗。"[3] 党的十九大和二十大报告都反复强调我国仍处于"社会主义初级阶段"。十几代人、几十代人的接续奋斗,意味着社会主义初级阶段,以及社会主义初级阶段基础上的中国特色社会主义事业就不是五十年、一百年的问题,我们对这一伟大事业的长期性、艰巨性要有清醒的认识。

二、我国仍是世界最大发展中国家的国情决定的

党的十九大报告强调,尽管中国特色社会主义进入新时代,社会主要矛盾发生了变化,但"我国是世界最大发展中国家"这个基本国情没有变。"发展中国家"的定位,既意味着我国的经济发展仍处于较低的水平,又意味着我国与发达国家之间存在巨大的发展鸿沟。

衡量一个国家或地区的经济发展水平,既要看其经济总规模,

---

[1] 邓小平. 邓小平文选:第3卷. 北京:人民出版社,1993:379-380.
[2] 紧紧围绕坚持和发展中国特色社会主义 深入学习宣传贯彻党的十八大精神. 人民日报,2012-11-19.
[3] 习近平. 在2018年春节团拜会上的讲话. 人民日报,2018-02-15.

更要看其人均发展水平。根据世界银行 WDI 数据库，2021 年世界各国人均 GDP 为 12 263 美元，中国为 12 556 美元，略高于世界平均水平，但美国的人均 GDP 是中国的 5.5 倍。[①] 可见，要赶上发达国家的人均 GDP 平均水平，就经济增长而言，我们还有很长的距离要追赶。

人类发展指数（human development index，HDI）是由联合国开发计划署（United Nations Development Programme，UNDP）于 1990 年创立的，这是国际上另一个反映各国发展水平的重要指标。[②] 其数值越高，显示人类发展水平越高。从联合国开发计划署公布的 2020 年数据看，我国 HDI 值为 0.761，处于中等水平，在统计的 189 个国家中位列第 85 位，越来越接近一般发达国家的极高水平阶段（HDI 值大于等于 0.8）。但与主要发达国家仍有巨大差距，其中德国为 0.947、美国为 0.926、法国为 0.901、日本为 0.919、英国为 0.932。[③]

从产业结构层面看，2020 年美国农业、工业、服务业三大产业的产值比重分别为 1.1%、18.4%、80.5%，我国分别为 7.7%、37.8%、54.5%[④]；2019 年美国三次产业就业比重分别为 1.4%、19.9%、78.7%，我国则分别为 25.3%、27.4%、47.3%[⑤]。通常认为，第三产业占比越高，经济发展水平越高。按目前我国第三产业增加值和就业增长速度，每年占比提高 1% 左右，达到发达国家的平均水平，还需要 20 年左右。

---

① 国家统计局.2022 中国统计年鉴.北京：中国统计出版社，2022：925.
② 刘伟，蔡志洲.如何看待中国仍然是一个发展中国家？.管理世界，2018，34（9）：1-15.
③ 洪功翔.坚持"两个毫不动摇"的统一性、差异性与长期性.教学与研究，2023（8）：57-67.
④ 国家统计局.2021 中国统计年鉴.北京：中国统计出版社，2021：936.
⑤ 国家统计局.2022 中国统计年鉴.北京：中国统计出版社，2022：922.

从现代化指数看，中国科学院现代化研究中心发布的 2018 年全球综合现代化指数显示，中国为 47.6 分，排在第 65 位，高收入国家平均得分 99.9 分。① 从劳动生产率水平看，据测算，我国农业劳动生产率水平不到发达国家的 20%，工业制造业劳动生产率不到发达国家的 50%，全要素生产率不到美国的 50%，甚至低于韩国的水平，等等。②

除此之外，创新能力、恩格尔系数、国民消费水平等方面的指标数据也表明，我国仍然是发展中国家，距离发达国家还有相当的差距。我国作为世界上最大的发展中国家，发展仍是第一要务。而要发展，就需要调动各方面积极性，在政策上"必须毫不动摇地巩固和发展公有制经济"，"必须毫不动摇地鼓励、支持和引导非公有制经济发展"。

三、生产关系适应生产力发展规律决定的

生产力决定生产关系，生产关系适应生产力发展是马克思主义历史唯物主义的基本原理。马克思在《哲学的贫困》一书中指出："手推磨产生的是封建主的社会，蒸汽磨产生的是工业资本家的社会。"③ 列宁也十分赞同这样一句话："蒸汽时代是资产阶级的时代，电的时代是社会主义的时代。"④ 从几千年的人类社会发展历史进程看，原始社会被奴隶社会所替代，奴隶社会被封建社会所替代，封建社会被资本主义社会所替代，在于后者比前者的生产力发展水平更高。同样，社会主义要替代资本主义，也需要以高于资本主义社

---

① 何传启. 中国现代化报告 2021. 北京：北京大学出版社，2021：173-174.
② 刘伟. 应当充分认识社会主义初级阶段的历史长期性. 政治经济学评论，2018，9(6)：11-18.
③ 马克思, 恩格斯. 马克思恩格斯选集：第 1 卷. 3 版. 北京：人民出版社，2012：222.
④ 列宁. 列宁全集：第 38 卷. 2 版. 北京：人民出版社，1986：117.

会的生产力发展水平为基础。① 然而，从生产力发展水平看，我国还是一个发展中国家，赶上发达国家，甚至超过发达国家还有很长的路要走，还需要心无旁骛地加快发展生产力。中国改革开放 40 多年的实践证明，纯而又纯的公有制经济不利于生产力和市场经济发展，只有多种所有制经济共同发展才能促进生产力进步和市场经济发展。根据《中国统计年鉴》提供的工业企业数据，1998—2020 年全国私营工业企业单位数由 10 667 个增加到 286 430 个，营业收入由 1 846.3 亿元增加到 413 564.0 亿元，资产总计由 1 487.0 亿元增加到 345 022.8 亿元，利润总额由 67.3 亿元增加到 23 800.5 亿元，平均用工人数由 160.8 万人增加到 3 574.4 万人；外商投资和港澳台投资工业企业单位数由 26 442 个增加到 43 026 个，营业收入由 15 604.6 亿元增加到 243 188.6 亿元，资产总计由 21 327.0 亿元增加到 248 426.9 亿元，利润总额由 418.6 亿元增加到 18 167.4 亿元，平均用工人数由 775.2 万人增加到 1 672.0 万人。② 根据《中国统计年鉴》提供的建筑业企业数据，在 20 世纪 90 年代还是国有企业和集体企业一统天下，到 2020 年，国有企业和集体企业数量的行业占比下降到 5.08%，从业人员的行业占比下降到 9.98%，建筑业总产值的行业占比下降到 14.53%。③ 这些数据一方面说明了非公有制经济已经成长为社会主义市场经济的重要组成部分，另一方面反映了非公有制经济对促进生产力发展、市场经济发展和党的第一个百年奋斗目标的实现作出了重大贡献。要更好更快发展生产力，就需要坚持"两个毫不动摇"。

---

① 赵家祥. 我国多种所有制结构形成的根据：生产力决定生产关系的绝对性和相对性. 高校理论战线，2002（8）：19-21.
② 国家统计局. 2021 中国统计年鉴. 北京：中国统计出版社，2021：434，440.
③ 国家统计局. 2021 中国统计年鉴. 北京：中国统计出版社，2021：461.

当今的世界经济是开放性经济，闭关锁国是没有出路的。无论是现代化的实现，还是创造出比资本主义更高的劳动生产力，都离不开利用"两个市场""两种资源"。世界各国的发展史都表明，要实现较好较快发展，就必须要赶上全球化浪潮，融入全球贸易体系。改革开放以来，我国抢抓机遇，有效利用国际市场，大力引进先进技术、先进管理，主动承接国际产业转移，聚精会神发展生产力，取得了世界经济增长史上的"奇迹"。可以说，是对外开放让中国大踏步赶上了世界。习近平总书记多次强调："开放带来进步，封闭必然落后。中国开放的大门不会关闭，只会越开越大。"[1] 从生产力发展层面看，我们要利用对外开放，在世界市场上充分利用其他国家的人才、资金、技术和管理。从生产关系层面看，我们要优化营商环境，吸引外国企业家、创新创业人才和资本来中国投资兴业。这就意味着，外商投资企业作为一种所有制形式，在我国将是长期存在的。显然，单一的公有制经济不利于我们吸引外资，不利于我们发展对外贸易和国际经济关系。

从生产力发展层次看，我国的生产力发展本身是不平衡的。不同地区，不同行业，生产的社会化、专业化程度差异非常大。依据马克思主义生产力决定生产关系，生产关系适应生产力发展理论，在一些生产社会化、专业化程度相对不高和平均生产规模比较小的领域，如理发、便利店、洗衣店、修理店、餐饮等生活服务行业，以及为大企业配套的一些中小企业，它们与这些领域的生产方式是相适应的，能够发挥非公有制经济决策灵活和对市场变化做出快速反应的优点，既有利于调动这些领域非公有制经济生产者的积极性，增加就业和为消费者提供丰富多彩的商品及服务，又可以与公有制

---

[1] 习近平. 习近平谈治国理政：第3卷. 北京：外文出版社，2020：27.

经济形成合理分工，丰富和完善社会生产体系及服务体系，提高企业和产业竞争力，共同作用于经济增长。生产力发展水平的多层次是长期的，因而坚持"两个毫不动摇"也是长期的。唯有如此，才能适应我国多元化生产力的发展要求，保证公有制经济与非公有制经济的共同发展、共同迈进。

从区域经济发展水平看，我国地区间社会经济发展不平衡现象较为显著。按照世界银行的人均收入分组标准，北京市、上海市、天津市于2011年迈入高收入地区行列，江苏省、浙江省、福建省、广东省分别于2014年、2016年、2017年、2018年迈入高收入地区行列，人均收入水平超过当年世界银行的高收入标准。[1] 2020年，上述四省三市占全国人口近27%，地区生产总值占全国41%左右。而其他24个省（区、市）总体上仍属上中等收入地区。2020年人均地区生产总值最高的三个省（市）为北京市、上海市、江苏省，其人均地区生产总值分别为164 889元、155 765元、121 231元，人均地区生产总值最低的三个省（区）为甘肃省、黑龙江省、广西壮族自治区，其人均地区生产总值分别为35 995元、42 635元、44 309元。[2] 北京市的人均地区生产总值分别为甘肃省的4.58倍、黑龙江省的3.87倍、广西壮族自治区的3.72倍。上海市的人均地区生产总值分别为甘肃省的4.33倍、黑龙江省的3.65倍、广西壮族自治区的3.52倍。江苏省的人均地区生产总值分别为甘肃省的3.37倍、黑龙江省的2.84倍、广西壮族自治区的2.74倍。从城乡收入差距看，我国的二元性经济特征依然明显。以2021年数据为例，城镇居民人均可支配收入为47 412元，农村居民人均可支配收入为18 931

---

[1] 洪阳. 发达省份率先迈入高收入阶段的基本做法与思考. 理论探索, 2021 (5): 112-120.

[2] 国家统计局. 2021中国统计年鉴. 北京：中国统计出版社, 2021：93.

元。城乡居民人均可支配收入比值为 2.50。① 有学者研究认为，单纯看城镇居民基尼系数和农村居民基尼系数，大多数年份都在 0.4 之下，但从整体上看我国的基尼系数，长期在 0.45 之上。其根本原因在于农业劳动生产率低，"三农"问题依然突出。② 解决区域发展不平衡和城乡发展差距问题，需要久久为功。正如习近平总书记指出的，"我们要把中国特色社会主义建设好、建设成，需要一个很长的历史时期"，"要按千年来计算"。③

坚持"两个毫不动摇"已成为习近平新时代中国特色社会主义思想的重要组成部分和建设中国特色社会主义的一个基本方略。坚持"两个毫不动摇"需要深刻理解它们之间的"统一性"、"差异性"与"长期性"的辩证关系，尤其是要把握坚持"两个毫不动摇"是"坚持和完善社会主义基本经济制度"的具体举措。

---

① 国家统计局. 中华人民共和国 2021 年国民经济和社会发展统计公报. 人民日报，2022-03-01.
② 刘伟. 应当充分认识社会主义初级阶段的历史长期性. 政治经济学评论，2018，9(6)：11-18.
③ 习近平. 坚持和发展中国特色社会主义要一以贯之. 求是，2022 (18)：4-9.

第三章
公有制经济促进共同富裕的历史逻辑、理论逻辑与实践逻辑

党的十九届六中全会指出,中国特色社会主义新时代是"逐步实现全体人民共同富裕的时代",我们的奋斗目标是到建国一百年建成社会主义现代化强国的时候,"全体人民共同富裕基本实现"[1]。习近平总书记在《扎实推动共同富裕》一文中强调:"要坚持公有制为主体、多种所有制经济共同发展,大力发挥公有制经济在促进共同富裕中的重要作用。"[2] 深刻理解把握习近平总书记重要论述精神和党中央决策部署,对于我们做好共同富裕工作具有重要意义。

第一节 公有制经济促进共同富裕的历史逻辑

历史逻辑是指从人类社会几千年的发展历史看,私有制是不平等和收入分配差距扩大、财富占有差距扩大的制度根源,实行公有

---

[1] 中共中央关于党的百年奋斗重大成就和历史经验的决议. 人民日报,2021-11-17.
[2] 习近平. 扎实推动共同富裕. 求是,2021(20):4-8.

制为基础或为主体,是实现共同富裕目标的制度保证和必然选择。

一、私有制是收入分配制度不平等的制度根源

所有制结构是生产关系的核心,决定着人们在生产活动中的地位及其相互关系,决定着社会生产的目的和发展方向。从奴隶社会、封建社会到资本主义社会长达几千年的历史长河中,实行的是以各种生产资料私有制为基础的社会制度,其分配制度都是基本不利于劳动者而有利于剥削者的。在奴隶社会,奴隶是奴隶主的私人财产,没有人身自由,参与社会产品分配的资格都被剥夺。在封建社会,封建地主占有基本生产资料土地,广大农民只能靠领租或分租地主的土地,忍受地主的剥削和奴役,过着饥寒交迫的生活。"从封建社会的灭亡中产生出来的现代资产阶级社会并没有消灭阶级对立"[1],反而伴随着机器大工业的发展,形成了资本家阶级和工人阶级两大对立的阶级,资本家阶级凭借生产资料所有权而无偿占有雇佣工人的剩余劳动。马克思、恩格斯早就指出:"现代的资产阶级私有制是建立在阶级对立上面、建立在一些人对另一些人的剥削上面的产品生产和占有的最后而又最完备的表现。"[2] "资产阶级在它的不到一百年的阶级统治中所创造的生产力,比过去一切世代创造的全部生产力还要多,还要大。"[3] 这表明:"资产阶级在历史上曾经起过非常革命的作用"[4],但由于它是用一种剥削制度取代另一种剥削制度,工人的地位并没有"随着工业的进步而上升,而是越来越降到本阶级的生存条件以下。工人变成赤贫者,贫困比人口和财富增长得还要

---

[1] 马克思,恩格斯. 共产党宣言. 北京:人民出版社,2018:28.
[2] 马克思,恩格斯. 共产党宣言. 北京:人民出版社,2018:42.
[3] 马克思,恩格斯. 共产党宣言. 北京:人民出版社,2018:32.
[4] 马克思,恩格斯. 共产党宣言. 北京:人民出版社,2018:30.

快"①。特别是在外在竞争压力和内在逐利驱动下,资本总是在不断地积累。伴随着资本积累,一方面社会财富越来越向资本所有者集中,另一方面社会财富的直接创造者越来越贫困。萨缪尔森曾经说过,即使在具备完全竞争的理想条件下的市场经济中,也"没有理由认为,在自由放任条件下,收入能被公平地加以分配。结果将是,收入和财富上存在着巨大的不平等,而这种不平等会长期在一代代人中留下去"②。他还进一步指出:"在市场经济中,财富分配不平等远远大于收入分配的不平等。"③ 这说明资本主义私有制支持、鼓励、保护凭借生产资料所有权占有他人的无偿劳动,它也是形成资本主义按资分配制度和收入分配不平等、社会不平等的根本原因。

二、资本主义制度扩大了收入分配差距

资本主义生产方式下的生产力仅是资产阶级一个阶级发财致富的手段,而广大无产阶级和劳动人民因不掌握生产资料,沦为被剥削、被奴役的对象。特别是 18 世纪末到 19 世纪初,资本家对劳动群众的残酷剥削、危机、失业以及工人阶级的极端贫困等现象已逐渐暴露出来,甚至愈演愈烈。一些先进的思想家看到了这种不公正、不公平现象,开始批评资本主义。其中,马克思、恩格斯在继承空想社会主义学说和创立唯物史观、剩余价值学说的基础上,以全新的视角、创造性地阐述了无产阶级革命并建立了科学社会主义学说。科学社会主义诞生后,很快得到了全世界无产阶级的响应和支持,各国社会主义政党相继诞生,社会主义运动也陆续蓬勃发展起来。

---

① 马克思,恩格斯. 共产党宣言. 北京:人民出版社,2018:39.
② 保罗·A. 萨缪尔森,威廉·D. 诺德豪斯. 经济学:14 版. 北京:北京经济学院出版社,1996:544.
③ 保罗·A. 萨缪尔森,威廉·D. 诺德豪斯. 经济学:14 版. 北京:北京经济学院出版社,1996:657.

可见，资本主义时代在创造了巨大生产力的同时，反而加剧了两极分化。法国学者托马斯·皮凯蒂编写的《21世纪资本论》一书，利用欧美国家近300年可观察的数据分析表明，资本收益率平均维持在每年4%～5%，而国民收入平均每年增长1%～2%。5%的资本收益率意味着每14年财富就能翻番，而2%的经济增长则意味着财富翻番要35年。① 这些事实证明了西方资本主义发展中贫富分化的历史事实，揭示了财富和收入的不平等程度加剧，是西方资本主义的一种必然现象。

从美国来看，事实就是如此：一是美国社会相对工资不断下降。美国工资占国内生产总值的比重呈不断下降趋势，从1970年的51.39%下降到2020年的44.57%。工资收入是90%以上家庭最主要的收入来源，相对工资的下降反映初次分配越来越不公平。二是美国家庭债务节节攀升。美国家庭债务占劳动者报酬的比例从1970年的65.95%波动上升到2020年的129.91%，美国家庭住房抵押贷款余额的规模从1970年的2 864亿美元增加到2020年的114 429亿美元，美国家庭消费信贷余额的规模从1970年的1 316亿美元增加到2020年的41 780亿美元，美国家庭利息偿还支出额从1980年的425亿美元波动上涨到2020年的2 992亿美元。② 三是美国高收入群体和普通民众之间的贫富差距不断创纪录。《2019年美国侵犯人权报告》揭示，美国2018年基尼系数攀升至0.485，贫富差距创50年来新高。1989—2018年最底层50%的家庭财富净增长基本为零。③ 《2020年美国侵犯人权报告》揭示美国最富有的50人拥有的财富与

---

① 托马斯·皮凯蒂.21世纪资本论.北京：中信出版社，2014：352.
② 沈尤佳，丁爽.美国家庭住户债务增长的成因与影响：一个政治经济学的分析.教学与研究，2022（1）：82-96.
③ 中华人民共和国国务院新闻办公室.2019年美国侵犯人权报告.人民日报，2020-03-14.

最贫穷的 1.65 亿人拥有的财富相等，1% 最富有的人拥有的净资产是 50% 最贫困人口的 16.4 倍。①

人类社会几千年的发展历史反复证明，私有制是无法实现共同富裕的。实行公有制为基础或为主体，是实现共同富裕的制度保证和必然选择。这也是为中国人民谋幸福、为中华民族谋复兴的中国共产党人选择走社会主义道路的重要缘由和必然选择。因此，我们更应该坚持对中国特色社会主义的道路自信、理论自信、制度自信和文化自信，更应该理直气壮、义无反顾地发展壮大公有制经济。

第二节　公有制经济促进共同富裕的理论逻辑

理论逻辑是指现有的理论和实践表明，公有制经济的建立为按劳分配奠定了制度基础，按劳分配制度的贯彻落实有利于促进共同富裕目标的实现。只有公有制才能促进共同富裕，而不是其他的制度。

一、公有制经济为按劳分配提供了制度基础

马克思指出，分配关系的历史性质就是生产关系的历史性质，分配关系不过表现生产关系的一个方面。② 有什么样的所有制结构，就有与之相适应的分配结构。资本主义私有制决定着资本、劳动和土地等生产要素以私人所有权的形式参与社会产品分配，并相应取得各种收入。马克思曾经指出，对资本主义生产方式的科学分析表

---

① 中华人民共和国国务院新闻办公室. 2020 年美国侵犯人权报告. 人民日报，2021-03-25.
② 马克思，恩格斯. 马克思恩格斯文集：第 7 卷. 北京：人民出版社，2009：1000.

明，资本主义的收入形式和分配关系，本质上和资本主义生产关系是"同一的，是生产关系的反面"[①]，工资以资本雇佣劳动为前提，利润以资本主义私有制为前提，地租以资本主义土地所有权和农业资本主义生产经营方式为前提。要改变分配制度，前提是改变所有制结构。所以，马克思、恩格斯又指出，"共产党人可以把自己的理论概括为一句话：消灭私有制"[②]，"共产主义革命就是同传统的所有制关系实行最彻底的决裂"[③]。至于如何消灭私有制，马克思、恩格斯指出，首先是"推翻资产阶级的统治，由无产阶级夺取政权"[④]，然后"无产阶级将利用自己的政治统治，一步一步地夺取资产阶级的全部资本，把一切生产工具集中在国家即组织成为统治阶级的无产阶级手里，并且尽可能快地增加生产力的总量"[⑤]。推翻资产阶级统治的目的，将是建立这样一个自由人联合体，"在那里，每个人的自由发展是一切人的自由发展的条件"[⑥]。马克思在《经济学手稿》中进一步指出：在未来的社会制度中，由于社会掌握了生产资料，"社会生产力的发展将如此迅速……生产将以所有的人富裕为目的"[⑦]。恩格斯也指出：在新的社会制度下，"通过有计划地经营全部生产，使社会生产力及其成果不断增长，足以保证每个人的一切合理的需要在越来越大的程度上得到满足"[⑧]。

共产党人之所以为社会主义和共产主义事业奋斗终身，其根本目的是要让广大劳动人民从剥削奴役制度下解放出来，过最幸福、

[①] 马克思，恩格斯．马克思恩格斯文集：第7卷．北京：人民出版社，2009：994．
[②] 马克思，恩格斯．共产党宣言．北京：人民出版社，2018：42．
[③] 马克思，恩格斯．共产党宣言．北京：人民出版社，2018：49．
[④] 马克思，恩格斯．共产党宣言．北京：人民出版社，2018：41．
[⑤] 马克思，恩格斯．共产党宣言．北京：人民出版社，2018：49．
[⑥] 马克思，恩格斯．共产党宣言．北京：人民出版社，2018：51．
[⑦] 马克思，恩格斯．马克思恩格斯全集：第46卷下．北京：人民出版社，1980：222．
[⑧] 马克思，恩格斯．马克思恩格斯选集：第3卷．3版．北京：人民出版社，2012：724．

最美好的共同富裕生活。这是社会主义制度在本质上明显区别于以往一切剥削制度的最根本特点。中国共产党作为马克思主义使命型政党，其初心和使命只能是、必须是致力于实现最广大人民的根本利益，让人民摆脱贫困、过上共同富裕的幸福生活。让人民过上共同富裕的幸福生活，必须要进行分配制度改革，实行新的按劳分配制度。实行新的按劳分配制度，必须要建立生产资料公有制。新中国成立后，经过1953—1956年的社会主义改造，以生产资料公有制为基础的社会主义经济制度的建立，为按劳分配奠定了制度基础。《宪法》第六条明确规定："社会主义经济制度的基础是生产资料的社会主义公有制……社会主义公有制消灭人剥削人的制度，实行各尽所能、按劳分配的原则。国家在社会主义初级阶段，坚持公有制为主体、多种所有制经济共同发展的基本经济制度，坚持按劳分配为主体、多种分配方式并存的分配制度。"针对共同富裕目标的实现，邓小平同志明确指出："我们在改革中坚持了两条，一条是公有制经济始终占主体地位，一条是发展经济要走共同富裕的道路……只要我国经济中公有制占主体地位，就可以避免两极分化。"[1] 公有制为按劳分配提供了制度基础，盲目私有化必然削弱公有制的主体地位，两极分化不可避免，共同富裕的目标是很难达成的。

二、按劳分配有利于共同富裕目标的实现

（一）按劳分配有利于调动劳动者的积极性

向社会主义过渡的完成，为实行单一的按劳分配提供了制度前提。当时，在城市公有制经济和政府事业部门执行同一套职务等级工资制，工资标准是一样的。在农村及集体经济中采取"工分制"，

---

[1] 邓小平. 邓小平文选：第3卷. 北京：人民出版社，1993：149.

原则上体现着按劳动数量和质量的差别，通过货币工资的方式实现个人收入的分配。由于"左"的思想影响，按劳分配原则没有得到有效执行，反而是平均主义分配方式盛行。所以，党的十一届三中全会决议特别强调："必须认真执行按劳分配的社会主义原则。"伴随着社会主义市场经济体制改革目标的确立和"坚持和完善公有制为主体、多种所有制经济共同发展的基本经济制度"的确立，党的十五大报告提出，在分配领域应"坚持按劳分配为主体，多种分配方式并存的制度。把按劳分配和按生产要素分配结合起来"。党的十九届四中全会则把"按劳分配为主体、多种分配方式并存"上升为社会主义初级阶段的三个基本经济制度之一。

按劳分配是公有制经济依据职工的劳动贡献，作为其参与企业收入分配的一种制度安排。从所有制关系看，按劳分配是以生产资料公有制建立为前提的。随着公有制的建立，生产资料的性质发生了本质变化，从剥削手段变为满足劳动者日益增长的物质文化需要的条件。劳动者也摆脱了私有制下受剥削、受奴役的地位，以主人翁的身份同生产资料直接结合，平等地占有和支配生产资料及产品。劳动者由资本主义制度下的被雇佣者，转变为社会主义制度下公有制生产资料的共同主人，从而提高了劳动者的身份与地位，有利于提升劳动者的政治觉悟，激发了劳动者的工作热忱。从分配关系看，按劳分配是对资本主义按资分配（即等量资本获得等量利润）剥削制度的根本否定，解决了资本主义劳动异化问题。在社会主义制度下，劳动者是为自己劳动，劳动成果为社会所共享。劳动者由资本主义制度下的为资本劳动，转变为社会主义制度下的为自己劳动，解决了社会生产的动力机制与激励相容问题。从按劳分配的实施依据看，以劳动为尺度，把职工工资收入与其工作业绩和实际贡献紧密挂钩的分配制度，体现了多劳多得、少劳少得，有利于调动全体职工工作的积极性、主动性和创造性，鼓励劳动者不断提高自己的科学技术知识和劳动技能，积极进行技术改革和技术革命，从而促进了公有制企业经济效益的不断提高和做强做优做大。公有制经济的发展壮大，推动了中国特色社会主义事业的全面、快速和持续发展，使经济规模成倍扩张，不断把社会可分配的"蛋糕"做大。1978—2021年的43年间，我国的国内生产总值由3 678.7亿元人民币增加到1 149 237亿元人民币，增加了311倍，"创造了世所罕见的经济快速发展奇迹和社会长期稳定奇迹"。与此同时，我国GDP在全球的占比由1.8%上升到17%以上，人均GDP从300美元增加到12 500美元，成功从低收入的贫困国家迈入了全面小康社会。这些成就均表明：我国的公有制经济制度调动了劳动者的生产积极性，按劳分配制度也保障了广大劳动者在经济快速发展过程中的参与感、获得感与幸福感。

（二）按劳分配有利于初次分配的公平

按劳分配是人类社会发展史上一种崭新的分配制度，也是一种兼顾效率与公平的分配制度。从理论层面看，公有制企业内部不存在凭借生产资料所有权占有他人无偿劳动的可能性，其利润不是被个人所占有，而是为国家或集体所公有。这样有利于全体社会成员或集体来分享经济发展的成果，从而使得作为生产资料主人的职工在分配中处于有利地位，他们的劳动投入有相对合理的回报。同时，由于公有制经济内部实行的是按劳分配，避免了私有制企业频繁出现的高管天价薪酬现象，尤其是我国国有企业高管薪酬有"限薪令"。公有制经济内部不存在按资分配以及高管薪酬得到约束，为公有制企业职工在初次分配中获得相对较高的收入提供了可能性。从实际情况看，2020年全国国有单位就业人员年平均工资为108 132元，城镇集体单位就业人员年平均工资为68 590元，股份合作单位就业人员年平均工资为 83 655 元，这三类公有单位的年平均工资为 86 792.33 元。城镇私营单位就业人员的年平均工资为 57 727 元，是国有单位就业人员年平均工资的 53.39%，是公有单位就业人员年平均工资的 66.51%。① 在 2020 年，如果把私营单位就业人员年平均工资与公有单位拉平，达到国有单位水平要多支出 29.25 万亿元，达到股份合作单位水平要多支出 15.04 万亿元，达到城镇集体单位水平要多支出 6.30 万亿元，达到这三类公有单位平均水平要多支出 16.87 万亿元。有学者以 2014—2018 年我国 A 股混合所有制上市公司作为研究样本，他们发现：在国企改革中，非国有股东持股比例的增加提高了高管薪酬，国有股权对非国有股权的制衡降低了高管薪酬。

（三）按劳分配有利于劳动成果为社会所共享

初次分配的公平及劳动收入占比的提高，意味着社会收入分配差距是有限的。财富主要来源于收入的累积，有限的收入分配差距决定着财富占有差距也是有限的。有限的收入分配差距和财富占有差距，决定着劳动成果为社会大多数成员所共享，而不是被少数人所挥霍，不会出现富人的宠物营养过剩，而穷人的孩子营养不良。恩格斯在展望未来社会时早就指出，生产资料公有制"由于消除了现在的统治阶级及其政治代表的穷奢极欲的挥霍而为全社会节省出大量的生产资料和产品。通过社会化生产，不仅可能保证一切社会成员有富足的和一天比一天充裕的物质生活，而且还可能保证他们的体力和智力获得充分的自由的发展和运用，这种可能性现在第一次出现了，但它确实是出现了"②。中国人民银行调查统计司城镇居民家庭资产负债调查课题组发布的《2019 年中国城镇居民家庭资产

---

① 国家统计局. 2021 中国统计年鉴. 北京：中国统计出版社，2021：131-138.
② 马克思，恩格斯. 马克思恩格斯选集：第 3 卷.3 版. 北京：人民出版社，2012：670.

负债情况调查》显示，美国净资产最高1‰家庭的净资产占全部家庭净资产的比重为38.6%，中国为17.1%，与美国相比，中国城镇居民家庭财富分配相对均衡。中国城镇居民家庭的住房拥有率为96%，有一套住房、两套住房、三套及以上住房的家庭占比分别为58.4%、31%和10.5%，户均拥有住房1.5套。发达国家的住房自有率大部分在60%左右，截至2017年底，美国为64.2%，日本为61.9%，加拿大为66.5%，英国为64.2%，法国为64.9%。[①] 住房问题既事关民生福祉，又事关社会财富共享。中国作为发展中国家，其住房自有率高出世界平均水平较多，从一个侧面反映了中国坚持和完善公有制为主体、多种所有制经济共同发展的基本经济制度，更有利于劳动成果为社会共享。没有公有制的制度基础，实现共同富裕无疑是无本之木、无源之水。

第三节　公有制经济促进共同富裕的实践逻辑

实践逻辑是指在建设中国式现代化的新征程中，在遵循经济发展规律和推动社会经济高质量发展的前提下，发挥公有制经济对共同富裕促进作用具体路径的必然选择。也就是说，只有这样做才能更好地发挥公有制经济对共同富裕的促进作用。

一、高质量发展中的主体作用

就现实国情而言，我国仍是发展中国家，距离发达国家还有不小的差距，发展仍是解决我国一切问题的基础和关键。[②] 这就意味着

[①] 洪功翔，洪阳. 公有制经济促进共同富裕的历史逻辑、理论逻辑与实践逻辑. 上海经济研究，2022（9）：21-30.

[②] 高培勇，黄群慧. 共同富裕论纲. 广州：广东人民出版社，2022：2.

共同富裕没有捷径，只能在高质量发展中去推进和实现。推动经济社会持续健康发展，更好满足人民群众日益增长的多层次、多方面、多样化的美好生活需要，是我国高质量发展的目标。推动高质量发展与实现共同富裕，是相辅相成、辩证统一的。国有企业是中国特色社会主义的重要政治基础和物质基础，是中国共产党执政兴国的重要支柱和依靠力量。公有制经济既要遵循高质量发展要求，又要在高质量发展中发挥主体作用。

一是成为推动经济增长的助推器。从财政部公布的《全国国有及国有控股企业经济运行情况》（不含国有金融类企业）看，2013—2021年其营业收入由 464 749.2 亿元增加到 755 543.6 亿元，应交税费由 36 812 亿元增加到 53 559.9 亿元，企业利润总额由 24 050.5 亿元增加到 45 164.8 亿元，都实现了较好的增长。保持一定增长速度，对增加就业、增加政府财政收入、助推民营经济发展、做大可分配"蛋糕"都意义重大。

二是成为提升国家竞争力的中坚力量。企业是国民经济的微观基础。国家间的竞争、产业间的竞争，归根结底表现为企业间的实力竞争。在国内竞争国际化、国际竞争国内化的全球化背景下，要维护中国的国际地位和经济利益，提高中国企业的国际竞争力是一条必由之路。作为在国民经济中具有特殊地位的国有企业，理当勇挑重担，努力成长为具备国际竞争力的现代化大企业。

三是成为提高自主创新能力的引领者。创新是引领发展的第一动力。企业之间的竞争在一定意义和程度上表现为科技创新能力的竞争。党的十八大以来，习近平总书记多次就国有企业改革与发展发表重要讲话，提出"国有企业要做落实新发展理念的排头兵、做创新驱动发展的排头兵"，要勇挑重担、敢打头阵，勇当原创技术的"策源地"、现代产业链的"链长"。中国一度是现代科学技术的落伍者，曾是"一穷二白"的国家，又作为世界性科技革命的追赶者，是实行自主创新政策的极少数发展中国家之一。从掌握的关键核心技术方面看，以中央企业为代表的国有企业在诸多领域达到了世界之最和世界领先水平，占领了自主创新的制高点。从弥补国内技术空白方面看，以中央企业为代表的国有企业也取得了不俗的成绩。国有企业在努力实现由"跟跑者"向"并行者"和"领跑者"的发展转变中发挥了重要的引领作用。

四是进一步发展壮大公有制经济。以工业为例，1998—2020年国有控股工业企业资产总额、营业收入、利润总额占规模以上工业企业资产总额、营业收入、利润总额的比例，从1998年的39.2%、52.3%、36.0%分别下降到2020年的38.4%、25.8%、22.4%。从工业看，公有制所占的比重和贡献率出现了持续下降。与此同时，中国近10年的基尼系数一直徘徊在0.45～0.48，反映我们的贫富差距比较大。由于公有制经济内部实行的是按劳分配原则，有利于初次分配的公平，因而为了解决初次分配的公平问题，有必要发展壮大公有制经济，既要在农村深化集体产权制度改革，发展新型农村集体经济[①]，又要在城市鼓励发展国有经济。

二、按劳分配制度的践行者

公有制经济的建立，为实现按劳分配提供了可能性，但并不必然保证按劳分配制度得到遵循。以下两种情况都偏离了按劳分配制度：一是平均主义分配方式。由于社会主义实践的不充分和急于向共产主义过渡思想的影响，在新中国成立后的前30年，我国实行的虽然是单一的按劳分配制度，但平均主义色彩浓厚。在城市，职工

---

① 程恩富，张建刚. 坚持公有制经济为主体与促进共同富裕. 求是学刊，2013（1）：62-67.

的工资在20世纪50年代和60年代前期还有计时工资、计件工资和奖励工资等多种形式，但在"文化大革命"后就逐渐取消了。在农村，实行的是干多干少、干好干坏一个样的工分制。平均主义抑制了人们的积极性和创造性，造成事实上的普遍贫穷。邓小平曾说："过去搞平均主义，吃'大锅饭'，实际上是共同落后，共同贫穷，我们就是吃了这个亏。"① 二是高管薪酬与职工收入差距过大。在20世纪八九十年代，我们在分配制度改革中面对的是如何解决平均主义问题，到新时期则转化为收入差距过大问题，比如出现了高达6 000万元的天价薪酬。2009年9月16日，人力资源和社会保障部联合财政部、国资委等六部委印发了《关于进一步规范中央企业负责人薪酬管理的指导意见》。2014年8月，中共中央政治局通过了《中央管理企业负责人薪酬制度改革方案》，并于2015年初开始实施。为什么在短时期内会从平均主义到收入差距过大呢？主要是国有企业的管理层利用手中掌握的控制权，效仿美国企业的收入分配制度而引致的。这也是国有企业"限薪令"出台的背景。当前，需要加强对国有企业高管收入的监管，"清理借改革之名变相增加高管收入等分配乱象"②。

公有制经济内部按劳分配制度的执行，是通过工资机制来实现的。为了保证按劳分配制度的执行，以下四个方面很重要：一是建立工资总额与经济效益的有效联动机制。经济效益增长，企业工资总额增长；经济效益下降，企业工资总额下降。充分发挥市场机制在公有制企业工资决定中的决定性作用，预防公有制企业"躺平"。二是建立健全以岗位工资为主的基本工资制度。在岗位科学设置、评估的基础上，参考劳动力市场的工资水平并结合企业效益，确定

---

① 邓小平. 邓小平文选：第3卷. 北京：人民出版社，1993：155.
② 习近平. 习近平谈治国理政：第4卷. 北京：外文出版社，2022：145.

不同岗位的工资水平，向关键岗位、核心岗位和决定企业竞争力的高层次、高技能人才倾斜，合理拉开工资收入差距。三是合理确定高管薪酬。公有制企业的高管薪酬水平以略高于关键员工、核心员工为宜，尊重其实际贡献，但不能实现完全市场化的薪酬，这是由中国特色社会主义所决定的。四是健全工资分配监管体制机制。依据《国务院关于改革国有企业工资决定机制的意见》，主要包括加强和改进政府对国有企业工资分配的宏观指导和调控、落实履行出资人职责机构的国有企业工资分配监管职责、完善国有企业工资分配内部监督机制、建立国有企业工资分配信息公开制度、健全国有企业工资内外收入监督检查制度等。

三、让社会共享国有企业发展成果

国有企业的实质是企业生产资料归全体人民共同所有。民营企业的实质是企业生产资料归企业主私人占有。国有企业与民营企业的本质区别是，企业利润归谁占有。国有企业之所以是实现共同富裕的基本依托，是保证人民过上共同富裕幸福生活的制度基础，就在于国有企业的利润为全体人民共同占有。从社会层面看，依据国有企业的产权属性和要求，理所应当要让全体人民分享国有企业的改革成效与发展成果。这是做强做优做大国有企业的目的之所系，也是获得全国人民肯定、支持和拥护之所在。在市场化改革过程中，我们强调了国有企业作为自主经营、自负盈亏的独立商品生产者的地位，忽视了国有企业的"人民性"，或者说国有企业的"人民性"尚未得到充分体现。广大老百姓感受不到国有企业经营好坏与己有关，因而对国有企业的经营、发展状况漠不关心，甚至批评较多。党的十八届五中全会提出："坚持共享发展，必须坚持发展为了人民、发展依靠人民、发展成果由人民共享，作出更有效的制度安排，使全体人民在共建共享发展中有更多获得感,增强发展动力,增进人民团结,朝着共同富裕方向稳步前进。"[1] 让全体人民分享国有企业改革与发展成果,是共享发展、共同富裕的实现机制之一。共享发展、共同富裕是社会主义社会的本质体现,它兼顾了党的事业发展和人民群众根本利益的统一。

让"全体人民"分享国有企业改革与发展成果[2]:一是划转部分国有资本充实社会保障基金。划转部分国有资本充实社会保障基金,有利于人民共享国有经济发展成果,增进人民福祉。国务院印发的《划转部分国有资本充实社保基金实施方案》规定:将中央和地方国有及国有控股大中型企业、金融机构纳入划转范围,划转比例统一为企业国有股权的10%。截至2020年底,符合条件的中央企业和中央金融机构高质量完成了划转工作,共有93家中央企业和中央金融机构总额1.68万亿元的国有资本成功划转,充分体现了国有企业全民所有,发展成果全民共享。二是完善国有资本经营预算制度。自2007年实行国有资本经营预算制度以来,国有资本收益上缴公共财政的比例不断增加,最高已达到30%,因此需要研究确立国有资本收益上缴公共财政的合适比例。更为重要的是,进一步加大国有资本经营预算资金调入公共财政预算的力度,增加民生支出的比例,包括进一步充实社保基金,改善低收入者的生活困境,解决鳏寡老人等特定社会群体与个人的特定需求,像建立针对贫困者的特殊疾病的医疗、教育救助基金等,让国企改革发展成果更多更好地惠及人民群众。三是助推区域经济协调发展。区域发展不平衡是新时代我们面临的主要矛盾之一。推动区域经济协调发展,是贯彻落实新发展理念的需要,是实现高质量发展的需要,是推动共同富裕目标

---

[1] 中共十八届五中全会在京举行. 人民日报, 2015-10-30.
[2] 黄群慧, 等. 新发展格局下的国有企业使命. 北京:中国社会科学出版社, 2022:132.

实现的需要，是新时代解决人民日益增长的美好生活需要和不平衡不充分的发展之间矛盾的需要，各级国有企业要通过投资、帮扶和特殊政策支持落后地区发展。四是进行现金分红探索。在这方面，国外有一些成功经验，国内的一些学者也给出了多个方案，但一定要迈出第一步，这个很重要。让全体人民实实在在感受到生产资料公有制的优越性，也必将唤醒他们关心国有资产运作及打击举报贪污腐败的自觉意识。

四、共同富裕道路的示范引领者

在共同富裕道路上发挥示范引领作用，是由公有制经济的性质及其在社会经济发展中的地位决定的。

一是在初次分配中发挥示范作用。公有制经济的分配制度是基于按劳分配原则构建起来的：一方面，要通过建立正常的工资增长机制以及规范高管收入等构建合理的收入分配格局，要确保职工收入增长速度和经济增长同步、劳动报酬增长速度和劳动生产率提高同步，逐步提高劳动报酬在国民收入初次分配中的比重，激励广大职工的劳动主动性、积极性和创造性，避免不同劳动者之间、劳动与其他生产资料之间出现过大收入差距。另一方面，通过与民营企业在劳动力市场的竞争和横向比较发挥示范作用，为民营企业提供参照系[1]，使更多的民营企业向国有企业看齐，建立合理的薪酬体系，保障职工的收入水平与经济增长同步，在初次分配中能够较好兼顾效率与公平。

二是在乡村振兴中发挥促进作用。城乡差距一直是我国协调发展需要解决的重大问题。[2] 促进农村共同富裕是我们面临的最艰巨、最繁重的任务。国有企业可以通过加强对农村的基础设施建设、投

---

[1] 李善民，等.国有企业与促进共同富裕.北京：中国社会科学出版社，2022：12.
[2] 高培勇，黄群慧.共同富裕论纲.广州：广东人民出版社，2022：25.

资，整合农村地区经济资源，带动农村经济发展。国有企业可以通过对口帮扶等方式建立发展基金，再通过资本下乡，因地制宜地从资金、技术、管理、市场等多个维度为农村地区注入发展动力，纾解发展难题。

三是积极响应党中央提出的发挥第三次分配作用的号召。第三次分配一般是指企业、社会组织、家族、家庭和个人等基于自愿原则和道德准则，以募集、捐赠、资助、义工等慈善公益方式对所属资源和财富进行分配的制度及机制，是对初次分配和再分配的有益补充，有利于缩小社会差距，实现更合理的收入分配。党的十九届四中全会、五中全会，2021年8月召开的中央财经委员会第十次会议都反复强调，要发挥第三次分配的作用，促进慈善事业发展，促进全体人民共同富裕。作为中国特色社会主义重要物质基础和经济基础的公有制经济，毫无疑问要带头响应党中央提出的发挥第三次分配作用的号召。[1]

四是在促进人民精神生活共同富裕中发挥引导作用。共同富裕包括精神层面的共同富裕。国有企业可以通过加强彰显社会主义核心价值观的企业文化建设，坚持诚信经营，充分发挥企业的社会职能，引领社会形成企业服务社会发展、企业发展回馈社会的良好风尚。国有企业应成为自觉履行社会责任的先锋楷模，包括成为民主管理、以人为本的典范，成为诚信经营的标杆，成为社会公益事业的标兵，成为绿色发展的自觉行动者，等等。

五是为民营经济在初次分配中兼顾公平发挥示范作用。由于民营经济具有"五六七八九"的特征，甚至更高，而我们坚持的是"公有制为主体、多种所有制经济共同发展"的基本经济制度，因

---

[1] 李善民，等. 国有企业与促进共同富裕. 北京：中国社会科学出版社，2022：14.

此，即使我们意识到并大力发展公有制经济，但这个发展是坚持"两个毫不动摇"基础上的共同发展，所以很难大幅提高公有制经济在国民经济中的比例，故希望公有制经济在当前阶段通过按劳分配来改变整个社会的初次分配格局是不现实的，有必要引导民营经济在初次分配中主动对标同行业、同地区的国有企业，主动兼顾公平。当然，政府也可以出台指导性意见，比如规定民营企业职工工资与企业效益挂钩、与经营者薪酬挂钩，尽可能使初次分配越来越公平。

共同富裕是一项长期工作和系统工程。尽管政府可以发挥税收的调节作用，同时第三次分配也能发挥一些调节作用，但初次分配的公平是基础。没有初次分配的公平，只依靠政府调节、社会调节是很难实现共同富裕的。这也是资本主义国家收入分配差距越来越大的制度成因。

第二篇

理论述评

贯彻落实"两个毫不动摇"基本方略，既需要从学理上讲清楚其必要性、必然性和来龙去脉，也需要发扬斗争精神，勇于批驳一些模糊观点和错误认识。习近平总书记在2022年12月的中央经济工作会议上指出："一段时间以来，社会上对我们是否还搞社会主义市场经济、是否坚持'两个毫不动摇'有一些不正确甚至错误的议论。我们必须亮明态度、决不含糊，始终坚持社会主义市场经济改革方向，坚持'两个毫不动摇'。"[1] 习近平总书记还强调："中国是一个大国，决不能在根本性问题上出现颠覆性错误。"[2] 两种改革开放观存在是客观事实，本篇通过理论述评的方式，旗帜鲜明地批驳在坚持"两个毫不动摇"基本方略上的一些错误认识、认知，以及学术研究中出现的不和谐现象。

第二篇包括第四章、第五章、第六章。第四章通过理论述评的方式，对"消灭私有制论"、"民营经济离场论"和"新公私合营论"等怀疑、否定民营经济的一些观点及言论进行了批驳，澄清了一些错误认识和不正确观点。第五章通过梳理"所有制中性论"研究中的不同观点，分析了"所有制中性论"错误的根源和产生的消极影响，指出"所有制中性论"不但陷入了西方的话语体系，而且有悖于坚持"两个毫不动摇"。第六章以海外文献关于中国国有企业改革的研究进展为例，揭示意识形态分歧在社会科学研究领域是显而易见的，对为迎合西方语境而发表的一些不利于坚持"两个毫不动摇"、不利于中国特色社会主义市场经济建设的文章和言论，我们要保持高度警醒和鉴别能力，坚决予以驳斥。

---

[1] 习近平. 当前经济工作的几个重大问题. 求是，2023（4）：7.
[2] 习近平. 深化改革开放 共创美好亚太. 人民日报，2013-10-08.

本篇的研究，对"既不走封闭僵化的老路，也不走改旗易帜的邪路"，推动更加成熟、更加定型中国特色社会主义制度的构建和巩固主流意识形态阵地，构建全球化视野下的中国学术话语体系、学科体系和学术体系起到了积极的作用。

第四章
民营经济地位和作用研究的理论论争与评述

伴随着改革开放，我国民营经济从小到大、从弱到强，不断发展壮大，已经成为推动经济社会发展的重要力量。支持民营企业发展，是党中央的一贯方针。然而，社会上时常出现一些怀疑、否定民营经济的言论，引发了人们对民营经济发展前景的担忧。理论争论的背后是政策主张的不同。因此，对这些言论进行梳理、鉴别和评述，有利于正确理解党的所有制政策，坚定民营企业家安心谋发展的信心，更好地坚持"两个毫不动摇"。

第一节 民营经济地位与作用研究的缘起

自人类社会产生以来，出现了很多生产资料所有制形式，但最基本的形式主要有公有和非公有两种。新中国成立后，经过1953—1956年的社会主义改造，我国基本完成了从新民主主义社会到社会主义社会的转变，建立起了以生产资料公有制为基础的社会主义基本经济制度。1956年同1952年相比,国营经济由19.1%上升到32.2%,合作社经济由1.5%上升到53.4%,公私合营经济由0.7%上升到7.3%,个体经济由71.8%下降到7.1%,资本主义经济由6.9%下降到接近于零。[1] 到1978年,在全国工业总产值中,全民所有制企业占77.6%,集体经济占22.4%,个体私营经济几乎不存在。我国的经济结构基本上只剩下全民所有制和集体所有制两种公有制成分,生产资料所有制结构已成为单一的公有制。[2] 但由于急于求成和盲目求纯,因而在一定范围内和一定程度上违背了生产力决定生产关系、生产关系适应生产力发展的规律,不利于社会经济的发展。伴随着社会主义实践的充分展开,我们党对"什么是社会主义""如何建设社会主义"的认识越来越清晰。从1978年党的十一届三中全会开始,我们党不断总结在所有制问题认识上的经验教训,并根据生产力的现实发展情况,不再追求"纯而又纯"的单一公有制形式,实行以公有制为主体、多种经济成分共同发展的方针,逐步消除所有制结构不合理对生产力发展的羁绊,出现了多种经济成分共同发展和公有制实现形式多样化的崭新局面。1981年6月,党的十一届六中全会通过的《关于建国以来党的若干历史问题的决议》,首次提出个体经济是公有制经济的必要补充,认为"国营经济和集体经济是我国基本的经济形式,一定范围的劳动者个体经济是公有制经济的必要补充"。1982年9月,党的十二大报告提出:"由于我国生产力发展水平总的说来还比较低,又很不平衡,在很长时期内需要多种经济形式的同时并存"。1984年10月,党的十二届三

---

[1] 中共中央党史研究室.中国共产党历史:第2卷.北京:中共党史出版社,2011:359-360.

[2] 刘国光,董志凯.新中国50年所有制结构的变迁.中南财经大学学报,2000(1):5-14,123.

中全会通过的《中共中央关于经济体制改革的决定》，首次就外资经济的地位和作用予以明确定位。1987年10月，党的十三大报告提出了社会主义初级阶段理论，并指出社会主义初级阶段的所有制结构应在以公有制为主体的前提下继续发展多种所有制经济，"私营经济一定程度的发展，有利于促进生产，活跃市场，扩大就业，更好地满足人民多方面的生活需求，是公有制经济必要的和有益的补充"。[①]1992年10月，党的十四大报告提出我国经济体制改革的目标是建立和完善社会主义市场经济体制，指出社会主义市场经济体制是同社会主义基本制度结合在一起的，在所有制结构上，坚持以公有制包括全民所有制和集体所有制经济为主体，个体经济、私营经济、外资经济为补充，多种经济成分长期共同发展。1997年9月，党的十五大报告把"公有制为主体、多种所有制经济共同发展"确立为我国的基本经济制度，明确提出"非公有制经济是我国社会主义市场经济的重要组成部分"。1999年，《中华人民共和国宪法修正案》就明确规定："在法律规定范围内的个体经济、私营经济等非公有制经济，是社会主义市场经济的重要组成部分"，"国家保护个体经济、私营经济的合法的权利和利益"。[②] 2002年11月，党的十六大报告提出"毫不动摇地巩固和发展公有制经济"和"毫不动摇地鼓励、支持和引导非公有制经济发展"。党的十七大、十八大都强调坚持基本经济制度，坚持"两个毫不动摇"。党的十八届三中全会提出：公有制经济和非公有制经济都是社会主义市场经济的重要组成部分，都是我国经济社会发展的重要基础；公有制经济财产权不可侵犯，非公有制经济财产权同样不可侵犯。党的十八届四中全会提出要"健全以公平为核心原则的产权保护制度，加强对各种所有制经济组

[①] 沿着有中国特色的社会主义道路前进. 人民日报, 1987-11-04.
[②] 中华人民共和国宪法修正案. 人民日报, 1999-03-17.

织和自然人财产权的保护，清理有违公平的法律法规条款"。党的十八届五中全会强调，要"鼓励民营企业依法进入更多领域，引入非国有资本参与国有企业改革，更好激发非公有制经济活力和创造力"。2016年3月，习近平总书记在参加全国政协十二届四次会议民建、工商联界委员联组会时指出："非公有制经济在我国经济社会发展中的地位和作用没有变，我们毫不动摇鼓励、支持、引导非公有制经济发展的方针政策没有变，我们致力于为非公有制经济发展营造良好环境和提供更多机会的方针政策没有变。"① 习近平总书记"三个没有变"的讲话表明，私营经济还要壮大、不能离场，党支持民营经济发展不是特定阶段的权宜之计。2017年10月，党的十九大报告把"两个毫不动摇"写入新时代坚持和发展中国特色社会主义的基本方略，作为党和国家一项大政方针进一步确定下来。2019年10月，党的十九届四中全会在强调坚持"两个毫不动摇"的基础上提出："健全支持民营经济、外商投资企业发展的法治环境，完善构建亲清政商关系的政策体系，健全支持中小企业发展制度，促进非公有制经济健康发展和非公有制经济人士健康成长。营造各种所有制主体依法平等使用资源要素、公开公平公正参与竞争、同等受到法律保护的市场环境。"②

伴随着我们党对非公有制经济在建设中国特色社会主义中的地位与作用的认识不断深化，鼓励支持非公有制经济发展政策的力度越来越大，我国民营经济也从小到大、从弱到强，不断发展壮大。"截至2017年底，我国民营企业数量超过2700万家，个体工商户超过6500万户，注册资本超过165万亿元。概括起来说，民营经济具

---

① 习近平. 习近平谈治国理政：第2卷. 北京：外文出版社，2017：259.
② 中共中央关于坚持和完善中国特色社会主义制度 推进国家治理体系和治理能力现代化若干重大问题的决定. 人民日报，2019-11-06.

有'五六七八九'的特征,即贡献了50％以上的税收,60％以上的国内生产总值,70％以上的技术创新成果,80％以上的城镇劳动就业,90％以上的企业数量。"① 从国有经济占比较高的工业部门看,2018年国有控股工业企业单位数为18 670个,占整个行业单位数的4.9％,国有控股工业企业资产总计439 908.0亿元,占整个行业的38.8％,国有控股工业企业的主营业务收入为284 730.4亿元,占整个行业的27.13％,国有控股工业企业利润总额为18 583.1亿元,占整个行业的28.0％。② 而在改革开放之初,则是公有制经济一统天下。

尽管党和政府支持民营经济发展的政策是明确的、一贯的和不断完善的,民营企业也获得了非常好的发展,但社会上仍有人发表了一些否定、怀疑民营经济的言论,引发了人们对民营经济前景的担忧。习近平总书记《在民营企业座谈会上的讲话》旗帜鲜明地强调,非公有制经济是我国社会主义市场经济的重要组成部分,民营企业和民营企业家是我们自己人,民营经济只能壮大、不能离场。③ 我们必须按照习近平总书记关于民营企业发展的重要论述,勇于批驳在民营经济发展方面不符合党的大政方针的种种言论,为民营企业和民营企业家安心谋发展营造更好的舆论环境。

第二节 "消灭私有制论"的理论来源与论争

一、"消灭私有制论"的理论来源

关于《共产党宣言》中的"消灭私有制论",学术界围绕其理论地

---

① 习近平. 在民营企业座谈会上的讲话. 人民日报, 2018 – 11 – 02.
② 国家统计局. 2019中国统计年鉴. 北京: 中国统计出版社, 2019: 412 – 419.
③ 习近平. 在民营企业座谈会上的讲话. 人民日报, 2018 – 11 – 02.

位、针对对象、时间进程、现实关系、实现形式等问题展开过讨论，但绝大部分问题没有得到系统的总结，更没有形成确切的论断。[①]"消灭私有制论"再次引起社会广泛关注，起因于2018年1月11日中国人民大学周新城教授在新浪网发表的《共产党人可以把自己的理论概括为一句话：消灭私有制》一文。[②] 该文认为共产党的最终目标是实现共产主义，共产主义是要消灭私有制、实现生产资料社会共同占有的。忘记了这一点，就是忘记了根本，而忘记了根本，就不能说是合格的共产党员。我们之所以还需要发展非公有制经济，是因为我国还处在社会主义初级阶段，生产力落后，需要利用私有制发展生产力。但社会主义初级阶段不是永恒存在的，不是凝固不变的，它将随着生产力的发展向较高级阶段过渡。该文批评了一些身为"共产党员"的人，忘记入党时"为共产主义奋斗终身"的誓词，却竭力批判消灭私有制的思想，主张私有化。该文还对少数学者"鼓吹"的"私有制万岁"进行了批评。这篇文章被《求是》杂志旗下的《旗帜》栏目官方微博转发后，迅速被多家网站以新标题转载，引起广泛关注。

二、围绕"消灭私有制论"的理论论争

针对周新城教授的"消灭私有制论"，有不少学者提出了商榷意见。有学者在2018年1月21日发表的评论认为，《旗帜》的编辑不应该在这个时候转发这个微博，这篇文章产生的实际效果很不好，客观上会引发人们对国家政策可能调整的猜测，给坚持"两个毫不动摇"思想、实现两个百年目标帮了倒忙。实现共产主义是我们党

---

① 张建晓，孙其昂. 改革开放以来国内学者关于"消灭私有制"的争论. 安徽大学学报（哲学社会科学版），2018，42（1）：34-40.

② 周新城. 共产党人可以把自己的理论概括为一句话：消灭私有制. 新浪网，2018-01-11.

的最终奋斗目标,把最终目标与现实倡导混为一谈,危害很大,共产主义的远大理想目标需要我们一代代接续奋斗,一步一个脚印去实现。不忘初心,这个初心指的是为人民谋幸福。脱离实际的冒进,这就是"左",需坚决反对。我们决不能给伟大的新时代添乱抹黑。[①] 肖枫于 2018 年 2 月 23 日在中国江苏网发表《坚持以科学的态度对待〈共产党宣言〉》,并指出:共产主义并不是要废除"一般的所有制",而是要"废除资产阶级的所有制","消灭私有制"是纲领性目标,并不是立即就可以实现的,"只有在实现它的物质条件已经具备的时候,才能成为可能,才能成为历史的必然性"[②]。孙浩认为:《共产党宣言》中的"共产党人可以把自己的理论概括为一句话:消灭私有制"有两重含义,一种是特指消灭资本主义私有制而不是一切私有制;一种是在消灭雇佣劳动制度的意义上主张消灭资本主义私有制。而作为资本主义私有制实质的雇佣劳动制度已经有了大幅度的调整,马克思和恩格斯最推崇并认为最革命的产业工人,也就是现今的工作在生产一线的蓝领工人,不但收入和生活有了很大改善,而且人数越来越少。在资本主义国家 100 多年行不通的东西,如今却有人还要拿到改革开放后的中国来做,是一种食古不化。[③] 李正图分析了"私有制万岁""消灭私有制""消灭公有制"等理论上的错误,提出了在新时代,既要反对"消灭私有制",也要反对"私有制万岁",更要反对"消灭公有制",要坚持以公有制为主体、多种所有制经济共同发展的中国特色社会主义基本经济制度。[④] 董德刚认为:《共产党宣言》所说的"消灭私有制"的前提是资本主义私有制

---

① 胡锡进. 新浪微博,2018 – 01 – 21.
② 肖枫. 坚持以科学的态度对待《共产党宣言》. 中国江苏网,2018 – 02 – 23.
③ 孙浩. 完整掌握马克思主义,只有"在这个意义上"才消灭私有制. 第一财经日报,2018 – 04 – 04.
④ 李正图. 新时代真的需要"消灭私有制"?. 人文杂志,2018 (11):34 – 40.

已经严重阻碍了生产力发展。世界多国实践也证明,即使在170年后的今天,资本主义私有制还能容纳生产力发展,短期内不可能灭亡。所以,我们不应当拘泥于《共产党宣言》的结论,而应把握其深层思想(即生产关系一定要适应生产力状况的规律)。根据我国生产力不发达、多层次、不平衡的实际情况,在继续发展公有制经济的同时,坚定实行多种所有制共同发展的方针。将来,资本主义私有制是要消灭的。[①]

也有学者持有与周新城相同的观点。于鸿君发表文章指出:"马克思主义认为,私有制导致社会不公平,要彻底解决社会不公平问题,消灭私有制是必要条件。当前中国还处在社会主义初级阶段,需要一定程度地利用私有制和市场机制来发展社会主义生产力,但一定要注意预防私有制和市场经济的负面作用,还特别要着力壮大公有制和国有经济,才能确保逐步实现社会公平的目标";否则,"就违背了邓小平同志对社会主义本质的理解"。他还强调:"那些主张私有制永世长存的人,不应该成为共产党的一分子。"[②] 程恩富发表文章指出:"在邓小平的马克思主义思想体系中,只有私有制,才可能有剥削,消灭剥削与消灭私有制是一回事","共产党的远大理想和最终目标是实现共产主义"与消灭私有制是一致的,"逐步消灭私有制,逐步建立公有制,这是共产党人不能忘记的经济初心和必须牢记的经济使命之一","不忘'消灭私有制'的初心,与社会主义初级阶段在公有制为主体的基础上发展私有制,是不矛盾的,是社会主义发展阶段论与最终目标论的辩证统一"[③]。刘柯杰和袁恩桢

[①] 董德刚. 今天应当怎么看消灭私有制. 中国民商, 2019 (5): 22-24.

[②] 于鸿君. 壮大公有制才能实现社会公平. 世界社会主义研究, 2017, 2 (3): 27-29, 126-127.

[③] 程恩富. 新时代为什么要做强做优做大国有企业. 世界社会主义研究, 2018, 3 (3): 35-37.

认为：消灭私有制、建立公有制是人类社会发展的客观规律。在社会主义初级阶段，私营经济作为社会主义市场经济的有机组成部分，将会长期存在。未来私有制的消亡形式将不再是暴力取缔，而是和平消亡。和平消亡的条件是，生产力高度发展，在共同富裕的基础上，真正做到各尽所能、各取所需，过度的财富攫取对个人来说不是幸福而是负担。从时点上讲，这不再是物支配人，而是人得到全面发展的时候。①

第三节 "民营经济离场论"的理论来源与论争

一、"民营经济离场论"的理论来源

2018年9月12日，有自媒体发表署名为吴小平的《中国私营经济已完成协助公有经济发展的任务，应逐渐离场》的文章。② 吴小平认为：私营经济的任务是"协助公有经济实现跨越式发展"，目前已初步完成。因此，"下一步，私营经济不宜继续盲目扩大，一种全新形态、更加集中、更加团结、更加规模化的公私混合制经济，将可能在社会主义市场经济社会的新发展中，呈现越来越大的比重"。吴小平在文章中还分析到，在贸易摩擦愈演愈烈的情况下，以美国为首的一批西方发达国家开始有意识地对中国进行围堵，如果我们不能集中国家财力、物力和人力统筹发展，完全让市场说话，彻底走经济自由化的道路，中国经济社会的改革开放将面临难以想象的压力、阻力，已经取得的优势和成果也可能逐步丧失。

---

① 刘柯杰，袁恩桢．对《共产党宣言》中"消灭私有制"论述的理解．毛泽东邓小平理论研究，2019（1）：47-52，108.

② 吴小平．中国私营经济已完成协助公有经济发展的任务，应逐渐离场．网易，2018-09-12.

吴小平的"民营经济离场论",可谓是"逆改革开放潮流而动、企图开历史倒车的危险想法",其在网上发表后立即引发了舆论大哗。

二、围绕"民营经济离场论"的理论论争

针对吴小平的"民营经济离场论",主流媒体纷纷发文予以批驳。在吴小平发表自媒体文章的第二天,2018年9月13日,《经济日报》在时评版头条率先刊发了题为《对"私营经济离场论"这类蛊惑人心的奇葩论调应高度警惕——"两个毫不动摇"任何时候都不能偏废》[①]的文章。文章指出:对"私营经济离场论"这类蛊惑人心的奇葩论调应高度警惕,改革开放给中国带来了翻天覆地的变化,根本无从得出要对非公有制经济"卸磨杀驴"、以公有制取代非公有制的方式发展混合所有制经济的荒谬结论。文章强调:继续坚持和完善我国社会主义基本经济制度,绝不能逆时代潮流而动,开历史倒车。公有制经济财产权不可侵犯,非公有制经济财产权同样不可侵犯。在毫不动摇巩固和发展公有制经济的同时,必须毫不动摇鼓励、支持、引导非公有制经济发展,激发非公有制经济活力和创造力。"两个毫不动摇"在任何时候都不能偏废。2018年9月14日,《人民日报》发表的《踏踏实实把民营经济办得更好》时评指出:"改革开放40年,中国的民营经济从无到有、从小到大顽强生长起来,为中国成长为世界第二大经济体作出了不可磨灭的贡献";"国家支持民营经济发展,是明确的、一贯的,而且是不断深化的,不是一时的权宜之计,更不是过河拆桥式的策略性利用";当前,中国的经济发展正处于爬坡过坎的关键时期,尤其需要发挥民营经济的

---

① 平言.对"私营经济离场论"这类蛊惑人心的奇葩论调应高度警惕:"两个毫不动摇"任何时候都不能偏废.经济日报,2018-09-13.

作用，以形势严峻为名否定民营经济，会带来"制造市场恐慌情绪"等严重危害，扰乱企业家群体对中国经济的稳定预期。① 2018 年 9 月 14 日，《长江日报》发表《民营经济"离场"是个伪命题》的评论员文章，认为"所谓民营经济离场根本就是一个伪命题，属于无中生有，既非现在和将来的政策，不符合国家的法律制度原则，更非我国经济生活中的事实"，"从我国经济社会生活的实际观察，现在不是要不要让民营经济离场的问题，而是如何促进民营经济健康发展、发展壮大的问题"，"在中国经济提档升级的背景下，一部分民营企业出现经营上的困难、不乏一些企业面临生与死的考验，在某种意义上这是市场经济的正常现象"。② 2018 年 9 月 17 日，《浙江日报》发表《"私营经济离场论"当批》的文章③，认为"私营经济应逐渐离场"，挑战常识，挑战宪法，也有违党和国家的政策，耸人听闻，令人"震惊"，理应当批。在 2018 年 10 月 20 日举行的第四届"2018 复旦·首席经济学家论坛"上，中国经济体制改革研究会原会长、原国家经济体制改革委员会副主任高尚全说，现在社会上出现的奇谈怪论，提出什么民营经济"离场论"、私有制"消灭论"，两论严重干扰了党的路线方针政策发展，干扰了多种所有制经济共同发展，影响了民营经济的共同发展。高尚全说，在我国多种所有制经济中，国有经济和民营经济不是对立的，而是互相依存、互相促进的。但过去的体制是两股轨道运行的，国有经济和民营经济的方针政策，乃至法规都是分别制定的。"民营经济的'离场论'和私有制'消灭论'，都是不得民心的。"④

---

① 李拯. 踏踏实实把民营经济办得更好. 人民日报，2018 - 09 - 14.
② 杨于泽. 民营经济"离场"是个伪命题. 长江日报，2018 - 09 - 14.
③ 刘乐平. "私营经济离场论"当批. 浙江日报，2018 - 09 - 17.
④ 高尚全. 民营经济的"离场论"和私有制"消灭论"，都是不得民心的. 新浪网，2018 - 10 - 22.

第四节 "新公私合营论"的理论来源与论争

一、"新公私合营论"的理论来源

2018年8月18日,有学者在《中国经营报》上发表《去杠杆别成"国进民退"的工具》。① 该文指出:2018年以来,各类国资公司成为 A 股公司控制权转让市场的重要生力军,上半年国资拟参与或已完成的控制权交易涉及上市公司 16 家,其中 3 家为国务院国资委下属上市公司、2 家为地方政府/机关下属上市公司、2 家为中央事业单位下属上市公司、9 家为地方国资委下属上市公司。虽然中央提出的去杠杆主观上没有"国进民退"、打压民营经济的意图,但从此轮"去杠杆"的实际运行结果看,民营经济、民营企业成了最大的牺牲品。该文呼吁,去杠杆千万别成了"国进民退"的工具。2018年9月26日,《经济日报》发表经济时评《民企引入新股东不应"扣帽子"》。② 该文认为:A 股部分上市民企面临股权质押爆仓风险,引入国资股东可能意味着更好的增信渠道、更充裕的现金流以及更多元化的发展,是正常的企业战略选择。有好事者却偏偏紧盯股东背景不放,扣上了"国进民退"、"与民争利"、民企发展前景堪忧的"帽子",实际大可不必。该文认为:从民企转让股权的出发点看,目前引入国资背景的新股东,确实有利于解决民企一些困难。从更长远看,上市民企引入国资背景新股东与混合所有制改革殊途同归,都是为了激发企业活力,提高企业生产效率,实现互利共赢。借用资本市场平台进行股权转让,本质上是一种市场行为,有利于优化

---

① 苏培科. 去杠杆别成"国进民退"的工具. 中国经营报,2018-08-18.
② 周琳. 民企引入新股东不应"扣帽子". 经济日报,2018-09-26.

资源配置，在各类企业间建立良好的竞争和合作关系。在这篇经济时评发表的第二天，"爱思想"网站发表《警惕新的公私合营》专栏文章认为："做实业的民营公司在企业项目的立项、批地、贷款都存在着普遍的，不一视同仁的问题"，"千万不要拿民营企业被迫认可的办法，当作成功的案例予以宣传。过去五十年代经过公私合营，走过的国家资本主义之路，今天绝不再走"。其意思是说，不能通过"新公私合营"之名，行"国进民退"之实。随着这篇"网络文章"的传播，"新公私合营论"不胫而走，争论由此而产生。

二、围绕"新公私合营论"的理论论争

针对"新公私合营论"，《经济日报》在 2018 年 10 月 18 日再次发表时评文章《国企"接盘"民企并非"国进民退"》。① 该文认为：2018 年以来，有 24 家民营企业由于经营问题在股价连续大跌以后，不仅面临股权质押、强制清仓的直接风险，而且面临资不抵债、拖欠银行贷款等连带深层隐患。国资平台适时介入，既可帮助民企缓解债务压力、化解股权质押风险，又可使企业补充资金、扩大再生产，确保社会财富免遭更大损失。该文列举的有关资料显示，2018 年以来，国内 A 股市场上市公司大股东签署股权转让协议共有近 160 起。截至 2018 年 9 月 27 日，只有 24 家将部分股权转让国企，仅占涉及股权转让企业市值的 18.7% 左右，不足 A 股市值的 0.1%。另据媒体公开报道，2018 年前 7 个月，境内上市公司实施并购重组 2 377 单、交易金额 1.36 万亿元。其中，民营企业共发生并购 1 835 单、交易金额 9 795.45 亿元，交易数量和交易金额占比分别为 77.20%、71.76%。大量数据和事实都已充分表明，国有经济与民营经济之间

---

① 平言. 国企"接盘"民企并非"国进民退". 经济日报，2018-10-18.

并不存在此消彼长的相互排斥,更没有"国进民退"的所谓"铁证",反而是更多民营企业充分利用资本市场并购重组,正在成为借势拓展的主角。万向集团公司党委书记、董事长鲁伟鼎认为:所谓"国进民退",其实是不存在的。存在的是优胜劣汰,存在的是科学发展。所以,民企要坚定不移地支持中央提出的"两个毫不动摇"。"作为民企,不要抱怨,而是应该苦练内功,强大自己。"①

中国社会科学院原副院长、学部委员李扬在 2018 年 12 月的"2018(第十七届)中国企业领袖年会"上批评了"新公私合营论"。他认为:改革到今天,突然有人有各种各样关于国企和民企的奇谈怪论,是很怪的,所以不能好了伤疤忘了疼。国企、民企同时存在、共同构成我们经济基础的这样一个判断,是基于中国还处于社会主义初级阶段这个理论的,"哪能搞到几十年就公私合营如何如何,这是非常幼稚、非常狂妄的"。②

第五节 研究评述

一、对"消灭私有制论"理论论争的评述

周新城教授的《共产党人可以把自己的理论概括为一句话:消灭私有制》一文发表后,引发了学界的热议和部分学者对此文的非议。对此,赵磊教授在《消灭私有制,惹恼了谁?》一文中指出:"这里我要提醒大家注意,对于'消灭私有制'的种种指责,马恩早就给予了深刻的揭露和批判,对于针对周文的那些指责来说,马恩

---

① 祝嫣然. 民营经济不会离场,产权制度应与市场化改革同步. 第一财经日报,2018 - 09 - 17.

② 李扬. 企业和企业家是开启未来主力军. 经济参考报,2018 - 12 - 05.

的批判今天依然有效。"①

仔细阅读批评周新城教授的文章，其要义是现阶段提出"消灭私有制"的条件还不成熟，提出"消灭私有制"的时机不合时宜。其实，对什么时候"消灭私有制"，周新城教授在文中说得清清楚楚、明明白白，消灭私有制不可能一蹴而就，消灭私有制不是现在的事，只有当生产力有了充分发展，生产出社会所必需的大量生产资料之后，才能消灭私有制。社会主义初级阶段的生产力发展水平，决定了我们必然要坚持公有制为主体、多种所有制经济共同发展的基本经济制度。我们利用私有制来发展经济，是为最终消灭私有制创造条件，而不是因为私有制是先进的生产关系。② 周新城教授在后来发表的文章中，都反复阐释这些观点。遗憾的是，批评者们只看了文章的标题，没有研究文章的内容，就开始批评指责、断章取义。

消灭私有制，建立无剥削、无压迫的共产主义社会，是共产党人的奋斗目标与"初心"，是共产党人的信仰。但是，如果我们认为我国还处在社会主义初级阶段，实现共产主义还很遥远，而听任"私有制万岁""人间正道私有化""改革就是推行私有化""私有制是符合人性的先进的生产关系"等理论自由传播扩散，对共产党人"洗脑"，则会动摇共产党人的共产主义信念和"初心"。到那时，我们依靠谁？怎么去实现共产主义？从这方面看，周新城教授的文章提醒得对。

二、对"民营经济离场论"的理论评述

针对"民营经济离场论"，出现的是"一边倒"的讨伐声，尤其是主流媒体反应迅速，率先对"民营经济离场论"的观点发文发声。

---

① 赵磊. 消灭私有制，惹恼了谁？. 新浪网，2018-02-01.
② 周新城. 共产党人可以把自己的理论概括为一句话：消灭私有制. 新浪网，2018-01-11.

我们认为,"民营经济离场论"就是一个伪命题,既非国家现在和将来的政策,不符合国家的法律制度原则,违背国家的大政方针,更非我国社会经济发展中的事实。《经济日报》刊发的《"两个毫不动摇"任何时候都不能偏废》的文章指出:自媒体上流传的这类蛊惑人心的奇谈怪论,若不是为了一己之私谋求网络轰动效应和流量收益,便是另有企图、别有用心了,应高度警惕。周新城教授发表文章指出:这篇文章的作者,经过几个月的搜索,也没有搞清楚是谁,更不清楚他写这篇违背我国社会主义初级阶段国情的文章目的何在。这成了一桩悬案,以致人们怀疑是不是有人故意炮制出这种论点的文章,引起舆论的讨伐,以达到宣传自己赞扬私营经济的观点这一目的。也就是说,这可能是一场自导自演的闹剧。①

三、对"新公私合营论"的理论评述

在过去的很多年,很多民营企业已经习惯了高速扩张的模式,甚至冒进扩张、激进并购,一些民企上市公司大股东通过股权质押来融资,更有甚者把经营性融资搞成资本投机,明显金融化。当到了外部环境发生变化的 2018 年时,部分民营企业在股价连续大跌以后,不仅面临股权质押、强制清仓的直接风险,而且面临资不抵债、拖欠银行贷款等连带深层隐患。国资平台适时介入,既可帮助民企缓解债务压力、化解股权质押风险,又可使民企补充资金、扩大再生产,确保社会财富免遭更大损失。但是,有人借机炮制"新公私合营论"等不实言论,引发了人们对民营经济前景的担忧。

其实,随着我国市场经济体制的日益完善,资本市场的收购、兼并、重组完全是市场行为。无论是民营经济之间的并购,国有经

---

① 周新城. 必须运用马克思主义基本原理来分析我国社会主义初级阶段的私营经济问题. 文化软实力,2019,4(1):25-34.

济之间的并购，还是国有经济与民营经济之间的并购，都是市场选择的结果。我们应该尊重市场选择。我们既不能给国有经济收购兼并民营企业扣上"新公私合营""国进民退"的帽子，也不能给民营经济收购兼并国有企业扣上"国退民进"的帽子。资料显示，国内A股市场上民营企业将部分股权转让给国有企业的占比非常低，更多民营企业充分利用资本市场并购重组，正在成为借势拓展的主角。当民营企业经营遇到困难时，国有企业伸出援助之手可谓雪中送炭，理应鼓励倡导，不应该作为"新公私合营""国进民退"案例来大肆渲染、制造混乱。

对"消灭私有制论"的理论来源、论争与评述表明，是社会和学者对周新城教授的文章《共产党人可以把自己的理论概括为一句话：消灭私有制》进行了片面解读。周新城教授的文章说得很清楚，不是在现阶段就要消灭私有制，而是在社会生产力有了充分发展之后；在社会主义初级阶段要坚持公有制为主体、多种所有制经济共同发展的基本经济制度。对"民营经济离场论"的理论来源、论争与评述表明，是个别人利用自媒体别有用心地抛出没有根据、危言耸听、有悖党和国家方针政策的个人观点。对"新公私合营论"的理论来源、论争与评述表明，是少数人乱扣"国进民退"的帽子，国企并购民企是市场行为，而且占比并不高。因此，作为马克思主义理论工作者要勇于站出来，坚持马克思主义的立场、观点和方法，以习近平新时代中国特色社会主义思想为准绳，占领主流理论阵地，勇于批判各种动摇、怀疑坚持"两个毫不动摇"的观点，对一些错误说法要及时澄清，以确保中国改革不犯颠覆性错误。

坚持"两个毫不动摇"是中国改革开放取得辉煌成就的一条基本经验。从国内发展来看，旧中国实行的是多种私有制经济，但发展缓慢，并直接导致中国长期积贫积弱和频遭列强侵略。从国际情况来看，中国以公有制为主体的经济发展，大大超过了在第二次世界大战后纷纷走上了资本主义道路的原殖民地国家，也超过了一切实行私有制的发展中国家。特别是我国改革开放以来的高速发展，超过了从古至今一切实行私有制的国家和社会，其背后的逻辑是国有经济与民营经济相辅相成、相得益彰、共生发展的关系[①]，公有制经济与民营经济均取得了惊人的成就。因此，我们既要增强国有经济的竞争力、创新力、控制力、影响力、抗风险能力，做强做优做大国有企业和国有资本[②]，又要为民营经济营造更好的发展环境，帮助民营经济解决发展中的困难，让民营经济创新源泉充分涌流，让民营经济创造活力充分迸发。[③]

[①] 洪功翔，顾青青，董梅生. 国有经济与民营经济共生发展的理论与实证研究：基于中国 2000—2015 年省级面板数据. 政治经济学评论，2018，9（5）：68-100.

[②] 中共中央关于坚持和完善中国特色社会主义制度 推进国家治理体系和治理能力现代化若干重大问题的决定. 人民日报，2019-11-06.

[③] 习近平. 在民营企业座谈会上的讲话. 人民日报，2018-11-02.

第五章
"所有制中性论"研究的理论论争与评述

马克思主义政治经济学基本原理告诉我们,社会性质是由占主体地位的生产关系决定的。社会主义与资本主义之所以性质不同,在于占主体地位的生产关系是不同的。我们建设的是中国特色社会主义,当然要坚持公有制为主体、多种所有制经济共同发展的基本经济制度。然而,2019年以来,舆论场中却刮起了一波"所有制中性论"的声音。[①] 有部分学者宣扬"所有制中性论"。如果任其扩散、传播,将动摇社会主义市场经济的根基。因此,有必要对其加以总结和评述,以去伪存真,确保改革不犯颠覆性错误。

第一节 "所有制中性论"研究的缘起

从现有的文献看,"所有制中性论"缘起于对竞争中性的研究。大多数研究认为,"竞争中性"一词出自澳大利亚国家竞争政策调查

[①] 周文,包炜杰. "所有制中性论"辨析:争议与问题. 马克思主义与现实,2019(4):152-158.

组于1993年提交的《国家竞争政策报告》（即《希尔默报告》）。[①] 其宗旨是明确政府在市场经济中，对所有企业的商业竞争要保持中性。澳大利亚政府认为，在资源获取和政策支持上，许多国有企业享有所在州政府给予的先天优势，造成资源配置的成本失真和扭曲，提出竞争中性旨在约束政府对市场竞争的歧视性干预，要求联邦政府和各州政府出台的政策及法律应该与竞争法、竞争中性要求保持一致，实现政府干预在国有企业与非国有企业、本州企业与非本州企业之间保持中性。[②] 竞争中性要求澳大利亚联邦政府和各州政府放弃各自特权，形成一个统一的全国市场。有关竞争中性的思想很快就被发达市场经济国家接受。2005年，经济合作与发展组织（Organization for Economic Cooperation and Development，OECD）在《OECD国有企业指引》中就体现了竞争中性的内涵。2009—2012年OECD连续发布了多项关于竞争中性的工作报告，有代表性的是2012年发布的《竞争中性：保持公共部门和私人部门的公平竞争》，它首次确认了竞争中性的8个标准：企业经营形式区分、成本区分、商业回报率对等、公共服务义务补偿合理、税收中性、监管中性、债务中性、采购中性。[③] 既然公平竞争是市场经济发展的要求，那么国有企业也要平等参与国际竞争，不能依靠各种优惠和政府补贴获得竞争优势。因此，欧美等发达经济体积极推动将竞争中性原则纳入双（多）边投资贸易协定，致力于将其国际法化。[④]

竞争中性讨论的是建立统一、开放、平等的市场，使各类市场

[①] 刘戒骄. 竞争中性的理论脉络与实践逻辑. 中国工业经济，2019（6）：5-21.
[②] 张占江. 中国（上海）自贸试验区竞争中立制度承诺研究. 复旦学报（社会科学版），2015，57（1）：154-164.
[③] 王子宁. 竞争中性原则. 金融会计，2018（10）：33-34.
[④] 沈伟，方荔. 国际经贸协定国企条款的立法趋势与中国的立场演化. 国际经济评论，2022（5）：93-114，6.

主体在无歧视的状况下公平参与市场竞争。在中国特色社会主义市场经济发展进程中，虽然没有较早使用竞争中性这一概念，但秉持的发展逻辑是基本一致的。例如，党的十八大报告提出了"保证各种所有制经济依法平等使用生产要素、公平参与市场竞争、同等受到法律保护"①，党的十八届三中全会通过的《中共中央关于全面深化改革若干重大问题的决定》提出了"国家保护各种所有制经济产权和合法利益，保证各种所有制经济依法平等使用生产要素、公开公平公正参与市场竞争、同等受到法律保护，依法监管各种所有制经济"②。可见，竞争中性原则与党的十八大、十八届三中全会精神是完全相符的。2018年10月14日，时任中国人民银行行长易纲在G30国际银行业研讨会上表示："考虑以'竞争中性'原则对待国有企业。"③ 2018年10月15日，国务院新闻办公室举办了2018年前三季度中央企业经济运行情况发布会，时任国务院国有资产监督管理委员会新闻发言人彭华岗在答记者问时表示：国有企业改革的思路、改革的目标就是要使国有企业真正成为自主经营、自负盈亏、自担风险、自我约束、自我发展的独立市场主体，也就是经过改革以后的国有企业和其他所有制企业是一样的，依法平等使用生产要素、公平参与市场竞争，同等受到法律保护，这与"竞争中性"原则是一致的。我们反对因企业所有制的不同而设置不同的规则，反对在国际规则制定中给予国有企业歧视性待遇。2018年11月，时任国家市场监督管理总局局长张茅提道："今后将采取'竞争中立'政策，对外资内资、国有企业和民营企业、大企业和中小企业一视同仁，营造公平竞争的市场环境。"④ 2019年，国务院公布的《政府工作报

---

① 胡锦涛.胡锦涛文选：第3卷.北京：人民出版社，2016：629.
② 中共中央关于全面深化改革若干重大问题的决定.人民日报，2013-11-16.
③ 易纲.中国将考虑以"竞争中性"原则对待国企.中国总会计师，2018（10）：8.
④ 张晨颖.竞争中性的内涵认知与价值实现.比较法研究，2020（2）：160-173.

告》使用竞争中性概念，提出按照竞争中性原则，在要素获取、准入许可、经营运行、政府采购和招投标等方面，对各类所有制企业平等对待。① 此后，对竞争中性的研究悄然兴起。

有学者在研究竞争中性时提出："竞争中性"原则可以进一步延展到"所有制中性"，所有制也要中性，各种所有制制度都是平等竞争，一视同仁的。② 他在另一篇文章中提出：竞争中性原则很重要，但如果没有所有制中性原则，竞争中性原则很难落到实处。因此，建议把所有制中性也作为重要原则，实行"竞争中性＋所有制中性"双重原则。各种所有制都是平等竞争、一视同仁。把握好两个中性原则，不仅是新时期对基本经济制度的创新和发展，而且对深化国有企业改革、促进民营经济发展乃至全面深化改革都有重要意义。③ 这是国内最早出现的主张"所有制中性"的文章。张嘉昕和王庆琦也指出："所有制中性论"由该学者提出。④

第二节 "所有制中性论"的核心观点

有部分学者在研究竞争中性时提出了"所有制中性论"，并由"所有制中性论"引申出一系列观点和主张，其核心观点主要有以下五个方面。

一、所有制中性是竞争中性原则的延展

主张"所有制中性论"的学者认为：竞争中性是市场经济运行

---

① 政府工作报告. 人民日报，2019－03－17.
② 高尚全. 经济工作中把握两个"中性"原则. 同舟共进，2019（9）：35－36.
③ 高尚全. 坚持基本经济制度 把握"两个中性"原则. 宏观经济管理，2019（7）：8－9，12.
④ 张嘉昕，王庆琦. 坚持"两个毫不动摇"是新时代经济发展的必然抉择：警惕"所有制中性论"带来的思想混乱. 毛泽东邓小平理论研究，2019（8）：25－30，108.

过程中存在的一条重要规律,即在市场经济条件下,政府的核心作用在于为各类市场竞争主体提供公平完善的市场环境,不给任何市场主体提供不当的竞争优势,而所有制中性是竞争中性的现实基础和基本前提,没有所有制层面的中性,自然也就不存在竞争领域的中性。有学者认为:现在要深化市场经济改革,而且要由市场决定资源配置,从基础性作用到决定性作用,竞争中性、所有制中性原则就是市场经济的重要规律。既然要搞市场经济,既然市场决定资源配置,理所当然地要搞所有制中性、竞争中性。① 应品广认为:"所有制中性是竞争中性的核心内涵。"他认为:竞争中性语境下的所有制中性具有形式上的所有制中性、实质上的所有制中性和异化的所有制中性三层含义,其中形式上的所有制中性无法消解对国有企业参与全球竞争所引发的贸易扭曲或竞争扭曲的担忧,异化的所有制中性造成实质上的身份歧视,偏离了所有制中性的本来面目,只有实质上的所有制中性符合公平正义的要求。② 刘小玄认为:所有制应是中性的,不是"国有为大";竞争应是中性的,也就是竞争要公平;市场是中性的,即市场交易活动不偏袒任何一方所有者。③ 贾康指出:现实生活中虽已确立了企业"竞争中性"原则,却迟迟未能真正形成与之必然相匹配的"所有制中性"环境。④ 李双金认为:竞争中性作为市场经济的基本规律,恰恰是实现"所有制中性"的基础。⑤

---

① 高尚全. 坚持基本经济制度 把握"两个中性"原则. 宏观经济管理,2019(7):8-9,12.
② 应品广. 竞争中性视角下所有制中性的理论解释. 人文杂志,2022(5):54-64.
③ 刘小玄. 推动技术进步、商业模式、体制机制"三位一体"协同创新. 浙江经济,2023(7):17.
④ 贾康. 双循环发展需要使民营企业继续吃好定心丸. 中央社会主义学院学报,2021(2):176-179.
⑤ 李双金. 改革开放以来中国民营经济发展的理论探索. 上海经济研究,2023(7):53-63.

二、所有制中性是重大理论创新

有学者认为：把握好两个中性原则，不仅是新时期对基本经济制度的创新和发展，而且对深化国有企业改革、促进民营经济发展乃至全面深化改革都有重要意义[1]，对坚持基本经济制度会有良好的正面作用[2]。应品广通过分析认为："所有制中性可视为打破传统理论迷思的新型理论创新，是促进公有制和市场经济紧密结合的制度依据。"他还认为：所有制中性通过确保政府在市场竞争问题上对不同市场主体保持中立，不仅促进竞争公平，也促进竞争自由。所有制中性是公平竞争、自由竞争的内在要求，而坚持公平竞争和实现竞争法治，是我国社会主义市场经济发展的最基本特征和最重要要求，是马克思主义中国化的最新成果。因此，竞争中性语境下的所有制中性可视为对马克思主义政治经济学的创新性发展。[3]

三、摘下企业头上的"所有制帽子"

还有一些学者在发表文章和出席论坛时强调：保持公平竞争需要取消所有制分类，本质上也是主张所有制中性。有学者在中国发展高层论坛2019经济峰会"竞争中立与深化企业改革"分会场上提出："推进竞争中性要摘下企业头上的'所有制帽子'"，以解决对待民营企业"形式上平等而实际上却不平等"的问题，主张"在企业的分类上，不再区分所有制，而是从规模、行业或技术特点等区分"[4]。

---

[1] 高尚全. 坚持基本经济制度 把握"两个中性"原则. 宏观经济管理，2019（7）：8-9，12.
[2] 高尚全. 经济工作中把握两个"中性"原则. 同舟共进，2019（9）：35-36.
[3] 应品广. 竞争中性视角下所有制中性的理论解释. 人文杂志，2022（5）：54-64.
[4] 张一鸣. 推进竞争中性要摘下企业头上的"所有制帽子". 中国经济时报，2019-03-24.

郭莽认为，金融机构主观上存在"国企偏好"，有效解决民营企业融资难、融资贵问题，必须牢牢把握"两个毫不动摇"，破除所有制偏见，落实竞争中性原则。① 有学者认为：建立公平竞争的环境，需要促进消除所有制鸿沟，并指出：如果能摘掉企业"所有制标签"，消除"所有制鸿沟"，突破"姓国姓民"的桎梏，将是生产力的又一次解放，为奔向高收入国家目标奠定基础。② 还有学者认为：进入新时期，改革是关键，应该淡化所有权，强化产权，如果总是在所有制问题上争来争去，就很难突破公有制、私有制这些思想的束缚。他主张："长期应该逐步淡化并取消国企、民企、外企的所有制分类，按照十九大要求，凡是在中国境内注册的企业，在法律上要一视同仁，政策上要平等对待。"③ 有学者表明：当前我国民营企业在发展中遇到的困难，主要是来自税收负担不均等、融资条件不均等、享受的公共服务不均等以及在市场中遭遇政策歧视和区别对待，虽然针对民营企业的显性歧视减少了，但"玻璃门"等隐性歧视增加了，而且门槛变得更高，这些不平等的竞争环境严重影响了民营企业家的信心和积极性。分类管理的措施使得大中型国企拥有优先权利，影响了公平竞争的营商环境，阻碍了民营企业的发展，甚至阻碍了国企主导作用的发挥。因此，短期内需要淡化甚至取消所有制和规模的分类方法，取消对企业的身份标识，不论企业的所有制性质，凡是在中国注册的企业，都受我国法律的保护和政府的管理。④ 石颖主张：为避免国际上对国有企业参与国际竞争的歧视和各种形式的

---

① 郭莽. 破除所有制偏见 落实竞争中性原则 以商业可持续模式解决民营企业融资难题. 新金融，2019（5）：4-5.
② 陈清泰. 发展混合所有制要实现四个目标. 企业文明，2018（7）：27.
③ 杨伟民. 八项改革措施. 财经界，2018（28）：33-34.
④ 刘志彪. 平等竞争：中国民营企业营商环境优化之本. 社会科学战线，2019（4）：41-47.

竞争限制，对布局于一般竞争领域、国有资本仅仅是参股的大量混合所有制企业，可逐步淡化其"国有企业"概念，代之以"国家出资企业"或"国家持股企业"概念。① 丁茂战认为：为民营企业家营造真正公平的竞争环境，需要坚持社会主义市场经济所要求的"竞争中性原则＋所有制中性原则"，即两个中性原则。② 卢现祥和贺芄斐认为："要着力构建以公平为原则的产权保护制度体系，强调竞争中性原则、所有制中性原则、产权安全原则、法治化原则。"③ 张思平认为："在理论上不撕掉所有制'标签'，在实践上不消除所有制'鸿沟'，不突破姓'公'姓'私'的桎梏，我国社会主义市场经济体制和基本经济制度的完善将遇到难以跨越的障碍。"④ 贾康认为："社会上存在着一种根深蒂固的宁左勿右的心态，总是有那么一些观点体现凡事要贴姓社姓资标签的思维定式，一些有影响的人士直接对'所有制中性'概念发起批判，这种氛围使民企在实际生活场景中，往往被打入另册。"⑤

四、应对贸易摩擦要主动落实两个中性原则

有学者认为：中美贸易摩擦是影响我国经济持续健康发展的重要因素之一。为化解风险，我们必须积极主动地采取各项措施。一方面，必须据理力争，坚决回击不合理要求；另一方面，要加快完善社会主义市场经济体制，创造更加公平合理的市场环境，加强核

---

① 石颖. 国际经贸规则中的国企条款演进与应对. 宏观经济管理，2023（10）：68-75，92.
② 丁茂战. 形成强大国内市场路径研究. 行政管理改革，2021（10）：57-64.
③ 卢现祥，贺芄斐. 产权保护公平程度对企业生产率的影响：基于两期世界银行中国企业调查数据的分析. 江汉论坛，2021（9）：67-77.
④ 张思平. 深圳在所有制上如何撕"标签"跨"鸿沟". 中国改革，2023（3）：79-82.
⑤ 贾康. 双循环发展需要使民营企业继续吃好定心丸. 中央社会主义学院学报，2021（2）：176-179.

心竞争力。其中，很重要的一个方面就是要主动落实两个中性原则。两个中性原则缘起于国际贸易中为不同国家、不同所有制经济在市场经济体系中创造公平竞争环境。主动应用和落实"竞争中性"及"所有制中性"，对我国这样以公有制为主体、多种所有制经济共同发展的经济体来说，特别有利于公平市场环境的构建，使国企成为更加纯粹的市场主体，进而保障经济的健康发展。与此同时，两个中性原则在国际上也被广泛接受，主动落实这一原则，有利于我国的国企被国际市场认可。应品广认为：在我国当前深度参与全球经济治理的背景下，以国内制度无法适应"美式"竞争中性要求而对所有制中性避而不谈，并不符合国家利益。正视所有制中性及其可能带来的冲击，并积极寻求国内改革支持，方是正途。更何况，在国际视野下，坚持所有制中性对我国有利。所有制中性意味着对不同所有制企业一视同仁，对国有企业构建专门的、歧视性规则，实际上违背了所有制中性原则。因此，坚持并捍卫所有制中性，有利于国有企业在国际社会追求更广泛意义上的公平竞争。

五、所有制中性具有《宪法》依据

针对学者对"所有制中性论"违反《宪法》规定的批评，应品广回应道：竞争中性语境下的所有制中性是否合乎《宪法》规定，需要从我国的"经济《宪法》"中寻找答案。他这里所指的"经济《宪法》"，是指《宪法》中涉及经济制度的条款总和。他进一步分析认为：《宪法》第十五条"国家实行社会主义市场经济"是"总纲性的基本经济制度条款"，《宪法》第六条"国家在社会主义初级阶段，坚持公有制为主体、多种所有制经济共同发展的基本经济制度，坚持按劳分配为主体、多种分配方式并存的分配制度"是资源配置方式，是资源配置的产权维度和分配维度。所有制结构和分配结构随着资源配置方式的变化而变化，而非相反。所有制和分配制度能够被社会主义市场经济条款所包含，反之则不行。因此，他认为：从逻辑上看，第十五条涵盖第六条，第十五条是总纲性的基本经济制度，第六条是次级基本经济制度，后者不能违背前者。概言之，基本经济制度条款本身的构成具有层次性。也就是说，我国的"经济《宪法》"具有层次性逻辑结构，竞争中性语境下的所有制中性不仅契合总纲性的经济制度条款，而且与次级和配套经济制度条款不冲突，"所有制中性并非否定国有企业或国有经济，只是追求商业领域的公平竞争"，"需要避免对所有制中性的误读"，等等。①

第三节 反驳"所有制中性论"的主要观点

"所有制中性论"尽管是少数学者的观点，但在社会上广泛流传，影响较大，众多学者纷纷发表文章，从多个角度予以反驳。

一、竞争中性推导不出所有制中性

吴宣恭认为："各种所有制由于产权主体不同，必然产生社会性质上的差别，那种否认所有制性质差别的'所有制中性'论是非常错误的，对坚持中国特色社会主义制度和道路具有很大的危害。"他进一步指出：交换和竞争关系是在一定所有制基础上产生的，由生产资料所有制决定，而不能决定所有制。企图借虚幻渺茫的"竞争中性"引申出"所有制中性"，颠倒生产资料所有制与其他生产关系的基本关系，完全是唯心主义行径。所有制中性的说法是自相矛盾的。既然所有制是"中性"的，没有性质的差别，就没有"彼此"

---

① 应品广．竞争中性视角下所有制中性的理论解释．人文杂志，2022（5）：54-64．

之分，那又何必提出"一视同仁"？反过来，既然要求对各种所有制"一视同仁"，那就说明所有制客观上存在性质的差别，才会出现他们认为的"厚此薄彼"，怎么会存在所有制"中性"呢？① 李正图认为：生产力的多层次性，决定着所有制经济中存在着公有制经济为主体、多种所有制经济共同发展，不存在"所有制中性"的生存和发展空间，只存在"公有制为主体、多种所有制经济共同发展"的生存和发展空间。由"竞争中性"推导出"所有制中性"，缺乏逻辑上的必然性，因而不能把"所有制中性"作为当前我国治国理政的重要理念。② 张嘉昕和王庆琦指出："竞争中性本意指以公正平等的原则对待各类市场竞争主体，竞争中性实则是竞争中立，竞争中立得不出企业所有制中性。"正如2018年12月中央经济工作会议提出的"公平竞争"，包括"创造公平竞争的制度环境""坚持公平竞争原则"。然而，"所有制中性论"将自己与竞争中性等同，形成所谓"两个中性"说，这就把竞争的态度转化为性质问题，与中央精神不符。③ 刘谦认为：超脱于具体经济制度、超脱于国家的纯粹市场经济是根本不存在的，在美国与欧盟之间，也同样存在着就商用客机之间的补贴与反补贴斗争，所谓"竞争中性原则"并没有在高度发达的市场经济体中得到完整体现，市场经济条件下既不存在"竞争中性"，也不能够从"竞争中性"中推导出"所有制中性"。④ 简新华认为：竞争中性与所有制中性都不是市场经济的规律，从"竞争中性

---

① 吴宣恭. 破除"所有制中性论"的错误认知. 当代经济研究, 2020 (2): 62-68, 113, 2.

② 李正图. 坚持公有产权主体原则：学理、必然与功能. 华东师范大学学报（哲学社会科学版），2021, 53 (1): 115-128, 173.

③ 张嘉昕, 王庆琦. 坚持"两个毫不动摇"是新时代经济发展的必然抉择：警惕"所有制中性论"带来的思想混乱. 毛泽东邓小平理论研究, 2019 (8): 25-30, 108.

④ 刘谦. "所有制中性"的政治经济学分析：兼论高水平社会主义市场经济条件下所有制探索的基本方向. 政治经济学研究, 2022 (3): 60-68.

原则"也得不出"所有制中性论"。不但如此，竞争中性强调的是"对各类所有制企业平等对待"，是以存在"各类所有制企业"为前提的，也就是以企业所有制非中性（即具有不同所有制性质）为前提的。由此可见，从"竞争中性"不仅推不出"所有制中性"；相反，"竞争中性原则"本身就是否定"所有制中性论"的。[1] 周文和包炜杰认为："所有制中性论"的论据并不成立，尤其是从"竞争中性"推导出"所有制中性"存在明显错误，既不符合实践逻辑，也违背历史逻辑，更是存在理论逻辑的漏洞。"竞争中性"与"所有制中性"没有必然联系，无论是"竞争中性"的概念本身，还是中国改革开放的实践经验，都证明了所有制与公平竞争是两条平行线。[2] 刘士才和宋倩认为："竞争中性"的本意是倡导在不同所有制企业参与竞争时，要对它们采取不偏不倚的态度，从而为企业竞争营造良性运营空间。"竞争中性"与"所有制中性"全然从属于不同体系，从理论和实践逻辑层面都不存在自洽性。[3] 周文和肖玉飞认为：由"竞争中性"和"所有制中立"的国际原则推导出"竞争中性"甚至"所有制中性"，完全是别有意图的偷换概念。[4]

二、"所有制中性论"违反《宪法》

一些学者指出了"所有制中性论"违反《宪法》。《宪法》明确规定："中华人民共和国的社会主义经济制度的基础是生产资料的社

---

[1] 简新华. "所有制中性"是市场经济规律还是谬论？. 上海经济研究，2019（5）：5-10.
[2] 周文，包炜杰. "所有制中性论"辨析：争议与问题. 马克思主义与现实，2019（4）：152-158.
[3] 刘士才，宋倩. 基于马克思主义政治经济学的"所有制中性论"批判. 学校党建与思想教育，2021（10）：20-23.
[4] 周文，肖玉飞. 论社会经济：共同富裕与所有制实现形式创新. 社会科学战线，2023（9）：35-49.

会主义公有制,即全民所有制和劳动群众集体所有制。社会主义公有制消灭人剥削人的制度,实行各尽所能、按劳分配的原则。国家在社会主义初级阶段,坚持公有制为主体、多种所有制经济共同发展的基本经济制度";"国有经济,即社会主义全民所有制经济,是国民经济中的主导力量。国家保障国有经济的巩固和发展";"在法律规定范围内的个体经济、私营经济等非公有制经济,是社会主义市场经济的重要组成部分"。据此,吴宣恭认为:《宪法》的这些规定明确宣示,我国的所有制各具特有的社会性质,地位和作用也不相同,绝不是所谓"中性"的。"所有制中性论"严重违反《宪法》和相关法律,企图破坏社会主义国家的立国根基。简新华认为:"所有制中性论"是公然与《宪法》唱反调的谬论,必须坚决批判,决不能任其肆意流传、泛滥成灾。①

　　针对应品广辩解的"所有制中性具有《宪法》和法律依据",我们认为是不成立的。缘由在于,应品广分析的《宪法》第十五条是"总纲性的基本经济制度条款",涵盖第六条,恰恰颠倒了顺序。首先,从行文顺序看,是先有第六条,后有第十五条;从逻辑方面看,前文是后文的基础,而不是相反。其次,从两者之间的关系看,社会主义市场经济是依附于公有制为主体、多种所有制经济共同发展的基本经济制度的,是社会主义经济制度的体制机制。最后,从社会主义市场经济本身的性质看,之所以是社会主义市场经济,是由生产资料公有制的主体地位决定的,是先有社会主义制度,后有社会主义市场经济。

三、"所有制中性论"违背了马克思主义经济学原理

　　我国之所以是社会主义国家,在于坚持公有制为主体、多种所

---

① 简新华.“所有制中性”是市场经济规律还是谬论?.上海经济研究,2019(5):5-10.

有制经济共同发展的指导思想。简新华指出：由于客观存在的所有者的不同，所有制必然具有不同的性质和特征、必然存在不同类型的划分，不可能是"中性"的。如果没有阶级性、社会性的区别，不存在"姓公姓私""姓资姓社"之分，也就不存在不同所有制之分，也就不存在所有制本身。而且所有制及其不同类型的划分是客观存在，不是哪个人想取消就能取消的。"所有制中性论"否定了我国社会主义市场经济制度的内涵，违背了马克思主义经济学原理。"所有制中性"意指所有制没有阶级性、社会性的区别，这既忽视了所有制的内涵及其基本特征，也不符合实际。所有制是指资产（主要是生产资料）归谁所有的社会关系和制度安排，它是生产关系的核心和基础，不同的社会以不同的所有制为基础。[①] 刘谦认为：一方面，"所有制中性论"忽视了所有制在经济发展中的主体地位以及对于经济社会性质的决定作用。所有制理论在马克思主义政治经济学中占有举足轻重的地位，因为生产资料所有制构成一个经济社会制度的基础，也最终决定着这一特定社会形态的基本性质以及最终发展方向。另一方面，"所有制中性论"只看到了非公有制主体在经济社会发展中的作用，忽视了公有制经济特别是作为公有制主要载体的国有企业在构建及完善国民经济体系、丰富和改善人民生活、维护国家经济安全、完善国家宏观调控以及引领科技创新等方面的积极作用。实际上，在引领科技创新、提升我国国际竞争力等方面，国有企业发挥了举足轻重的作用，在开拓海外市场、加强对外竞争、维护国家经济安全、保障社会民生、贯彻国家重大发展战略等方面，国有企业同样发挥着重要作用。[②] 周文和包炜杰认为："所有制中性

[①] 简新华. "所有制中性"是市场经济规律还是谬论？. 上海经济研究，2019（5）：5-10.
[②] 刘谦. "所有制中性"的政治经济学分析：兼论高水平社会主义市场经济条件下所有制探索的基本方向. 政治经济学研究，2022（3）：60-68.

论"是一个违背马克思主义政治经济学基本常识的伪命题,"马克思主义所有制理论是政治经济学分析的基础",所有制非中性则是马克思主义政治经济学的基本原理之一。这一原理贯穿于马克思毕生研究得出的"两大发现"(即唯物史观和剩余价值学说)之中。从政治经济学角度来看,生产资料所有制必然是非中性的。马克思揭示了在一种社会形态中不同所有制客观存在着主从关系。[①] 周新城认为:马克思主义是最重视所有制问题的,鼓吹所有制中立是从根本上违反马克思主义的。[②] 刘士才和宋倩认为,区分生产资料所有制的性质是马克思主义政治经济学的立论前提。所有制问题之于整个马克思主义理论体系具有举足轻重的地位,马克思主义经典作家甚至将共产党人的使命概括为一句话:"消灭私有制。"在马克思主义的语义下,所有制指生产资料所有制,其理论内涵就是生产资料归谁所有,在此基础上形成劳动者和生产资料相结合的特殊方式,进而决定社会生产的目的和经济活动的方式,并最终成为区分不同社会性质和社会阶段的标志。其中,生产资料归谁所有是其核心要义。马克思也正是在区分生产资料所有制的性质的基础上,建立起他的整个经济理论大厦。[③]

四、所有制本身与不公平竞争没有必然关系

周文和包炜杰认为:公平竞争与所有制分类是两个不同的概念,二者没有必然关系。"竞争中性"通过构建一整套外部约束机制,实现国企、外企、民企等经济主体的竞争平等性,这与我国长期提倡

---

① 周文,包炜杰."所有制中性论"辨析:争议与问题. 马克思主义与现实,2019(4):152-158.
② 周新城. 所有制中立是行不通的. 黄河科技学院学报,2019,21(4):53-57.
③ 刘士才,宋倩. 基于马克思主义政治经济学的"所有制中性论"批判. 学校党建与思想教育,2021(10):20-23.

的对待不同所有制经济应当"一视同仁"是一致的。①张晨颖从竞争中性的内涵出发,提出我国应该走出所有制误区,中小企业在经营中遇到的难题不能归咎于所有制问题,所有制自身的属性与不平等竞争没有直接联系,需要理性看待国企改革与竞争中性的关系。关于国有企业存在的补贴等制度性问题,与其将这些问题归咎为所有制原因,倒不如从补贴等优势的源头,即"行政权力的规范行使"出发,限制不公平的优势,从环境上构建清明的新型政商关系,在制度上依靠公平竞争审查、竞争法等规范。如果非竞争中性的源头得不到限制,即便中国市场上都是民营企业,也不能排除某些民营企业享有特殊的竞争优势,俄罗斯私有化后的经济寡头就是反面代表。具体而言,如果国有企业享受了不公平的补贴:一是要通过公平竞争审查制度追究整改和追究行政机关责任;二是要通过竞争法纠正国有企业因此获得的竞争优势,以此实现竞争中性。②洪功翔和黄月以2013—2019年竞争性领域的A股上市公司为研究样本的实证分析表明:无论从单个指标还是综合水平层面看,国有企业与民营企业之间均不存在"一边倒"的显著差异。③盖凯程等通过实证研究发现:我国公有经济和非公有经济不仅在宏观和中观层面是共同发展、有效竞争的关系,在微观层面更是融合发展、共生共荣的关系。④史际春和罗伟恒认为:我国国有企业并非天然存在不正当竞争优势,国有企业的信用水平一般更高,在纳税、社会保障缴费、环保和清洁生产、还贷等方面普遍遵纪守法,在经营和竞争中负担着

---

① 周文,包炜杰. "所有制中性论"辨析:争议与问题. 马克思主义与现实,2019 (4):152-158.
② 张晨颖. 竞争中性的内涵认知与价值实现. 比较法研究,2020 (2):160-173.
③ 洪功翔,黄月. 国有企业与民营企业公平竞争指标体系的构建与评价. 上海经济研究,2021 (1):66-77.
④ 盖凯程,周永昇,刘璐. "国进民进":中国所有制结构演进的历时性特征:兼驳"国进民退"论. 当代经济研究,2019 (10):15-27,2,113.

更高的制度成本。① 史际春认为：国有企业不但没有所有制补贴和优惠，反而承担着更多的社会责任。②

五、"所有制中性论"的本质是私有化

一些学者指出了"所有制中性论"的本质。吴宣恭认为："所有制中性论"抹杀了不同所有制在社会性质和社会作用上的重大差别，企图采用掩人耳目的手法，麻痹人民维护社会主义公有制经济的信念，将使私有制得以随意进入国民经济的关键、要害部门，挤占和取代公有制的主体地位以及国有经济的主导地位，最终瓦解社会主义制度。③ 周新城认为：主张所有制中立，实际上是从根儿上否定社会主义初级阶段的基本经济制度，因为基本经济制度恰恰是建立在区分不同所有制性质、地位和作用的基础上的。鼓吹所有制中立，目的正是取消公有制的主体地位，推行私有化，改变我国的社会主义颜色。但他们披着学术的外衣，拐着弯说，容易蒙骗人，所以值得警惕，必须批判。④ 周文和包炜杰认为："所有制中性论"表面上看似不偏不倚、客观公正，实则剑指国有企业，试图淡化国有企业的所有制属性，变相主张"国退民进"。⑤ 简新华认为："所有制中性论"表面上公平公正、不偏不倚，实际上其矛头所向，不是民企而是国企，是要取消国企、取消公有制，把国企变成民企（私企）或者混合所有制企业，改变国企的公有制性质、变成与民企（私企）

---

① 史际春，罗伟恒. 论"竞争中立". 经贸法律评论，2019（3）：101 - 119.
② 史际春. 公司资本制度和国企混合所有制改革. 经济法学评论，2015，15（1）：317 - 339.
③ 吴宣恭. 破除"所有制中性论"的错误认知. 当代经济研究，2020（2）：62 - 68，113，2.
④ 周新城. 所有制中立是行不通的. 黄河科技学院学报，2019，21（4）：53 - 57.
⑤ 周文，包炜杰. "所有制中性论"辨析：争议与问题. 马克思主义与现实，2019（4）：152 - 158.

一样的私有制性质或者公私混合的所有制。在他们看来，这样企业就不存在不同所有制的区分了，就成为所谓"中性"的了。实质上，这就是要实行私有化。[1] 刘士才和宋倩认为："所有制中性论"的观点表面上是在以价值中立的态度关注我国经济领域客观存在的所有制歧视现象，但实际上是将公平竞争与所有制属性相捆绑，进而主张淡化公有制。毫无疑问，这会动摇经济体制改革的方向，使得中国特色社会主义政治经济学的发展误入歧途。因此，在全面深化经济体制改革的过程中，需要用马克思主义政治经济学的"望远镜"和"显微镜"，认清"所有制中性论"的谬误和危害，坚定马克思主义政治经济学的思想指导，不断创新发展中国特色社会主义政治经济学，推动中国特色社会主义经济建设顺利进行。[2] 周文和肖玉飞认为："所有制中性论"具有强烈的价值立场，取消"所有制标签"是"国退民进"论的变相表达。[3]

第四节　对"所有制中性论"论争的评述

对"所有制中性论"论争双方观点的梳理，我们完全同意反驳者的观点和学术立场，以下几个方面值得我们重视。

一、"所有制中性论"命题本身不成立

所有制是社会生产资料属于哪个所有者所有的制度安排，是社

---

[1] 简新华. "所有制中性"是市场经济规律还是谬论？. 上海经济研究，2019（5）：5-10.
[2] 刘士才，宋倩. 基于马克思主义政治经济学的"所有制中性论"批判. 学校党建与思想教育，2021（10）：20-23.
[3] 周文，肖玉飞. 论社会经济：共同富裕与所有制实现形式创新. 社会科学战线，2023（9）：35-49.

会生产关系的核心和基础。它决定着人们在社会生产中的相互关系、地位和产品分配的形式。生产资料所有者可以是个人、集体、集团（法人）、国家或者社会。生产资料所有者的多重属性，决定着所有制的不同性质和特征，决定着所有者必然存在不同的类型。不同社会的所有制基础是不同的。依据所有者的构成及其性质和特征的不同，所有制主要存在四大类：私有制，即生产资料所有权属于私人所有，企业资产所有权量化到个人；集体所有制，即生产资料所有权属于集体共同所有，企业资产所有权量化到集体组织；全民所有制，即生产资料所有权属于全民共同所有，企业资产所有权不量化到个人；混合所有制，即生产资料所有权属于参与混合的个人和公有制企业或者单位共同所有，资产量化到参与混合的个人和公有制企业或者单位，是公有与私有的混合。所有制本身的性质是客观存在的。"各种所有制都要平等竞争、一视同仁"，实际上讲的是在市场竞争中对待或者处理各种不同所有制应该遵循的原则和政策，并不是各种所有制本身的性质。所有制本身的性质是由其所有者的属性决定的，是有异质性的，是改变不了的。就像我们讲的男女平等一样，讲的是不要有性别歧视，但性别不同是客观存在的现实。少数学者尽管界定了所有制中性的概念，但从其概念本身的内涵看，实质上反映的是竞争中性。例如，高尚全先生认为："所有制中性，就是各种所有制企业之间不仅要平等竞争，而且要一视同仁，不分我高你低，不因所有制差别而产生歧视，也不应对不同所有制规定专门的限制措施。"应品广认为：他在文章中所指的所有制中性是在竞争中性语境下展开，指政府在市场竞争问题上对不同所有制企业一视同仁，不因所有制而赋予特定市场主体（特别是国有企业）竞争优势，而非指不同所有制在市场准入、要素获取、功能定位等方面均等同。李双金的所有制中性，指的是平等对待各类所有制企业，不针对特定所有制出台特定限制措施，保障所有性质的企业都能公平参与市场竞争。显然，高尚全、应品广、李双金的所有制中性概念界定，谈的是公平竞争问题，而不是所有制中性问题。世界上各个国家选择什么样的所有制结构，是由其发展历史、文化和国情等多方面因素共同决定的。无论是在发达国家还是在发展中国家，无论是在社会主义国家还是在资本主义国家，多种所有制经济均不同程度地存在，这也说明了所有制分类是客观存在的。

二、公平竞争的体制机制建设卓有成效

随着整个经济体制改革的推进，多种所有制经济共同发展的基本局面已经形成，国有经济、集体经济、私营经济、外资经济之间总体上处于平等竞争环境：一是从国有企业看，经过40多年的深入改革，大多数国有企业早已建立了现代企业制度，成为依法自主经营、自负盈亏、自担风险、自我约束、自我发展的独立市场主体。二是从国有商业银行看，现已纷纷股改上市，具有完全的决策权与经营自主权。其贷款发放有严格的审批程序和风险控制系统，它们只对好企业有偏好，而且银行间竞争激烈，但无所有制偏好。地方政府只能通过经常举办银企对接会的方式，加强金融机构与本地企业的联系、了解，希望为本地企业多提供融资支持。地方政府不会干预，也干预不了商业银行的贷款决策。三是从政府部门看，国有企业都进行了公司制改造，过去"政资不分"的局面已改变，而且是由国有资产管理部门行使所有者职能，政府要按照市场经济发展规律来管理经济，失去了偏袒国有企业的体制基础。同时，减税、退税或抵免税的政策性很强，要按国家税收政策办理，而且地方政府的税收减免空间是比较小的。四是从国家政策看，党中央反复强调："公有制经济和非公有制经济都是社会主义市场经济的重要组成

部分，都是我国经济社会发展的重要基础"，"必须毫不动摇地巩固和发展公有制经济"，"必须毫不动摇地鼓励、支持和引导非公有制经济发展"。此外，坚持"两个毫不动摇"被写入《中国共产党章程》和《宪法》，这就意味着为公有制经济与非公有制经济创造了平等竞争环境，是国家长期遵循的大政方针。

此外，2005 年 2 月国务院颁布了"非公经济 36 条"[①]，2010 年 5 月国务院颁布了"新非公经济 36 条"[②]，鼓励和引导民间资本进入法律法规未明确禁止准入的行业和领域，逐步为民营企业拓宽准入领域和范围，以期破解民营企业市场准入的"堵点"，为民营企业创造公平竞争的市场环境。党的十八大以来，以习近平同志为核心的党中央牢牢把握社会主义市场经济的发展规律与本质特征，比过去任何时候都更加重视市场公平竞争和民营经济发展壮大[③]，出台了《国务院关于在市场体系建设中建立公平竞争审查制度的意见》[④]《中共中央 国务院关于构建更加完善的要素市场化配置体制机制的意见》[⑤]《中共中央 国务院关于新时代加快完善社会主义市场经济体制的意见》[⑥]《中共中央 国务院关于加快建设全国统一大市场的意见》[⑦] 等一系列政策。2023 年 7 月，中共中央、国务院在现有工作格局的基

[①] 国务院关于鼓励支持和引导个体私营等非公有制经济发展的若干意见. 人民日报，2005－02－25.

[②] 国务院关于鼓励和引导民间投资健康发展的若干意见. 人民日报，2010－05－15.

[③] 孙晋. 习近平关于市场公平竞争重要论述的经济法解读. 法学评论，2020，38（1）：1－13.

[④] 国务院关于在市场体系建设中建立公平竞争审查制度的意见. 中国价格监管与反垄断，2016（6）：4－6.

[⑤] 中共中央 国务院关于构建更加完善的要素市场化配置体制机制的意见. 人民日报，2020－04－10.

[⑥] 中共中央 国务院关于新时代加快完善社会主义市场经济体制的意见. 人民日报，2020－05－19.

[⑦] 中共中央 国务院关于加快建设全国统一大市场的意见. 人民日报，2022－04－11.

础上颁发了《关于促进民营经济发展壮大的意见》①，就新时代持续破除市场准入壁垒、全面落实公平竞争政策制度、进一步优化民营经济发展环境、促进民营经济发展壮大，作出具体部署。同时，还在国家发展改革委设立民营经济发展局②，以进一步加强对民营经济发展工作的统筹协调，巩固拓展现有工作成果，为民营经济发展营造更优环境，为民营经济发展提供更有力支持。正是在国家政策的支持下，我国非公有制经济从无到有、从小到大，不断发展壮大，以至当前非公有制经济在国民经济中所占的比例与贡献比"五六七八九"还要大。③ 因此，如果要说不公平竞争，可能是国有企业得到的各种优惠政策要少于中小民营企业，国有企业的税收负担要高于民营企业，国有企业执行国家政策比民营企业更坚决。

然而，一些学者罔顾事实，片面地坚持"中国的企业存在'所有制鸿沟'""政府不能公正地对待国企和非国企，政府就会偏袒国有企业""国有企业与私有企业之间不可能有公平竞争，国有企业在融资、税收、土地等方面肯定会享受很多的特权""国有企业存在本身就是问题"，没有民营化就没有市场化。其动机和逻辑是，只要有国有企业存在就不可能有公平竞争，就不可能建立完善的市场经济体制，除非对"国有企业进行民营化"，除非把"国有企业的比重降到10％以下"，其政策主张昭然若揭。对此，我们要有足够的清醒。

三、取消所有制分类陷入西方话语体系

改革开放以来，中国不断实现的跨越式发展，引起美国对中国崛起的担心及对华政策的根本性改变。④ 2022年10月，拜登政府出

---

① 中共中央 国务院关于促进民营经济发展壮大的意见. 人民日报，2023-07-20.
② 进一步激发民营经济活力动力. 人民日报，2023-09-05.
③ 易宪容. 非公有制经济仍是社会主义市场经济的重要组成部分. 光彩，2022（11）：8.
④ 钟飞腾. 中国式现代化与中美竞争. 东南亚研究，2022（6）：69-95，155-156.

台的《国家安全战略》报告，更是将中国视作美国今后一段时期在经济、外交、军事和技术领域唯一的最大竞争者，比特朗普政府2017年底发布的《美国国家安全战略》报告对中国的定位更为严厉。[①] 在此定位下，近些年美国打压、遏制中国的力度和范围都是前所未有的。针对中国国有企业已成为美国跨国公司在国际市场上有力的竞争对手，它们认为中国国企才是"最大威胁"。因此，美国站在西方国家私有制市场经济的立场上，罔顾中国已构建起公平竞争体制机制的事实，以国有企业影响市场公平竞争、扭曲市场资源配置为由，开动舆论机器，对竞争力越来越强的中国国企进行疯狂"围剿"，其本质就是要削弱中国企业竞争力，力图捍卫其经济霸权宝座。国有企业是中国特色社会主义的重要物质基础和政治基础，是中国特色社会主义经济的顶梁柱，是党执政兴国的重要支柱和依靠力量。西方一些人把矛头对准我们的国企，抹黑国企，说是要"公平竞争"，实际上醉翁之意不在酒，是要搞垮中国共产党领导和我国社会主义政权的重要物质基础和政治基础。我们不能上当![②]

事实上，大量研究表明，所有制本身与不公平竞争没有必然关系。石颖根据2013—2022年我国A股上市公司数据研究发现：民营企业和外资企业的补贴资产比分别为1.02%和0.89%，高于中央企业的0.78%和地方国企的0.82%；国有企业的平均融资成本为0.79%，高于民营企业的0.18%和外资企业的0.41%，国有企业在政府补贴、融资成本方面并不存在优势地位。[③] 在西方主导的经济全球化中，国际经贸游戏规则主要由西方制定，这些规则具有明显的

---

① 钟飞腾. 中国式现代化与中美竞争. 东南亚研究，2022（6）：69-95，115-156.
② 宋方敏. 坚持"国有企业做强做优做大"和"国有资本做强做优做大"的统一. 红旗文稿，2018（2）：19-21.
③ 石颖. 国际经贸规则中的国企条款演进与应对. 宏观经济管理，2023（10）：68-75，92.

国际政治色彩和强烈的价值观及立场性。那种认为应对贸易摩擦要主动落实"两个中性"原则的观点,取消所有制分类的观点,显然陷入了西方话语体系,殊不知"剿杀"国有企业是美国搞垮中国的一场阴谋。遗憾的是,国内有学者在发表文章时已经陷入了"所有制中性论"话语体系。例如,陈志认为:要坚持竞争中性和所有制中性原则,推动产业政策向创新政策转型,创新政策向功能型政策转型,突出企业创新政策的普惠性和公平性。[①] 冯德连认为:发展更高层次的开放型经济,需要在竞争中性、规则中性、政策中性、产业中性、所有制中性等方面,出台一系列有利于国内制度型开放的新政策举措。[②] 朱福林等认为:通过利用外资助力我国经济高质量发展,必须进一步推进制度型开放、所有制中性开放、竞争中性开放。[③] 陆铭在文章中写道:上海要建设成为领先全球的国际经济中心,需要在知识产权保护和所有制中性等方面,率先建设成为与国际规则对接的城市,并参与国家在国际经贸规则制定方面的工作。[④]《经济观察报》社论呼吁,梳理修订相关法律法规政策,应该以所有制中性和竞争中性为原则。[⑤] 杜玉琼和黄子淋在文章中写道:就美欧日提出的 WTO 补贴规则改革建议,应以 WTO 补贴规则的"所有制中性"和"行为中性"为准绳,准确判别其对 WTO 原则和竞争中立的偏离。[⑥] 朱福林在文章中写道:中国不断加快推进服务业高水平开放,需要继续严格落实公平竞争审查制度,推行制度型开放、所

[①] 李晓红. 精准发力 打赢科技体制改革攻坚战. 中国经济时报,2021 - 11 - 29.
[②] 冯德连. 双循环发展战略的对外开放特征与路径. 学术界,2021 (10): 87 - 93.
[③] 朱福林,何曼青,孙宇. 利用外资这十年: 前景展望与政策建议. 中国外资,2022 (17): 24 - 26.
[④] 陆铭. 上海建设国际经济中心升级版的战略思路研究. 科学发展,2023 (3): 39 - 47.
[⑤] 民营经济再"破壁",破什么. 经济观察报,2023 - 02 - 17.
[⑥] 杜玉琼,黄子淋. 竞争中立国际规则的路径分歧与中国合作选择. 社会科学研究,2023 (1): 112 - 122.

有制中性开放和竞争中性开放。① 全毅在文章中写道:"当前,中国亟须基于竞争中性原则加快国有企业与补贴政策改革,根据公益性与商业性对国有企业进行分类管理,除公益类国企之外,对所有国企、民企、外资等各类市场主体一视同仁,营造公平竞争的市场环境。同时,要求WTO改革时坚持所有制中性原则,避免造成新的所有制歧视。"② 对此,习近平总书记早就提醒道:"实际上我国哲学社会科学在国际上的声音还比较小,还处于有理说不出、说了传不开的境地。要善于提炼标识性概念,打造易于为国际社会所理解和接受的新概念、新范畴、新表述,引导国际学术界展开研究和讨论"③,"建构中国自主的知识体系"④。基于目前这种状况,做好以下几方面工作是重要的:第一,要积极宣传我国社会主义市场经济建设所取得的成效,宣传公平竞争也是我国社会主义市场经济建设所追求的目标。第二,学术界应通过深入的理论研究,从学理上阐明我们独有的竞争优势的深刻道理,形成新的国际竞争理论和竞争中性的新道德标准,占领国际经贸领域游戏规则的道德制高点。第三,积极参与双(多)边国际规则及规则平台的构建与完善,清晰阐述我国在国有企业的补贴机制、市场准入等相关议题的立场,进而发出中国声音、提出中国主张、形成中国模式,利用"一带一路"倡议、上海合作组织等平台,对国际经贸规则形成影响。⑤第四,有关报纸、杂志要提高政治站位和政治敏锐性,把好政治关,

---

① 朱福林. 入世20年中国服务贸易发展基本图景:历程、特征与经验. 区域经济评论,2022(4):112-122.
② 全毅. 中国高水平开放型经济新体制框架与构建路径. 世界经济研究,2022(10):13-24,135.
③ 习近平. 习近平谈治国理政:第2卷. 北京:外文出版社,2017:346.
④ 习近平在中国人民大学考察时强调:坚持党的领导传承红色基因扎根中国大地 走出一条建设中国特色世界一流大学新路. 人民日报,2022-04-26.
⑤ 石颖. 国际经贸规则中的国企条款演进与应对. 宏观经济管理,2023(10):68-75,92.

不发表陷入西方话语体系的文章，以免给国际谈判和实际工作造成被动。

四、竞争中性的应用应充分考虑我国的基本国情

竞争中性理念的国际影响越来越大，以至成为国际市场的通行规则，逐渐体现在多种类型的国际贸易和投资协定中，甚至成为加入某些国际协定的必备条件。比如美国联合澳大利亚、欧盟等国家和区域组织，在国际贸易和投资谈判［如《跨太平洋伙伴关系协定》(Trans-Pacific Partnership Agreement，TPP)］中特意加入竞争中性议题，成为一项新的国际贸易和投资规则。我国已经加入或正在申请加入的一些区域贸易协定，如《全面与进步跨太平洋伙伴关系协定》(Comprehensive and Progressive Agreement for Trans-Pacific Partnership，CPTPP)、《区域全面经济伙伴关系协定》(Regional Comprehensive Economic Partnership，RCEP) 等，都包括竞争中性的内容。同时，我国正在积极打造开放层次更高、营商环境更优、辐射作用更强的对外开放新高地，因此我国必须认真研究国际贸易协定中竞争中性的有关规定和做法。值得注意的是，竞争中性在中国的应用与导入，不能只是简单地照搬照抄西方发达国家的做法，也不能只是理论的简单套用，而是需要充分结合中国的特殊国情进行"中国化"。一是肯定我国市场经济引入竞争中性的必要性，同时警惕西方借竞争中性名义打击中国国有企业的扼华图谋。[①] 二是要以坚持"公有制为主体、多种所有制经济共同发展，按劳分配为主体、多种分配方式并存，社会主义市场经济体制等社会主义基本经济制

---

① 沈伟，黄桥立，张龙昊. 竞争中性原则例外规则及其对国企改革的适用. 武汉科技大学学报（社会科学版），2021，23（2）：194-204；余菁. 竞争中性原则的政策应用. 求是学刊，2020（2）：85-94.

度"为基本前提①，动摇公有主体，不符合中国特色社会主义市场经济的本质特征。实行适合中国国情的竞争中性，同时建立公有经济主体可执行的监控体制，才能落实基本经济制度，保证公有经济的主体地位，使不同经济成分相辅相成、共同繁荣。② 三是以竞争中性为指引、以功能分类细化为基础，进一步深化国有企业分类改革，将国有企业的一般性特征与特殊性功能区分开来，针对不同类型国有企业的改革，关注它们对于竞争中性的不同维度要求。四是中国国有企业群体庞大，在国家经济体系和经营运行中具有无法替代的地位与作用，而绝大多数西方发达国家的国有企业数量和占比都较小，国有企业所从事的经营活动范围较窄，影响力也有限。这意味着竞争中性在中国的应用和导入意义更大，但难度也更大。竞争中性在中国的形成无法套用国外模式，决不可能通过激进的方式一蹴而就，而是需要沿着"弱竞争中性—强竞争中性—完全竞争中性"的路径循序渐进地实现。③

竞争中性原则与我国市场经济发展目标和国有企业改革方向是一致的，我国的国有企业早已改造成自主经营、自负盈亏的独立市场主体，而且大量实证研究表明：公平竞争与所有制结构没有必然联系，甚至我国的国有企业享有的优惠政策反而少于民营企业，因此我们在严格运用《中华人民共和国反垄断法》和公平竞争审查制度两大类工具的同时，更要坚决抵制以美国为代表的欧美国家单独针对国有企业设立的带有所有制歧视的待遇规则。

值得注意的是，"所有制中性论"的本质是取消所有制分类，与

---

① 肖红军，黄速建，王欣. 竞争中性的逻辑建构. 经济学动态，2020（5）：65-84.
② 武建奇，高济华. 论竞争中性和公有主体. 河北工程大学学报（社会科学版），2022，39（1）：1-7.
③ 肖红军，黄速建，王欣. 竞争中性的逻辑建构. 经济学动态，2020（5）：65-84.

我们正在建设的中国特色社会主义是格格不入的。况且,"所有制中性论"命题本身也是不成立的。为避免改革犯颠覆性错误:一方面,我们一定要严格区分一般学术讨论与改革路线选择之争,防止少数学者借学术问题讨论之名,宣传新自由主义的改革主张;另一方面,我们不能片面地、被动地与国际接轨,而是要从我国国情出发,不能迷失方向,不能陷入西方话语体系。同时,我们要做坚定的马克思主义者,以习近平新时代中国特色社会主义思想为根本遵循,发扬伟大斗争精神,敢于向新自由主义、私有化主张者亮剑。

第六章
海外文献关于中国国有企业改革的研究进展与评述

随着中国经济的强势崛起，中国问题引发了国际学界的研究兴趣，海外中国研究成果不断涌现。其中，有部分学者对中国国企改革与发展给予关注，并在海外期刊上发表了大量关于中国国企改革的研究成果。同时，国内众多学者（尤其是有海外背景的学者）也在海外期刊上发表了众多关于中国国企改革的研究文献。为了解海外文献关于中国国有企业改革的研究进展，本章通过 WOS 平台进行检索，选取了 1979—2019 年的 SSCI 相关文献进行研究，检索日期截至 2020 年 3 月 30 日。本章涉及的期刊影响因子、期刊分区等信息数据均来自 Clarivate Analytics 于 2019 年 6 月 20 日发布的期刊引用报告，囊括 61 门学科 4 616 本 SSCI 期刊的相关信息数据。在此基础上，本章选择信息可视化软件 VOSvewier 对标题、摘要和关键词中的重要词汇进行了共现分析，深入探析了每篇文献的研究内容，力求全面反映它们的核心信息，发现这些文献的研究内容主要聚焦于国有企业全要素生产率（total factor productivity，TFP）和绿色全要素生产率（green total factor productivity，GTFP）、国企效率、国企改制动因及方式、国企改制有效性、国企与民企关系五个方面。

第一节 关于中国国有企业 TFP 与 GTFP 的研究

一、关于中国国有企业 TFP 的研究

早期的海外研究主要是从全要素生产率（TFP）的角度来讨论国有企业改革的。Jefferson 等测算出 1980—1988 年国有企业 TFP 在改革后有显著增长，年均增长率大约为 2.4%[1]。Groves 等测算了 1980—1989 年国有企业中食品生产企业 TFP 的年均增长为 2.3%，电子企业 TFP 的年均增长为 7.9%[2]。Jefferson 等估算了国有企业 TFP 增长率在 1980—1984 年是 1.8%，1984—1988 年是 3.0%，1988—1992 年是 2.5%[3]。Woo 等使用了 1984—1988 年 300 家大中型国有企业的数据，研究发现：在此期间，国有企业 TFP 的增长至多为零[4]。Chen 等测算了 1953—1985 年国有企业 TFP 的年增长率，其中 1978—1985 年国有企业 TFP 的增长率达到 4.8%～5.9%[5]。

---

[1] Gary H. Jefferson, Thomas G. Rawski and Yuxin Zheng, "Growth, Efficiency, and Convergence in China's State and Collective Industry," *Economic Development and Cultural Change*, 1992, vol. 40, no. 2, pp. 239–266.

[2] Theodore Groves, Yongmiao Hong, John McMillan and Barry Naughton, "Autonomy and Incentives in Chinese State Enterprises," *The Quarterly Journal of Economics*, 1994, vol. 109, no. 1, pp. 183–209.

[3] Gary H. Jefferson and Thomas G. Rawski, "Enterprise Reform in Chinese Industry," *Journal of Economic Perspectives*, 1994, vol. 8, no. 2, pp. 47–70.

[4] Woo W. Thye, Hai Wen, Jin Yibiao and Fan Gang, "How Successful has Chinese Enterprise Reform Been? Pitfalls in Opposite Biases and Focus," *Journal of Comparative Economics*, 1994, vol. 18, no. 3, pp. 410–437.

[5] Chen Kuan, Wang Hongchang, Zheng Yuxin, Gary H. Jefferson and Thomas G. Rawski, "Productivity Change in Chinese Industry: 1953–1985," *Journal of Comparative Economics*, 1988, vol. 12, no. 4, pp. 570–591.

Perkins 等研究发现，1981—1989 年国有企业 TFP 指数呈下降趋势，而且 TFP 增长的地区差异极大。① Huang 和 Meng 发现：1986—1990 年国有企业 TFP 的增长率为－2.2%。② Lo 使用 1980—1996 年的数据比较了国有企业和乡镇企业的全要素生产率，研究发现：乡镇企业的生产率增长都快于国有企业。③ Brandt 等利用 1978—2004 年的数据研究发现：虽然国有企业的 TFP 在不断提高，但仍远低于非国有企业。④ Curtis 研究了经济改革对中国 TFP 增长的影响，他发现：只有民营部门能够持续产生较高的全要素生产率。⑤ Huang 使用了 2000—2014 年中国 30 个省份的省级面板数据，研究发现：国有企业的规模增加过多，将会降低中国的全要素生产率。⑥

二、关于中国国有企业 GTFP 的研究

近年来，随着可持续发展理念的逐步深入和绿色增长战略在全球的推进，越来越多的学者将资源和环境要素纳入全要素生产率的分析框架。例如，Chen 和 Golley 估算了 1980—2010 年 38 个中国工业部门的 GTFP，研究发现：与小企业和外资企业占比较高的行业

---

① Frances Perkins, Zheng Yuxing and Cao Yong, "The Impact of Economic Reform on Productivity Growth in Chinese Industry: A Case of Xiamen Special Economic Zone," *Asian Economic Journal*, 1993, vol. 7, no. 2, pp. 107 – 146.

② Yiping Huang and Xin Meng, "China's Industrial Growth and Efficiency: A Comparison Between the State and the TVE Sectors," *Journal of the Asia Pacific Economy*, 1997, vol. 2, no. 1, pp. 101 – 121.

③ Dic Lo, "Reappraising the Performance of China's State-Owned Industrial Enterprises, 1980 - 96," *Cambridge Journal of Economics*, 1999, vol. 23, no. 6, pp. 693 – 718.

④ Loren Brandt, Chant-tai Hsieh and Xiaodong Zhu, "Growth and Structural Transformation in China," in Loren Brandt and Thomas G. Rawski, eds. *China's Great Economic Transformation*, Cambridge: Cambridge University Press, 2008, pp. 683 – 728.

⑤ Chadwick C. Curtis, "Economic Reforms and the Evolution of China's Total Factor Productivity," *Review of Economic Dynamics*, 2016, vol. 21, no. 1, pp. 225 – 245.

⑥ Junbing Huang, Xiaochen Cai, Shuo Huang, Sen Tian and Hongyan Lei, "Technological Factors and Total Factor Productivity in China: Evidence Based on a Panel Threshold Model," *China Economic Review*, 2019, vol. 54, pp. 271 – 285.

相比，以资本密集型、高耗能的大型国有企业为主的行业的 GTFP 增长率较低。① 此外，Chen 还将能源和环境约束纳入全要素生产率分析框架，并使用了 1985—2012 年省级面板数据，研究发现：国有企业的低效和国有企业改革的不彻底会导致中国生态 TFP 的增长率下降，而国有企业所有制改革的推进会促使生态全要素生产率增长。②

对我国国有企业 TFP 或 GTFP 的研究受年代、测算方法、样本选择等因素的影响，各研究人员得出的结论不一。但是，在各类所有制企业中，国有企业的 TFP 或 GTFP 数值最低似乎达成了研究共识。

第二节 关于中国国有企业效率的研究

一、关于中国国有企业效率高低的研究

提振国有企业效率一直是中国国有企业改革中的焦点问题。Zhang 等对 1996—1998 年中国 26 个行业、1 838 家企业的面板数据进行研究后发现：在对资本结构、税收和福利负担效应进行调整后，国有企业依然表现出较差的财务绩效，其利润增长仍落后于其他所有制结构企业。③ Djankov 和 Murrell 回顾了世界各国不同所有制下企业绩效的实证研究文献，他们总结出的一个基本结论为：国有企业比私有企业效益低下，但企业在民营化后几乎总会变得更有效率。④

---

① Shiyi Chen and Jane Golley, "'Green' Productivity Growth in China's Industrial Economy," *Energy Economics*, 2014, vol. 44, no. 1, pp. 89 – 98.
② Shiyi Chen, "Environmental Pollution Emissions, Regional Productivity Growth and Ecological Economic Development in China," *China Economic Review*, 2015, vol. 35, pp. 171 – 182.
③ Anming Zhang, Yimin Zhang and Ronald Zhao, "Impact of Ownership and Competition on the Productivity of Chinese Enterprises," *Journal of Comparative Economics*, 2001, vol. 29, no. 2, pp. 327 – 346.
④ Simeon Djankov and Peter Murrell, "Enterprise Restructuring in Transition: A Quantitative Survey," *Journal of Economic Literature*, 2002, vol. 40, no. 3, pp. 739 – 792.

Wei 等以 1991—2001 年 5 284 个进行了部分私有化的国有企业为样本，研究了所有权结构与公司价值之间的关系，研究发现：国家所有权与公司价值呈负相关。① Allen 等认为：国有企业由于生产效率较低，导致其经济绩效要比非国有企业更低。② Naughton 研究发现：由于缺乏以市场为导向的机制，导致国有企业普遍滥用管理权，进而造成了资源浪费、分配不当和效率低下。③ Chen 等研究发现：政府通过任命关联管理人员对国有企业进行干预，就会扭曲投资行为并损害投资效率。④ Xu 等通过对 1999—2006 年 1 438 家上市企业的盈余质量进行测评后发现：私营公司在收益质量方面均优于国有控股公司。⑤

二、关于中国国有企业效率低下原因的研究

对于国有企业效率低下的原因，人们有多种不同的解释：一是公司治理有关论。Qian 认为：20 世纪 90 年代中国国有企业的困境归因于代理问题和官员控制，因而国有企业改革应旨在通过非政治化、私有化和公司化等多种举措建立新的公司治理体系，以降低政治干预和代理成本。⑥ Kato 和 Long 认为：国有企业的代理成本高

---

① Zuobao Wei, Feixue Xie and Shaorong Zhang, "Ownership Structure and Firm Value in China's Privatized Firms: 1991 - 2001," *Journal of Financial and Quantitative Analysis*, 2005, vol. 40, no. 1, pp. 87 - 108.

② Franklin Allen, Jun Qian, Meijun Qian, "Law, Finance, and Economic Growth in China," *Journal of Financial Economics*, 2005, vol. 77, no. 1, pp. 57 - 116.

③ Barry J. Naughton, *The Chinese Economy: Transitions and Growth*, Cambridge: MIT Press, 2006.

④ Shimin Chen, Zheng Sun, Song Tang and Donghui Wu, "Government Intervention and Investment Efficiency: Evidence from China," *Journal of Corporate Finance*, 2011, vol. 17, no. 2, pp. 259 - 271.

⑤ Wei Xu, Kun Wang and Asokan Anandarajan, "Quality of Reported Earnings by Chinese Firms: The Influence of Ownership Structure," *Advances in Accounting*, 2012, vol. 28, no. 1, pp. 193 - 199.

⑥ Yingyi Qian, "Enterprise Reform in China: Agency Problems and Political Control," *Economics of Transition*, 1996, vol. 4, no. 2, pp. 427 - 447.

昂，在众多所有制类型企业中居于最高位。[1] Chen 等认为：国有与国有控股公司的高层管理人员通常由政府任命，这会增加代理成本。[2] 二是激励不足论。Bai 和 Xu 认为：国有企业的人事决定是由国家或地方政府做出的，这导致劳动合同缺乏有效的激励机制以鼓励管理者追求利润。[3] Conyon 和 He 引用 2001—2005 年中国上市公司数据进行研究后发现：高管薪酬与公司绩效呈正相关，国有控股公司的激励力度较低，非国有控股公司的薪酬通常是按绩效支付，而后者更有利于提高企业效率。[4] Liu 和 Zhang 收集了 1999—2012 年中国上市国有企业高管人员的流动数据，并发现：大约有一半国有企业高管人员在任不超过两个任期，超过三分之一的高管人员任职不到一个任期即告离职。他们认为：国有企业中高管任命的不确定性和不可预测性影响了国有企业的公司治理。[5] 三是政策性负担过重论。Bai 等认为：国有企业管理者需要解决诸如失业和社会不稳定之类的社会问题。[6] Lin 和 Li 认为：国有企业冗员问题严重，承受着庞大的退休金和员工社会福利，加重了国有企业的负担，导致企业管理者投入的精力少，从而降低了生产效率。在此情况下，

---

[1] Takao Kato and Cheryl Long, "CEO Turnover, Firm Performance, and Enterprise Reform in China: Evidence from Micro Data," *Journal of Comparative Economics*, 2006, vol. 34, no. 4, pp. 796–817.

[2] Catherine H. Chen and Basil Al-Najjar, "The Determinants of Board Size and Independence: Evidence from China," *International Business Review*, 2012, vol. 21, no. 5, pp. 831–846.

[3] Chong-En Bai and Lixin C. Xu, "Incentives for CEOs with Multitasks: Evidence from Chinese State-Owned Enterprises," *Journal of Comparative Economics*, 2005, vol. 33, no. 3, pp. 517–539.

[4] Martin J. Conyon and Lerong He, "Executive Compensation and Corporate Governance in China," *Journal of Corporate Finance*, 2011, vol. 17, no. 4, pp. 1158–1175.

[5] Feng Liu and Linlin Zhang, "Executive Turnover in China's State-Owned Enterprises: Government-Oriented or Market-Oriented," *China Journal of Accounting Research*, 2018, vol. 11, no. 2, pp. 129–149.

[6] Chong-En Bai, David D. Li, Zhigang Tao and Yijiang Wang, "A Multitask Theory of State Enterprise Reform," *Journal of Comparative Economics*, 2000, vol. 28, no. 4, pp. 716–738.

国有企业民营化只会加重预算软约束问题，因为民营企业将向政府要求更多的事后补贴。① Duanmu 和 Pittman 认为：国有企业在保护就业和实现效率方面可能承担"多任务"责任。四是所有制有关论。② Hovey 和 Naughton 认为：政府所有权、国有制对企业绩效有负面影响。③ Song 等认为：国有控股的上市公司的市场导向程度低于私人控股的上市公司，因为国家所有者的主导地位阻碍了市场导向的发展，因而效率低下。④ Huang 和 Change 引用国家统计局的制造业数据和生态环境部调查的制造业污染控制数据，研究了企业所有权与环境绩效之间的关系，研究发现：外商独资企业的技术水平高于中国的国有企业，外资企业不仅技术效率更高，而且污染程度也低于中国的国有企业。⑤

第三节 关于中国国有企业改制动因及方式的研究

一、关于中国国有企业改制动因的研究

海外部分文献讨论了中国国有企业民营化改革的动因与方式。一些研究认为：改善国有企业效率必须进行民营化改制。Xu 和 Wang 引用 1993—1995 年中国上市公司的数据进行研究并认为：国

---

① Justin Y. Lin and Zhiyun Li, "Policy Burden, Privatization and Soft Budget Constraint," *Journal of Comparative Economics*, 2008, vol. 36, no. 1, pp. 90 – 102.

② Jing-Lin Duanmu and Russell Pittman, "The Response of State-Owned Enterprises to Import Competition: Evidence from Chinese Manufacturing Firms," *Annals of Public and Cooperative Economics*, 2019, vol. 90, no. 4, pp. 577 – 613.

③ Martin Hovey, Tony Naughton, "A Survey of Enterprise Reforms in China: The Way Forward," *Economic Systems*, 2007, vol. 31, no. 2, pp. 138 – 156.

④ Jing Song, Rui Wang and Salih T. Cavusgil, "State Ownership and Market Orientation in China's Public Firms: An Agency Theory Perspective," *International Business Review*, 2015, vol. 24, no. 4, pp. 690 – 699.

⑤ Chia-Hui Huang and Hsiao-Fen Chang, "Ownership and Environmental Pollution: Firm-Level Evidence in China," *Asia Pacific Management Review*, 2019, vol. 24, no. 1, pp. 37 – 43.

有股确实对公司绩效产生了负面影响，而且不改变国有企业的所有权结构，就不可能实现最佳的资源分配。[1] Dong 等引用 1994—2001 年 165 家国企数据，通过比较发现：只有经过私有化的企业，效率和盈利能力才能得到明显改善。[2] Xu 指出：面对国有企业长期低效亏损的情况，国有企业私有化可能是最有效的选择。[3] Berkowitz 等引用 1998—2007 年中国年度工业生产调查数据进行研究后认为：未进行私有化的国有企业效率仍然低于外资和民营企业，即使在一段时间内国有企业的盈利能力有所提升，也只是因为国有企业减少了冗员，获得了廉价资本。[4] Huang 引用 1999—2007 年的工业调查数据，研究了 20 世纪 90 年代末国企"抓大放小"改革对中国制造业生产率增长的影响，研究发现：国有企业的总生产率低于其他类型的企业，而且总生产率增长主要是资源配置的改善，而不是企业生产率的增长。[5]

另一些研究认为：国有企业改制源自管理层、地方政府、外资企业竞争加剧等因素的推动。Guo 和 Yao 观察了中国 11 个城市国有企业改制样本，实证分析了国企改制原因，发现预算约束的作用非常明显，而竞争压力是国有企业早期改制的动力。[6] Tong 引用中国

---

[1] Xiaonian Xu and Yan Wang, "Ownership Structure and Corporate Governance in Chinese Stock Companies," *China Economic Review*, 1999, vol. 10, no. 1, pp. 75–98.

[2] Xiao-yuan Dong, Louis Putterman and Bulent Unel, "Privatization and Firm Performance: A Comparison Between Rural and Urban Enterprises in China," *Journal of Comparative Economics*, 2006, vol. 34, no. 3, pp. 608–633.

[3] Chenggang Xu, "The Fundamental Institutions of China's Reforms and Development," *Journal of Economic Literature*, 2011, vol. 49, no. 4, pp. 1076–1151.

[4] Daniel Berkowitz, Hong Ma and Shuichiro Nishioka, "Recasting the Iron Rice Bowl: The Reform of China's State-Owned Enterprises," *The Review of Economics and Statistics*, 2017, vol. 99, no. 4, pp. 735–747.

[5] Xiaobing Huang, "Reform of State-Owned Enterprises and Productivity Growth in China," *Asian-Pacific Economic Literature*, 2019, vol. 33, no. 1, pp. 64–77.

[6] Kai Guo and Yang Yao, "Causes of Privatization in China: Testing Several Hypotheses," *Economics of Transition*, 2005, vol. 13, no. 2, pp. 211–238.

1998—2003 年工业企业年度调查数据，提出了市场自由竞争加剧、FDI 增加、预算约束强化、绩效改善等方面促使政府推行国有企业私有化改革。其中，在人均增加值、利润率、出口等方面表现更好的国有企业更愿意进行私有化改革。地方政府通常是国有企业私有化的发起者和最重要的参与者。[1] Jing 和 McDermott 认为：国有企业改制最主要的推动者是高层管理者，他们通过不同的行动发起和深化制度变革。[2] Du 和 Liu 通过 1998—2008 年中国工业企业年度统计报表，跟踪了 49 456 家国有独资公司，确定了 9 359 例私有化案例，研究发现：选择国有企业私有化是一个复杂的决策过程，其中地方政府需要最大限度地提高经济效率和财政收入，并降低政治风险，是私有化的主要决定因素。[3] Liu 等研究认为：在市场经济中，鉴于激烈的市场竞争，外国公司的存在可能会刺激本地国有企业为提高竞争力而进行私有化。[4] Zheng 探究了国有企业高管对国企私有化进程的影响以及地方领导人的政治关系对国有企业私有化进程的影响。[5]

二、关于中国国有企业改制方式的研究

针对国企私有化的方式，Fan 等发现：政府主要通过向少数投资者出售股份而逐渐私有化。[6] Gan 对中国私有化进行了描述性分

---

[1] Sarah Y. Tong, "Why Privatize or Why Not? Empirical Evidence from China's SOEs Reform," *China Economic Review*, 2009, vol. 20, no. 3, pp. 402-413.

[2] Runtian Jing, E. P. McDermott, "Transformation of State-owned Enterprises in China: A Strategic Action Model," *Management and Organization Review*, 2013, vol. 9, no. 1, pp. 53-86.

[3] Jun Du and Xiaoxuan Liu, "Selection, Staging, and Sequencing in the Recent Chinese Privatization," *The Journal of Law and Economics*, 2015, vol. 58, no. 3, pp. 657-682.

[4] Yi Liu, Xue Li and Sajal Lahiri, "Determinants of Privatization in China: The Role of the Presence of Foreign Firms," *China Economic Review*, 2016, vol. 41, pp. 196-221.

[5] Yu Zheng, "Privatization with 'Vested Interests' in China," *Socio-Economic Review*, 2019, vol. 17, no. 3, pp. 767-791.

[6] Joseph P. H. Fan, T. J. Wong and Tianyu Zhang, "Politically-Connected CEOs, Corporate Governance and Post-IPO Performance of China's Newly Partially Privatized Firms," *Journal of Financial Economics*, 2007, vol. 84, no. 2, pp. 330-357.

析，他概括总结了中国对国有企业进行私有化的方法，包括股票发行私有化、与外国公司成立合资企业、管理层收购以及向外部人销售，并研究了这些方法如何影响新所有者重组公司的动机和能力，进而影响私有化的结果。[①] Meng 等运用国有企业上市公司样本，研究了员工持股计划（employee stock ownership plan，ESOP）对公司绩效的影响，最终发现：由于存在"搭便车"等问题，ESOP 下员工间高度分散的股权不会对员工的激励机制和公司绩效产生有意义的影响。[②]

第四节 关于中国国有企业改制有效性的研究

一、关于中国国有企业改制效果的研究

海外大多数研究认为：国有企业改制对企业绩效和业绩提升明显。Garnaut 等认为：私有化后的国有企业业绩通常会提高。[③] Alex 等使用 1996—2003 年 4 315 家国有企业的数据，研究了国有企业私有化与企业绩效之间的关系，研究发现：私有化后的国有企业表现出更强的绩效，而且所有权和绩效之间存在因果关系。[④] Yan 使用了中国海关贸易数据和国家统计局"销售额为 500 万元以上"的公司

[①] Jie Gan, "Privatization in China: Experiences and Lessons," in James R. Barth, John A. Tatom and Glenn Yago, eds. *China's Emerging Financial Markets: Challenges and Opportunities*, Boston: Springer, 2009, pp. 581–592.

[②] Rujing Meng, Xiangdong Ning, Xianming Zhou and Hongquan Zhu, "Do ESOPs Enhance Firm Performance? Evidence from China's Reform Experiment," *Journal of Banking & Finance*, 2011, vol. 35, no. 6, pp. 1541–1551.

[③] Ross Garnaut, Ligang Song, and Yang Yao, "Impact and Significance of State-Owned Enterprise Restructuring in China," *The China Journal*, 2006, vol. 55, pp. 35–63.

[④] Alex Ng, Ayse Yuce and Eason Chen, "Determinants of State Equity Ownership, and Its Effect on Value/Performance: China's Privatized Firms," *Pacific-Basin Finance Journal*, 2009, vol. 17, no. 4, pp. 413–443.

数据，并采用了双重差分法，研究发现：国有企业私有化对所有出口绩效指标均有积极而显著的影响。① Zhu 等引用了 1998—2008 年中国工业企业年度调查数据，研究发现：国有企业私有化后改善了企业财务绩效，国有企业私有化改革的有效性在市场化和经济自由化程度高的城市更为明显。②

二、关于中国国有企业改制有效原因的研究

对于为何改制效果明显，不同的研究者给出了不同的答案。Li 等研究了 1992—2000 年经过私有化改革的国有企业，发现管理层持股对企业绩效有正向影响，企业绩效随着管理层持股比例的增加而持续增长。③ Fu 等认为：在 2000 年后的国有企业改革中，大多数国有企业通过兼并、重组和破产进入私有化阶段，而其余国有企业则实现了自然垄断或进入门槛较高的保护性行业，因而国有企业的效率得到提升。④ Bai 等引用 1998—2005 年制造业和矿业公司数据，涵盖了 39 个采矿和制造部门以及中国 31 个地区，研究发现：私有化后利润率的提高，在很大程度上是由于管理费用的减少。⑤ Huang 和 Wang 对 1996—2005 年 127 家公司的控制权从政府转移到

---

① Jing Yan, "Privatisation and Trade Performance: Evidence from China," *Asian-Pacific Economic Literature*, 2017, vol. 31, no. 1, pp. 66 - 78.

② Shengjun Zhu, Canfei He and Xuqian Hu, "Change Your Identity and Fit In: An Empirical Examination of Ownership Structure Change, Firm Performance and Local Knowledge Spillovers in China," *Spatial Economic Analysis*, 2020, vol. 15, no. 1, pp. 24 - 42.

③ Donghui Li, Fariborz Moshirian, Pascal Nguyen and Li-WenTan, "Managerial Ownership and Firm Performance: Evidence from China's Privatizations," *Research in International Business and Finance*, 2007, vol. 21, no. 3, pp. 396 - 413.

④ Feng Cheng Fu, Chu Ping C. Vijverberg and Yong Sheng Chen, "Productivity and Efficiency of State-owned Enterprises in China," *Journal of Productivity Analysis*, 2008, vol. 29, pp. 249 - 259.

⑤ Chong-En Bai, Jiangyong Lu, Zhigang Tao, "How Does Privatization Work in China?," *Journal of Comparative Economics*, 2009, vol. 37, no. 3, pp. 453 - 470.

私人所有者的公司的数据分析发现：控制权的转移显著提高了公司的盈利能力。[1] Song 等研究发现：在私有化后的国有企业，非国有股东所有权相对集中将使他们的能力大大提高，从而使管理层更具责任感，并使公司能够对市场力量做出有效反应，而这将提高公司业绩和股东的投资回报。[2] Gan 等搜集了中国 200 多个城市中 3 000 家公司的调查数据，研究发现：通过管理者收购这种方法将控制权转让给私人所有者的，实现了绩效改善；国家保留了实质性控制权的则缺乏绩效。[3] 还有些学者关注了股票发行私有化，Wei 等研究了 1990—1997 年中国股票发行私有化对 208 家公司的财务和经营绩效的影响，研究发现：私有化后的实际产出、实际资产和劳动生产率显著提高，而且与完全的国有企业相比，私有化后的企业盈利能力显著提高。[4] Sun 和 Tong 发现：1994—1998 年通过股票发行私有化的 634 家国有企业的收入、销售和工人生产率都有所提高。[5] Rousseau 和 Xiao 通过国泰君安开发的中国私人上市公司数据库，研究了 1994—2003 年 116 家改变控制权的国有企业，发现股票发行私有化（在此定义为将公司控制权从国家转变为私人所有者）提高了公司绩效，而且私有化伴随着控制权的改变，对盈利能力和劳动生产率产

---

[1] Zhangkai Huang and Kun Wang, "Ultimate Privatization and Change in Firm Performance: Evidence from China," *China Economic Review*, 2011, vol. 22, no. 1, pp. 121 – 132.

[2] Jing Song, Rui Wang and Salih T. Cavusgil, "State Ownership and Market Orientation in China's Public Firms: An Agency Theory Perspective," *International Business Review*, 2015, vol. 24, no. 4, pp. 690 – 699.

[3] Jie Gan, Yan Guo and Chenggang Xu, "Decentralized Privatization and Change of Control Rights in China," *The Review of Financial Studies*, 2018, vol. 31, no. 10, pp. 3854 – 3894.

[4] Zuobao Wei, Oscar Varela, Juliet D'Souza and M. K. Hassan, "The Financial and Operating Performance of China's Newly Privatized Firms," *Financial Management*, 2003, vol. 32, no. 2, pp. 107 – 126.

[5] Qian Sun and Wilson H. S. Tong, "China Share Issue Privatization: The Extent of Its Success," *Journal of Financial Economics*, 2003, vol. 70, no. 2, pp. 183 – 222.

生了积极的影响。[1]

部分研究对改制效果提出了不同意见。Aivazian 等引用由中国社会科学院在 1995 年和 2000 年进行的两次企业调查汇编而成的数据,涵盖 442 家国有企业的数据,从盈利能力、效能和投资回报率来衡量国有企业效率,最终发现:即使没有私有化,公司治理改革也可能是提高国有企业绩效的有效途径。[2] Tang 等考察了 2000 年以来中国实施的几项公司治理改革对公司价值提升的积极影响。[3] Ma 等研究发现:国有企业规模的持续缩小对就业负增长的影响更大。[4] Shi 和 Sun 引用 2001—2010 年上市公司年度报告,涵盖了 21 个行业中 226 家上市公司的数据,研究发现:私有化后企业的总资产和销售额分别得到增长,但就业人数减少。这表明私有化过程中裁员的幅度大,效率才能显著提高。[5] Liu 和 Zhao 研究认为:国有企业私有化改革致使大批劳工失业,产生了新的社会不平等,扩大了收入分配差距等,而失业群体的子女在教育、身心健康等多方面受到了侵害。[6]

---

[1] Peter L. Rousseau and Sheng Xiao, "Change of Control and The Success of China's Share-Issue Privatization," *China Economic Review*, 2008, vol. 19, no. 4, pp. 605–613.

[2] Varouj A. Aivazian, Ying Ge and Jiaping Qiu, "Can Corporatization Improve the Performance of State-Owned Enterprises Even without Privatization?," *Journal of Corporate Finance*, 2005, vol. 11, no. 5, pp. 791–808.

[3] Xuesong Tang, Jun Du and Qingchuan Hou, "The Effectiveness of the Mandatory Disclosure of Independent Directors' Opinions: Empirical Evidence from China," *Journal of Accounting and Public Policy*, 2013, vol. 32, no. 3, pp. 89–125.

[4] Hong Ma, Xue Qiao and Yuan Xu, "Job Creation and Job Destruction in China during 1998–2007," *Journal of Comparative Economics*, 2015, vol. 43, no. 4, pp. 1085–1100.

[5] Wendong Shi and Jingwei Sun, "The Impact of Privatization on Efficiency and Profitability: Evidence from Chinese Listed Firms, 2001–2010," *Economics of Transition*, 2016, vol. 24, no. 3, pp. 393–420.

[6] Hong Liu and Zhong Zhao, "Parental Job Loss and Children's Health: Ten Years after the Massive Layoff of the SOEs' Workers in China," *China Economic Review*, 2014, vol. 31, pp. 303–319.

第五节　关于中国国有企业与民营企业关系的研究

一、国有企业妨碍公平竞争

海外有研究认为：国有企业妨碍公平竞争、影响经济发展，如侵占资源、信贷优惠、补贴政策、税收减免，拖累经济等。Ma 等认为：中国的国有企业与非国有企业之间缺乏公平竞争环境，它们受不同的法规约束，面临着完全不同的威胁和机遇。[1] Kowalski 和 Perepechay 认为：国有企业可能会扰乱国际市场的"公平竞争环境"[2]。Johansson 和 Feng 认为：2008 年秋季的大型刺激计划并未帮助国有企业提高绩效；相反，国有企业的绩效明显比民营企业更差，而且对经济的总体表现产生了负面影响。[3] Liu 等认为：金融危机期间，中国政府在经济刺激计划中并未在国有企业和非国有企业之间公平分配资源。[4] Xu 等认为：监管部门有选择地执行环境法，国有企业的污染问题会受到监管机构的庇护。[5] Wang 和 Zhu 引用了

---

[1] Xufei Ma, Xiaotao Yao and Youmin Xi, "Business Group Affiliation and Firm Performance in a Transition Economy: A Focus on Ownership Voids," *Asia Pacific Journal of Management*, 2006, vol. 23, no. 4, pp. 467–483.

[2] Przemyslaw Kowalski and Kateryna Perepechay, "International Trade and Investment by State Enterprises," *OECD Trade Policy Papers*, 2015, no. 184.

[3] Anders C. Johansson and Xunan Feng, "The State Advances, The Private Sector Retreats? Firm Effects of China's Great Stimulus Programme," *Cambridge Journal of Economics*, 2016, vol. 40, no. 6, pp. 1635–1668.

[4] Qigui Liu, Xiaofei Pan and Gary G. Tian, "To What Extent Did the Economic Stimulus Package Influence Bank Lending and Corporate Investment Decisions? Evidence from China," *Journal of Banking & Finance*, 2018, vol. 86, pp. 177–193.

[5] Guangdong Xu, Wenming Xu and Shudan Xu, "Does the Establishment of The Ministry of Environmental Protection Matter for Addressing China's Pollution Problems? Empirical Evidence from Listed Companies," *Economics of Governance*, 2018, vol. 19, no. 3, pp. 195–224.

2006—2016年中国市场的公司数据，发现政府对低效率国有企业的保护，加剧了不公平的市场竞争以及国有企业与民营企业之间的金融资本分配矛盾。[①] 此外，还有很多结论大体类似的研究，Lu认为：国有企业能够获得民营企业无法获得的优惠政策以及财政、技术和政治支持。[②] Wei等认为：国有企业更容易获得信贷支持和政府补贴，民营企业受到多方融资限制。[③] Huang等发现：若上市公司的大股东是政府，则更容易获得银行贷款。[④]

二、国有企业的发展挤占了民营企业的发展空间

有研究认为：中国国有企业的发展挤占了民营企业的发展空间，是与民争利。Brandt等认为：国有企业的存在导致资源错配，影响民营企业发展。[⑤] Du等针对"国进民退"这一现象，使用1998—2007年国家统计局编制的《工业企业年度统计报告》研究发现：非市场力量将更多的资源转移到效率低下的国有企业，虽然维系了低效率国有企业的生存和扩张，但国有企业的发展是以牺牲民营企业为代价的。[⑥]

[①] Yiqiu Wang and Yunyi Zhu, "The Financing and Investment Crowding-out Effect of Zombie Firms on Non-zombie Firms: Evidence from China," *Emerging Markets Finance and Trade*, 2020, vol. 57, no. 7, pp. 1959 – 1985.

[②] Jiangyong Lu, "Agglomeration of Economic Activities in China: Evidence from Establishment Censuses," *Regional Studies*, 2010, vol. 44, no. 3, pp. 281 – 297.

[③] Xu Wei, Yongwei Chen, Mohan Zhou and Yi Zhou, "SOE Preference and Credit Misallocation: A Model and Some Evidence from China," *Economics Letters*, 2016, vol. 138, pp. 38 – 41.

[④] Xiaohong Huang, Rezaul Kabir and Lingling Zhang, "Government Ownership and the Capital Structure of Firms: Analysis of an Institutional Context from China," *China Journal of Accounting Research*, 2018, vol. 11, no. 3, pp. 171 – 185.

[⑤] Loren Brandt, Johannes V. Biesebroeck and Yifan Zhang, "Creative Accounting or Creative Destruction? Firm-Level Productivity Growth in Chinese Manufacturing," *Journal of Development Economics*, 2012, vol. 97, no. 2, pp. 339 – 351.

[⑥] Jun Du, Xiaoxuan Liu and Ying Zhou, "State Advances and Private Retreats? Evidence of Aggregate Productivity Decomposition in China," *China Economic Review*, 2014, vol. 31, pp. 459 – 474.

Liao 指出：国有企业通过控制本地资源，从而排挤非国有企业。[1] Tan 等引用了 1998—2007 年国家统计局对年销售额超过 500 万元的所有工业企业进行年度调查得出的数据，研究发现：国有企业在"僵尸"企业中的占比最高，由于信贷偏差，国有企业更容易变成"僵尸"企业，从而挤占了民营企业的增长空间。[2] Howell 等认为：国有企业的存在带来了诸多负面效应，如依靠更好的社会地位和相对稳定的收入报酬从民营企业挖走一些优秀的产业工人。[3] Zhou 等研究了国有企业的存在如何扭曲了民营企业在国内跨省销售的决策，并认为：国有企业的存在影响了民营企业的销售额，加之信贷偏差，一些民营企业被挤到偏远市场，影响了它们的长远发展。[4] Chen 和 Lin 指出：国有企业与民营企业面临利率双轨制，导致资本错配，影响了一些行业的民营企业发展。[5] Huang 认为：国有企业垄断着经济的关键部门，尤其是在资源开采和金融服务领域，而且牢牢控制着垄断产业的上层价值链。[6]

与以上观点不同的是，Xie 等认为：财务报表显示国有企业在许多方面均表现良好，因此通过指责国有企业效率低下来实施私有化是无根据的。他深刻分析到，在中国的市场化进程中，出现了一个

---

[1] Tsai-Ju Liao, "Local Clusters of SOEs, POEs, and FIEs, International Experience, and the Performance of Foreign Firms Operating in Emerging Economies," *International Business Review*, 2015, vol. 24, no. 1, pp. 66 – 76.

[2] Yuyan Tan, Yiping Huang and Wing T. Woo, "Zombie Firms and the Crowding-Out of Private Investment in China," *Asian Economic Papers*, 2016, vol. 15, no. 3, pp. 32 – 55.

[3] Anthony Howell, Canfei He, Rudai Yang and Cindy Fan, "Technological Relatedness and Asymmetrical Firm Productivity Gains Under Market Reforms in China," *Cambridge Journal of Regions, Economy and Society*, 2016, vol. 9, no. 3, pp. 499 – 515.

[4] Mohan Zhou, Faqin Lin and Tan Li, "Remote Markets as Shelters for Local Distortions: Evidence from China," *China Economic Review*, 2016, vol. 40, pp. 241 – 253.

[5] Shiyi Chen and Bin Lin, "Dual-Track Interest Rates and Capital Misallocation," *China Economic Review*, 2019, vol. 57, pp. 101 – 338.

[6] Yi Huang, "Monopoly and Anti-Monopoly in China Today," *The American Journal of Economics and Sociology*, 2019, vol. 78, no. 5, pp. 1101 – 1134.

主要由私人资本拥有者以及借助政治、经济权力与跨国资本建立了密切关系的人群组成的新资本主义阶级，他们必然会要求放弃当前制度内的社会主义元素，其基本逻辑是通过从理论上对社会主义进行诽谤来影响政策制定。① Xie 等还深入分析了中国经济学教育中存在的问题、"国进民退"之争背后的深层次原因以及中国国有企业改革的未来方向等。②

第六节 研究评述

一、研究进展与结论

从发表文章的数量看，1979—2019 年海外关于中国国有企业改革的 SSCI 文献只有 508 篇，体量相对较小，体系不够完整。从发文作者来看，中、美两国的发文量遥遥领先，合著论文占多数，鲜有海外学者长期追踪研究中国国有企业改革问题，也没有某种期刊会重点关注中国国有企业改革问题。从文献的被引次数看，总被引数超过 100 次的有 28 篇，年均被引数超过 10 次的有 15 篇，大多数文献的被引数不高，总频数小于 5 次的文献接近 50%。从研究内容来看，海外研究聚焦于国有企业 TFP 和 GTFP、国有企业改制动因及方式、国有企业改制有效性、国有企业效率高低、国有企业与民营企业关系五个方面。关于这些问题的研究，无论是方法还是研究的丰富性、多样性，都没有超出国内研究的规模。从主要观点来看，

---

① Fusheng Xie, An Li and Zhongjin Li, "Guojinmintui: A New Round of Debate in China on State versus Private Ownership," *Science and Society*, 2012, vol. 76, no. 3, pp. 291 - 318.

② Fusheng Xie, An Li and Zhongjin Li, "Can the Socialist Market Economy in China Adhere to Socialism?," *Review of Radical Political Economics*, 2013, vol. 45, no. 4, pp. 440 - 448.

海外研究者大多认为中国的国有企业 TFP 或 GTFP 都低于非国有企业，国有企业效率低下，民营化改革提高了国有企业效率，国有企业的存在妨碍了公平竞争、挤压了民营企业的发展空间等。简言之，国有企业是低效率的，需要进行"国退民进"的改革。

二、研究评述

第一，正视海外研究文献的客观性和学术性。通常说来，海外文章发掘的都是国有企业或国有经济的负面影响。其大多认为中国国有企业的效率偏低，国有企业与民营企业之间的矛盾是不可调和的。显然，这些学术观点更符合西方语境。Kee 等认为：海外大部分关于中国国有企业的研究，它们的假设前提基于西方公共企业理论。这些研究低估了国有企业过去和未来的角色，对其绩效的评估是不可靠的，还忽视了混合所有制企业的兴起。[1] Iwasaki 和 Mizobata 提出：私有化不只是在总体上与绩效提高有关，还要考虑国家、地区、私有化方法和政策实施速度之间的差异。[2] 总之，海外对中国国有企业进行正面研究与阐释的文章较少，像 Xie 等所写的反映客观现实的文章可谓凤毛麟角。实际上，海外大部分文献对中国国有企业所取得的成绩视而不见，并未正视那些经过现代企业制度改造和市场经济历练的国有企业已然成为"新国有企业"并跻身世界竞争舞台。因此，要理性看待海外研究成果的客观性和学术性。

第二，洞悉海外研究文献的完整性。40 多年来，中国的国有企

---

[1] Cheong C. Kee, Li Ran, Tan C. Eu and Zhang Miao, "China's State Enterprises, Economic Growth and Distribution: A Revisionist View," *China: An International Journal*, 2014, vol. 12, no. 1, pp. 132 – 152.

[2] Ichiro Iwasaki and Satoshi Mizobata, "Post-Privatization Ownership and Firm Performance: A Large Meta-Analysis of the Transition Literature," *Annals of Public and Cooperative Economics*, 2018, vol. 89, no. 2, pp. 263 – 322.

业改革在探索中前行,其间经历了放权让利扩大企业经营自主权、对国有企业进行现代企业制度改造、国有企业的三年脱困攻坚、国有经济的战略性调整与重组、国有企业政策性负担的剥离、国有资产管理体制改革、公司治理结构改革与完善、国有企业的分类改革、发展混合所有制等历程。可以说,每项改革都是一次重大的政策创新,都轰轰烈烈、波澜壮阔,都值得研究和总结。而对中国国有企业改革的这些重大举措,海外仅有少部分文献讨论了某些议题,如Peng等关注了国有企业股权分置改革①,Teng等关注了国有企业分类改革等②。恰恰是这些具体的改革举措与政策效应更值得研究,尤其是对转型国家更有借鉴意义。

第三,科学评价和正确使用海外研究成果。单从海外关于中国国有企业改革的SSCI文献来看,可能受文化、制度、意识形态等多方面约束,这些研究大多都在阐述国有企业的负面影响,论证为何和如何对国有企业进行市场化、私有化的改革。除了少数左派刊物外,大多数SSCI期刊不发表与西方语境不一致的文章。所以,大多数已发表文章的学术观点与我国国有企业改革所取得的成效是不相符的,与我国新时代中国特色社会主义建设,以及坚持公有制为主体、多种所有制经济共同发展的基本经济制度是相悖的。因此,我们既要正视海外文章对推动中国实证科学研究发展的贡献,又要通过对研究内容和学术观点的甄别来科学评价各国学者研究论述的价值与水平,正确使用海外研究成果,不能简单地"唯核心论",仅以在SSCI、SCI上发表的文章多少作为衡量和评价中国大学学科建设

---

① Mike W. Peng, Garry D. Bruton, Ciprian V. Stan and Yuanyuan Huang, "Theories of the (State-Owned) Firm," *Asia Pacific Journal of Management*,2016,vol. 33,pp. 293 – 317.

② Da Teng, Douglas B. Fuller and Chengchun Li, "Institutional Change and Corporate Governance Diversity in China's SOEs," *Asia Pacific Business Review*,2018,vol. 24,no. 3,pp. 273 – 293.

水平的标准,作为申请和承担国内高水平项目的指标,作为引进国内外人才和评价人才水平的准则。

2020年12月教育部印发的《关于破除高校哲学社会科学研究评价中"唯论文"不良导向的若干意见》明确指出:"不得过分依赖国际数据和期刊,防止国际期刊论文至上。不得为追求国际发表而刻意矮化丑化中国、损害国家主权安全发展利益。"[①] 习近平总书记在中共中央政治局第三十次集体学习时强调,要"讲好中国故事,传播好中国声音,展示真实、立体、全面的中国"。值得注意的是,社会科学研究领域的意识形态分歧是显而易见的,对迎合西方语境而发表的一些不利于中国特色社会主义市场经济建设的文章,我们要保持警醒。当然,我们更希望借助于海外期刊平台,组织优秀稿件,系统、客观、有建设性地讲好中国国有企业改革和发展的故事,增进国际社会对我国发展的认同。

---

① 关于破除高校哲学社会科学研究评价中"唯论文"不良导向的若干意见(教社科〔2020〕3号). 教育部网站,2020-12-10.

第三篇

实证研究

正确认识和认真贯彻落实"两个毫不动摇"基本方略，还需要实证研究提供学理支撑，坚持用事实说话、用数据说话。本篇立足于国有经济与民营经济之间的共生发展关系[①]，通过实证研究进一步阐释了它们共生发展的机理。

本篇包括第七章至第十章。第七章以 2013—2019 年 A 股上市公司为样本，从要素获得、竞争参与两个维度构建了企业公平竞争指标体系，以分析竞争环境状况。实证研究表明：无论是从单个指标还是综合水平层面看，国有企业与民营企业之间均不存在"一边倒"的显著差异，从而回答了国有企业与民营企业之间存在不公平竞争的争论。第八章利用 1992—2018 年国有与民营上市公司时间序列数据，使用 VAR 模型的实证分析证明：市场规模扩大为国有经济与民营经济的共生发展拓展了发展空间，促使两者相互合作、互利共赢。第九章利用 2012—2021 年按行业分国有控股工业企业和私营工业企业面板数据，基于静态的固定效应模型进行了研究，实证分析证明：国有经济与民营经济共生发展存在相互正向的竞争效应。第十章利用中国 2008—2020 年的分省数据，运用空间面板杜宾模型实证分析证明：国有企业的创新溢出让市场上各类主体受益，尤其是民营企业，也是助推区域发展的重要因素。

本篇四章的实证研究进一步验证了国有经济和民营经济共生发展的条件与机理，有利于深刻理解公有制为主体、多种所有制经济共同发展的基本经济制度，为要坚持和能坚持"两个毫不动摇"提供了实证证据及学理支撑，有利于"加快构建中国特色哲学社会科学学科体系、学术体系、话语体系"。这些微观层面的研究都是创新性的，鲜有学者关注这方面的研究。

---

① 洪功翔，顾青青，董梅生．国有经济与民营经济共生发展的理论与实证研究：基于中国 2000—2015 年省级面板数据．政治经济学评论，2018，9(5)：68-100．

第七章
国有企业与民营企业公平竞争指标体系的构建与评价

为多种所有制经济创造公平竞争的市场环境，既是坚持"两个毫不动摇"的需要，也是新时代完善社会主义市场经济体制、推动高质量发展的需要。针对国有企业与民营企业之间存在不公平竞争的争论，有必要构建不同所有制企业之间的公平竞争指标体系，使用若干年连续的数据，以分析竞争环境状况。坚持用数据说话，用事实说话，避免无谓的争论。

第一节 问题的提出

经过1952—1956年的社会主义改造，我国建立起了以生产资料公有制为基础的社会主义基本经济制度。到1978年，全民所有制企业占全国工业总产值的77.6%，集体经济占22.4%，个体私营经济几乎不存在。①党的十一届三中全会重新确立了"解放思想、实事求

---

① 刘国光，董志凯. 新中国50年所有制结构的变迁. 中南财经大学学报，2000 (1)：5-14，123.

是"的思想路线，为非公有制经济发展打开了大门。1981年6月，党的十一届六中全会首次提出："一定范围的劳动者个体经济是公有制经济的必要补充。"1982年9月，党的十二大报告提出："由于我国生产力发展水平总的说来还比较低，又很不平衡，在很长时期内需要多种经济形式的同时并存。"1987年10月，党的十三大报告提出了社会主义初级阶段理论，指出社会主义初级阶段的所有制结构应在以公有制为主体的前提下继续发展多种所有制经济。1997年9月，党的十五大报告把"公有制为主体、多种所有制经济共同发展"确立为我国的基本经济制度，明确提出"非公有制经济是我国社会主义市场经济的重要组成部分"。党的十六大报告进一步提出"毫不动摇地巩固和发展公有制经济"，"毫不动摇地鼓励、支持和引导非公有制经济发展"。2005年2月国务院颁布了"非公经济36条"，2010年5月国务院颁布了"新非公经济36条"，鼓励和引导民间资本进入法律法规未明确禁止准入的行业和领域，逐步为民营企业拓宽准入领域和范围，以期破解民营企业市场准入的"堵点"，为民营企业创造公平竞争的市场环境。党的十八大以来，以习近平同志为核心的党中央，更加重视公平竞争市场环境的建设。党的十八届三中全会通过的《中共中央关于全面深化改革若干重大问题的决定》提出："国家保护各种所有制经济产权和合法利益，保证各种所有制经济依法平等使用生产要素、公开公平公正参与市场竞争、同等受到法律保护，依法监管各种所有制经济。"[①] 党的十九大报告指出："全面实施市场准入负面清单制度，清理废除妨碍统一市场和公平竞争的各种规定和做法，支持民营企业发展，激发各类市场主体活力。"[②] 这

---

① 中共中央关于全面深化改革若干重大问题的决定．人民日报，2013-11-16．
② 习近平．决胜全面建成小康社会 夺取新时代中国特色社会主义伟大胜利．人民日报，2017-10-28．

一系列政策旨在为民营企业发展创造公平的市场环境。

在党和政府一系列方针、政策和法律的支持、引导下，我国民营经济从无到有、从小到大、从弱到强，不断发展壮大。截至2017年底，我国民营企业数量超过2700万家，个体工商户超过6500万户，注册资本超过165万亿元，贡献了50%以上的税收，60%以上的国内生产总值，70%以上的技术创新成果，80%以上的城镇劳动就业，90%以上的企业数量，民营经济已成为国民经济的重要组成部分。2018年11月，习近平总书记《在民营企业座谈会上的讲话》中指出："要打破各种各样的'卷帘门'、'玻璃门'、'旋转门'，在市场准入、审批许可、经营运行、招投标、军民融合等方面，为民营企业打造公平竞争环境，给民营企业发展创造充足市场空间。"[①] 2020年7月，习近平总书记《在企业家座谈会上的讲话》中指出：要实施好民法典和相关法律法规，依法平等保护国有、民营、外资等各种所有制企业产权和自主经营权，完善各类市场主体公平竞争的法治环境，做到一视同仁，完善公平竞争环境。[②] 贯彻落实习近平总书记关于公平竞争的重要论述，加快完善新时代社会主义市场经济体制，迫切需要对国有企业与民营企业之间的竞争状况进行研究。

第二节　文献综述

公平竞争是市场经济的基本特征。学界对建立公平竞争市场环境必要性的认识比较一致，但对国有企业与民营企业之间公平竞争状况的认识并不一致。

---

① 习近平. 在民营企业座谈会上的讲话. 人民日报，2018-11-02.
② 习近平. 在企业家座谈会上的讲话. 人民日报，2020-07-22.

部分学者研究认为：民营企业在市场竞争中受到"所有制歧视"，与国有企业之间缺乏公平竞争的环境。[1] 国有企业在进入市场、获取生产要素、接受市场淘汰机制、获得国家救助等方面并非与其他类型企业一样[2]，仍然享有许多政策和法律赋予的特权，而民营企业仍在融资、市场准入、税收以及其他方面遭受法律或行政意义上的歧视。[3] 从融资方面看，政府"在规则制定与宏观调控过程中"，"由于在金融领域国有资产占绝对比重，稀缺的金融资源总是由国有企业优先获得"[4]，未能在国有企业和非国有企业之间平均分配资源[5]，国有企业有"从政府那里获得稀缺资源的优势"，"可以方便地获得银行贷款"[6]。而信贷过程中的所有制歧视依然是民营企业头上的"紧箍咒"。[7] 国有企业相较于民营企业在金融机构贷款和长期资金支持等方面存在优势。[8] 从补贴方面看，国有企业通常缺乏强有力动机去利用集聚的外部性[9]，政府补贴会更多倾向于国有企业，因为国有企业具有政治关联背景，更易获得补贴[10]；另外，国有企业更多

---

[1] Xufei Ma, Xiaotao Yao and Youmin Xi, "Business Group Affiliation and Firm Performance in a Transition Economy: A Focus on Ownership Voids," *Asia Pacific Journal of Management*, 2006, vol. 23, no. 4, pp. 467–483.

[2] 陈志武. 国企和民企是否有平等机会？. 留学生，2013 (3)：26.

[3] 张维迎. 国企改革非改不可. 资本市场，2015 (11)：110–113.

[4] 袁志刚，邵挺. 国有企业的历史地位、功能及其进一步改革. 学术月刊，2010，42 (1)：55–66.

[5] Qigui Liu, Xiaofei Pan and Gary G. Tian, "To What Extent Did the Economic Stimulus Package Influence Bank Lending and Corporate Investment Decisions? Evidence from China," *Journal of Banking & Finance*, 2018, vol. 86, pp. 177–193.

[6] 陈清泰. 超越争议 公平竞争. 人民日报，2012–06–04.

[7] 程海波，于蕾，许治林. 资本结构、信贷约束和信贷歧视：上海非国有中小企业的案例. 世界经济，2005 (8)：69–74.

[8] 张扬. 产权性质、信贷歧视与企业融资的替代性约束. 中南财经政法大学学报，2016 (5)：66–72.

[9] Jiangyong Lu, "Agglomeration of Economic Activities in China: Evidence from Establishment Censuses," *Regional Studies*, 2010, vol. 44, no. 3, pp. 281–297.

[10] 潘红波，夏新平，余明桂. 政府干预、政治关联与地方国有企业并购. 经济研究，2008 (4)：41–52.

地承担"政策性负担"[1]。这些因素导致国有企业很容易获得由国家主导的银行部门提供的资金和政府补贴。[2]

也有学者研究认为：国有企业的税收负担更重，"银行歧视私企"不存在。通过数据研究发现：国有企业的税负高于民营企业是事实，国有企业是民营企业税负综合平均值的5倍多[3]；同时，国有企业的税收贡献率远高于其他所有制企业[4]，对国家财政收入的贡献是私企难望其项背的[5]，表明国有企业承担了一定的税负压力。另外，有学者认为："银行歧视私企"论是荒谬至极的[6]，不管是国有银行还是民营银行，其经营目的都是追求利润最大化，国有银行不会刻意歧视民营企业，民营银行也不会刻意照顾民营企业。靳来群利用工业企业微观数据库分析发现：规模歧视对资本错配的影响程度是所有制歧视的2倍，随着金融的不断改革，由于所有制歧视造成的资本错配明显有所减弱，而规模歧视问题并未得到改善。[7] 从不同学者的论述来看，不公平竞争现象是存在的，私营经济在市场准入方面存在劣势，国有经济在劳动力成本、税收和非税社会负担方面处于劣势，但竞争环境差距在缩小，我们认为不应过分关注差距，而应关注公私企业在竞争过程中的相互促进、相互发展。[8]

与公平竞争相关联，近几年从国外输入的"竞争中性"规则引

---

[1] 林毅夫，李志赟.政策性负担、道德风险与预算软约束.经济研究，2004（2）：17-27.
[2] Laura Hering and Sandra Poncet, "Environmental Policy and Exports: Evidence from Chinese Cities," *Journal of Environmental Economics and Management*, 2014, vol. 68, no. 2, pp. 296-318.
[3] 盛翔."国企税负是私企5倍"该如何解读.检察日报，2010-08-06.
[4] 白天亮，张芳曼.国企新姿 中国脊梁坚强挺立.人民日报，2013-04-15.
[5] 杜建国.国企纳税远远领先私企.国企，2014（11）：76-77.
[6] 杜建国.荒谬至极的"银行歧视私企"论.国企，2012（11）：88-91.
[7] 靳来群.所有制歧视还是规模歧视?：基于资本错配程度的比较.现代经济探讨，2017（12）：8-14.
[8] 荣兆梓.也论国有经济与私营经济的不平等竞争.政治经济学评论，2013，4（2）：85-100.

起了学术界的关注。"竞争中性"最早由澳大利亚于20世纪90年代提出,其目的是维护公共企业与私人企业间的平等竞争。此后,在欧美等国家及OECD等国际组织的推动下,竞争中性受到了越来越多国家的关注和接受,逐渐成为国际经贸的规则。中国人民银行行长易纲在2018年G30国际银行业研讨会上首次提出,考虑以"竞争中性"原则对待国有企业。随后,在2019年的国务院《政府工作报告》提出:"按照竞争中性原则,在要素获取、准入许可、经营运行、政府采购和招投标等方面,对各类所有制企业平等对待。"[1] 政府的表态,理论界自然要作出回应。其实,"公平竞争"与"竞争中性"两者含义较为接近,但并不等同。"竞争中性"原则强调国有企业与其他所有制企业之间的关系,公平竞争则针对所有企业,并不单单局限于不同所有制企业之间。[2] 公平竞争原则概括的范围要广于"竞争中性",可以认为"竞争中性"是其子集。因此,不能用"竞争中性"来代替"公平竞争",并以其衡量我国经济主体间的竞争状况。

梳理相关文献发现:学术界对国有企业与民营企业之间是否存在公平竞争争论激烈。双方既摆观点,又引数据作为支撑,但都局限于从某一方面进行比较,缺少系统、完备的指标体系对国有企业与民营企业的竞争环境进行综合评价,而这正是我们要做的工作。本章尝试从要素获取、竞争参与两方面构建公平竞争评价指标体系,并采用2013—2019年的沪深上市公司数据,对国有企业与民营企业所处的竞争环境进行综合评价,从而补充了评价公平竞争的指标体系,为同类研究和实践提供了参考,以期为持续推进市场化改革及

---

[1] 李克强. 政府工作报告. 人民日报, 2019-03-17.
[2] 曾宪奎. 公平竞争环境的构建与我国产业技术政策转型问题研究:兼论"竞争中性"与公平竞争原则的差异. 湖北社会科学, 2019 (4): 67-73.

坚持"两个毫不动摇"提供实证依据。

第三节　国有企业与民营企业公平竞争指标体系的构建

一、指标体系构建说明

建立公平竞争的市场环境，是新时代在更高起点、更高层次、更高目标上推进经济体制改革的必然要求。关于影响公平竞争的讨论，主要集中在融资、补贴、税收等方面。本部分结合《中共中央 国务院关于新时代加快完善社会主义市场经济体制的意见》、《中共中央 国务院关于构建更加完善的要素市场化配置体制机制的意见》以及竞争中性内涵，遵循科学性、代表性、准确性以及数据可获得性等原则，从要素获取、竞争参与两个维度出发，构建包含资本、劳动力、债务中性、社会负担、税收中性、补贴中性、监管中性7个二级指标和13个表征指标的公平竞争评价指标体系。将对企业公平参与市场竞争产生不利影响的指标定性为负向指标，其余定性为正向指标，竞争环境综合水平越高，说明外界环境对企业的发展帮扶越大。下面检验国有企业与民营企业竞争环境综合水平的差异是否显著，并将其作为评价两者是否处于公平竞争的依据，具体指标如表7-1所示。

表7-1　上市公司公平竞争评价指标体系

一级指标	二级指标	表征指标	具体计算	指标方向
要素获取	资本	资本密集度	固定资产净额/公司员工数量	＋
	劳动力	员工成本	支付给职工的现金/营业收入[①]	－

---

① 温素彬，方苑. 企业社会责任与财务绩效关系的实证研究：利益相关者视角的面板数据分析. 中国工业经济，2008（10）：150-160.

续表

一级指标	二级指标	表征指标	具体计算	指标方向
要素获取	劳动力	员工素质	员工素质＝(1×专科以下＋3×专科＋5×本科＋7×本科以上)/员工总数①	＋
	债务中性	债务融资成本	净财务费用/期末总负债②	－
		融资能力	(发行债券收到的现金＋取得借款收到的现金)/总资产	＋
		贷款环境	长期负债/流动负债	＋
竞争参与	社会负担	冗员程度	参照张敏等的做法③	－
		社会责任	和讯公布的上市公司社会责任报告	－
	税收中性	税收强度	(营业税金及附加＋所得税费用)/营业收入	－
		实际税负	(当年支付的各项税费－当年的税费返还)/营业收入④	－
	补贴中性	补贴强度	消除企业规模影响，计算公式：政府补贴/总资产⑤	＋
		实际补贴	政府补贴/营业收入	＋
	监管中性	媒体关注度	在百度新闻搜索平台上收集的被观测年度标题中包含相应上市公司简称的报道数量⑥	－

（1）要素获取能力指标。考虑到各地招商引资中实行零地价甚至负地价、技术要素市场交易活跃，本章只选取资本、劳动力、债

---

① 单春霞，仲伟周，张林鑫. 中小板上市公司技术创新对企业绩效影响的实证研究：以企业成长性、员工受教育程度为调节变量. 经济问题，2017（10）：66-73.
② 李广子，刘力. 债务融资成本与民营信贷歧视. 金融研究，2009（12）：137-150.
③ 张敏，王成方，刘慧龙. 冗员负担与国有企业的高管激励. 金融研究，2013（5）：140-151.
④ 邹萍. "言行一致"还是"投桃报李"？：企业社会责任信息披露与实际税负. 经济管理，2018，40（3）：159-177.
⑤ 王健，袁瀚坤. 政府补贴、融资约束与民营企业创新：来自中国A股上市公司的经验证据. 金融与经济，2019（3）：47-52.
⑥ 陶文杰，金占明. 企业社会责任信息披露、媒体关注度与企业财务绩效关系研究. 管理学报，2012，9（8）：1225-1232.

务中性三个一级指标。资本要素用资本密集度进行衡量；劳动力要素用员工成本和员工素质衡量；债务中性用债务融资成本、融资能力以及贷款环境来衡量。贷款环境参考洪功翔等的做法[①]，用长期负债/流动负债表示，其值越大说明银行愿意给予更多的长期贷款，贷款环境越好。对于企业来说，融资是企业一项重要的经营活动，是获取资金的重要手段，因此我们将债务中性也纳入要素获得一级指标中。

（2）竞争参与能力指标。考虑到国有企业可能存在"政策性负担"，并会影响企业公平参与竞争，因此本章选取社会负担、税收中性、补贴中性、监管中性四个二级指标。社会负担用冗员程度和社会责任来衡量，冗员是最常见的社会性负担，过多的冗员负担会拖累企业的发展，影响企业的效率，导致企业处于不公平竞争环境中。税收中性用税收强度和实际税负来衡量，为消除企业规模的影响，均用比值的形式表示。补贴中性主要反映企业获得政府补贴的公平性，采用补贴强度和实际补贴来衡量。监管中性主要是外部监管，除政府监管以外，在信息时代，媒体作为企业发布信息和公众获取信息的重要平台，对企业的行为起到一定的监管作用。因此，本章选择媒体关注度来衡量。媒体关注度越高，越有助于企业依法管理经营活动，降低逆向选择、信息不对称等问题[②]。

二、数据来源和说明

为更好地比较企业间的差异，本章选择同处于竞争性领域的

[①] 洪功翔，董梅生. 国有企业一定低效率吗？：来自中国的实证研究与理论阐释. 教学与研究，2012（8）：40-48.

[②] 王翊，许晓卉. 媒体报道、制度环境与公司社会责任履行. 财经问题研究，2018（12）：129-136.

2013—2019 年 A 股上市公司为研究对象。原因在于：上市公司通常是在各个领域中具备一定话语权的企业且满足一定的上市条件，它们面对着类似的市场、资金、监管环境，能够客观反映不同产权企业间的差异情况，具有一定的代表性。样本数据主要来源于国泰安数据库，在收集中对样本进行了以下筛选：①剔除 ST 类上市公司；②剔除金融类上市公司、非竞争性行业；③剔除当年上市的公司；④剔除数据存在严重缺失的样本公司。最终，我们选取了农林牧渔、制造业、建筑业、批发零售、信息技术、租赁商务、房地产、科学技术服务、文化体育娱乐、公共设施管理 10 个竞争性行业。根据上市公司股权性质文件，我们把上市公司分为国有企业和民营企业两类，最终收集了 13 112 个样本，其中国有企业样本数为 4 088 个，民营企业样本数为 9 024 个。

三、具体指标差异分析

按照国有企业与民营企业分类，整理 2013—2019 年所有指标的均值，并对其进行均值差异分析，结果如表 7-2 所示。可以看出，国有企业在资本密集度、员工素质、贷款环境、融资能力、社会责任、税收强度、实际税负、媒体关注度方面显著高于民营企业，而民营企业在员工成本、融资成本、补贴强度、实际补贴方面显著高于国有企业。从资本密集度看，国有企业聚集了更多的资本，这是因为国有企业在最初集聚了全部的社会资本，这是先天优势；随着国有企业不断深化改革，企业正在不断做大做强，资本得到了积累，这是后天发展。从员工成本看，民营企业的员工成本要高于国有企业，与荣兆梓对劳动力成本分析的结论相悖。原因在于，本章计算的员工成本以营业收入进行标准化处理，虽然国有企业可能平均工资要高于民营企业，但国有企业创造了更多的营业收入，因而员工成本相对就会有所降低,间接反映出民营企业的整体创收不足。从员工素质看,国有企业比民营企业的员工素质要高,存在显著差异,反映社会高素质人才多集中在国有企业,这与国有企业的薪酬待遇等有很大的关系。从融资环境看,国有企业的融资成本要低于民营企业,但其贷款环境、融资能力要高于民营企业。可见,民营企业"融资难、融资贵"问题仍然存在,除了现有的金融制度和融资格局所限,也与民营企业自身运营机制存在的不足有关,比如民营企业信用观念较差、内部治理不当、财务管理不规范等导致的民营企业违约多发局面。因此,需要政府层面、金融机构层面和企业层面共同努力,为民营企业创造平等的融资环境。从冗员程度看,国有企业存在一定的冗员,但冗员差异并不显著。从社会责任看,国有企业明显比民营企业承担了更多的社会责任,这可能也是国有企业享受"优待"的原因之一。从实际税负看,国有企业承担了更多的税收压力。从政府补贴看,国有企业并未获得更多的补贴;相反,民营企业获得的补贴要显著高于国有企业。从媒体关注度看,国有企业获得了更多的媒体关注度,由于"国有"的特殊性质,媒体会更多地对其进行报道和监督。

表7-2 具体指标差异分析

指标	国有企业 均值	国有企业 标准差	民营企业 均值	民营企业 标准差	国有企业与民营企业的均值检验
资本密集度	13.707 9	1.396 0	13.596 9	1.370 3	0.111 0*** (6.992 1)
员工成本	0.124 3	0.083 8	0.139 8	0.092 7	−0.015 5*** (−9.122 4)
员工素质	2.799 7	0.925 4	2.664 1	0.951 5	0.135 6*** (7.622 8)
融资成本	0.016 4	0.015 3	0.019 2	0.064 4	−0.002 8 (−0.843 4)
贷款环境	0.209 6	0.365 1	0.163 1	0.355 1	0.046 5*** (6.881 7)
融资能力	0.181 7	0.197 9	0.156 6	0.162 2	0.025 1*** (7.629 7)
冗员程度	0.007 3	0.556 5	0.006 7	0.554 0	0.000 6 (0.064 5)

续表

指标	国有企业 均值	国有企业 标准差	民营企业 均值	民营企业 标准差	国有企业与民营企业的均值检验
社会责任	16.267 3	15.636 9	14.760 2	13.012 9	1.507 1*** (5.833 7)
税收强度	0.034 9	0.082 8	0.031 2	0.055 8	0.003 7*** (3.030 5)
实际税负	0.070 0	0.176 4	0.064 6	0.135 4	0.005 4* (1.911 3)
补贴强度	0.005 9	0.009 9	0.006 4	0.007 5	−0.000 5*** (−3.048 9)
实际补贴	0.012 1	0.026 9	0.014 8	0.022 4	−0.002 7*** (−5.845 1)
媒体关注度	106.380 9	259.271 3	48.729 1	130.674 6	57.651 8*** (16.908 4)

注：(1) 均值检验采用 t 统计检验方法，括号内为 t 值。
(2) ***、**、* 分别表示显著性水平为 1%、5%、10%。

第四节 测度及结果分析

一、指标权重的计算及测度

指标权重的确定大体可分为主观赋权和客观赋权，为了避免人为主观因素所导致的评价误差，在综合考虑企业公平竞争研究的现实意义与数据特点后，采用熵值法对指标进行赋权。为了避免由于不同指标量纲而造成误差，我们需要对数据进行标准化处理。具体处理方法如下：

$$\text{正向指标 } X'_{ij} = (X_{ij} - X_{\min})/(X_{\max} - X_{\min}) \qquad (7.1)$$

$$\text{负向指标 } X'_{ij} = (X_{\max} - X_{ij})/(X_{\max} - X_{\min}) \qquad (7.2)$$

式中，i 表示样本公司；j 表示选取的指标；X'_{ij} 表示第 i 个样本公司第 j 项指标在标准化后的值；$X_{\max}$ 表示第 j 项指标的最大值；$X_{\min}$ 表示第 j 项指标的最小值。

利用上述标准化处理后的数据计算第 i 个样本公司第 j 项指标所占的比重：

$$p_{ij} = x'_{ij} / \sum_{i=1}^{n} x'_{ij} \qquad i=1, 2, \cdots, n, \ j=1, 2, \cdots, m$$

然后，计算第 j 项指标的熵值：
$$e_j = -k \sum_{i=1}^{n} p_{ij} \ln(p_{ij})$$
其中，$k>0$，$k=1/\ln(n)$，$e_j>0$（n 为所选取企业的个数），得到信息熵 $g_j = 1 - e_j$。

最后，计算第 j 项指标的权重：
$$w_j = g_j / \sum_{i=1}^{m} g_i$$
从而得到第 i 个样本公司的竞争环境综合水平：
$$h_i = \sum_{j=1}^{n} w_j p_{ij} \times 1\,000$$

二、全样本分析

根据构建的指标体系，使用熵值法对国有企业与民营企业的竞争环境综合水平进行测度，并进行均值检验，见表 7-3。检验结果表明：2013—2016 年国有企业与民营企业的竞争环境综合水平存在显著差异，因而不公平竞争现象是存在的，国有企业相较民营企业的竞争环境更优。但从 2017 年开始，两者的竞争环境综合水平不再显著，可以认为两者差异不大，处于相对公平竞争的市场环境。这说明在竞争性行业中，国有企业可能无法再依靠其特有身份来获取更多的优惠。从各年均值来看，两者的综合得分逐步降低。由于综合得分是反映企业从外部环境获得的竞争优势，所以得分越低说明从外部获得的竞争优势越少，也就是政府及外界干预有所减少，使市场主体处于充分竞争的市场环境中，更有利于企业间公平竞争关系的形成。可以看出，随着市场逐步完善，国有企业改革成效有所凸显，它逐渐与民营企业保持竞争中性的状态，同时不断融入市场机制，两者开始处于公平竞争的状态，并形成了一种相互促进、相互发展的良性互动关系。

表 7-3　2013—2019 年国有企业与民营企业的竞争环境综合水平差异分析

年份	国有企业	均值	民营企业	均值	均值检验
2013	558	0.067 9	1 015	0.061 2	0.006 7** (2.271 9)
2014	571	0.067 7	1 015	0.060 5	0.007 2** (2.479 6)
2015	590	0.063 8	1 139	0.054 7	0.009 1*** (3.197 2)
2016	611	0.059 6	1 300	0.048 9	0.010 7*** (4.367 5)
2017	603	0.050 4	1 449	0.048 1	0.002 3 (1.010 3)
2018	528	0.050 5	1 500	0.048 9	0.001 6 (0.955 2)
2019	627	0.046 3	1 606	0.044 2	0.002 1 (1.246 2)
全部样本	4 088	0.057 9	9 024	0.051 3	0.006 6*** (7.244 2)

注：(1) 均值检验采用 t 统计检验方法，括号内为 t 值。
　　(2) ***、**、* 分别表示显著性水平为 1%、5%、10%。

三、分行业样本分析

考虑到不同行业内国有企业与民营企业的竞争状况可能存在差异，所以本部分将分行业进行均值差异检验，见表 7-4。检验结果表明：在制造业、建筑业、房地产业以及文化、体育和娱乐业等行业，国有企业与民营企业的均值差异显著，其中国有企业在制造业、建筑业、房地产业比民营企业享受更多的优待，可见国家在宏观层面对国有企业中的传统行业扶持力度较大，而民营企业在文化、体育和娱乐业的均值要显著高于国有企业。在批发和零售业，信息传输、软件和信息技术服务业，水利、环境和公共设施管理业等行业，国有企业与民营企业的竞争差异并不显著；相反，民营企业在部分年份的均值要高于国有企业，这些行业大多为第三产业，门槛相对较低，民营企业更易进入。另外，近年我国在政策方面大力扶持发展第三产业，使民营企业享受到更多的政策红利来弥补相关方面的差异对待，由此说明第三产业企业间竞争充分、公平。分年份来看，均值差异显著性在不同行业大多呈现振荡减少趋势，国有企业与民营企业开始在各个行业趋于公平竞争状态。

表 7-4　2013—2019 年分行业差异性分析

行业分类	2013 年	2014 年	2015 年	2016 年	2017 年	2018 年	2019 年
A	1.825*	1.769*	0.801	2.527	1.014	−0.370	0.216
C	1.943*	1.712*	1.465	2.376***	−1.788*	0.327	−0.035
E	2.316**	2.587**	1.401	2.412**	2.777**	3.103***	1.893*
F	−1.219	−0.964	−1.231	−1.521	−1.401	0.003	0.363
I	1.579	1.858	−1.082	−0.556	−0.836	−0.466	0.393
K	2.876***	0.985	3.846***	3.040***	2.792**	0.653	3.412***
L	−1.471	−1.093	−0.514	0.444	−0.829	1.102	−0.032
M	0.192	2.240**	−0.546	−0.330	0.688	0.618	−0.618
N	0.574	0.927	0.864	0.293	−0.417	−0.282	0.107
R	−1.077	−2.103**	−4.374***	−5.117***	−3.766***	−1.210	−0.384

注：(1) 行业分类根据国家统计局国民经济行业分类。A 为农林牧渔业；C 为制造业；E 为建筑业；F 为批发和零售业；I 为信息传输、软件和信息技术服务业；K 为房地产业；L 为租赁和商务服务业；M 为科学研究和技术服务业；N 为水利、环境和公共设施管理业；R 为文化、体育和娱乐业。
(2) 表中数据为标准差。
(3) 均值检验采用 t 统计检验方法。
(4) ***、**、* 分别表示显著性水平为 1%、5%、10%。

第五节　竞争环境差异原因分析

根据上述实证分析可知，在具体指标层面上，国有企业与民营企业存在显著差异，但进行综合分析时发现，国有企业与民营企业的竞争环境在 2017 年之前存在显著差异，在 2017 年之后竞争环境差异并不显著，可以间接认为竞争环境相同。然而，影响其竞争环境的因素不仅包括外部因素，而且包括内部因素，还与其自身经营状况、规模等有关。为了进一步研究竞争环境的差异是由所有制歧视导致，还是由企业自身禀赋差异所导致，接下来，利用 Blinder-

Oaxaca 分解方法①为后面的分析提供参考，基本思路是将不同性质的两样本之间的差异（如竞争环境）分解为合理差异（企业禀赋不同所导致）和不合理差异（所有制不同而导致的歧视性差异）两部分，由此测量差异中合理与不合理部分的比重，借以考察差异的合理性。

一、实证方法

本部分根据产权性质将样本分为歧视组（民营企业组）和非歧视组（国有企业组）。首先，采用 Blinder-Oaxaca 分解方法进行混合 OLS 回归，同时控制行业和时间效应；其次，对两组非平衡样本的竞争环境综合水平均值差异进行分解。

首先，将影响企业竞争环境的因素分为自身禀赋因素和禀赋外因素，前者主要指企业自身特征，如企业规模、经营状况、盈利能力等②，后者主要指企业所有制属性和外部制度环境等。建立模型如下：

$$\text{Compete}_{it} = \alpha + \beta_1 \text{Size}_{it} + \beta_2 \text{Age}_{it} + \beta_3 \text{Lev}_{it-1} + \beta_4 \text{Fs}_{it}$$
$$+ \beta_5 \text{Roe}_{it-1} + \beta_6 \text{East}_{it} + \sum \beta_7 \text{Center}_{it} + \varepsilon_{it}$$

(7.3)

本部分在企业禀赋特征方面选择企业规模（Size）、上市年限（Age）、资产负债结构（Lev）、股权集中度（Fs）以及净资产收益率（Roe）等变量。其中，企业禀赋特征中反映财务的变量为滞后一期值，用以控制可能产生的内生性问题。考虑到不同地区的市场化程度、制度政策等存在差异，设置地区虚拟变量。Year 为年度虚拟

---

① Jann, B., "The Blinder-Oaxaca Decomposition for Linear Regression Models," *Stata Journal*, 2008, vol. 8, no. 4, pp. 453-479; R. Oaxaca, "Male-female Differentials in Urban Labour Markets," *International Economic Review*, 1973, vol. 14, no. 3, pp. 693-709; Alan S. Blinder, "Wage Discrimination: Reduced Form and Structural Estimates," *Journal of Human Resources*, 1973, vol. 8, no. 4, pp. 436-455.

② 白俊，连立帅. 信贷资金配置差异：所有制歧视抑或禀赋差异？. 管理世界，2012 (6)：30-42，73.

变量，以控制分组样本中不同年份所造成的影响。

其次，使用相同的解释变量分别对国有企业、民营企业两组非平衡面板数据进行估计。

最后，对国有企业与民营企业间的竞争环境综合水平均值之差进行分解。

$$\overline{\text{Compete}_i} - \overline{\text{Compete}_j} = \hat{\beta}_i \overline{X}_i^* - \hat{\beta}_j \overline{X}_j^* = (\overline{X}_i - \overline{X}_j)^* \hat{\beta}_i + \overline{X}_j^* (\hat{\beta}_i - \hat{\beta}_j) \quad (7.4)$$

式中，X 为解释变量矩阵；i 为国有企业；j 为民营企业。

二、变量的定义及描述性统计

表7-5展示了所有变量的定义及全样本描述性统计，表7-6按产权性质不同分为国有企业与民营企业，然后分组进行描述性统计。统计结果显示：国有企业的竞争环境综合水平显著优于民营企业，说明不同所有制企业之间存在竞争差异。国有企业在企业规模、上市年限、资产负债结构、股权集中度等方面均显著优于民营企业。在净资产收益方面，两者的差异不显著。在地域方面，国有企业更多地集中于中部地区，而民营企业更多地集中在东部地区。总体而言，国有企业的禀赋特征优于民营企业。

表7-5 变量的定义及描述性统计

变量	变量的定义	均值	标准差	最小值	最大值
Compete	企业竞争综合水平	0.053 4	0.048 2	0.002 7	0.639 9
Size	期末总资产取对数	22.12	1.20	18.39	28.34
Age	企业上市年数	12.63	7.254	1	29
Lev	期末负债/期末资产	0.413	0.222	0.008	10.500
Fs	第一大股东持股比例	33.44	14.05	3.55	89.09
Roe	净资产收益率	0.067 2	0.191	−10.36	5.556
East	企业所属地区为东部地区时，取值为1，否则为0	0.720 0	0.449 0	0	1
Center	企业所属地区为中部地区时，取值为1，否则为0	0.158 0	0.365 0	0	1

表 7-6 按所有制分类的各变量描述性统计

	国有企业 均值	国有企业 标准差	国有企业 最小值	国有企业 最大值	民营企业 均值	民营企业 标准差	民营企业 最小值	民营企业 最大值	国有企业与民营企业均值检验
Compete	0.057 9	0.055 7	0.002 7	0.623 0	0.051 3	0.044 1	0.003 0	0.639 9	0.006 7*** (7.244 2)
Size	22.68	1.329	18.76	28.34	21.87	1.035	18.39	26.86	0.809 0*** (37.816 7)
Age	18.12	6.404	1	29	10.14	6.168	1	28	7.972 6*** (67.746 9)
Lev	0.491	0.203	0.019	1.229	0.377	0.221	0.008	10.495	0.113 8*** (28.002 4)
Fs	37.53	14.75	6.80	89.09	31.59	13.31	3.55	88.24	5.941 3*** (22.874 9)
Roe	0.063 2	0.188	−7.213	1.726	0.068 9	0.192	−10.360 0	5.556 0	−0.005 7 (−1.583 9)
East	0.626	0.484	0	1	0.763	0.426	0	1	−0.136 4*** (−16.279 2)
Center	0.204	0.403	0	1	0.137	0.344	0	1	0.067 37*** (9.840 5)

注：(1) 均值检验采用 t 统计检验方法，括号内为 t 值。
(2) ***、**、* 分别表示显著性水平为 1%、5%、10%。

三、国有企业与民营企业竞争差异回归与分解

表7-7展示了国有企业与民营企业的竞争环境综合水平回归结果。对比回归结果，注意以下几点差异：第一，企业规模在两类企业中对竞争环境表现出一致的正向影响，说明企业规模越大越有利于竞争；上市公司年限、净资产收益率以及地区虚拟变量在两者间的影响不同。第二，在两组回归系数的差异检验中，上市公司年限、资产负债结构以及是否处于中部地区回归系数的差异显著，其余变量对国有企业与民营企业的竞争环境综合水平差异并未产生显著影响，可以初步认为国有企业与民营企业在竞争环境差异上的"歧视部分"可能不高，需要进一步分解进行检验。第三，净资产收益率对公平竞争水平的影响系数在两类企业中方向相反，也就是民营企业净资产收益率越低越能获得竞争优势，而国有企业净资产收益率越高越能获得竞争优势，间接反映了资源配置有所扭曲。为了进一步明确这两类企业的竞争环境差异是来自企业的禀赋差异还是所有制歧视，下面对国有企业与民营企业的竞争环境综合水平总差异进行分解。

表7-7 企业竞争综合水平差异回归过程

变量	国有企业 Compete	民营企业 Compete	回归系数差异比较
Size	0.003 5*** (4.09)	0.004 3*** (7.21)	−0.000 8 (−0.84)
Age	−0.000 1 (−0.30)	0.000 6*** (6.64)	−0.000 7*** (−3.91)
Lev	0.039 9*** (7.47)	0.021 5*** (6.85)	0.018 3*** (3.19)
Fs	−0.000 1 (−0.77)	−0.000 1 (−1.43)	0.000 0 (0.06)
Roe	0.021 8*** (−4.63)	−0.011 8*** (−3.12)	−0.010 0 (−1.74)

续表

变量	国有企业 Compete	民营企业 Compete	回归系数差异比较
East	0.002 3 (0.89)	−0.002 1 (−1.24)	0.004 4 (1.52)
Center	−0.007 9** (−2.59)	0.000 4 (0.17)	−0.008 3** (−2.38)
Year	控制	控制	控制
Observations	4 088	9 024	
Adj-R^2	0.051 6	0.047 9	

注：(1) 括号内为 t 值。
(2) 回归系数差异检验采用 Chow tests。
(3) ***、**、* 分别表示显著性水平为 1%、5%、10%。

表 7-8 展示了根据 Blinder-Oaxaca 分解法得到的相关因素对两类所有制企业竞争环境综合水平差异的贡献。分解结果显示：国有企业与民营企业的竞争环境综合水平总差异为 0.006 6，在 1% 的显著性水平下显著，表示国有企业的竞争环境综合水平比民营企业要好 12.87% [=(0.057 9−0.051 3)/0.051 3] 的水平，其中 90.9% 来自企业禀赋差异（合理差异），可由相关特征因素解释，其余（不合理差异）引起的差异为 0.000 6，占总差异的 9.1%。说明这两类企业 90% 以上差异来自禀赋差异和外部环境，其余不足 10% 来自所有制差异。

表 7-8 国有企业、民营企业的竞争环境综合水平差异分解

变量	总差异	合理差异	不合理差异
Size		0.001 4** (2.31)	−0.011 3 (−0.57)
Age		0.000 03 (0.03)	−0.007 1*** (−4.38)
Lev		0.005 4*** (9.13)	0.008 1*** (3.95)
Fs		−0.002 1 (−0.59)	0.001 4 (0.62)

续表

变量	总差异	合理差异	不合理差异
Roe		0.000 1 (1.23)	−0.000 5 (−1.48)
East		−0.000 1 (−0.46)	0.002 9 (1.36)
Center		−0.000 5* (−2.64)	−0.001 0 (−2.26)
国有企业	0.057 9*** (66.35)		
民营企业	0.051 3*** (110.43)		
总差异	0.006 6*** (6.65)		
合理差异	0.006 0*** (4.56)		
不合理差异	0.000 6 (0.35)		
Year	控制	控制	控制
Observations	13 112	13 112	13 112

注：(1) 括号内为 t 值。
(2) 回归系数差异检验采用 Chow tests。
(3) ***、**、* 分别表示显著性水平为 1%、5%、10%。

第六节 研究结论与政策启示

本章以 2013—2019 年竞争性领域的 A 股上市公司为研究样本，构建了国有企业与民营企业的公平竞争指标体系，对它们的竞争环境进行了单指标差异比较和综合水平测度，并运用 Blinder-Oaxaca 分解方法对这两类企业的竞争环境综合水平进行了回归分解，分析其产生差异的原因。研究结果表明：第一，从单个指标层面看，国有企业在资本、劳动力、融资方面有着更多的优势，而民营企业在政府补贴、税收、监管等方面享受更多的支持。可以看出，不管是从要素获取还是竞争参与都存在一定程度的差异，并非"一边倒"地倾向国有企业。国有企业在获得融资优势的同时，也承担着较多的税负和社会责任；相反，民营企业在资本和劳动力要素获取处于劣势的同时，在政府补贴以及税收等方面获得相应的"倾斜"。第二，从综合水平层面看，国有企业与民营企业的竞争环境综合水平在 2017 年之前差异显著，在 2017 年后差异逐渐缩小甚至不显著，两者间表现出公平竞争的发展态势。分行业看，民营企业在制造业、建筑业、房地产业竞争中存在不公平，在文化、体育和娱乐业的竞争中显然要优于国有企业，而在批发和零售业，信息传输、软件和信息技术服务业，水利、环境和公共设施管理业里与国有企业的差异并不显著，可以认为两者是公平竞争的。第三，从竞争环境差异原因看，国有企业与民营企业的总差异主要来自企业禀赋差异而非所有制歧视，其中企业规模、资产负债结构等企业禀赋特征的贡献较大。

事实上，我国民营经济从无到有、从小到大，再到具有"五六七八九"的特征，正是由于政府对民营经济发展的大力支持，甚至是政策倾斜。例如，推动国有经济的战略性调整，推动国有企业从一般竞争性领域退出，两次出台支持非公有制经济发展的"36 条"，等等；否则，民营经济很难在短期内发展到具有"五六七八九"的特征。那么，为何社会舆论和部分学者仍认为民营企业处于不公平竞争地位呢？根据我们的研究和理解，可能有以下两点原因：一是由民营企业的构成所决定的。民营企业包括大量的中小微企业，而中小微企业在要素获取、竞争参与等方面处于非常不利的地位，但这是由中小微企业的特质所决定的，与所有制歧视无关。例如，中小微企业融资难、存活率低、生命周期短是一个世界性难题。因此，不能把中小微企业在与大企业、特大型企业竞争中处于劣势地位，仅仅归结为与国有企业之间存在不公平竞争。二是存在认识误区。民营企业是后进入者，国有企业与民营企业各自在不同领域有着自己的优势，一些关系国家经济命脉、科技、国防、安全等领域的国有企业起主导作用，是由我国公有制为主体、多种所有制经济共同发展的基本经济制度决定的。

  本章的实证研究结果带来了以下政策启示：第一，真正营造公平竞争环境。以上分析表明，竞争性领域的国有与民营上市公司，过去确实存在不公平竞争现象，但随着市场化改革不断深入，2017年之后两者所处的竞争环境没有太大差异。在国有企业与民营企业的竞争环境相对公平、不存在明显"偏袒"的情况下，过多强调政策向民营企业倾斜，就会增加国有企业的竞争压力，造成"顾此失彼""矫枉过正"的局面。我们既要解决民营经济发展中的"玻璃门""弹簧门""旋转门"问题，也要解决国有经济发展中的负担过重、不公平竞争问题。第二，支持中小微企业发展永远在路上。中小微企业在要素获取、竞争参与等方面处于劣势地位是世界性难题。因此，需要针对每个企业的特质制定不同的政策，做到精准施策，有的放矢地支持和帮助它们提高自身素质，建立现代企业制度，并不断发展壮大。第三，理直气壮地做强做优做大国有企业。民营企业从"零"到具有"五六七八九"的特征，反映民营经济正在不断创造发展奇迹。可见，要确保公有制的主体地位不动摇，一定要增强做强做大做优国有企业的紧迫感。特别是要按照党中央决策部署，通过增强国有经济的竞争力、创新力、控制力、影响力、抗风险能力来做强做优做大国有企业。[①]

[①] 洪功翔. 国有企业改革 40 年：成就、经验与展望. 理论探索，2018（6）：15-23.

第八章
国有经济与民营经济共生发展的市场规模效应研究

正确认识和处理国有经济与民营经济之间的关系,是深化经济体制改革和坚持"两个毫不动摇"的需要。尽管理论研究、实证研究与中国特色社会主义市场经济发展都表明,国有经济与民营经济之间是相辅相成、相得益彰的共生发展关系,但仍有必要进一步阐释国有经济与民营经济共生发展的机理。本章选择从市场规模效应视角开展研究。

第一节 问题的提出

党的十八届三中全会通过的《中共中央关于全面深化改革若干重大问题的决定》指出:"国有企业总体上已经同市场经济相融合","公有制为主体、多种所有制经济共同发展的基本经济制度,是中国特色社会主义制度的重要支柱,也是社会主义市场经济体制的根基……必须毫不动摇巩固和发展公有制经济","必须毫不动摇鼓励、支持、引导非公有制经济发展"。① 党的十九大报告和此后一系列重要文件都反复强调坚持"两个毫不动摇"。2018 年 11 月 1 日，习近平总书记《在民营企业座谈会上的讲话》中指出："把公有制经济巩固好、发展好，同鼓励、支持、引导非公有制经济发展不是对立的，而是有机统一的。公有制经济、非公有制经济应该相辅相成、相得益彰，而不是相互排斥、相互抵消。"② 鉴于《国有经济与民营经济共生发展的理论与实证研究——基于中国 2000—2015 年省级面板数据》一文的研究，将生物学中的共生理论引入国有经济与民营经济互动关系的研究中，借鉴两种群共生演化的理论模型，运用 2000—2015 年中国 30 个省级行政区的面板数据，建立了共生度的静态、动态面板模型，证明了中国的国有经济与民营经济存在非对称性互惠的共生发展关系。③ 该研究成果既丰富和发展了多种所有制经济共同发展理论，又为坚持"两个毫不动摇"提供了理论支撑和实践证据。为了更深入地研究与拓展公有制为主体、多种所有制经济共同发展理论，更好地坚持"两个毫不动摇"，就需要做到知其然、知其所以然、知其所以必然，亦即要搞清楚国有经济与民营经济共生发展的机理。可能存在诸多因素驱动了国有经济与民营经济的共生发展，本章在前述研究的基础上，选择从市场规模效应视角来进一步阐释国有经济与民营经济共生发展的机理。其基本思路是：国有经济与民营经济在发展的同时，推动了市场规模的扩大，而市场规模的扩大反过来为国有经济、民营经济共生发展提供了广阔的市场空间。因此，国有经济与民营经济之间是相辅相成、相得益彰的共生发展关系，而不是相互排斥、此消彼长的关系。从统计数据看，亦是如此。以

---

① 中共中央关于全面深化改革若干重大问题的决定. 人民日报，2013 - 11 - 16.
② 习近平. 在民营企业座谈会上的讲话. 人民日报，2018 - 11 - 02.
③ 洪功翔，顾青青，董梅生. 国有经济与民营经济共生发展的理论与实证研究：基于中国 2000—2015 年省级面板数据. 政治经济学评论，2018，9 (5)：68 - 100.

工业为例，2000—2019年国有控股工业企业的资产总额由84 014.9亿元增加到469 679.9亿元，营业收入由42 203.1亿元增加到287 707.7亿元，利润总额由2 408.3亿元增加到16 067.8亿元。私营工业企业的资产总额由3 873.8亿元增加到282 829.6亿元，营业收入由4 791.5亿元增加到361 133.2亿元，利润总额由189.7亿元增加到20 650.8亿元。与此同时，我国的GDP总规模由100 280.1亿元增加到990 865.1亿元。由此可见，国有经济、民营经济与市场规模呈现齐头并进的发展态势。

基于此，本章提出如下三个假设：

H1：国有经济发展，推动市场规模扩大，有助于民营经济发展。

H2：民营经济发展，推动市场规模扩大，有助于国有经济发展。

H3：市场规模扩大为国有经济与民营经济共生发展拓展了发展空间，促进两者相互合作、互利共赢。

第二节 国有经济与民营经济共生发展市场规模效应的理论分析

近年来，生物动力学模型（Lotka-Volterra模型）逐渐得到经济学者的重视。李帮喜和崔震运用生物动力学模型研究了中国国有经济与民营经济的经济角色关系。[1]孔东民根据Lotka-Volterra模型构建了二维市场结构演进的动态过程。[2]董香兰等运用Lotka-Volterra模型，研究了不同类型股东生态位间的生态关系。[3]刘永焕建构了产

---

[1] 李帮喜，崔震. 中国国有企业与私有企业的经济角色关系研究：基于动力学演化模型的分析. 当代经济研究，2016（9）：44-51.

[2] 孔东民. Lotka-Volterra系统下市场结构的演进. 管理工程学报，2005（3）：77-81.

[3] 董香兰，董巧婷，张锦. 基于Lotka-Volterra模型的股东生态位关系研究. 中国集体经济，2020（27）：90-91.

业技术创新联盟 Lotka-Volterra 模型，并据此阐释了产业技术创新联盟演化机制，等等。[①] 考虑到多种所有制经济具有很多与生物相似的特性，本节将利用 Lotka-Volterra 模型来分析国有经济、民营经济与市场规模之间及其相互之间的关系。本节的分析是从单一经济类型下的市场规模效应开始的。

一、单一经济类型下的市场规模效应

本节首先假设市场中只有一种经济（如国有经济）提供产品，如果用 g 表示国有经济，以 $g(t)$ 表示 t 时的产量，$\dot{g}(t)$ 表示产品增长率 $dg(t)/dt$，$f(g)$ 表示产品产量的瞬时增长速度 $\dot{g}(t)/g(t)$。设市场规模为常数 N，且供需相等。若 N 趋于无穷大，当供需均衡时，产品数量将呈指数型增长，其瞬时增长率 $f(g)$ 恒定，即 $\dot{g}(t)=r\times fg(t)$，r 表示产品的增长速度。但在现实中，N 总是有限的，定义 $g(t)/N$ 为产品密度，当产品密度逐渐变大时，产量增长遇到的阻力会越来越大。当 $g(t)$ 超过 N 时，供给的产品超过市场需求，国有经济将减少生产。当两者相等时，市场饱和，国有经济将停止增长。假定该阻力和 $f(g)$ 存在线性关系，则可用 r 减去产品密度的一个线性因子来表示产品增长情况，令该因子为 $r\times(g(t)/N)$，则国有经济的产品扩散行为可以如下表示：

$$f(g)=\dot{g}(t)/g(t)=r-r\times(g(t)/N)=r\times(1-g(t)/N) \tag{8.1}$$

由式（8.1）可以推导出如下等式：

$$\dot{g}(t)=rg(t)(1-g(t)/N) \tag{8.2}$$

$(1-g(t)/N)$ 表示产品密度的上升（下降）对产品增长所造成

---

① 刘永焕. 基于 Lotka-Volterra 模型的产业技术创新联盟演化机制研究. 企业经济，2020，39（9）：31-36.

的自身阻滞（促进）效应，由式（8.2）可以推导出：当$\dot{g}(t)=0$时，产品的产量达到最优，此时$g(t)=N$，即均衡产量。以此类推，若市场上只有民营经济提供产品，用h表示民营经济，则均衡产量为$h(t)=N$。可见，若市场中只存在单一的经济类型，虽然最初的经济体发展能够带来有限的市场规模效应，但随着产品产量的逐渐增长，由于N是有限的，当产品密度上升时，经济体的产量增长受到阻滞，即市场规模效应的发挥也会受到影响。所以，在缺少多种经济类型互动的情况下，经济体本身的动力是不足的。

二、两种经济类型共生发展的市场规模效应

下面将前述单一经济类型的市场规模效应模型演变成两种经济类型共生发展的市场规模效应模型，这两种经济类型分别为国有经济与民营经济，并且假定市场是公平竞争的，市场规模仍为N。在自由竞争的市场环境中，国有经济和民营经济之间可能存在竞争效应。依然用g表示国有经济，用h表示民营经济，产品产量的瞬时增长速度在两者的相互作用下分别为$f_g(g,h)$和$f_h(g,h)$。于是，得到Kolmogorov模型表达式：

$$\dot{g}(t)/g(t)=f_g(g,h),\ \dot{h}(t)/h(t)=f_h(g,h) \qquad (8.3)$$

将$f_g(g,h)$和$f_h(g,h)$按照式（8.1）展开，则式（8.3）可以变为Lotka-Volterra模型。因此，国有经济和民营经济的产品扩散行为可以表示为：

$$\dot{g}(t)/g(t)=r_g(1-g(t)/N_g-\beta_{gh}\times h(t)/N_h) \qquad (8.4)$$

$$\dot{h}(t)/h(t)=r_h(1-h(t)/N_h-\beta_{hg}\times g(t)/N_g) \qquad (8.5)$$

其中，$\beta_{gh}\times h(t)/N_h$表示民营经济产品对国有经济产品的替代作用，替代因子为β_{gh}。由于国有经济产品与民营经济产品处在相互竞争的环境中，所以民营经济产品会对国有经济产品产生竞争

阻滞效应,亦即国有经济产品与民营经济产品存在一个线性竞争替代关系。因此,替代因子 β_{gh} 也可视作民营经济产品在国有经济产品中的竞争系数,取值范围为 0~1,在该取值范围内表明国有经济竞争力强于民营经济竞争力。当 β_{gh} 大于 1 时,表示国有经济竞争力弱于民营经济竞争力。当 β_{gh} 等于 1 时,表示国有经济竞争力与民营经济竞争力相等。同理,β_{hg} 的意义也可以这样解释。对上式进行变形,可得:

$$\dot{g}(t) = r_g g(t)(1 - g(t)/N_g - \beta_{gh} \times h(t)/N_h) \tag{8.6}$$

$$\dot{h}(t) = r_h h(t)(1 - h(t)/N_h - \beta_{hg} \times g(t)/N_g) \tag{8.7}$$

当国有经济与民营经济达到均衡时,其一阶导数 $\dot{g}(t)$ 和 $\dot{h}(t)$ 分别为零,可得四个均衡解:

$A_1 (N_g, 0)$

$A_2 (0, N_h)$

$A_3 ((1-\beta_{gh})/(1-\beta_{gh}\beta_{hg}) \times N_g, (1-\beta_{hg})/(1-\beta_{gh}\beta_{hg}) \times N_h)$

$A_4 (0, 0)$

再令:

$$D = \begin{pmatrix} \partial \dot{g}(t)/\partial g(t) & \partial \dot{g}(t)/\partial h(t) \\ \partial \dot{h}(t)/\partial g(t) & \partial \dot{h}(t)/\partial h(t) \end{pmatrix}$$

$$= \begin{pmatrix} r_g(1-2g(t)/N_g - \beta_{gh} \times h(t)/N_h) & -r_h \beta_{hg} \times h(t)/N_g \\ -r_g \beta_{gh} \times (g(t)/N_h) & r_h(1-2h(t)/N_h - \beta_{hg} \times g(t)/N_g) \end{pmatrix}$$

$$p = -(\partial \dot{g}(t)/\partial g(t) + \partial \dot{h}(t)/\partial h(t)); q = |D|$$

根据数学中的平衡点稳定性理论可知,当 $p>0$、$q>0$ 时,均衡点稳定;当 $p<0$ 或 $q<0$ 时,均衡点不稳定。再令

$$\varphi_g(g, h) = 1 - g(t)/N_g - \beta_{gh} \times h(t)/N_h \tag{8.8}$$

$$\varphi_h(g, h) = 1 - h(t)/N_h - \beta_{hg} \times g(t)/N_g \qquad (8.9)$$

(1) 当 $\beta_{gh} < 1$、$\beta_{hg} > 1$ 时，国有经济竞争力强于民营经济竞争力，此时均衡点为 A_1，又有 $p > 0$、$q > 0$，该均衡点是稳定的。

(2) 当 $\beta_{gh} > 1$、$\beta_{hg} < 1$ 时，国有经济竞争力弱于民营经济竞争力，此时均衡点为 A_2，又有 $p > 0$、$q > 0$，该均衡点是稳定的。

(3) 当 $\beta_{gh} < 1$、$\beta_{hg} < 1$ 时，对于民营经济产品，国有经济竞争力强。对国有经济产品，民营经济竞争力也较强，此时均衡点为 A_3，又有 $p > 0$、$q > 0$，该均衡点是稳定的。

(4) 当 $\beta_{gh} > 1$、$\beta_{hg} > 1$ 时，对于民营经济产品，民营经济竞争力强。对于国有经济产品，国有经济竞争力强，此时均衡点为 $\dot{A}_3$，但 $p < 0$ 或 $q < 0$，所以该均衡点是鞍点，因而不稳定。

(5) 当 $\beta_{gh} = 1$、$\beta_{hg} \neq 1$ 时，$\beta_{hg} > 1$，N_h/β_{gh} 与 N_h 重合，此时均衡点为 A_1，市场上只有国有经济。当 $\beta_{hg} < 1$ 时，N_h/β_{gh} 与 N_h 重合，此时均衡点为 A_2，市场上只有民营经济。

(6) 当 $\beta_{gh} \neq 1$、$\beta_{hg} = 1$ 时，$\beta_{gh} > 1$，N_g/β_{hg} 与 N_g 重合，此时均衡点为 A_2，市场上只有民营经济。当 $\beta_{gh} < 1$ 时，N_g/β_{hg} 与 N_g 重合，此时均衡点为 A_1，市场上只有国有经济。

(7) 当 $\beta_{gh} = 1$、$\beta_{hg} = 1$ 时，此时 $\varphi_g(g, h) = 0$ 与 $\varphi_h(g, h) = 0$ 重合，均衡点有多个，并且都在 $\varphi_g(g, h)$ 或 $\varphi_h(g, h)$ 直线上，国有经济与民营经济竞争力相等。以上讨论情况如表 8-1 和表 8-2 所示。

表 8-1 国有经济与民营经济的均衡点和稳定条件

均衡点	p	q	稳定条件
A_1	$r_g - r_h(1 - \beta_{hg})$	$-r_g r_h(1 - \beta_{hg})$	$\beta_{gh} \leqslant 1, \beta_{hg} > 1$
A_2	$r_h - r_g(1 - \beta_{gh})$	$-r_g r_h(1 - \beta_{gh})$	$\beta_{gh} > 1, \beta_{hg} \leqslant 1$
A_3	$\dfrac{r_g(1 - \beta_{gh}) + r_h(1 - \beta_{hg})}{1 - \beta_{gh} \beta_{hg}}$	$\dfrac{r_g r_h(1 - \beta_{gh})(1 - \beta_{hg})}{1 - \beta_{gh} \beta_{hg}}$	$\beta_{gh} \leqslant 1, \beta_{hg} < 1$ 或 $\beta_{gh} < 1, \beta_{hg} \leqslant 1$
$\dot{A}_3$	$-r_g - r_h$	$r_g r_h$	不稳定（鞍点）

表 8-2　国有经济与民营经济的竞争模式

类型	对国有经济产品，民营经济竞争力强	对国有经济产品，国有经济竞争力强
对民营经济产品，国有经济竞争力强	共存，均衡点为 A_3	国有经济胜，均衡点 A_1
对民营经济产品，民营经济竞争力强	民营经济胜，均衡点为 A_2	系统不稳定，鞍点为 $\dot{A}_3$

对国有经济与民营经济相互竞争的共生模型进行分析发现，两者在市场经济中相互影响、相互依存，形成多个均衡状态。均衡点 A_1、A_2 表明，最终的结果只有国有经济或民营经济留在市场上，独占市场份额。但从现实看，国有经济不可能完全取代民营经济，民营经济也不可能完全取代国有经济，因为两者既有竞争又有合作。就像自然界一样，受食物链影响，单一物种是无法长期存在的。因此，均衡点 A_3 是必然出现的状态。从全球范围看，也是如此。$\dot{A}_3$ 为鞍点，由于其不稳性，达不到均衡状态，从长期来看也会趋向于均衡点 A_3。

对该均衡点 A_3 进行具体分析，得到的国有经济市场份额、民营经济市场份额分别为：

$$\frac{1-\beta_{gh}}{1-\beta_{gh}\beta_{hg}} \times N_g 、 \frac{1-\beta_{hg}}{1-\beta_{gh}\beta_{hg}} \times N_h$$

如果用国有经济市场份额除以民营经济市场份额，可得：

$$(1-\beta_{gh}) \times N_g / (1-\beta_{hg}) \times N_h$$

上式表明，由国有经济和民营经济组成的市场供给结构，除国有经济和民营经济自身因素外，市场规模还会对两者的共生发展产生重要影响。随着市场规模扩大，国有经济和民营经济的市场份额也会增大，它们共生发展的空间变得更加广阔，这与本章提出的假设 H3 相符。

对均衡状态下的国有经济市场份额与民营经济市场份额的分析

表明：国有经济市场规模不是 N_g，而是 $((1-\beta_{gh})/(1-\beta_{gh}\beta_{hg}))\times N_g$，民营经济市场规模也不是 N_h，而是 $((1-\beta_{hg})/(1-\beta_{gh}\beta_{hg}))\times N_h$。由于 $(1-\beta_{gh})/(1-\beta_{gh}\beta_{hg})$ 和 $(1-\beta_{hg})/(1-\beta_{gh}\beta_{hg})$ 都小于1，因此就单独的国有经济市场份额或民营经济市场份额而言，都是小于 N 的。这表明在均衡状态下，国有经济和民营经济共享市场，并且两者对市场总规模也产生了影响。如果令 $N_g=N_h=N$，那么国有经济市场规模将是原来市场规模的 $(1-\beta_{gh})/(1-\beta_{gh}\beta_{hg})$，民营经济市场规模也将是原来市场规模的 $(1-\beta_{hg})/(1-\beta_{gh}\beta_{hg})$。将均衡时的国有经济市场规模与民营经济市场规模相加可以得到市场总规模，即

$$N\times(2-\beta_{gh}-\beta_{hg})/(1-\beta_{gh}\beta_{hg})$$

由于 $0<\beta_{gh}<1$ 且 $0<\beta_{hg}<1$，因而 $2-\beta_{gh}-\beta_{hg}>1-\beta_{gh}\beta_{hg}$，即

$$(2-\beta_{gh}-\beta_{hg})/(1-\beta_{gh}\beta_{hg})>1$$

又因为 $N>0$，故

$$N\times(2-\beta_{gh}-\beta_{hg})/(1-\beta_{gh}\beta_{hg})>N$$

由此可知，当处在均衡状态下的国有经济和民营经济共存时，新的市场总规模大于原来的市场规模，即两者的互动发展共同促进了市场规模的扩大，实现了"1+1>2"的效应，这是单一经济类型市场无法比拟的。与此同时，国有经济发展推动市场规模扩大，为民营经济拓展了市场空间；民营经济发展推动市场规模扩大，也为国有经济拓展了市场空间。这就验证了本章提出的假设 H1、H2。

第三节 研究设计

一、模型设定与变量选取

Carr 等在研究跨国公司的经营行为时，选择的是用 GDP 来衡量

一个国家内部的市场规模。[①] 张国胜认为：一国的 GDP 规模越大，其市场规模也就越大。[②] 本节以 GDP 衡量我国的市场规模，以国有经济营业总收入累计值衡量国有经济发展，以民营经济营业收入累计值衡量民营经济发展。由于要分析三个变量间的关系，所以本节决定将其纳入 VAR 模型系统中，构建的模型如下所示：

$$Y_t = \beta_0 + \sum_{i=1}^{k} A_i Y_{t-i} + \varepsilon_t \tag{8.10}$$

$$Y_t = (\ln \text{gdp}_t, \ln \text{SOE}_t, \ln \text{PE}_t)^T \tag{8.11}$$

$$Y_{t-i} = (\ln \text{gdp}_{t-i}, \ln \text{SOE}_{t-i}, \ln \text{PE}_{t-i})^T \tag{8.12}$$

在式 (8.10) 中，A_i 为模型待估计的参数矩阵，k 表示模型的滞后阶数，β_0 为常数项，ε_t 为模型随机残差向量。在式 (8.11) 中，$\ln \text{gdp}_t$ 为市场规模的对数，采用国内生产总值代替，$\ln \text{SOE}_t$ 为国有经济发展水平对数，$\ln \text{PE}_t$ 为民营经济发展水平对数，两者均采用各自的营业总收入累计值代替（见表 8-3）。在式 (8.12) 中，$\ln \text{gdp}_{t-i}$，$\ln \text{SOE}_{t-i}$，$\ln \text{PE}_{t-i}$ 分别代表了各变量的滞后 i 期。[③]

表 8-3　相关变量说明

符号	名称	单位	来源
gdp	国内生产总值	亿元	1992—2018 年 CSMAR 数据库
SOE	国有经济营业总收入累计值	亿元	同上
PE	民营经济营业总收入累计值	亿元	同上

[①] D. L. Carr, J. R. Markusen, and K. E. Maskus, "Estimating the Knowledge-Capital Model of the Multinational Enterprise," *American Economic Review*, 2001, vol. 91, no. 3, pp. 693-708.

[②] 张国胜. 本土市场规模与产业升级：一个理论构建式研究. 产业经济研究，2011 (4)：26-34.

[③] 束金明，洪功翔. 环境规制、技术创新与产业升级的互动关系：基于中国 30 个省级面板数据分析. 山东工商学院学报，2017，31 (4)：9-18.

二、数据来源

鉴于绝大多数优秀的国有企业与民营企业都已改制上市，本部分选择已上市的国有企业与民营企业为研究对象，用每年全部国有上市公司营业总收入的累计值来反映国有经济发展情况，用每年全部民营上市公司营业总收入的累计值来反映民营经济发展情况。考虑到 CSMAR 数据库的权威性与使用的广泛性，本部分的研究数据来源于该数据库，时间范围是 1992—2018 年。其中，我们以股权性质为依据，根据上市公司年报披露的实际控制人来判断公司性质——国有上市公司或民营上市公司。国有上市公司从 1992 年的 37 家增加到 2018 年的 1 095 家，民营上市公司从 1992 年的 7 家增加到 2018 年的 2 161 家，国有上市公司增加的速度逐渐慢于民营上市公司增加的速度（见图 8-1）。

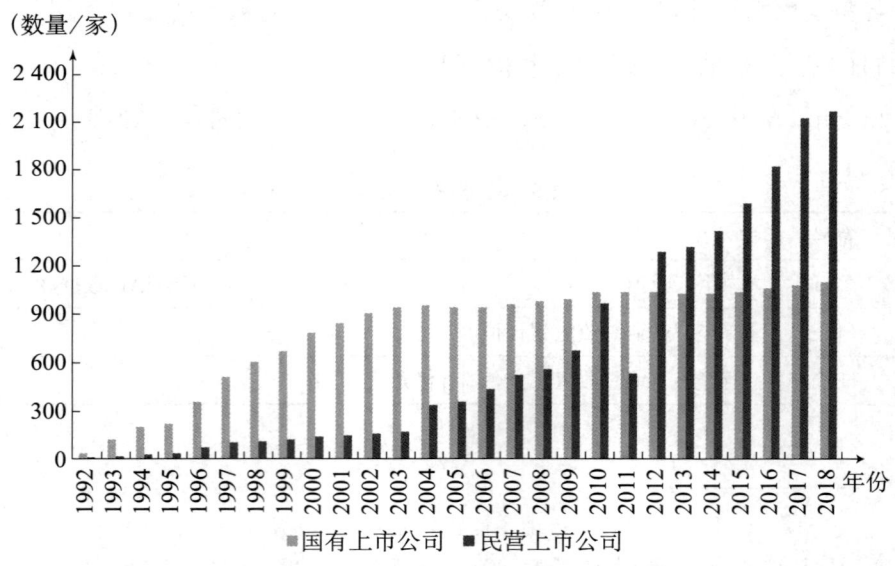

图 8-1 国有上市公司与民营上市公司的数量

鉴于采用的数据与价格有很大关系，故使用国内生产总值指数对其进行平减，得到实际值。由于数据绝对值较大，因而在平稳性检验之前对变量进行取对数处理,这样不仅可以消除异方差,还可以使数据具备良好特性,我们在取完对数后的变量前加上"ln"符号以示区别。

第四节 实证分析

一、时间序列数据及平稳性检验

由于时间序列数据可能存在单位根问题而导致模型不准确,同时为了使模型避免伪回归现象,需要对原始数据进行平稳性检验,进而判断各个变量的稳定性情况。利用 Eviews 6.0 软件进行 ADF 单位根检验,若变量不平稳,则对其进行差分,从而使变量具有平稳性。从表8-4可以看出,各个变量经过 ADF 单位根检验,均在5%和1%的显著性水平上,都是平稳的变量,因此不需要差分处理,是零阶单整。

表8-4 各变量单位根检验

变量	ADF 检验	检验类型	滞后阶数	显著性水平(临界值)	平稳性
lngdp	-3.766 6	常数和时间趋势项	1	5%(-3.603 2)	平稳
lnSOE	-4.587 8	常数和时间趋势项	0	1%(-4.356 1)	平稳
lnPE	-7.285 5	常数和时间趋势项	0	1%(-4.356 1)	平稳

在建立 VAR 模型之前,需要确定变量的滞后阶数,利用 Eviews 6.0中的滞后长度准则确定滞后阶数,见表8-5。

表8-5 滞后阶数的选择

滞后阶数	LogL	LR	FPE	AIC	SC	HQ
0	-26.648 8	—	0.002 4	2.470 7	2.618 0	2.509 8
1	81.560 4	180.348 6	0.000 0	-5.796 7	-5.207 7	-5.640 4
2	101.629 1	28.430 6*	0.000 0*	-6.719 1	-5.688 3	-6.445 6*
3	111.364 0	11.357 4	0.000 0	-6.708 3*	-5.307 8	-6.389 7

经过检验，发现 2 阶星号最多，因此要选择星号最多的阶数，可以暂时将滞后 2 阶作为 VAR 模型的阶数，并以此为基础，进行进一步的滞后项检验。下面选择滞后项排除检验方法，见表 8-6。

表 8-6 滞后项排除检验

滞后阶数	lngdp	lnSOE	lnPE	Jiont
Lag1	155.510 7 (0.000 0)	90.477 0 (0.000 0)	48.812 2 (0.000 0)	286.485 6 (0.000 0)
Lag2	21.757 3 (0.000 0)	1.075 4 (0.783 0)	0.545 7 (0.908 7)	75.778 5 (0.000 0)
df	3	3	3	9

注：括号里为 P 值。

在滞后 2 阶中，虽然一些单一方程的某些阶数不显著，但这三个方程的整体，各阶数均高度显著，故可以最终确定 VAR 模型各变量的滞后阶数为 2 阶，并得到各变量的 VAR 模型，见表 8-7。

表 8-7 市场规模、国有经济发展及民营经济发展的 VAR 模型

变量	lngdp	lnSOE	lnPE
lngdp$_{(-1)}$	1.201 0*** (0.185 3) [6.482 5]	−0.683 7 (0.633 8) [−1.114 0]	0.322 0 (0.940 2) [0.342 5]
lngdp$_{(-2)}$	−0.385 7*** (0.146 7) [−2.629 1]	0.248 7 (0.486 1) [0.511 7]	0.118 7 (0.744 5) [0.159 5]
lnSOE$_{(-1)}$	0.123 9* (0.071 6) [1.730 8]	1.117 1*** (0.237 2) [4.710 6]	0.080 3 (0.363 2) [0.221 0]
lnSOE$_{(-2)}$	−0.128 5** (0.069 8) [−1.840 3]	−0.165 49 (0.231 3) [−0.715 0]	0.150 0 (0.354 2) [0.423 4]
lnPE$_{(-1)}$	0.042 0 (0.050 4) [0.832 6]	0.097 1 (0.167 0) [0.581 3]	0.817 2*** (0.255 9) [3.194 0]
lnPE$_{(-2)}$	0.046 0 (0.049 7) [0.927 2]	0.089 6 (0.164 5) [0.544 7]	−0.222 0 (0.252 0) [−0.881 1]

续表

变量	lngdp	lnSOE	lnPE
常数项	1.635 7** (0.878 4) [1.862 1]	4.522 6* (2.910 1) [1.554 1]	−4.188 3 (4.457 4) [−0.939 6]

$R^2=0.999$，$F=2\,959$，AIC$=-3.678\,4$，SC$=-3.337\,1$，LogL$=52.979\,5$

注：(1) 圆括号内为标准误差，中括号内为 t 值。
(2) ***、**、* 分别表示显著性水平为 1%、5%、10%。

从表 8-7 可以看出，整个 VAR 模型的拟合度为 0.999，说明该模型的拟合效果较优。从市场规模角度看，在短期内，滞后 1 期的市场规模对自身存在正向影响，滞后 1 期的国有经济发展与滞后 1 期的民营经济发展对市场规模都存在正向影响。从国有经济发展角度看，滞后 1 期的国有经济发展对自身存在正向影响，滞后 2 期的市场规模以及滞后 1 期、2 期的民营经济发展对国有经济发展的影响为正向。从民营经济发展角度看，滞后 1 期的民营经济发展对自身存在正向影响，滞后 1 期、2 期的市场规模以及滞后 1 期、2 期的国有经济发展对民营经济发展的影响为正向。

二、模型自相关及平稳性检验

由于模型残差存在自相关的可能性，并会对模型造成干扰，因此需要检验模型残差的自相关性。本部分采用 LM 检验方法，结果表明：可以接受"残差无自相关"的原假设，扰动项为白噪声，对模型没有干扰（见表 8-8）。与此同时，VAR 模型系统是否平稳，也关系到模型的适用性。VAR 系统平稳性的判别图显示，所有特征值均在单位圆内，可以确定整个 VAR 系统是平稳的，并且有两个根十分接近单位圆，意味着变量间的有些冲击具有较强的持续性，见图 8-2。所以，可以确定建立的 VAR 模型是平稳的。

表 8-8 残差自相关检验

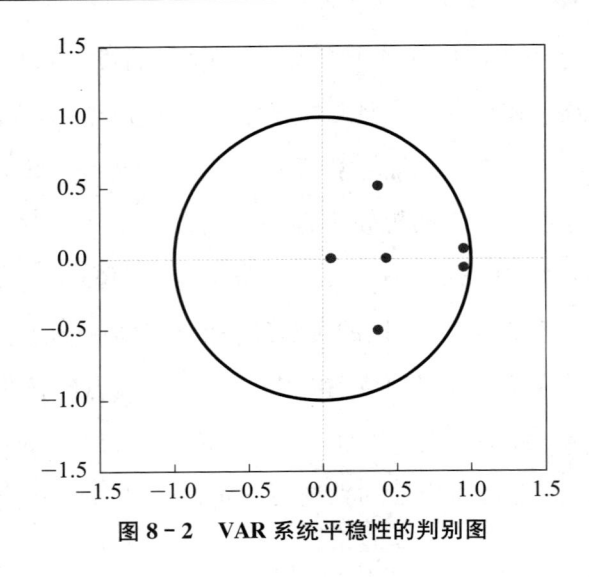

Lag	LM-Stat	P 值
1	5.999 27	0.740 0
2	11.395 80	0.249 6
3	13.228 92	0.152 5
4	7.260 71	0.610 0
5	13.048 68	0.160 4

图 8-2　VAR 系统平稳性的判别图

三、Granger 因果关系检验

为了确定变量间是否存在动态相关关系，需要进行 Granger 因果关系检验，见表 8-9。Granger 因果关系检验表明：在 5% 的显著性水平上，民营经济发展是市场规模的 Granger 原因，但市场规模不是民营经济发展的 Granger 原因；在 1% 的显著性水平上，国有经济发展是市场规模的 Granger 原因，但市场规模不是国有经济发展的 Granger 原因；在 10% 的显著性水平上，国有经济发展是民营经济发展的 Granger 原因，但民营经济发展不是国有经济发展的

Granger 原因。

表 8-9 各变量的 Granger 因果关系检验

原假设	样本数量	F 统计量	P 值
lnPE 不是 lngdp 的 Granger 原因	23	4.099 0	0.021 0
lngdp 不是 lnPE 的 Granger 原因		0.250 5	0.904 6
lnSOE 不是 lngdp 的 Granger 原因	23	7.280 6	0.002 2
lngdp 不是 lnSOE 的 Granger 原因		1.423 8	0.277 3
lnSOE 不是 lnPE 的 Granger 原因	23	2.854 5	0.063 7
lnPE 不是 lnSOE 的 Granger 原因		0.751 8	0.573 2

四、脉冲响应函数与方差分解分析

由于 Granger 因果关系检验并未完全验证国有经济发展、民营经济发展与市场规模之间的因果关系，本部分进一步对三者之间的关系进行脉冲响应和方差分解分析，以便深度揭示三者之间的内在关系。考虑到 VAR 模型的脉冲响应函数会因变量的顺序变化带来不同的结果，为了防止这种情况发生，本部分采用两个变量为一组的检验方式，分别对国有经济发展与市场规模、民营经济发展与市场规模、国有经济发展与民营经济发展之间的脉冲反应进行检验。这种检验方式仍是基于国有经济与民营经济存在共生发展关系的客观事实。

图 8-3 和表 8-10 反映，在样本期内，国有经济发展对市场规模为正向冲击，说明国有经济发展对市场规模存在正向影响。对 lngdp 与 lnSOE 的 VAR 模型进行方差分解，得出国有经济发展对市场规模的影响程度从第 1 期的 0 上升到第 10 期的 17.17%，其影响程度呈现出逐渐增大趋势。市场规模对国有经济发展为正向冲击，说明市场规模对国有经济发展存在正向影响。对 lnSOE 与 lngdp 的 VAR 模型进行方差分解，得出市场规模对国有经济发展的影响程度从第 1 期的 46.60% 下降到第 10 期的 25.71%，其影响程度呈现出逐

渐减小趋势。

图 8-3　市场规模与国有经济发展的脉冲响应

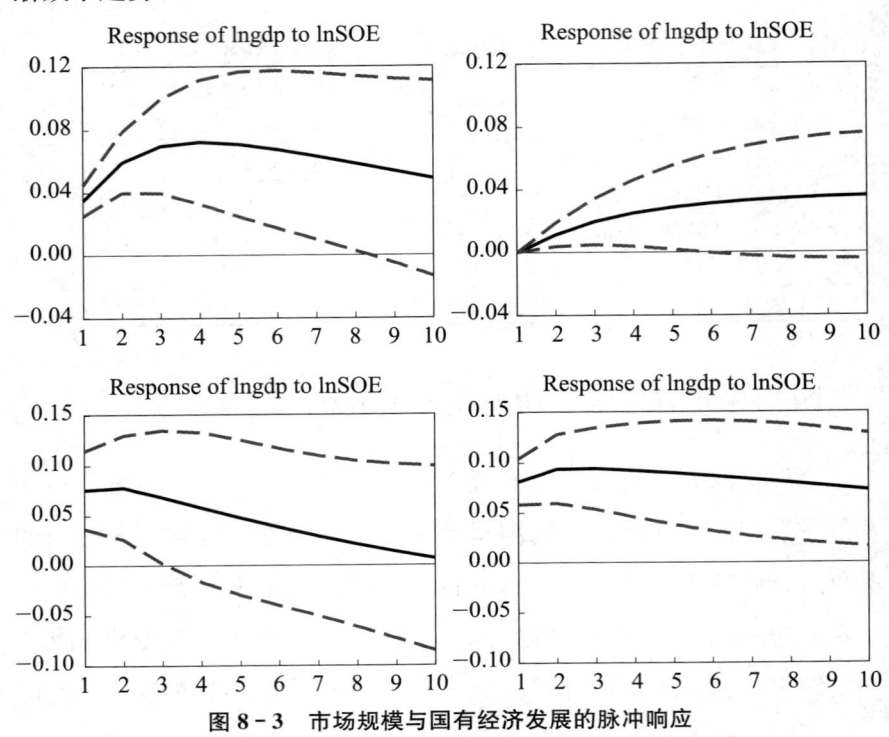

表 8-10　市场规模与国有经济发展的方差分解结果

期数	lngdp			lnSOE		
	S. E.	lngdp	lnSOE	S. E.	lngdp	lnSOE
1	0.034 931	100.000 00	0.000 00	0.111 032	46.599 34	53.400 66
2	0.069 579	97.446 39	2.553 61	0.164 929	43.463 20	56.536 80
3	0.100 327	95.017 33	4.982 67	0.201 886	40.511 81	59.488 19
4	0.126 031	92.953 72	7.046 28	0.229 367	37.753 64	62.246 36
5	0.147 246	91.101 58	8.898 42	0.250 842	35.194 91	64.805 09
6	0.164 805	89.360 45	10.639 55	0.268 151	32.843 68	67.156 32
7	0.179 448	87.678 95	12.321 05	0.282 393	30.709 95	69.290 05
8	0.191 754	86.033 59	13.966 41	0.294 294	28.803 95	71.196 05
9	0.202 165	84.415 90	15.584 10	0.304 364	27.134 47	72.865 53
10	0.211 019	82.825 57	17.174 43	0.312 981	25.707 53	74.292 47

图 8-4 和表 8-11 反映，在样本期内，民营经济发展对市场规

模为正向冲击，说明民营经济发展对市场规模存在正向影响。对 lngdp 与 lnPE 的 VAR 模型进行方差分解，民营经济发展对市场规模的影响程度从第 1 期的 0 上升到第 10 期的 32.89%，其影响程度呈现出逐渐增大趋势。市场规模对民营经济发展为正向冲击，说明市场规模对民营经济发展存在正向影响。对 lnPE 与 lngdp 的 VAR 模型进行方差分解，市场规模对民营经济发展的影响程度从第 1 期的 39.52% 上升到第 10 期的 48.52%，其影响程度呈现出逐渐增大趋势。

图 8-4 市场规模与民营经济发展的脉冲响应

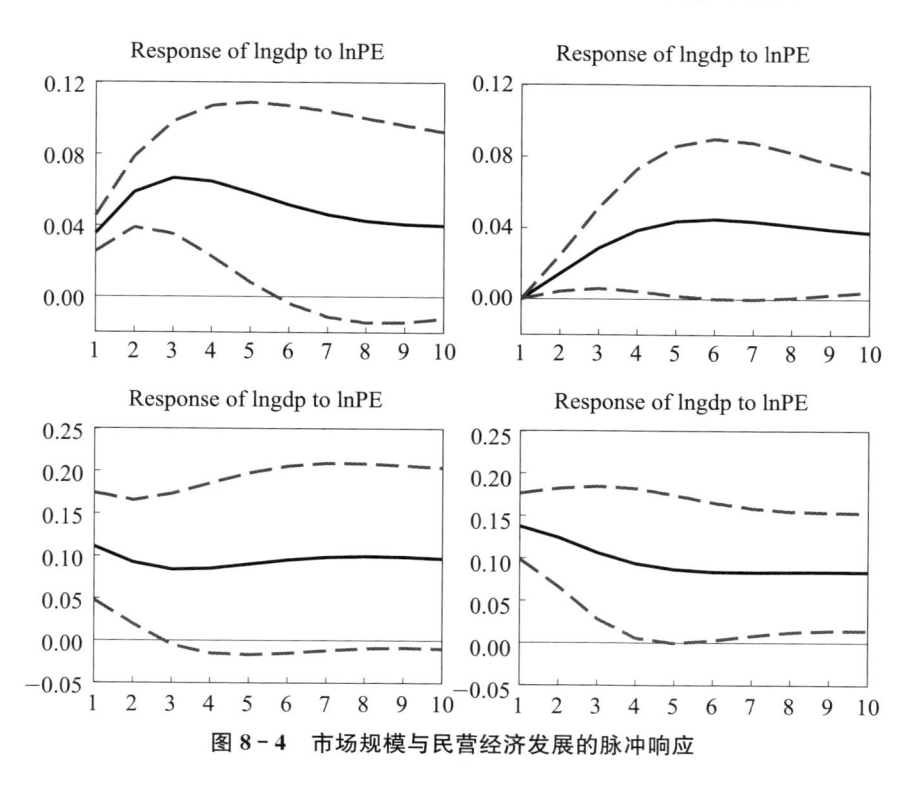

表 8-11 市场规模与民营经济发展的方差分解结果

期数	lngdp			lnPE		
	S. E.	lngdp	lnPE	S. E.	lngdp	lnPE
1	0.035 432	100.000 00	0.000 00	0.176 590	39.523 47	60.476 53
2	0.070 067	95.787 24	4.212 78	0.234 779	37.882 62	62.117 38
3	0.100 859	89.891 52	10.108 48	0.271 074	38.029 69	61.970 31

续表

期数	lngdp			lnPE		
	S. E.	lngdp	lnPE	S. E.	lngdp	lnPE
4	0.125 946	84.079 49	15.920 51	0.299 172	39.323 63	60.676 37
5	0.145 591	79.046 41	20.953 59	0.324 252	41.212 74	58.787 26
6	0.160 864	75.035 85	24.964 15	0.348 178	43.230 40	56.769 60
7	0.172 957	72.016 41	27.983 59	0.371 301	45.055 32	54.944 68
8	0.182 897	69.820 42	30.179 58	0.393 410	46.540 81	53.459 19
9	0.191 458	68.246 21	31.753 79	0.414 227	47.676 04	52.323 96
10	0.199 158	67.112 06	32.887 94	0.433 598	48.520 46	51.479 54

图8-5和表8-12反映，在样本期内，国有经济发展对民营经济发展为正向冲击，说明国有经济发展对民营经济发展存在正向影响。对lnPE与lnSOE的VAR模型进行方差分解，国有经济发展对民营经济发展的影响程度从第1期的0上升到第10期的27.84%，而且这种影响程度呈现出逐渐增大趋势。民营经济发展对国有经济发展为正向冲击，说明民营经济发展对国有经济发展存在正向影响。对lnSOE与lnPE的VAR模型进行方差分解，民营经济发展对国有经济发展的影响程度从第1期的17.70%下降到第10期的9.06%，影响程度呈现出逐渐减小趋势。对国有经济发展与民营经济发展相互影响程度的分析表明，国有经济发展对民营经济发展的影响程度逐渐大于民营经济发展对国有经济发展的影响程度。

实证分析显示，国有经济发展、民营经济发展与市场规模存在密切关系，三者之间相互影响、相互作用。从脉冲响应函数和方差分解结果看，在国有经济和民营经济的共生发展中存在明显的市场规模效应。市场规模作为国有经济发展与民营经济发展的脉冲变量的实证分析表明：市场规模对两者的共生发展都有非常重要的正向影响，假设H3得到证实。国有经济发展作为市场规模与民营经济发展的脉冲变量的实证分析表明：国有经济发展对市场规模有正向

图 8-5　民营经济发展与国有经济发展的脉冲响应

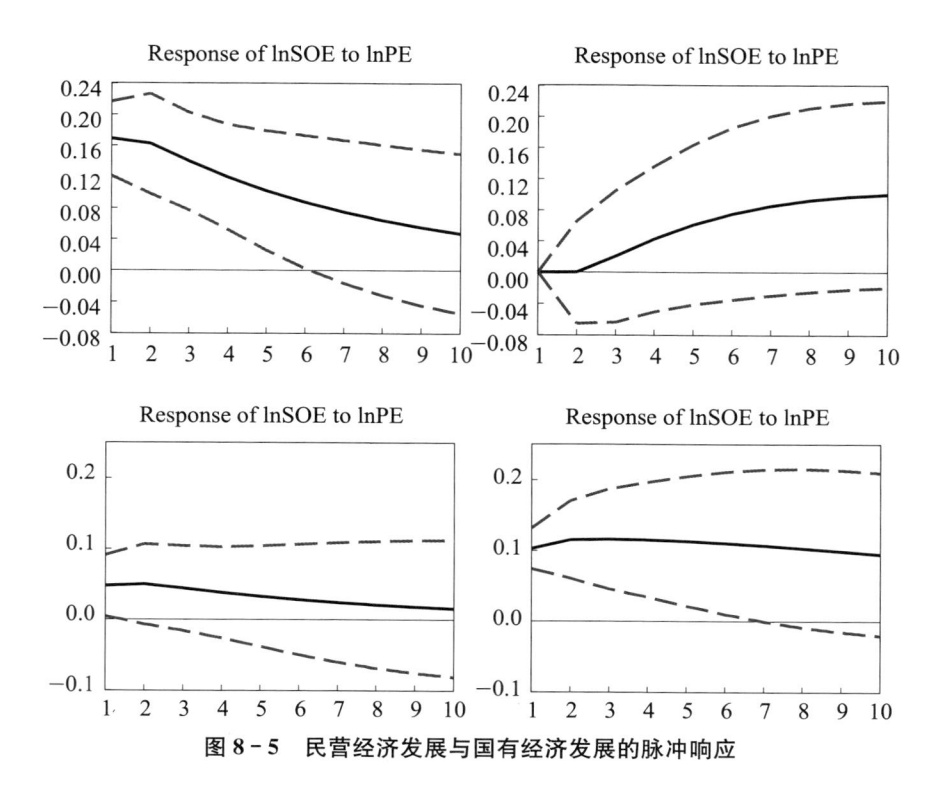

表 8-12　民营经济发展与国有经济发展的方差分解结果

期数	lnPE			lnSOE		
	S. E.	lnPE	lnSOE	S. E.	lnPE	lnSOE
1	0.168 999	100.000 00	0.000 00	0.113 483	17.704 74	82.295 26
2	0.234 444	100.000 00	2.87E-06	0.169 361	16.604 01	83.395 99
3	0.273 742	99.436 38	0.563 62	0.210 170	15.198 38	84.801 62
4	0.301 701	97.528 72	2.471 28	0.242 764	13.859 69	86.140 31
5	0.324 342	94.310 56	5.689 44	0.269 945	12.687 99	87.312 01
6	0.344 251	90.179 52	9.820 48	0.293 103	11.691 92	88.308 08
7	0.362 551	85.584 63	14.415 37	0.313 062	10.853 61	89.146 39
8	0.379 703	80.896 34	19.103 66	0.330 375	10.149 90	89.850 10
9	0.395 857	76.371 80	23.628 20	0.345 445	9.558 88	90.441 12
10	0.411 033	72.164 29	27.835 71	0.358 590	9.061 56	90.938 44

的影响，对民营经济发展也有正向影响，即国有经济发展推动了市场规模扩大，有助于民营经济发展，假设 H1 得到证实。民营经济发展作为国有经济发展与市场规模的脉冲变量的实证分析表明：民营经济发展对市场规模存在正向影响，对国有经济发展也有正向影响，即民营经济发展推动了市场规模扩大，有助于国有经济发展，假设 H2 得到证实。此外，国有经济发展对民营经济发展的影响程度要大于民营经济发展对国有经济发展的影响程度。

第五节　研究结论与政策启示

基于 Lotka-Volterra 模型的理论分析表明：国有经济与民营经济相互依存、相互竞争的共生发展模式，共同促进了市场规模的扩大，实现了"1+1＞2"的效应，这是单一经济类型市场无法比拟的。利用 1992—2018 年国有与民营上市公司数据，使用 VAR 模型的实证分析结果显示：（1）国有经济与民营经济存在稳定的均衡发展关系，国有经济发展壮大了市场规模，促进了民营经济发展，民营经济发展同样壮大了市场规模，促进了国有经济发展。（2）国有经济对民营经济发展的正向影响逐渐增强，民营经济对国有经济发展的正向影响逐渐减弱，国有经济发展对民营经济发展的正向影响程度大于民营经济发展对国有经济发展的影响程度。（3）市场规模正向影响国有经济与民营经济的共生发展，市场规模对国有经济发展的影响逐渐减弱，对民营经济发展的影响逐渐增强。

基于上述研究发现，本章得到了三点政策启示：一是坚持"两个毫不动摇"不动摇。国有经济与民营经济相辅相成、相互依存，有着各自的优点与长处，它们之间的竞争合作关系在共同推动社会经济发展的同时，也为自己赢得了更广阔的发展空间，这也是西方市场经济国家存在公有制经济的重要原因。二是为做强做优做大国有企业营造良好环境。国有经济对民营经济发展不但有正向影响，而且影响程度还在逐渐增强，这就意味着国有经济在发展的同时，通过产业链配套、要素流动、分工合作等效应，为民营经济发展创造了更多的发展机遇，而不是挤压了民营经济发展。三是鼓励国有企业创办国有企业。市场规模对国有经济发展的正向影响程度逐渐减弱，对民营经济发展的正向影响程度逐渐增大表明，国有经济的控制力与所占比例是下降的，这样既不利于确保公有制的主体地位，也不利于坚持"两个毫不动摇"。因此，在各级政府不再作为投资主体大规模创办国有企业的背景下，鼓励国有企业创办国有企业，鼓励国有企业抢占新赛道，就成为推动国有经济实现量的增长，以及坚持和巩固中国特色社会主义基本经济制度的必然选择。

第九章
国有经济与民营经济共生发展的竞争效应研究

毫无疑问,国有经济与民营经济之间存在竞争关系。有学者因此提出,国有经济的存在是"与民争利","挤压"了民营经济发展的空间。[①] 我们知道,任何事物都是相辅相成的。国有经济与民营经济之间也是如此,既有矛盾的一面,也有相互促进的一面。本章在前述研究的基础上,利用2012—2021年按行业划分的国有控股工业企业和私营工业企业面板数据,基于静态的固定效应模型,对国有经济与民营经济共生发展的竞争效应进行了实证研究。

第一节 问题的提出

国有经济与民营经济之间的关系不是一般的理论问题,它关系到要不要坚持、能不能坚持"两个毫不动摇"这一重大理论问题。

[①] 洪功翔. 坚持和完善公有制为主体多种所有制经济共同发展基本经济制度研究. 北京:中国经济出版社,2022:36-45.

习近平总书记《在民营企业座谈会上的讲话》中明确指出："把公有制经济巩固好、发展好，同鼓励、支持、引导非公有制经济发展不是对立的，而是有机统一的。公有制经济、非公有制经济应该相辅相成、相得益彰，而不是相互排斥、相互抵消。"[①] 李帮喜和崔震借助生物动力学演化模型，发现了国有企业和私有企业其实存在着相互促进的关系。[②] 洪功翔等将生物学中的共生理论引入国有经济与民营经济互动关系的研究中，证明了中国的国有经济与民营经济存在非对称性互惠的共生发展关系。[③] 汪立鑫和左川从协作和竞争维度论证了国有经济与民营经济的共生发展关系，并指出这种共生发展关系首先体现在两者不同的经济定位和产业分工，以及由此形成的协作共赢关系。[④] 党的十八大以来，宏观层面国有经济与民营经济协同发展的格局基本形成，中观层面国有企业与民营企业行业互补分工和产业链供应链协作不断深化，微观层面国有企业与民营企业的要素交叉融合以及利益共同体打造持续强化。[⑤] 公有制为主体、多种所有制经济共同发展是建设中国特色社会主义市场经济所要遵循的基本原则和方针政策，为了深入研究和拓展公有制为主体、多种所有制经济共同发展理论，为了更好坚持"两个毫不动摇"，为了国有经济与民营经济的共同发展关系能够被正确理解，充分领会习近平新时代中国特色社会主义思想，就需要将国有经济与民营经济共生发展的机理阐释清楚。习近平总书记在参加江苏代表团审议时也指出：

---

① 习近平. 在民营企业座谈会上的讲话. 人民日报, 2018-11-02.

② 李帮喜, 崔震. 中国国有企业与私有企业的经济角色关系研究：基于动力学演化模型的分析. 当代经济研究, 2016 (9): 44-51.

③ 洪功翔, 顾青青, 董梅生. 国有经济与民营经济共生发展的理论与实证研究：基于中国2000—2015年省级面板数据. 政治经济学评论, 2018, 9 (5): 68-100.

④ 汪立鑫, 左川. 国有经济与民营经济的共生发展关系：理论分析与经验证据. 复旦学报（社会科学版）, 2019, 61 (4): 159-168.

⑤ 王欣, 肖红军. 推动国有企业与民营企业协同发展：进展、问题与对策. 经济体制改革, 2022 (5): 5-13.

"完善落实'两个毫不动摇'的体制机制，支持民营经济和民营企业发展壮大，激发各类经营主体的内生动力和创新活力。"[1] 虽然洪阳等从市场规模效应视角阐释了国有经济与民营经济共生发展的机理[2]，但可能存在诸多因素驱动了国有经济与民营经济的共生发展，仅从市场规模效应角度研究尚且不够。江剑平等认为：要通过市场机制实现国有企业与民营企业在国民经济不同领域的分工协作，提高资源配置效率和经济活力。[3] 因此，本章在前述研究的基础上，选择竞争效应视角，从学理上进一步阐释国有经济与民营经济共生发展的机理。之所以这个问题特别重要，是因为国有经济与民营经济之间的共生发展关系，是坚持"两个毫不动摇"的逻辑起点。可见，国有经济与民营经济之间的共生发展关系，对构建中国特色社会主义政治经济学的学术体系、话语体系，具有重要的理论价值和实践价值，而理论界鲜有关注这个重大的理论问题。本章的研究在一定程度上弥补了这方面的空白。

第二节 理论分析及假设

坚持以公有制为主体、多种所有制经济共同发展，是我国改革开放四十多年实现"经济增长奇迹"的基本经验。正是得益于多种所有制经济之间的相互竞争、共同发展，中国大踏步赶上了世界。杨瑞龙认为：适应社会主义市场经济体制的微观基础的再造，既不能"国进民退"，也不能"民进国退"，而应该"国民共进"，即国有

---

[1] 习近平. 因地制宜发展新质生产力. 人民日报, 2024-03-06.
[2] 洪阳, 兰传春, 洪功翔. 国有经济与民营经济共生发展的市场规模效应研究. 经济理论与经济管理, 2022, 42 (2): 101-112.
[3] 江剑平, 葛晨晓, 朱雪纯. 国有经济与民营经济协同发展的理论依据与实践路径. 西部论坛, 2020, 30 (2): 34-44.

经济与民营经济之间的关系应该是相互促进、相互融合、相互渗透的协调发展关系，而不是相互割裂、相互排斥的关系。① 民营企业是社会主义市场经济发展的重要力量，是市场经济中活跃的主体。民营企业的兴起具有"鲶鱼效应"。在市场竞争压力的推动下，国有企业不断改革，不断积累专门化知识和经验，加快转型成为自主经营的独立市场主体，其活力和竞争力得到提升。同时，一些中小型国企在竞争中逐渐被淘汰，进行了破产重组或"民营化"改制。多种所有制经济的发展和市场经济环境的创造，搞活和壮大了国有经济。习近平总书记结合在浙江任职时期的实践经验，科学分析了国有经济与民营经济竞相发展的关系。他指出："民营经济的发展为浙江国有企业改革乃至整个宏观领域的改革提供了动力源泉，民营经济的发展不仅没有陷国有经济于绝境，反而为国有经济的改革与发展创造了优越的外部条件，实现了不同所有制经济的相互融合、相得益彰、共同发展……民营经济的一些市场属性对国有企业在客观上有着很大的影响，起着促进观念更新的作用，制度参照的作用，市场开拓的作用，参与改制、分流人员的作用。"② 在市场环境中，只有国有企业和民营企业各自坚守自己的经济领地，发挥各自的比较优势——国有企业发挥实力、民营企业体现活力，才能释放强大的经济活力、优化产业结构、维护社会的公平正义。③ 据此，提出以下假设：

假设一：国有经济与民营经济共生发展存在相互正向竞争效应。

国有经济与民营经济共生发展如何实现相互正向竞争效应？本部分从市场规模效应、技术溢出效应和产业结构优化效应分析其中

---

① 杨瑞龙. 构建国有经济与民营经济协调发展的微观基础. 经济理论与经济管理，2023，43（6）：4-12.
② 习近平. 干在实处 走在前列：推进浙江新发展的思考与实践. 北京：中共中央党校出版社，2006：85-86.
③ 杨正东，甘德安. 中国国有企业与民营企业的数量演进：基于种群生态学的仿真实验. 经济评论，2011（4）：96-103.

的传导机制。首先，从市场规模效应看，我国人口已经超过14亿，中等收入群体达到4亿多，拥有1亿多市场主体和1.7亿多受过高等教育或拥有各类专业技能的人才①，我国的经济总量排世界第二，拥有相对稳定统一的市场经济体系，形成了国内超大规模的内需市场。同时，新型工业化、信息化、城镇化、农业现代化相互融合、快速发展，无论对个人、市场主体还是国家来说，投资需求巨大。此外，随着经济的高质量发展，更深层次的需求会被挖掘出来，促使市场需求规模变得更大。在这种超大规模市场的推动下，处在产业链上游的国有企业，以及处在产业链中下游的民营企业，根本无须通过恶性竞争打压和消灭对手，就能够在共享市场份额中与其他企业形成良性竞争，进而实现发展。其次，从技术溢出效应看，近年来，人工智能、大数据和5G等数字网络技术蓬勃发展。民营企业利用自身技术创新优势，与国有企业展开合作竞争。同样，国有企业也拥有自身技术优势，与民营企业展开合作竞争。例如，中国移动联合华为、海信在完成业界首个基于3GPP标准R15版本的5G端到端8K超高清视频业务演示，其中华为提供端到端网络解决方案，海信提供8K ULED高清视频电视。其实，海信作为国有企业涉足科技领域，而华为作为民营科技型企业，两者在手机、计算机等业务领域存在竞争，但这种竞争没有阻碍两者开展合作；相反，它们利用各自的技术优势开展合作，在技术溢出中实现了各自竞相发展。最后，从产业结构优化效应看，随着国家鼓励创新，持续推动产业结构优化升级，出现了许多国家级专精特新"小巨人"民营企业。这些民营企业有自己独特的竞争优势，而且相比传统产业来说，更

---

① 习近平. 坚持用全面辩证长远眼光分析经济形势 努力在危机中育新机于变局中开新局. 人民日报，2020-05-24.

有生机和活力，并且推动了很多新产业新业态新模式的出现，从而在市场竞争中获得了一席之地。而国有企业作为供给侧结构性改革的主力军，加大了对生态保护修复、新能源汽车、工业互联网、大数据、人工智能等战略性新兴产业的投资，引领和推动了我国2016—2019年工业战略性新兴产业增加值实现年均近10%的增长，向民营企业发挥了示范效应。① 民营企业和国有企业共同推动国家产业结构优化升级，在此过程中，实现竞相发展。

因此，本章对于将上述市场规模效应、技术溢出效应和产业结构优化效应作为国有经济与民营经济共生发展、实现相互正向竞争效应的传导机制进行分析，提出了以下三个假设：

假设二：国有经济与民营经济共生发展通过市场规模效应实现相互正向竞争。

假设三：国有经济与民营经济共生发展通过技术溢出效应实现相互正向竞争。

假设四：国有经济与民营经济共生发展通过产业结构优化效应实现相互正向竞争。

第三节 研究设计

一、建立实证模型

（一）静态面板模型

静态面板模型的估计方法通常包括混合回归、固定效应和随机

---

① 谢富胜，王松. 习近平论公有制经济与非公有制经济有机统一. 学术研究，2021(4)：1-8.

效应三类。混合回归模型的基本假设是不存在个体效应，所有个体都拥有完全一样的回归方程。但由于样本中往往存在一些难以观测的、不随时间变化的个体效应，因而随机效应模型假设个体异质性的截距项与解释变量不相关，但从经济理论角度来看，个体的异质性通常会对解释变量有影响，所以随机效应模型的应用较少。[①] 相对于混合回归模型和随机效应模型而言，固定效应模型的应用更为广泛，因为其考虑了个体效应以及个体异质性对解释变量的影响。由于本章选取的是 2012—2021 年工业中的各行业年度数据，因此选择了个体固定效应模型，同时引入了时间固定效应，即建立了双向固定效应模型。这样不仅解决了不随时间而变但随个体而异的遗漏变量问题，也可以解决不随个体而变但随时间而变的遗漏变量问题。最终，静态面板模型设定如下：

$$\ln \text{staass}_{it} = \alpha_0 + \beta_0 \ln \text{priass}_{it} + \gamma_0 \text{ctl}_{it} + \mu_i + \theta_t + \varepsilon_{it} \quad (9.1)$$

$$\ln \text{priass}_{it} = \alpha_1 + \beta_1 \ln \text{staass}_{it} + \gamma_1 \text{ctl}_{it} + \mu_i + \theta_t + \varepsilon_{it} \quad (9.2)$$

式中，i 表示行业；t 表示年份；$\ln \text{staass}_{it}$ 表示国有经济第 i 个行业第 t 年的资产总计对数；$\ln \text{priass}_{it}$ 表示民营经济第 i 个行业第 t 年的资产总计对数；ctl_{it} 表示控制变量；μ_i 表示行业固定效应，用来控制行业层面不随时间变化的一般特征因素；θ_t 表示年份固定效应，用来控制时间层面不随行业变化的一般特征因素；β_0、γ_0、β_1、γ_1 是系数；ε_{it} 表示随机干扰项；α_0、α_1 是常数。

（二）动态面板模型

由于静态面板模型不能体现滞后效应，所以本部分利用系统 GMM 模型和差分 GMM 模型作为动态面板模型的估计方法，以弥

---

① 陈强. 高级计量经济学及 Stata 应用. 2 版. 北京：高等教育出版社，2014：252.

补静态面板模型的不足。系统 GMM 模型可以将被解释变量的滞后值作为工具变量，得到一致性的估计，而差分 GMM 模型可以解决遗漏变量和消除反向因果关系[①]，两者还可以有效地解决测量误差、非时变的遗漏变量和解释变量的内生性问题。[②] 依据系统 GMM 模型和差分 GMM 模型的特点，最终将动态面板模型设定如下：

$$\ln \text{staass}_{it} = \alpha_2 + \delta_2 \ln \text{staass}_{i,t-p} + \beta_2 \ln \text{priass}_{it} + \gamma_2 \text{ctl}_{it} + \mu_i + \varepsilon_{it} \tag{9.3}$$

$$\ln \text{priass}_{it} = \alpha_3 + \delta_3 \ln \text{priass}_{i,t-p} + \beta_3 \ln \text{staass}_{it} + \gamma_3 \text{ctl}_{it} + \mu_i + \varepsilon_{it} \tag{9.4}$$

$$\Delta \ln \text{staass}_{it} = \delta_2 \Delta \ln \text{staass}_{i,t-p} + \beta_2 \Delta \ln \text{priass}_{it} + \gamma_2 \Delta \text{ctl}_{it} + \Delta \varepsilon_{it} \tag{9.5}$$

$$\Delta \ln \text{priass}_{it} = \delta_3 \Delta \ln \text{priass}_{i,t-p} + \beta_3 \Delta \ln \text{staass}_{it} + \gamma_3 \Delta \text{ctl}_{it} + \Delta \varepsilon_{it} \tag{9.6}$$

式中，相关变量的解释见静态面板模型；$\ln \text{staass}_{i,t-p}$ 表示国有经济资产总计滞后 p 期；$\ln \text{priass}_{i,t-p}$ 表示民营经济资产总计滞后 p 期；δ_2、β_2、γ_2、δ_3、β_3、γ_3 是系数；α_2、α_3 是常数。

二、选取相关指标

（一）核心变量

为了更好地衡量国有经济与民营经济的发展情况，我们选用了工业企业常用的资产总计指标。[③] 资产是指企业过去的交易或者事项

[①] M. Arellano and S. Bond, "Some Tests of Specification for Panel Data: Monte Carlo Evidence and an Application to Employment Equations," *The Review of Economic Studies*, 1991, vol. 58, no. 2, pp. 277-297.

[②] F. Caselli, G. Esquivel and F. Lefort, "Reopening the Convergence Debate: A New Look at Cross-Country Growth Empirics," *Journal of Economic Growth*, 1996, vol. 1, no. 3, pp. 363-389.

[③] 马文君，蔡跃洲. 新一代信息技术能否成为动力变革的重要支撑？：基于新兴产业分类与企业数据挖掘的实证分析. 改革，2020（2）：40-56.

形成的、由企业拥有或者控制的、预期会给企业带来经济利益的资源。① 用各行业国有控股工业企业资产总计表示国有经济发展。用各行业私营工业企业资产总计表示民营经济发展。国有经济发展与民营经济发展互为核心解释变量与被解释变量。

（二）其他变量

在控制变量上，考虑到宏观因素影响，最终选用城镇化、交通密度、金融发展、投资水平和政府规制作为控制变量。因为经济发展会受到许多宏观条件的限制，国有经济与民营经济发展也是如此。具体而言，城镇化最明显的表现是人口向城镇地区流入②，这为国有经济与民营经济发展提供了相关劳动力，从而影响国有经济与民营经济发展。交通基础设施能够带动相关行业发展以及降低要素流动成本③，交通对国有企业和民营企业发展壮大来说至关重要，交通的便利能够使国有企业和民营企业开拓更广阔的市场，进而影响到国有经济与民营经济的发展。我国金融业发展较快，数字金融的发展缓解了企业融资约束④，但也带来了一定的金融风险，对国有企业和民营企业而言，金融发展都会对它们产生一定影响⑤。投资水平对国有企业和民营企业发展存在影响，投资不足可能会限制其发展，投资过热会造成资源浪费。从宏观层面看，高质量投资和有效性投资应该是值得鼓励的⑥，而国有经济与民营经济发展也需要这样的

---

① 资产总计定义来自国家统计局。
② 曹梦渊，李豫新．劳动力市场化何以促进区域协调发展：基于数量和价格的双重视角．调研世界，2023（10）：57-70．
③ 王硕，孙涛．交通基础设施、劳动力配置与中国城乡融合发展：基于劳动力与产业、区域双重耦合视角．广东财经大学学报，2023，38（4）：98-112．
④ 王栋．数字金融发展对高技术制造业创新韧性的影响．技术经济与管理研究，2023（10）：54-59．
⑤ 杜勇，张欢，陈建英．金融化对实体企业未来主业发展的影响：促进还是抑制．中国工业经济，2017（12）：113-131．
⑥ 李强，朱宝清．投资水平与经济高质量发展：挤出效应真的存在吗．财经科学，2019（11）：39-53．

投资。政府规制是市场经济的制度安排，是政府为了实现特定的公共政策目标，对微观经济主体进行的系统规范和制约。没有对市场微观主体的规制，就没有政府对经济的宏观调控。[①] 因此，政府规制对国有经济与民营经济发展存在影响。关于控制变量的衡量，根据可获得的指标和数据以及相关研究文献，城镇化用城镇人口占总人口的比重表示，交通密度用公路运营里程除以国土面积表示，金融发展用金融机构存款总额在GDP中的比重表示，投资水平用全社会固定资产投资占GDP的比重表示，政府规制用财政支出占GDP的比重表示。

在工具变量选择上有两种方法：第一种方法是许多文献通常采用的滞后期工具变量；另一种方法是寻找外部工具变量。[②] 由于采用解释变量的滞后期作为工具变量来代替原有解释变量，无法说清解释变量的滞后期与扰动项之间的相关性，因此本部分遵循了寻找外部工具变量的方法。当资产总计作为解释变量的时候，可能与存在于扰动项中的企业其他资产收益类指标相关，所以在寻找外部工具变量上，本部分没有采用其他资产收益类指标，而是根据相关文献，选择了企业数量作为外部工具变量。[③] 因为企业数量只是经济体发展的客观呈现，与企业内部经济指标无关，但其与资产总计一样，能够较好地反映出国有经济与民营经济的发展情况，故选用各行业国有控股工业企业单位数作为各行业国有控股工业企业资产总计的工具变量，选用各行业私营工业企业单位数作为各行业私营工业企业

---

① 古新功. 加快经济发展方式转变必须加强和改进政府规制. 科学社会主义, 2012 (6): 77-79.
② 李锴, 齐绍洲. 贸易开放、经济增长与中国二氧化碳排放. 经济研究, 2011, 46 (11): 60-72, 102.
③ 李梦云, 廖理, 王正位. 城市创业对经济增长的影响探究. 经济学报, 2021, 8 (1): 1-28.

资产总计的工具变量。

在稳健性检验方面,选用各行业国有控股工业企业流动资产合计、私营工业企业流动资产合计分别替代国有经济发展和民营经济发展进行稳健性检验。[①] 在检验国有经济与民营经济共生发展的竞争效应传导机制方面,选择国内生产总值衡量市场规模,选择技术市场成交额衡量技术溢出,选择第三产业增加值与国内生产总值的比值衡量产业结构优化。

(三) 数据来源及处理

本部分研究的数据来源于国家统计局,时间范围为2012—2021年,共10年数据。选取该时间段的原因是党的十八大以来,我国进入新时代,国有经济与民营经济共同发展作为坚持"两个毫不动摇"的重要体现,受到了党和国家的重视。工业企业按行业分,一共有41个行业,由于其他采矿业数据缺失较多,故被剔除,选用剩下40个行业作为样本进行分析。由于部分指标是以亿元为单位,会受到价格因素干扰,因此用国民总收入指数对其进行平减,用以消除价格影响,而国民总收入指数是以2012年为基期的定基指数。由于部分指标数值相对较大,容易产生异方差问题,故取对数处理,并在指标前加上"ln"符号以示区别。有关各指标的具体描述,见表9-1。

表9-1 各指标的统计性描述

指标中文	单位	指标英文	样本数	均值	标准差	最小值	最大值
国有资产总计对数	亿元	lnstaass	400	7.799 4	1.687 9	3.600 5	11.490 7
私营资产总计对数	亿元	lnpriass	400	7.669 8	1.651 1	2.720 2	9.973 7

---

① 季曦,熊磊.中国石油资源的资产负债表编制初探.中国人口·资源与环境,2017,27 (6): 57-66.

续表

指标中文	单位	指标英文	样本数	均值	标准差	最小值	最大值
国有流动资产总计对数	亿元	lnstafluass	400	7.042 5	1.540 5	2.997 4	9.690 4
私营流动资产总计对数	亿元	lnpriassflu	400	7.000 2	1.733 9	1.418 5	9.601 9
国有企业单位数对数	个	lnsoequan	400	5.546 1	1.189 6	2.708 1	8.731 0
私营企业单位数对数	个	lnpriquan	400	7.790 4	1.871 1	1.098 6	10.479 5
城镇化	—	urban	400	0.592 6	0.038 3	0.531 0	0.647 2
交通密度	—	tran	400	0.494 2	0.034 5	0.441 4	0.550 1
金融发展	—	fina	400	1.919 8	0.123 7	1.703 7	2.097 3
投资水平	—	inve	400	0.543 8	0.032 8	0.481 1	0.589 3
政府规制	—	regu	400	0.239 6	0.010 7	0.213 8	0.255 3
市场规模	亿元	lngdp	400	13.279 8	0.061 5	13.196 7	13.392 0
技术溢出	亿元	lntech	400	9.237 9	0.387 5	8.769 8	9.964 0
产业结构优化	—	thirdind	400	0.512 2	0.030 6	0.455 0	0.545 0

第四节 国有经济与民营经济共生发展的竞争效应实证分析

一、特征分析

依据表9-2，国有资产的总体平均值高于民营资产的总体平均值，国有资产的最小值和最大值超过民营资产的最小值和最大值，这说明国有资产的总量相对较大，而民营资产的总量相对较小。国有资产的总体标准差高于民营资产的总体标准差，而其总体中位数低于民营资产的总体中位数，这说明国有资产在各行业之间的差距高于民营资产在各行业之间的差距，而且民营资产高于国有资产的行业数量至少有一半。

表 9-2 国有资产与民营资产的总体比较

指标名称	类型	样本	平均值	标准差	最小值	最大值	中位数（50%）
行业总体	国有	400	10 684.524 4	20 774.973 7	6 598.174 3	171 657.400 0	3 451.835 0
	民营	400	6 412.716 7	6 598.170 0	15.530 0	37 656.450 0	3 846.050 0

注：统计所用的数据是未经处理的数据，这样能够直接获取数据本身所透露的信息。

从各行业的资产均值看（见图 9-1），国有资产均值高于民营资产均值的行业有汽车制造业，化学原料和化学制品制造业，煤炭开采和洗选业，计算机、通信和其他电子设备制造业，电力、热力生产和供应业，黑色金属矿采选业，黑色金属冶炼和压延加工业，燃气生产和供应业，金属制品、机械和设备修理业，开采专业及辅助性活动，有色金属矿采选业，有色金属冶炼和压延加工业，石油和天然气开采业，其他制造业，石油加工、炼焦和核燃料加工业，铁路、船舶、航空航天和其他运输设备制造业，烟草制品业，水的生产和供应业，酒、饮料和精制茶制造业 19 个行业。这些行业涉及能源资源、计算机通信、交通运输、航空航天、烟酒等重要产业链供应链方面。经济安全是基础，国有经济凸显出在国家安全和国民经济命脉的主要行业、关键领域所占据的支配地位，以及在基础性行业中所起的支柱性作用。民营资产均值高于国有资产均值的行业一共有 21 个，涉及农副食品加工业，化学纤维制造业，纺织服装、服饰业，文教、工美、体育和娱乐用品制造业，电气机械和器材制造业，食品制造业，家具制造业，医药制造业，仪器仪表制造业，皮革、毛皮、羽毛及其制品和制鞋业，金属制品业，非金属矿采选业，非金属矿物制品业，造纸和纸制品业，印刷和记录媒介复制业，橡胶和塑料制品业，专用设备制造业，纺织业，通用设备制造业，废弃资源综合利用业，木材加工和木、竹、藤、棕、草制品业，这些行业主要涉及人民生活消费资料方面。通过对 40 个工业行业的特征分析发现：每个工业行业的国有资产和民营资产都不为零，即各工业行业中都存在国有经济与民营经济，因而可判断出各工业行业不是完全垄断，而是存在竞争。此外，公有制经济和多种所有制经济竞相发展、分工协同。国有经济是我国经济的支柱，主要涉及国家资源能源安全、公共基础设施等经济部门，发挥了"主心骨"作用。民营经济是我国经济的驱动力，民营经济在各个行业中起重要作用，特别是在改善人民生活水平、丰富生活消费资料方面，因而我国经济发展离不开民营经济的推动。国有经济与民营经济在工业行业中形成了"你中有我，我中有你"的态势，两者在市场经济中相互竞争，促进彼此发展。为了进一步探讨国有经济与民营经济共生发展的竞争效应，以下通过实证进行检验。

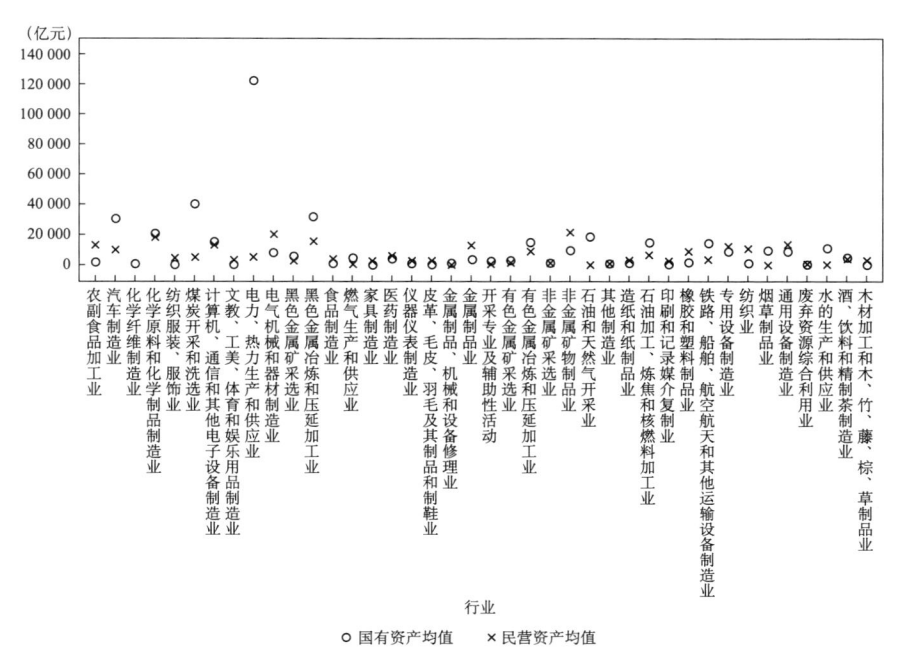

图 9-1 国有经济与民营经济各行业资产均值的比较

二、实证分析

在静态回归中，本部分主要采用双向固定效应模型进行估计。我们将国有经济发展作为被解释变量，将民营经济发展作为解释变量，研究民营经济发展对国有经济发展的竞争效应会出现何种情况。通过实证回归，表9-3的列(1)表明民营经济发展在1%的显著性水平下对国有经济发展存在正向竞争效应，系数为0.2047。考虑到遗漏变量，加入适当相关控制变量，列(2)表明民营经济发展在1%的显著性水平下对国有经济发展存在正向竞争效应，系数为0.2261。考虑到时间变化影响，控制时间变量，列(3)表明民营经济发展在1%的显著性水平下对国有经济发展存在正向竞争效应，系数为0.2293。综合考虑遗漏变量、个体固定效应和时间固定效应，列(4)依然表明民营经济发展在1%的显著性水平下对国有经济发展存在正向竞争效应，系数为0.2293。

我们将民营经济发展作为被解释变量，将国有经济发展作为解释变量，研究国有经济发展对民营经济发展的竞争效应会出现何种情况。通过实证回归，列(5)表明国有经济发展在1%的显著性水平下对民营经济发展存在正向竞争效应，系数为0.3815。考虑到遗漏变量，加入适当相关控制变量，列(6)表明国有经济发展在1%的显著性水平下对民营经济发展存在正向竞争效应，系数为0.3230。考虑到时间变化影响，控制时间变量，列(7)表明国有经济发展在1%的显著性水平下对民营经济发展存在正向竞争效应，系数为0.3192。综合考虑遗漏变量、个体固定效应和时间固定效应，列(8)表明国有经济发展在1%的显著性水平下对民营经济发展存在正向竞争效应，系数为0.3192。

表9-3 国有经济与民营经济共生发展相互竞争的静态回归结果

	被解释变量：lnpriass				被解释变量：lnpriass			
	(1) 固定效应	(2) 固定效应	(3) 固定效应	(4) 固定效应	(5) 固定效应	(6) 固定效应	(7) 固定效应	(8) 固定效应
lnpriass	0.204 7*** (0.037 1)	0.226 1*** (0.042 8)	0.229 3*** (0.043 6)	0.229 3*** (0.043 6)				
lnstaass					0.381 5*** (0.069 2)	0.323 0*** (0.061 2)	0.319 2*** (0.060 7)	0.319 2*** (0.060 7)
urban		1.075 1 (2.018 6)		−1.929 5 (4.930 9)		−8.212 8*** (2.373 9)		5.876 2 (5.810 1)
tran		−3.409 5 (2.763 7)		2.774 8 (9.231 7)		12.673 8*** (3.241 2)		−13.828 5 (10.867 5)
fina		0.466 0* (0.270 1)		−0.261 9 (1.041 7)		0.007 4 (0.324 2)		2.794 1** (1.219 9)
inve		−0.050 5 (0.560 6)		2.608 6 (3.881 3)		2.052 6*** (0.661 1)		−9.037 0** (4.556 5)
regu		−3.452 8* (1.930 7)		−4.574 9* (2.651 8)		−3.690 7 (2.309 8)		0.672 0 (3.141 6)
常数	6.229 5*** (0.284 8)	7.073 0*** (0.533 8)	6.073 6*** (0.326 7)	6.025 0*** (1.592 1)	4.694 6*** (0.539 7)	3.507 4*** (0.757 8)	4.978 0*** (0.473 8)	7.770 8*** (1.870 8)

续表

	被解释变量：lnstaass				被解释变量：lnpriass			
	(1)固定效应	(2)固定效应	(3)固定效应	(4)固定效应	(5)固定效应	(6)固定效应	(7)固定效应	(8)固定效应
行业固定效应	是	是	是	是	是	是	是	是
年份固定效应	否	否	是	是	否	否	是	是
样本数	400	400	400	400	400	400	400	400
Within R^2	0.078 1	0.097 2	0.098 6	0.098 6	0.078 1	0.307 9	0.326 8	0.326 8

注：(1) 括号里为标准误差。
(2) ***、**、*分别表示显著性水平为1%、5%、10%，下同。

综上所述，静态回归结果表明：民营经济发展对国有经济发展存在正向竞争效应，国有经济发展对民营经济发展也存在正向竞争效应。该结果验证了假设一。不仅如此，通过系数比较发现，国有经济发展对民营经济发展的正向竞争效应程度整体上大于民营经济发展对国有经济发展的正向竞争效应程度。这表明在公平竞争的市场环境中，国有经济发展对民营经济发展的竞争促进作用大于民营经济发展对国有经济发展的竞争促进作用；也就是说，市场竞争不仅没有削弱公有制经济的作用，反而加强了公有制经济的主体地位，并推动多种所有制经济发展。

三、内生性检验

在静态面板模型中，考虑到固定效应模型存在内生性问题，即解释变量可能与扰动项相关，使得模型估计不准确，因此使用工具变量法进行估计。如前所述，采用企业数量作为工具变量。具体而言，将私营工业企业单位数作为民营经济发展的工具变量，将国有控股工业企业单位数作为国有经济发展的工具变量。实证回归结果发现：国有经济发展与民营经济发展之间的相互正向竞争效应依然显著。此外，经过系数比较，国有经济发展对民营经济发展的影响系数为 0.961 0，而民营经济发展对国有经济发展的影响系数为 0.205 5（见表 9-4），也就是国有经济发展对民营经济发展的促进作用大于民营经济发展对国有经济发展的促进作用的结果依然成立。这说明该模型估计的结果是准确可靠的。

表 9-4 内生性检验

	被解释变量：lnstaass	被解释变量：lnpriass
	（1）固定效应	（2）固定效应
lnpriass	0.205 5*** (0.053 9)	

续表

	被解释变量：lnstaass	被解释变量：lnpriass
	（1）固定效应	（2）固定效应
lnstaass		0.961 0*** (0.120 3)
urban	0.912 2 (11.329 5)	−28.541 8* (15.245 2)
tran	−3.147 8 (5.226 6)	4.577 7 (7.127 3)
fina	0.469 4* (0.278 7)	−0.191 1 (0.384 4)
inve	−0.005 1 (0.584 7)	1.463 0* (0.786 6)
regu	−3.561 6 (2.728 3)	2.934 8 (3.743 2)
常数	7.194 0 (7.256 4)	11.629 2 (9.845 3)
行业固定效应	是	是
年份固定效应	是	是
样本数	400	400
Within R^2	0.096 6	0.100 2

四、稳健性检验

关于模型的稳健性问题，利用固定效应模型估计，无论有无控制变量，都一致表明：国有经济与民营经济共生发展的相互正向竞争效应非常显著和稳健，见表 9-5。为了进一步验证模型的稳健性，同时考虑到变量不同可能会导致模型的实证结果发生变化，因此用国有流动资产衡量国有经济发展，用私营流动资产衡量民营经济发展。回归结果表明：国有经济与民营经济共生发展的相互正向竞争效应依然非常显著。同时，国有经济发展对民营经济发展的竞争促进作用大于民营经济发展对国有经济发展的竞争促进作用，这与实证分析结果一致。

表 9-5　稳健性检验

	被解释变量：lnstafluass （1）固定效应	被解释变量：lnsyfluass （2）固定效应
lnsyfluass	0.219 0*** (0.043 8)	
lnstafluass		0.304 1*** (0.060 9)
urban	-1.861 6 (5.222 6)	9.968 6 (6.132 5)
tran	2.509 1 (9.779 2)	-20.822 9* (11.471 5)
fina	-0.293 9 (1.104 9)	3.608 5*** (1.287 8)
inve	3.858 4 (4.132 5)	-15.032 2*** (4.809 4)
regu	-7.325 1*** (2.806 0)	5.470 5 (3.325 9)
常数	5.642 2*** (1.688 0)	8.964 2*** (1.963 1)
行业固定效应	是	是
年份固定效应	是	是
样本数	400	400
Within R^2	0.100 4	0.436 6

五、异质性检验

（一）行业主导经济类型

在样本中，一共有 40 个工业行业。通过特征分析发现，这 40 个工业行业并非都由一种经济类型占主导，比如涉及能源资源、计算机通信、交通运输、航空航天、烟酒等重要行业方面，国有经济的平均资产比民营经济的平均资产要高；而涉及人民生活消费资料方面，民营经济的平均资产比国有经济的平均资产要高。因此，需要研究行业主导的经济类型不同，是否会导致与上述回归结果相异。按照每个工业行业国有资产和民营资产的平均值大小，将其划分为国有经济主导型和民营经济主导型。把国有资产平均值大于民营资产平均值的行业赋值 1，表明该行业是国有经济主导型；把国有资产平均值小于民营资产平均值的行业赋值 0，表明该行业是民营经济主导型。根据划分结果，我们进行分类回归，结果显示：在国有经济主导型的行业中，民营经济发展在 1% 的显著性水平下对国有经济发展存在正向竞争效应，系数为 0.156 9（见表 9-6）；国有经济发展在 1% 的显著性水平下对民营经济发展存在正向竞争效应，系数为 0.561 2。在民营经济主导型的行业中，民营经济发展在 1% 的显著性水平下对国有经济发展存在正向竞争效应，系数为 0.580 6；国有经济发展在 1% 的显著性水平下对民营经济发展存在正向竞争效应，系数为 0.186 2。因此，没有由于行业主导经济类型不同而导致正向竞争效应出现显著变化。

根据异质性回归得到的系数比较，在国有经济主导型的行业中，国有经济发展对民营经济发展的竞争促进作用更胜于民营经济发展对国有经济发展的竞争促进作用；在民营经济主导型的行业中，民营经济发展对国有经济发展的竞争促进作用更胜于国有经济发展对民营经济发展的竞争促进作用。这不仅证实了行业竞争优势理论，而且说明了在这 40 个工业行业中，主导型的经济体会推动其他经济体的发展，而不是此消彼长，并会在市场竞争中形成相互促进、相辅相成、共同发展和"你中有我，我中有你"的态势。

表 9-6 行业主导经济类型不同的异质性检验

	被解释变量：lnstaass		被解释变量：lnpriass	
	国有经济主导	民营经济主导	国有经济主导	民营经济主导
lnpriass	0.156 9*** (0.039 8)	0.580 6*** (0.124 6)		
lnstaass			0.561 2*** (0.142 3)	0.186 2*** (0.040 0)
urban	1.994 3 (5.907 0)	−6.352 0 (7.592 2)	5.839 3 (11.166 0)	4.667 8 (4.294 3)

续表

	被解释变量：lnstaass		被解释变量：lnpriass	
	国有经济主导	民营经济主导	国有经济主导	民营经济主导
tran	−4.203 9 (11.058 5)	11.420 6 (14.227 1)	−14.320 9 (20.892 9)	−11.091 3 (8.029 7)
fina	0.594 4 (1.247 0)	−1.588 6 (1.615 2)	3.008 0 (2.348 0)	2.307 3** (0.900 9)
inve	−0.522 0 (4.652 3)	6.639 5 (5.984 2)	−10.945 9 (8.756 4)	−6.330 2* (3.367 9)
regu	−1.932 3 (3.176 7)	−5.900 9 (4.094 1)	2.264 0 (6.012 0)	−1.389 7 (2.329 9)
常数	8.296 7*** (1.876 1)	1.073 0 (2.671 5)	5.100 3 (3.736 0)	8.935 9*** (1.358 4)
行业固定效应	是	是	是	是
年份固定效应	是	是	是	是
样本数	190	210	190	210
Within R^2	0.133 7	0.149 8	0.321 0	0.509 8

（二）重工业与轻工业

由于所选 40 个工业行业生产的产品是不同的，有些行业是提供生产资料，而另一些行业是提供消费资料，所以按照国家统计局对重工业和轻工业的划分，把提供生产资料的部门称为重工业，把生产消费资料的部门称为轻工业。以此标准，将 40 个工业行业分为重工业和轻工业。[1] 为了能够研究国有经济发展与民营经济发展的正向竞争效应在此是否成立，将重工业行业赋值 1，轻工业行业赋值 0。经过分类回

---

[1] 重工业包括煤炭开采和洗选业，石油和天然气开采业，黑色金属矿采选业，有色金属矿采选业，非金属矿采选业，开采专业及辅助性活动，石油加工、炼焦和核燃料加工业，非金属矿物制品业，黑色金属冶炼和压延加工业，有色金属冶炼和压延加工业，金属制品业，汽车制造业，铁路、船舶、航空航天和其他运输设备制造业，电气机械和器材制造业，计算机、通信和其他电子设备制造业，仪器仪表制造业，废弃资源综合利用业，电力、热力生产和供应业，燃气生产和供应业，水的生产和供应业；轻工业包括农副食品加工业，食品制造业，酒、饮料和精制茶制造业，烟草制品业，纺织业，纺织服装、服饰业，皮革、毛皮、羽毛及其制品和制鞋业，木材加工和木、竹、藤、棕、草制品业，家具制造业，造纸和纸制品业，印刷和记录媒介复制业，文教、工美、体育和娱乐用品制造业，化学原料和化学制品制造业，医药制造业，化学纤维制造业，橡胶和塑料制品业，通用设备制造业，专用设备制造业，其他制造业，金属制品、机械和设备修理业。

归发现：在重工业行业中，民营经济发展在 1% 的显著性水平下对国有经济发展存在正向竞争效应，系数为 0.202 0；国有经济发展在 1% 的显著性水平下对民营经济发展存在正向竞争效应，系数为 0.507 6。在轻工业行业中，民营经济发展在 10% 的显著性水平下对国有经济发展存在正向竞争效应，系数为 0.202 8；国有经济发展在 10% 的显著性水平下对民营经济发展存在正向竞争效应，系数为 0.085 1（见表 9-7）。因此，国有经济与民营经济共生发展的相互正向竞争效应依然成立。

对分类回归结果的系数进行比较，在重工业行业中，国有经济发展对民营经济发展的竞争促进作用大于民营经济发展对国有经济发展的竞争促进作用；在轻工业行业中，民营经济发展对国有经济发展的竞争促进作用大于国有经济发展对民营经济发展的竞争促进作用。这充分表明：国有经济在重工业领域发挥重要作用，是国家经济安全的支柱，而民营经济在轻工业领域发挥重要作用，是丰富人民生活消费资料、实现人民对美好生活向往的重要力量。

表 9-7 重工业与轻工业的异质性检验

	被解释变量：lnstaass		被解释变量：lnpriass	
	重工业	轻工业	重工业	轻工业
lnpriass	0.202 0*** (0.045 8)	0.202 8* (0.117 3)		
lnstaass			0.507 6*** (0.115 2)	0.085 1* (0.049 3)
urban	−2.713 1 (6.496 6)	−0.840 3 (7.470 8)	6.328 4 (10.292 2)	5.805 6 (4.820 3)
tran	2.968 8 (12.154 4)	1.830 2 (14.045 2)	−11.994 9 (19.248 6)	−16.119 3* (9.016 6)
fina	0.077 8 (1.368 2)	−0.444 2 (1.606 1)	2.341 1 (2.161 4)	3.179 2*** (1.012 0)
inve	0.948 4 (5.109 2)	3.791 5 (5.914 5)	−8.940 9 (8.070 9)	−8.458 5** (3.781 6)
regu	−3.021 5 (3.495 2)	−6.173 2 (4.012 2)	1.777 0 (5.551 1)	−1.412 6 (2.615 5)
常数	7.352 5*** (2.061 3)	5.260 6** (2.642 0)	5.156 0 (3.364 5)	10.377 3*** (1.538 0)

续表

	被解释变量：lnstaass		被解释变量：lnpriass	
	重工业	轻工业	重工业	轻工业
行业固定效应	是	是	是	是
年份固定效应	是	是	是	是
样本数	200	200	200	200
Within R^2	0.065 9	0.182 4	0.369 0	0.398 7

（三）制造业与非制造业

根据《国民经济行业分类》（2017版）的规定，40个工业行业可分为三个门类：一是采矿业；二是制造业；三是电力、热力、燃气及水的生产和供应业。为了研究国有经济与民营经济共生发展的相互正向竞争效应在制造业与非制造业中是否成立[①]，将制造业赋值1，将采矿业以及电力、热力、燃气及水的生产和供应业归为非制造业且赋值0。经过分类回归发现：在制造业中，民营经济发展在1%的显著性水平下对国有经济发展存在正向竞争效应，系数为0.421 4，见表9-8；国有经济发展在1%的显著性水平下对民营经济发展存在正向竞争效应，系数为0.238 4。在非制造业中，民营经济发展在5%的显著性水平下对国有经济发展存在正向竞争效应，系数为0.110 1；国有经济发展在5%的显著性水平下对民营经济发展存在正向竞争效应，系数为0.541 4。因此，国有经济与民营经济共生发展的相互正向竞争效应依然成立。

---

① 制造业包括农副食品加工业，食品制造业，酒、饮料和精制茶制造业，烟草制品业，纺织业，纺织服装、服饰业，皮革、毛皮、羽毛及其制品和制鞋业，木材加工和木、竹、藤、棕、草制品业，家具制造业，造纸和纸制品业，印刷和记录媒介复制业，文教、工美、体育和娱乐用品制造业，化学原料和化学制品制造业，医药制造业，化学纤维制造业，橡胶和塑料制品业，通用设备制造业，专用设备制造业，其他制造业，金属制品、机械和设备修理业，石油加工、炼焦和核燃料加工业，非金属矿物制品业，黑色金属冶炼和压延加工业，有色金属冶炼和压延加工业，金属制品业，汽车制造业，铁路、船舶、航空航天和其他运输设备制造业，电气机械和器材制造业，计算机、通信和其他电子设备制造业，仪器仪表制造业，废弃资源综合利用业；非制造业包括煤炭开采和洗选业，石油和天然气开采业，黑色金属矿采选业，有色金属矿采选业，非金属矿采选业，开采专业及辅助性活动，电力、热力生产和供应业，燃气生产和供应业，水的生产和供应业。

对分类回归结果的系数进行比较可以看出,在制造业中,民营经济发展对国有经济发展的竞争促进作用大于国有经济发展对民营经济发展的竞争促进作用;在非制造业中,国有经济发展对民营经济发展的竞争促进作用大于民营经济发展对国有经济发展的竞争促进作用。这充分表明,在公平竞争的市场机制下,民营经济在制造业中更加活跃,而国有经济在非制造业(即采矿业,电力、热力、燃气及水生产和供应业)中稳健地发挥主导作用,把关乎国家经济安全和经济命脉的能源资源型行业牢牢拴住,从而使国家经济发展稳定可持续。

表9-8 制造业与非制造业的异质性检验

	被解释变量:lnstaass 制造业	被解释变量:lnstaass 非制造业	被解释变量:lnpriass 制造业	被解释变量:lnpriass 非制造业
lnpriass	0.421 4*** (0.076 9)	0.110 1** (0.051 9)		
lnstaass			0.238 4*** (0.043 5)	0.541 4** (0.255 2)
urban	−2.292 8 (5.598 9)	−2.838 8 (9.957 2)	4.881 7 (4.202 1)	9.648 9 (22.059 5)
tran	4.948 9 (10.493 7)	1.250 0 (18.632 5)	−12.389 5 (7.860 1)	−18.678 6 (41.253 0)
fina	−0.925 2 (1.190 6)	0.709 4 (2.097 5)	2.622 3*** (0.882 2)	3.190 9 (4.638 7)
inve	4.987 9 (4.417 1)	−2.434 2 (7.835 3)	−7.768 2** (3.296 5)	−11.990 0 (17.325 5)
regu	−5.543 8* (3.012 0)	0.475 3 (5.358 2)	−0.492 9 (2.279 5)	2.722 4 (11.876 3)
常数	3.501 2* (1.911 9)	8.918 8*** (3.124 9)	8.679 0*** (1.346 8)	4.628 9 (7.294 3)
行业固定效应	是	是	是	是
年份固定效应	是	是	是	是
样本数	310	90	310	90
Within R^2	0.126 0	0.198 6	0.463 6	0.272 9

六、机制检验

国有经济与民营经济共生发展存在正向相互竞争效应,已被证实。但是，国有经济与民营经济在发展过程中如何形成正向竞争效应，需要进一步探讨。以下选择从市场规模效应、技术溢出效应和产业结构优化效应视角，解释国有经济与民营经济共生发展之间相互正向竞争效应的形成机制，见表9-9。

（一）市场规模效应

市场规模影响参与市场竞争的企业，国有企业和民营企业都需要在市场中实现自我发展。先看民营经济发展对国有经济发展竞争效应的形成机制实证结果，在加入了民营经济发展与市场规模的交乘项后，民营经济发展在5%的显著性水平下对国有经济发展存在正向竞争效应，但交乘项的系数符号为负号，因此不能只看这一点，而需要综合分析。利用边际分析方法，民营经济发展对国有经济发展边际竞争效应的系数是2.864 3，而交乘项对国有经济发展边际竞争效应的系数是$-0.199\ 7*\mathrm{lngdp}$[①]，总边际竞争效应的系数为$2.864\ 3+(-0.199\ 7*\mathrm{lngdp})$。经过计算，2012—2021年总边际竞争效应的系数分别为0.228 9、0.223 4、0.223 2、0.222 0、0.219 1、0.211 5、0.203 9、0.201 7、0.199 6、0.189 9。因此，能总体判断出民营经济发展对国有经济发展存在正向竞争效应，但市场规模效应弱化了竞争效应。再看国有经济发展对民营经济发展竞争效应的形成机制实证结果，在加入了国有经济发展与市场规模的交乘项后，虽然国有经济发展对民营经济发展竞争效应的系数符号变成负号，但交乘项的系数符号为正号，所以需要综合考虑。利用边际分析方法，总边际竞争效应的系数为$-5.632\ 3+0.449\ 8*\mathrm{lngdp}$。经过计算，2012—2021年总边际竞争效应的系数分别为0.303 6、0.316 0、0.316 5、0.319 2、0.325 7、0.342 9、0.359 8、0.365 0、0.369 5、0.391 4。因此，能总体判断出国有经济发展对

---

① 符号"＊"表示乘以，后文参照此句的表述逻辑，不再赘述。

民营经济发展存在正向竞争效应，市场规模效应强化了竞争效应。回归结果表明，市场规模效应使得国有经济与民营经济共生发展存在相互正向竞争效应，验证了假设二。但是，民营经济发展通过市场规模效应对国有经济发展的正向竞争效应有所减弱，国有经济发展通过市场规模效应对民营经济发展的正向竞争效应有所加强。

（二）技术溢出效应

技术溢出使得企业间可以取长补短，从而增加了竞争优势，必然影响到国有经济与民营经济共生发展的相互正向竞争效应。先看民营经济发展对国有经济发展竞争效应的形成机制实证结果，在加入了民营经济发展与技术溢出的交乘项后，民营经济发展在1%的显著性水平下对国有经济发展存在正向竞争效应，但交乘项的系数符号为负号，需要综合考虑。利用边际分析方法，总边际竞争效应的系数为 $0.513\ 9+(-0.032\ 8*lntech)$。经过计算，2012—2021年总边际竞争效应的系数分别为 0.226 2、0.223 6、0.221 7、0.219 3、0.216 6、0.213 5、0.206 5、0.200 7、0.193 7、0.187 1。因此，能总体判断出民营经济发展对国有经济发展存在正向竞争效应，但技术溢出效应弱化了竞争效应。再看国有经济发展对民营经济发展竞争效应的形成机制实证结果，在加入了国有经济发展与技术溢出的交乘项后，虽然国有经济发展对民营经济发展竞争效应的系数符号变成负号，但交乘项的系数符号为正号，所以需要综合考虑。利用边际分析方法，总边际竞争效应的系数为 $-0.313\ 9+0.070\ 4*lntech$。经过计算，2012—2021年总边际竞争效应的系数分别为 0.303 5、0.309 1、0.313 2、0.318 5、0.324 3、0.330 8、0.345 9、0.358 3、0.373 4、0.387 6。因此，能总体判断出国有经济发展对民营经济发展存在正向竞争效应，技术溢出效应强化了竞争效应。回归结果表明，技术溢出效应使得国有经济与民营经济共生发展存在相互正向竞争效应，验证了假设三。但是，民营经济发展通过技术溢出效应对国有经济发展的正向竞争效应有所减弱，国有经济发展通过技术溢出效应对民营经济发展的正向竞争效应有所加强。

(三) 产业结构优化效应

党的十八大以来，我国进入新时代，产业结构不断调整，企业不断转型升级，推动经济高质量发展，这关乎国有经济与民营经济共生发展的相互竞争效应。先看民营经济发展对国有经济发展竞争效应的形成机制实证结果，在加入了民营经济发展与产业结构优化的交乘项后，民营经济发展在1%的显著性水平下对国有经济发展存在正向竞争效应，但交乘项的系数符号为负号，需要综合考虑。利用边际分析方法，总边际竞争效应的系数为 0.459 1+(-0.478 2 * thirdind)。经过计算，2012—2021 年总边际竞争效应的系数分别为 0.241 5、0.234 8、0.228 1、0.216 2、0.208 5、0.207 1、0.204 2、0.199 4、0.198 5、0.203 3。因此，能总体判断出民营经济发展对国有经济发展存在正向竞争效应，但产业结构优化效应弱化了竞争效应。再看国有经济发展对民营经济发展竞争效应的形成机制实证结果，在加入了国有经济发展与产业结构优化的交乘项后，虽然国有经济发展对民营经济发展竞争效应的系数符号为负号，但交乘项的系数符号为正号，需要综合考虑。利用边际分析方法，总边际竞争效应的系数为-0.040 0+0.743 2 * thirdind。经过计算，2012—2021 年总边际竞争效应的系数分别为 0.298 2、0.308 6、0.319 0、0.337 5、0.349 4、0.351 7、0.356 1、0.363 6、0.365 0、0.357 6。因此，能总体判断出国有经济发展对民营经济发展存在正向竞争效应，产业结构优化效应强化了竞争效应。回归结果表明，产业结构优化效应使得国有经济与民营经济共生发展存在相互正向竞争效应，验证了假设四。但是，民营经济发展通过产业结构优化效应对国有经济发展的正向竞争效应有所减弱，国有经济发展通过产业结构优化效应对民营经济发展的正向竞争效应有所加强。

表9-9 形成机制检验

	被解释变量：lnstaass			被解释变量：lnpriass	
	市场规模	技术溢出	产业结构优化	市场规模	技术溢出	产业结构优化
lnpriass	2.864 3** (1.175 5)	0.513 9*** (0.130 7)	0.459 1*** (0.094 1)			
lnstaass				−5.632 3*** (1.292 7)	−0.313 9** (0.151 0)	−0.040 0 (0.112 1)
lngdp	−1.770 2 (9.222 9)			14.003 9 (10.585 1)		
lnpriass * lngdp	−0.199 7** (0.089 0)					
lnstaass * lngdp				0.449 8*** (0.097 6)		
lntech		0.077 0 (0.494 2)			0.365 2 (0.565 7)	
lnpriass * lntech		−0.032 8** (0.014 2)				
lnstaass * lntech					0.070 4*** (0.015 5)	
thirdind			−16.094 1 (55.100 8)			99.429 3 (64.143 6)
lnpriass * thirdind			−0.478 2*** (0.173 9)			

续表

	被解释变量：lnstaass			被解释变量：lnpriass		
	市场规模	技术溢出	产业结构优化	市场规模	技术溢出	产业结构优化
lnstaass * thirdind						0.743 2*** (0.196 4)
urban	7.157 8 (22.114 6)	−0.843 0 (3.554 7)	15.041 9 (43.939 2)	−42.210 7* (25.417 4)	0.342 8 (4.105 3)	−84.307 7 (51.166 6)
tran	−3.524 4 (12.742 6)	2.054 2 (8.499 5)	10.000 0 (28.155 2)	18.156 9 (14.670 7)	−11.725 1 (9.797 0)	−54.395 0* (32.784 6)
fina	0.117 8 (0.920 5)	0.055 8 (0.878 7)	−2.316 2 (6.606 3)	1.186 5 (1.059 9)	1.603 5 (1.010 6)	14.231 3* (7.685 0)
inve	−0.267 7 (5.120 3)	0.654 8 (3.079 5)	11.591 7 (29.010 5)	4.944 5 (5.901 3)	−0.214 1 (3.556 5)	−58.724 4* (33.769 4)
regu	−6.686 7 (7.413 4)	−4.026 8* (2.101 6)	2.594 7 (18.308 5)	11.452 0 (8.543 0)	−2.601 2 (2.432 6)	−36.976 8* (21.307 4)
常数	28.696 0 (118.342 8)	5.466 4 (3.349 1)	−1.819 5 (18.530 0)	−172.590 5 (135.855 6)	4.878 7 (3.889 9)	43.795 4** (21.558 7)
行业固定效应	是	是	是	是	是	是
年份固定效应	是	是	是	是	是	是
样本数	400	400	400	400	400	400
Within R^2	0.111 4	0.112 2	0.117 7	0.365 4	0.364 6	0.353 3

七、进一步分析

(一) 动态回归结果分析

任何经济因素变化本身均具有一定的惯性,前一期的结果往往对后一期有一定影响。[①] 国有经济与民营经济的发展是在不断积累过程中壮大的,因而后一期的发展必然会受到前一期发展的影响。此外,个体之间也会存在差异,个体自身的变化往往也会对自身产生影响。因此,考虑到个体的动态变化过程和遗漏变量问题,本部分采用系统 GMM 模型和差分 GMM 模型进一步分析国有经济与民营经济共生发展的动态竞争效应,见表 9-10。我们将国有经济发展作为被解释变量,将民营经济发展作为解释变量,考究民营经济发展对国有经济发展的动态竞争效应。系统 GMM 模型的回归结果表明,滞后一期的国有经济发展在 1% 的显著性水平下对本身产生正向影响,民营经济发展在 10% 的显著性水平下对国有经济发展存在正向竞争效应;差分 GMM 模型的回归结果表明,滞后一期的国有经济发展在 5% 的显著性水平下对本身产生正向影响,民营经济发展在 5% 的显著性水平下对国有经济发展存在正向竞争效应。将民营经济发展作为被解释变量,国有经济发展作为解释变量,考究国有经济发展对民营经济发展的动态竞争效应。系统 GMM 模型的回归结果表明,滞后一期的民营经济发展在 1% 的显著性水平下对本身存在正向影响,国有经济发展在 5% 的显著性水平下对民营经济发展存在正向竞争效应;差分 GMM 模型的回归结果表明,滞后一期的民营经济发展在 1% 的显著性水平下对本身存在正向影响,国有经济发展在

[①] 杜立民. 我国二氧化碳排放的影响因素:基于省级面板数据的研究. 南方经济, 2010 (11): 20-33.

5%的显著性水平下对民营经济发展存在正向竞争效应。动态实证分析显示，国有经济与民营经济共生发展存在相互正向的动态竞争效应。

表 9-10　国有经济与民营经济共生发展相互竞争的动态回归结果

	被解释变量：lnstaass		被解释变量：lnpriass	
	系统 GMM	差分 GMM	系统 GMM	差分 GMM
lnpriass	0.116 7* (0.069 4)	0.093 7** (0.047 1)		
lnpriass$_{(-1)}$	-0.083 7 (0.078 6)	-0.035 6 (0.060 3)	1.004 3*** (0.017 2)	0.462 0*** (0.157 5)
lnpriass$_{(-2)}$	-0.038 4 (0.112 3)	-0.054 3 (0.062 0)		
lnpriass$_{(-3)}$	0.092 4 (0.087 0)			
lnstaass			0.090 0** (0.043 4)	0.137 8** (0.066 9)
lnstaass$_{(-1)}$	0.784 8*** (0.066 9)	0.528 1** (0.261 7)	0.043 9 (0.051 5)	0.095 3** (0.040 7)
lnstaass$_{(-2)}$			0.001 6 (0.115 3)	0.060 2 (0.058 7)
lnstaass$_{(-3)}$			-0.098 2 (0.092 2)	
urban	-3.645 3 (4.097 7)	-1.936 4 (2.298 0)	-16.277 9*** (2.846 4)	-15.853 5*** (2.076 0)
tran	1.684 0 (4.191 6)	-0.711 5 (2.182 5)	-15.609 7** (7.066 5)	12.064 8*** (1.455 0)
fina	0.350 5 (0.764 5)	0.546 5** (0.213 2)	4.885 3*** (1.101 2)	0.433 7 (0.276 0)
inve	-1.007 9 (4.136 7)	-1.184 7 (1.544 4)	-27.700 0*** (5.257 1)	-5.625 1*** (1.647 8)
regu	-1.508 4 (2.977 0)	-2.251 2* (1.355 6)	20.993 7*** (3.198 5)	4.618 7** (1.980 1)

续表

	被解释变量：lnstaass		被解释变量：lnpriass	
	系统 GMM	差分 GMM	系统 GMM	差分 GMM
常数	2.634 9 (3.062 3)	5.397 3** (2.601 0)	17.827 5*** (3.641 8)	6.503 6** (2.530 7)
样本数	280	280	280	280
AR(2)-P 值	0.100 4	0.140 3	0.592 3	0.117 6
Sargan-P 值	0.350 7	0.334 2	0.108 2	0.146 3

（二）内生性与稳健性检验

在动态面板模型中，为了解决内生性问题，可以将滞后一期的被解释变量作为工具变量，系统 GMM 模型和差分 GMM 模型的回归结果都表明，国有经济与民营经济发展的相互正向竞争效应依然显著。同时，利用 Sargan 检验发现，在民营经济发展对国有经济发展的竞争中，系统 GMM 模型和差分 GMM 模型的 P 值分别为 0.350 7、0.334 2；在国有经济发展对民营经济发展的竞争中，系统 GMM 模型和差分 GMM 模型的 P 值分别为 0.108 2、0.146 3。此外，它们的 P 值都大于 0.05，即在 5% 的显著性水平下不显著，接受"所有工具变量均有效"的原假设。在干扰项自相关问题上，系统 GMM 模型和差分 GMM 模型经过自相关检验，在民营经济发展对国有经济发展的竞争效应上，系统 GMM 模型和差分 GMM 模型的 P 值分别为 0.100 4、0.140 3；在国有经济发展对民营经济发展的竞争效应上，系统 GMM 模型和差分 GMM 模型的 P 值分别为 0.592 3、0.117 6。系统 GMM 模型和差分 GMM 模型在 5% 的显著性水平下不显著，故接受"扰动项无自相关"的原假设。

关于动态面板模型的稳健性问题，可以通过变换模型的解释变量与被解释变量进行检验，这里依然用国有流动资产衡量国有经济发展，用私营流动资产衡量民营经济发展。通过检验，系统 GMM 模型和差分 GMM 模型的回归结果都表明：国有经济与民营经济共生发展的相互正向竞争效应依然显著，与动态回归结果一致，见表 9-11。

表 9-11 稳健性检验

	被解释变量：lnstafluass		被解释变量：lnsyfluass	
	系统 GMM	差分 GMM	系统 GMM	差分 GMM
lnsyfluass	0.093 4* (0.051 7)	0.076 8** (0.030 8)		
lnsyfluass$_{(-1)}$	−0.067 2 (0.053 9)	−0.051 9 (0.051 6)	0.720 3*** (0.116 1)	0.126 4 (0.154 2)
lnsyfluass$_{(-2)}$	0.049 7 (0.066 1)	0.000 4 (0.048 7)	0.280 7** (0.133 1)	0.269 8*** (0.055 9)
lnstafluass			0.117 8** (0.057 7)	0.172 9** (0.082 4)
lnstafluass$_{(-1)}$	0.724 7*** (0.073 6)	0.394 3 (0.297 7)	0.008 3 (0.061 4)	0.081 7 (0.064 2)
lnstafluass$_{(-2)}$			0.077 4 (0.085 4)	0.087 8 (0.073 0)
lnstafluass$_{(-3)}$			−0.116 0** (0.057 0)	
urban	−3.289 9 (4.625 7)	−1.471 9 (3.353 8)	−16.224 5*** (5.369 2)	−17.557 9*** (3.039 5)
tran	−3.289 9 (4.625 7)	−2.527 6 (2.807 1)	−18.539 1 (11.583 1)	13.302 9*** (1.433 2)
fina	0.870 0** (0.384 5)	0.773 8** (0.300 4)	5.125 6** (2.270 8)	0.386 2 (0.282 5)
inve	−2.741 5 (3.316 5)	−1.481 8 (2.539 3)	−30.652 6** (12.050 1)	−7.896 0*** (2.228 9)
regu	−3.229 7 (2.817 3)	−4.221 2** (1.686 7)	21.675 5*** (6.019 1)	5.300 8*** (1.663 5)
常数	5.060 2 (3.156 4)	6.725 8** (3.428 9)	19.986 1** (8.886 9)	8.059 2*** (2.943 0)
样本数	320	280	280	280
AR(2)-P 值	0.157 3	0.128 2	0.442 6	0.156 2
Sargan-P 值	0.193 0	0.164 7	0.472 4	0.128 1

第五节 研究结论与政策启示

本章根据理论分析，提出了待验证的研究假设，并利用2012—2021年按行业分国有控股工业企业和私营工业企业面板数据，基于固定效应模型，实证分析了国有经济与民营经济共生发展的竞争效应。实证结果表明，民营经济发展对国有经济发展存在正向竞争效应，国有经济发展对民营经济发展也存在正向竞争效应。通过系数比较发现，国有经济发展对民营经济发展的正向竞争效应程度整体上大于民营经济发展对国有经济发展的正向竞争效应程度，说明市场竞争不仅没有削弱公有制经济的作用，反而加强了公有制经济的主体地位，并推动了多种所有制经济发展。实证结果均显著通过内生性和稳健性检验。异质性检验表明，国有经济与民营经济共生发展的相互正向竞争效应没有因行业主导经济类型、重工业与轻工业、制造业与非制造业不同而发生变化。另外，在国有经济主导型行业中，国有经济发展对民营经济发展的竞争促进作用更胜于民营经济发展对国有经济发展的竞争促进作用；在民营经济主导型行业中，民营经济发展对国有经济发展的竞争促进作用更胜于国有经济发展对民营经济发展的竞争促进作用。在重工业行业中，国有经济发展对民营经济发展的竞争促进作用大于民营经济发展对国有经济发展的竞争促进作用；在轻工业行业中，民营经济发展对国有经济发展的竞争促进作用大于国有经济发展对民营经济发展的竞争促进作用。在制造业行业中，民营经济发展对国有经济发展的竞争促进作用大于国有经济发展对民营经济发展的竞争促进作用；在非制造业行业中，国有经济发展对民营经济发展的竞争促进作用大于民营经济发展对国有经济发展的竞争促进作用。结合特征分析和异质性检验可知，国有经济在国家安全、国民经济命脉、公共服务等行业依然发挥主导和支柱性作用，而民营经济在改善人民生活水平等方面发挥重要作用，这说明公有制经济发挥了主体作用，与多种所有制经济共同发展相辅相成、相互促进。机制检验表明，国有经济与民营经济共生发展通过市场规模效应、技术溢出效应和产业结构优化效应实现相互正向竞争效应。但三种机制的作用不同，民营经济发展通过市场规模效应、技术溢出效应和产业结构优化效应对国有经济发展的正向竞争效应有所减弱，国有经济发展通过市场规模效应、技术溢出效应和产业结构优化效应对民营经济发展的正向竞争效应有所加强。进一步分析表明，国有经济与民营经济共生发展存在相互正向的动态竞争效应。该结论证实了本章提出的相关研究假设。基于以上研究发现，我们提出了如下政策启示：

（1）营造国有经济与民营经济公平参与市场竞争的环境。实证分析表明，国有经济与民营经济共生发展存在相互正向竞争效应，说明市场竞争能够推动国有经济与民营经济共同发展。在市场竞争中，国有经济发展能够促进民营经济发展，民营经济发展也能够促进国有经济发展。此外，国有经济总体上的竞争促进作用强于民营经济，这既保证了公有制经济的主体地位和发展，同时也推动了多种所有制经济的共同发展。国家应营造公平竞争的市场环境，破除制约企业公平参与市场竞争的制度障碍，为国有经济与民营经济相互竞争、共同发展创造良好的外部环境，保障多种所有制企业自由公平地参与竞争，为实现中国式现代化和共同富裕创造更多的物质财富。

（2）鼓励国有经济与民营经济在不同领域发挥各自优势。异质性检验表明，国有经济与民营经济共生发展的相互正向竞争效应程度在行业主导经济类型、重工业与轻工业、制造业与非制造业是不同的。民营经济竞争促进作用较大的有自身主导的行业、轻工业和制造业，国有经济竞争促进作用较大的有自身主导的行业、重工业和非制造业。因此，要让国有经济与民营经济在不同的领域发挥各自优势，国有经济要在关系到国家安全、国民经济命脉、提供公共服务等方面发挥自身优势，而民营经济要在改善人民生活水平、丰富生活消费资料方面发挥自身优势。同时，让民营经济竞争促进作用较大的行业带动该行业的国有经济发展，让国有经济竞争促进作用较大的行业带动该行业的民营经济发展，从而形成国有经济和民营经济互相支持、互相合作、共同发展的格局。

（3）完善和加强国有经济与民营经济相互竞争的传导机制。机制检验表明，市场规模效应、技术溢出效应和产业结构优化效应弱化了民营经济发展对国有经济发展的正向竞争效应，强化了国有经济发展对民营经济发展的正向竞争效应。因此，要完善和加强市场规模、技术溢出和产业结构优化作为民营经济与国有经济相互竞争的传导机制。充分发挥市场规模效应，让民营经济与国有经济共同享受到市场规模扩大带来的发展前景。加强民营企业与国有企业的技术合作，完善技术交易市场，让技术创新成果促使两者共同发展。不断优化产业结构，合理调整产业布局，促使产业内国有企业与民营企业转型升级，从而拥有自身的竞争优势，实现长远发展。这不仅可以巩固多种所有制经济共生发展格局，还可以推动我国经济高质量发展。

第十章
国有企业技术创新的空间溢出效应研究

创新是引领发展的第一动力。中国既是现代科学技术的落伍者，也是世界性科技革命的追赶者。国有企业在努力实现我国由"跟跑者"向"并行者"和"领跑者"的发展转变中发挥着重要引领作用，并通过空间溢出效应推动其他市场主体创新能力的提升。

第一节 问题的提出

国有企业是推动我国创新发展的中流砥柱。新中国成立以来，一大批国有企业在发展中不断成长壮大，既为我国建立独立完整的国民经济体系作出了突出贡献，也为我国建立独立完整的科技创新体系以及推动创新发展作出了突出贡献。经过多年的改革发展和持之以恒的努力，以中央企业为代表的国有企业，在诸多领域达到了世界之最和世界领先水平，涌现出一系列在世界上数得着、叫得响的重大科技创新成果，如特高压输变电技术、国产C919大飞机、北斗导航系统、高速铁路、三代核电等都是以国有企业为主导完成的。

国有企业还在载人航天、探月工程、深海探测、量子科学、超级计算等诸多领域取得了一批世界领先成果。这些重大成就的取得，对推动科技自立自强和创新型国家建设，以及推动高质量发展，具有重大意义。

国有企业大多是所在行业的头部企业、链主企业，其经营规模大，技术创新的辐射范围广、带动能力强。现有文献指出：我国国有企业的技术创新具有重要的公共价值和国家使命，国有企业的创新溢出让市场上各类主体受益，尤其是民营企业，也是助推区域发展的重要因素。国有企业技术创新对民营企业产生的溢出效应，从一个视角说明了国有企业与民营企业之间的共生发展关系，以及坚持公有制为主体、多种所有制经济共同发展基本经济制度的可行性和科学性。党的十五大明确提出，公有制为主体、多种所有制经济共同发展是我国社会主义初级阶段的一项基本经济制度。党的十六大丰富了基本经济制度的内涵，提出"必须毫不动摇地巩固和发展公有制经济""必须毫不动摇地鼓励、支持和引导非公有制经济发展"的"两个毫不动摇"原则。党的二十大继续强调"高举中国特色社会主义伟大旗帜"，坚持"两个毫不动摇"。因此，为了更好地宣传和阐释坚持"两个毫不动摇"理论，本章选择从国有企业技术创新溢出效应的视角展开研究，力图在阐释清楚国有企业技术创新溢出效应机理的基础上，通过实证研究为坚持"两个毫不动摇"提供实证证据和学理支撑，并为更好地发挥和扩大国有企业技术创新溢出效应，推动科技自立自强和创新发展，助推中国式现代化实现和新发展格局形成，提出相关政策建议。

第二节 研究概况

溢出效应本质上是各种生产要素在生产流转过程中外部性的体

现，如知识、技术、专利的流转授权和交换等经济活动。① 随着现代生产方式的多样性发展、物质流转速率加快、群体交流日益便捷频繁，企业间的技术创新溢出效应正在产业实践中不断强化。学者关于企业技术创新溢出效应的研究主要集中在三个方面：

（1）关于 FDI 技术创新溢出效应的研究。从现有研究文献看，大多数研究集中于 FDI 产生的技术创新溢出效应。Javorcik 认为：FDI 带来的技术创新会推动区域内产业结构升级和实现技术变迁，而这种现象恰好证明了技术创新溢出效应的存在性。② 陈继勇和盛杨怿认为：FDI 是发展中国家实现产业发展、技术模仿创新的重要途径，FDI 不仅能让发展中国家以较低的成本和较快的速度获取产业发展相关基础技术，还能吸收利用相关生产要素的溢出。③ Li 等认为：外商投资企业在进行投资时，往往带来工业生产的基础技术或是主动传播相关先进理念，而溢出效应则发生在这种贸易投资的过程中。因此，企业的外贸投资活动产生的溢出效应对经济发展具有促进作用。④ 靳巧花和严太华认为：随着对发展中国家技术进步的深入讨论，学者们普遍认为通过溢出效应吸收利用他国技术，从而促进自身技术进步的路径是可行的。⑤ 何洁认为：FDI 对东道国的产业创新和经济增长会产生无意识的间接作用，这种间接作用就是 FDI

---

① Krugman, P., *Geography and Trade*, Cambridge, USA: MIT Press, 1992.
② Beata S. Javorcik, "Does Foreign Direct Investment Increase the Productivity of Domestic Firms? In Search of Spillovers Through Backward Linkages," *American Economic Review*, 2004, 94 (3): 605 – 627.
③ 陈继勇，盛杨怿. 外商直接投资的知识溢出与中国区域经济增长. 经济研究，2008, 43 (12): 39 – 49.
④ Li, J., Strange, R., Ning, L., et al., "Outward Foreign Direct Investment and Domestic Innovation Performance: Evidence from China," *International Business Review*, 2016, 25 (5): 1010 – 1019.
⑤ 靳巧花，严太华. 国际技术溢出与区域创新能力：基于知识产权保护视角的实证分析. 国际贸易问题，2017 (3): 14 – 25.

的外溢效应。[①] 刘辉群和白玲的实证研究指出：FDI 所带来的技术创新投入能显著促进我国区域间的知识流动，并引导形成良好的技术创新环境，对我国的技术创新系统大有裨益。[②] 冼国明和严兵认为：FDI 的溢出效应未对经济发展产生推动作用。[③] 也有部分学者认为：创新的溢出效应对经济发展有利有弊，需要结合具体情景加以考察。比如沈坤荣和孙文杰[④]以及黄烨和刘婷[⑤]等认为：FDI 技术创新的溢出效应对区域创新能力的影响程度取决于国内企业能否较好地吸收利用，国内企业需要把握 FDI 所带来的技术溢出，并与之形成良性互动，才能促进知识积累及创新能力的形成。陈景华等对"一带一路"沿线国家 FDI 进行的研究也得出了类似结论。[⑥] 此外，还有学者对人才集聚[⑦]、企业和高校集聚产生的溢出效应[⑧]进行了研究。

（2）关于创新溢出效应空间因素的研究。由于溢出效应总是通过空间扩散产生作用，因此学者纷纷将空间因素引入溢出效应的分析框架中。朱美光和韩伯棠构建了基于空间知识溢出的中国区域经济增长的研究框架，对空间知识溢出与中国区域经济增长的相关性

---

① 何洁. 外国直接投资对中国工业部门外溢效应的进一步精确量化. 世界经济, 2000 (12): 29-36.

② 刘辉群, 白玲. 跨国公司研发投资对我国国家创新体系的影响. 中国软科学, 2007 (1): 101-106.

③ 冼国明, 严兵. FDI 对中国创新能力的溢出效应. 世界经济, 2005 (10): 18-25, 80.

④ 沈坤荣, 孙文杰. 市场竞争、技术溢出与内资企业 R&D 效率: 基于行业层面的实证研究. 管理世界, 2009 (1): 38-48, 187-188.

⑤ 黄烨, 刘婷. 外资在华技术创新溢出是否促进内资企业技术进步: 基于门槛效应的经验分析. 科技进步与对策, 2021, 38 (22): 83-90.

⑥ 陈景华, 陈姚, 徐金. OFDI 逆向溢出、省域技术创新与产业结构升级: 来自"一带一路"沿线国家的证据. 南京财经大学学报, 2021 (3): 98-108.

⑦ 韩先锋, 惠宁, 宋文飞. 政府 R&D 资助的非线性创新溢出效应: 基于环境规制新视角的再考察. 产业经济研究, 2018 (3): 40-52.

⑧ 王立平. 我国高校 R&D 知识溢出的实证研究: 以高技术产业为例. 中国软科学, 2005 (12): 54-59.

进行了归纳总结。① Caniëls 采用中心地理理论分析了知识溢出的过程，强调知识溢出效应具有空间扩散性质。② Caniëls 和 Verspagen 基于模拟法对知识溢出进行了考察，认为创新溢出强度取决于创新主体间的地理距离，而区域间地理距离的扩大会导致创新溢出效应逐渐减弱。③ 吴玉鸣研究认为：企业间的知识溢出效应可以促进区域经济增长，但这必须以知识创新来源地的邻近为前提，这也是为什么地理相邻的省份往往会出现创新同步现象。④ LeSage 等利用空间杜宾模型测量了知识溢出效应，发现技术邻近比地理邻近对溢出效应的影响更大。⑤ 刘和东研究发现：经济关联模式下不同区域的创新溢出对区域创新发展具有显著的正向影响。⑥

（3）关于国有企业技术创新溢出效应的研究。刘元春论证了向市场经济转轨过程中，国有企业担当着"技术模仿、技术移植、技术赶超和技术扩散"中心的职能，技术扩散途径包括国有专利技术等无形资产和有形资产的流失，以及国有企业与非国有经济间的廉价技术交易等。⑦ 洪名勇通过实证分析指出：国有经济是我国科技创

---

① 朱美光，韩伯棠. 基于空间知识溢出的中国区域经济协作发展研究框架. 经济经纬，2006（2）：69-72.
② Caniëls, M. C. J., *Knowledge Spillovers and Economic Growth：Regional Growth Differentials Across Europe*, UK：Edward Elgar Publishing, 2000.
③ Caniëls, M. C. J., Verspagen, B., "Barriers to Knowledge Spillovers and Regional Convergence in an Evolutionary Model," *Journal of Evolutionary Economics*, 2001, 11(3)：307-329.
④ 吴玉鸣. 空间计量经济模型在省域研发与创新中的应用研究. 数量经济技术经济研究，2006（5）：74-85，130.
⑤ LeSage, J. P., Fischer, M. M., Scherngell, T., "Knowledge Spillovers across Europe：Evidence from a Poisson Spatial Interaction Model with Spatial Effects," *Papers in Regional Science*, 2007, 86(3)：393-422.
⑥ 刘和东. 区域创新内溢、外溢与空间溢出效应的实证研究. 科研管理，2013，34（1）：28-36.
⑦ 刘元春. 国有企业宏观效率论：理论及其验证. 中国社会科学，2001（5）：69-81，206.

新的生力军,其科技创新、技术创新不仅使自身受益,而且会对非国有经济产生溢出效应。[1] 张春雨和洪功翔通过实证分析发现:国有企业的创新投入对社会生产率有显著的促进作用,国有企业的技术进步具有示范效应和扩散效应。[2] 程强等研究发现:国有企业可以承担不确定程度更高、外部性更大的创新活动,并通过外部性传导机制对区域创新效率发挥了正向促进作用。他们还认为:该结论不仅为我国不同区域的创新效率差异提供了一种新的解释,而且为更全面地评价国有企业在我国创新中的作用提供了证据。[3] 宋宁和蒋秀兰认为:国有企业通过技术创新带动了整个产业的发展,可以形成一批共同发展的民营企业,并让这部分民营企业的技术创新能力得到有效、快速的提升,使产业保持可持续的发展。[4] 吴友和刘乃全研究发现:不同所有制企业间的创新溢出具有非对称性,民营企业成为创新溢出的最大吸收方,国有企业成为主要溢出方。[5] 赵庆通过实证研究发现:国有企业能够促进邻近区域创新效率的提升,与其他性质企业相比较,国有企业技术创新的溢出效应更显著,是技术创新溢出的扩散中心和辐射源。[6] 叶静怡等基于上市企业样本的分析发现:国有企业的知识溢出大于民营企业,国有企业的知识溢出对民营企业创新产出有显著正向影响,而民营企业则不具有这种作用。[7]

---

[1] 洪名勇. 国有企业技术溢出效应的实证分析. 内蒙古财经学院学报, 2002 (2): 6-9.
[2] 张春雨, 洪功翔. 国有企业技术溢出效应的实证研究. 安徽工业大学学报(社会科学版), 2014, 31 (2): 3-6.
[3] 程强, 尹志锋, 叶静怡. 国有企业与区域创新效率:基于外部性的分析视角. 产业经济研究, 2015 (4): 10-20.
[4] 宋宁, 蒋秀兰. 国有企业的溢出效应分析. 现代国企研究, 2015 (12): 25, 27.
[5] 吴友, 刘乃全. 不同所有制企业创新的空间溢出效应. 经济管理, 2016, 38 (11): 45-59.
[6] 赵庆. 国有企业真的低效吗?:基于区域创新效率溢出效应的视角. 科学学与科学技术管理, 2017, 38 (3): 107-116.
[7] 叶静怡, 林佳, 张鹏飞, 等. 中国国有企业的独特作用:基于知识溢出的视角. 经济研究, 2019, 54 (6): 40-54.

张珂瑜以 2005—2015 年我国 30 个省、市、自治区区域创新数据为样本，运用空间杜宾模型实证研究发现：国有企业的研发投入与该区域内所有企业的创新产出显著正相关，还对其他区域所有企业的创新产出具有显著正向影响。[1] 李政认为：国有企业尤其是中央企业的经营规模大、辐射范围广、带动作用强，能够在推动高水平科技自立自强中发挥组织和引领作用。[2] 赖烽辉和李善民研究发现：共同股东网络能够发挥知识溢出"内部化"机制，从而促进国有企业知识溢出提升民营企业的创新产出，这一促进作用在民营企业与国有企业的技术相似度和地理邻近度更高时更加显著。[3]

文献梳理显示，研究国有企业技术创新溢出效应的文献相对较少，因而系统性和全面性不够，也鲜有文献把国有企业的社会责任及其正外部性带来的溢出效应纳入评价分析范围之内[4]，对国有企业的技术创新这种具有重要公共价值和国家使命的"幕后贡献"缺乏深入研究。因此，本章在现有研究的基础上，关注国有企业在发展过程中是否发生了技术创新溢出，在不同空间因素影响下溢出效应是否有差别，其溢出效应如何影响其他市场主体的创新能力。本章的边际贡献在于，既为全面认识国有企业的作用提供了一个新的视角，又为坚持以公有制为主体的发展道路提供了新的实证依据。

---

[1] 张珂瑜. 国有企业的研发投入具有溢出效应吗？：基于 2005—2015 年省级数据的研究. 管理工程师，2020, 25（1）：49-60.

[2] 李政. 国有企业推进高水平科技自立自强的作用与机制路径. 科学学与科学技术管理，2023, 44（1）：55-67.

[3] 赖烽辉，李善民. 共同股东网络与国有企业创新知识溢出：基于国有企业考核制度变迁的实证研究. 经济研究，2023, 58（6）：119-136.

[4] 刘元春. 国有企业宏观效率论：理论及其验证. 中国社会科学，2001（5）：69-81，206.

第三节　国有企业技术创新空间溢出的机理

　　尽管有学者指出：知识（技术）溢出是一个无意识的扩散过程，没有留下书面痕迹可供测量。但技术创新溢出却是公认的事实。也有一些学者运用空间计量方法对其进行了测度研究。本章在测度技术创新溢出效应之前，重点分析了国有企业技术创新溢出的机理。机理是指在一定的系统结构中各要素的内在联系方式和规则原理。刘满凤和唐厚兴从发生机制、传导机制和吸收机制三个方面分析了知识溢出的机理。[①] 本节着重从产业链协同、人力资源流动、技术平台合作、空间集群效应、社会责任职能五个方面分析技术创新溢出的机理。

一、产业链协同

　　现代社会化大生产对满足个性化需求的追逐使得现代产业链日渐延长和拓宽，由此引发产业链上的企业倾向于精细化、个性化生产的市场导向愈发明确。[②] 位于产业链上的企业，其纵向关联导致整个产业链上的企业"一荣俱荣"，当国有企业的技术创新被其他企业认识和发现，则在整个产业链上会引发新一轮的锚定式产业创新效应，也就是其他企业以国有企业的技术创新为指引，为了在激烈竞争的市场环境中生存下来而进行的一系列模仿学习或工艺配套改进等行为。这种产业创新效应是国有企业技术创新溢出的重要动力。国有企业一般位于产业链的关键环节抑或产业链上游，其技术变动

[①] 刘满凤，唐厚兴. 组织间知识溢出吸收模型与仿真研究. 科研管理，2011，32（9）：74-82.

[②] 苏东水. 产业经济学. 4版. 北京：高等教育出版社，2015.

及创新对整个产业的引领作用极为明显。这种溢出效应的存在使得国有企业的技术创新成果能够被广泛应用，从而涌现出更多创新。因此，国有企业的技术创新在整个产业链上会发生产业关联溢出效应，这种溢出效应是外部性的一种表现形式，并不涉及企业之间主动的生产要素交换，而是一种被动的、无意识的产业前向关联溢出或产业后向关联溢出。因此，产业链协同是国有企业产生技术创新溢出效应的重要机制。一方面，国有企业的基础知识创新在产业环境中的溢出效应更容易惠及产业链，因为产业链上的国有企业创新溢出会不断强化产业链上企业之间的合作和衔接，其从事的基础知识创新研发是位于同一产业链上的企业发生技术创新的重要动力。另一方面，在成果转化创新阶段，创新成果会以类似于流水线的生产方式在产业链上进行创新组装、生产，最终形成推向市场的创新产品。而这一成果转化创新阶段也会不断固化以国有企业为主的产业链协作，调动相关产业链上的企业进行技术、工艺、服务等创新匹配活动，进而推动产业链的创新能力提高。

二、人力资源流动

产业链上具有规模优势的企业经过某种技术创新后，对市场的技术导向具有更强的引导作用，大量中小企业对国有企业的技术进行模仿、改进等创新活动，而技术的模仿和改进需要高质量的人力资源作为支撑。[①] 改革开放以来，我国多个产业的相关技术都经历了从吸收引进、模仿创新到自主掌握的过程。从宏观角度看，这一过程是发展中国家实现技术升级的普遍做法，而从微观角度看，则是各企业掌握相关核心技术，进而实现自我发展的必经之路。通常说

---

① 李政，王思霓. 基础研究与应用研究的产业创新效应. 武汉大学学报（哲学社会科学版），2021，74（5）：91-104.

来，该过程的实现主要借助国有企业的技术研究人员辞职创业，抑或通过技术专利等参与其他公司的技术研发与创新等方式。Varga研究指出：人力资本是创新知识的重要载体，因此人力资本流动是促进技术知识创新溢出的一种重要机制。[①] 随着我国市场经济的进一步发展，个体的求职意向也发生了深刻变化，人们的就业意向逐渐呈现出多样化的需求，因此不同所有制企业之间的人员流动速率加快，形式多样的人员流动带来了技术交流与创新。[②] 比如20世纪90年代出现的"下海潮"，伴随一大批国有企事业单位的人员辞职创业或加入市场化竞争更加激烈的民营企业，随之而来的就是我国民营经济的蓬勃发展。同时，从2014年发布《中央管理企业负责人薪酬制度改革方案》以来，出现了大量国有企事业单位的相关高级人才、技术骨干离职并加入民营企业或外资企业，民营企业成了国有企业人才流动的洼地。人力资源的流动附带着创意、技艺、想法等无形创新要素的流动，成为国有企业技术创新溢出的重要机制。

三、技术平台合作

在基础知识创新阶段，国有企业既可发挥自身技术基础、人才优势、资源优势等完成技术创新的底层理论突破与应用，也可与其他企业合作，共享创新信息，通过基础知识授权、专利转让等形式推动基础知识创新成果产业化，使其转化为现实生产力，实现企业利益共享、创新动力共创等。在成果转化创新阶段，国有企业的创新成果可借助小微企业对市场敏锐的感知能力迅速推向市场，形成

[①] Varga, A., "Local Academic Knowledge Spillovers and the Concentration of Economic Activity," *Journal of Regional Science*, 2000, 40 (2): 289-309.

[②] 彭中文. 知识员工流动、技术溢出与高技术产业聚集. 财经研究, 2005 (4): 93-102.

创新受益反哺创新研发。企业之间的研发、交流、商务等活动也会促进国有企业实现"点对点"的技术创新溢出。一方面，创新发生在对理论和技术的深度理解、灵活运用基础之上，基础研究是技术创新的支撑。但基础研究风险巨大、回报周期长的特点使得多数民营中小企业无法涉足。我国的基础研究大多由国有企业承担，国有企业在各级政府的引导与支持下，建立产学研合作平台进行基础理论研究和技术开发。通过专利开源授权等方式，搭建技术需求和研发转化的信息交流平台，实现创新资源共享和提高创新成果转化效率。另一方面，现实中往往存在国有企业创新资源丰富但可能缺乏技术研发创新的敏感性，其技术创新大多基于国家战略需要抑或是政府的行政目标下达。民营企业具有良好的市场需求创新思想，能对市场需求端的工艺、产品、服务等环节出现的问题进行及时调整创新。根据相关数据，民营企业在我国已有约 2 500 万户，并且其中高新技术企业的占比在 70% 以上。民营企业对市场需求变化反应迅速，其擅长做技术创新的横向迁移开发。企业通过技术合作、工艺开放与管理培训交流等途径均会发生技术创新溢出。两者之间的技术合作有利于它们各展所长，促进技术创新溢出效应的发生，比如企业间的专利授权、技术合作攻关等都属于技术合作的溢出途径。可见，协同化创新是适合我国现实发展的一种创新战略，即推动国有企业发挥牵头作用，建立创新服务"孵化器"，汇集多数中小型企业贡献的创新思想，实现创新创意的现实转化，切实推动创新能力的提升。比如在高铁建桥领域，我国中铁十一局集团汉江重工有限公司就在高铁架桥机制造专业领域实施"建圈强链"战略，在高铁桥梁领域成功构建起"链主企业＋领军人才＋产业协同＋公共平台"的产业生态体系，对产业链上下游、左右岸进行整体协同培育，成功带动一大批相关产业的辅助配套产业发展壮大。

在创意到生产力的转化过程中，国有企业通过掌握关键技术的研发及转化，在相关专利标准的规范下，实现了国有企业技术创新有渠道溢出，进而推动了更多中小民营企业的应用型创新，并形成了市场需求→技术应用→基础研发的良性互动创新传导链。同时，随着各种创意合作平台、创意"孵化器"的建立和完善，国有企业严格的现代企业先进管理经验、产品设计生产、生产工艺的改进等也可能发生溢出效应，使更多企业受益并形成联动溢出效应。比如2017年互联网爆发了一种名为"想哭"的勒索病毒，造成我国大面积的网络感染崩溃，而最终这一问题是由中国电子信息产业集团有限公司控股的国有企业——中电长城网际系统应用有限公司通过引入一个主营网络安全的民营职业经营团队合作解决的，双方通过混合所有制模式重组了中电长城网际系统应用有限公司。这种国有企业控股、民营企业参股的股权模式，不仅体现了国有企业在前期研发投入资金上的规模优势，也体现了民营职业团队的技术灵活性，是典型的有激励效应的股权架构。随后，这一国企和民企强强联手的网络安全国家队，其营业收入每年以65.92%的平均增长率快速成长，搭建起国家级网络安全服务平台，申请专利近60项，帮助母公司中国电子信息产业集团有限公司获得国家科技进步一等奖，参与G20、金砖峰会等国家重大安保活动，成为保障国家网络安全的主力军。

四、空间集群效应

国有企业一般规模大，物质、技术雄厚，在其发展中会吸引和带动相关配套、辅助、服务性企业的发展，从而引致产业的空间集聚。这种由企业和产业集中而形成的地理生产单元，很容易形成一个相互影响的生态系统。当产业在区域层面相互邻近或是产生生产关系上的互动联系时，国有企业的技术创新便会产生溢出效应。一方面，在国有企业的基础知识创新阶段，主要创新形式或成果是知识、理论、思想、创意等，当国有企业发挥其规模优势吸引区域层面的企业集聚在一定范围内，如建立产业创意园、产业开发区等，在相邻近的范围内，国有企业的基础知识创新会在区域范围内产生示范效应，引导形成创新文化，其创新成果会吸引其他关联企业主动进行生产工艺改造、生产流程优化等。这种并非以国有企业主观目的为创新导向的溢出效应，会促使整个集群内部的企业创新动力和水平的提升。另一方面，在国有企业的成果转化创新阶段，国有企业所处的产业链关键环节或龙头地位会对区域内的企业产生一定的调节作用。集聚在国有企业周围进行配套或辅助生产的大量中小微民营企业，会因为产业链创新的传导效应而获益。成果转化创新阶段往往是将创新大规模推向市场的阶段，其创新收益会对区域内其他企业形成较好的激励效应，同时强化国有企业技术创新溢出的动力。

五、社会责任职能

企业都需要履行一定的社会责任。国有企业天然地具有承担多种社会责任的功能。随着市场化改革的深入，国有企业逐渐向关系国家安全、战略产业等领域集中，不仅强化了国有企业在前沿领域的领衔探索能力，而且在产业转型升级方面有意识地调动市场上众多小微企业的创新发展意愿及动力。国有企业的发展不仅要实现产业经济的高质量发展，而且要引领企业的社会责任履行。2021年，国务院国有资产监督管理委员会发布《关于国有企业更好履行社会责任的指导意见》，并指出：国有企业要带头执行国家政策，坚持绿色发展，保护员工合法权益，充分发挥将社会环境问题与企业经营优势资源相结合的能力，将对可持续发展有重大贡献的问题作为履行社会责任的重点。不同于其他所有制企业以专利为壁垒构筑产品"护城河"的做法，国有企业的重大技术攻关成就更倾向于主动公开、授权、与相关企业合作共享，以追求国家的总体技术进步。随着政府规范及进一步引导，国有企业的社会责任履行已逐渐成为其技术创新溢出的重要机制。主要表现在以下三个方面：一是国有企业通过设立相关基金，组织技术创新攻关团队联合其他企业进行技术攻关。例如，2016年成立的中国国有资本风险投资基金和中国国有企业结构调整基金将重点投资于技术创新、产业间技术合作、支持中小微企业创新创业等。二是技术专利公开，主动让相关企业使用学习等。例如，东风汽车集团有限公司2021年公开专利累计达4 169件，位居国内汽车行业第一。三是技术对口帮扶，促进产业链高端化发展。例如，中国机械总院集团发挥先进制造业技术和平台优势，在河南新县成立新县生产力促进中心，创建长期帮扶工作机制，搭建帮扶平台，助推产业和技术双向发展。

履行社会责任是由国有企业性质产生的制度安排。从上述三个典型案例可以看出，履行社会责任是国有企业主动进行技术创新溢出的重要动力，对产业链技术创新能力、区域创新发展具有重要的推动作用。

第四节 国有企业技术创新能力分析

国有企业技术创新发生空间溢出效应是建立在其具有较强技术创新能力基础上的，对国有企业技术创新能力的测算将是本节探究的重点。在分析国有企业技术创新空间溢出的机理之后，通过实证模型考察了国有企业的技术创新效率，将其作为国有企业技术创新能力高低的表征，这就为后文继续考察国有企业技术创新空间溢出效应奠定了基础。

一、测算方法

目前,大多数文献采用 DEA 方法进行不同主体创新效率的测算。经典 DEA 方法在处理变量时容易忽视环境变量,而且对于投入产出过程的环境影响因素分析存在很大的局限性。现实情况是我国各省份的发展存在非均衡性,不仅自身发展的内部驱动因素不同,而且外部环境影响因素也有很大差异。因此,各省份国有企业的技术创新效率会受所在省份的环境因素干扰而呈现不同的特点。传统的 DEA 方法在外部环境因素的处理上与现实存在差距。比如被广泛采用的 DEA-Tobit 方法,虽然它考虑了环境变量对效率值测算的冲击,但实际上还是利用回归的思想和技术在第二阶段确定环境变量对因变量的影响方向和强度,所以测算出来的效率值仍然存在很大的误差。因此,有学者开始探索利用三阶段 DEA 模型剥离环境因素的冲击,进而得到更准确的效率值,这样能够准确反映决策单元内部的管理水平。[①] 考虑到实际情况中边际报酬和环境因素的变化,本节采用三阶段 DEA 模型测算国有企业技术创新的效率。其基本原理见于以下三个阶段:

1. 第一阶段:DEA-BBC 模型

首先,在第一阶段运用经典 DEA 方法进行国有企业技术创新的效率测算,得到国有企业技术创新的初始效率值和投入指标的松弛变量。此阶段,在国有企业技术创新的效率评估中,投入变量是决策单元的基本变量。其次,利用 DEA-BBC 模型把国有企业技术创

---

① Fried, H., Lovell, C., Schmidt, S., et al., "Accounting for Environmental Effects and Statistical Noise in Data Envelopment Analysis," *Journal of Productivity Analysis*, 2002, 17 (1): 157 – 174.

新效率（TE）分解为纯技术效率（PTE）和规模效率（SE）的乘积。此时，规模报酬可变，更加符合现实情况。该模型可表示为：

$$\min: \theta - \varepsilon(\hat{e}^T S^- + e^T S^+)$$

$$\text{s.t.} \begin{cases} \sum_{j=1}^{n} \lambda_j X_j + S^- = \theta X_0 \\ \sum_{j=1}^{n} \lambda_j Y_j - S^+ = Y_0 \\ \lambda_j \geq 0, S^-, S^+ \geq 0 \end{cases} \quad (10.1)$$

其中，θ 为国有企业的技术创新总效率值，取值为 $\theta \in [0, 1]$，只有当 $\theta = 1$ 时，国有企业的技术创新效率才为 DEA 有效状态，其余情况均为非有效状态；ε 为非阿基米德无穷小量；$\hat{e}^T$ 及 e^T 都为单位向量；S^- 和 S^+ 为投入松弛变量和产出松弛变量；X_j、Y_j 和 λ_j 分别为第 j 个省份国有企业的投入向量、产出向量和权重向量，由于企业在现实生产中的时滞性是一个必要考虑因素，因此投入变量和环境变量均作滞后一期处理。

2. 第二阶段：随机前沿 SFA 模型

第二阶段通过 SFA 模型将投入松弛变量分解为环境因素、统计误差因素和管理因素三个解释变量的函数，该模型可表示为：

$$S_{ik} = f(Z_k, \beta^i) + V_{ik} + U_{ik} \quad i = 1, 2, \cdots, m; k = 1, 2, \cdots, n$$
$$(10.2)$$

式中，S_{ik} 为第 k 个省份国有企业的第 i 种投入变量原始值 x_{ik} 与目标值 x_{ik}' 的差值向量，即投入松弛向量；Z_k 为第 k 个省份国有企业的环境变量；β^i 为第 i 种投入变量的外部环境变量的估计参数；V_{ik} 为随机扰动项；U_{ik} 为管理无效率。

我们利用极大似然估计法估计出 β^i、δ^2、γ 的值。其中，$\gamma = \delta_{ui}^2 / (\delta_{ui}^2 + \delta_{vi}^2)$，为管理无效率方差占总方差的比重——当 γ 趋近 1 时，

意味着管理因素占影响因素的主导地位；当 γ 趋近 0 时，意味着随机误差因素占影响因素的主导地位。回归结果用于对各省份国有企业投入变量进行调整。此阶段对管理无效率进行分离，以得到第三阶段调整后的投入变量。调整公式为：

$$X_{ik}^* = X_{ik} + (\max_k(Z_k\hat{\beta}^i) - Z_k\hat{\beta}^i) + (\max_k(\hat{V}_{ik}) - \hat{V}_{ik})$$
$$i = 1, 2, \cdots, m; k = 1, 2, \cdots, n \quad (10.3)$$

式中，X_{ik}^* 为调整后的投入变量；X_{ik} 为原始投入变量；$\hat{\beta}^i$ 为环境变量的估计值；$\hat{V}_{ik}$ 为随机误差的估计值。

式（10.3）中的第一个括号是将环境因素调整成所有省份国有企业处于相同的环境下，第二个括号是将所有随机误差调整成所有省份国有企业面临相同的随机误差，由此就可以将环境和随机因素冲击剥离，求得真实的各省份国有企业技术创新效率。

3. 第三阶段：调整数据后的 DEA-BBC 模型

将第二阶段经 SFA 模型调整后的投入变量滞后一期和原始产出数据代入 DEA-BBC 模型来评估国有企业技术创新效率值，所得结果剥离了环境影响和随机误差干扰，能够体现管理无效率的情况，因而此阶段得到的国有企业技术创新效率更准确。

二、变量选取

企业技术创新是一个从创意产生到产品设计、生产和改进环环相扣的完整链条。创新活动不仅受到自身创新要素投入的影响，还受到创新环境中各种外部因素的干扰。本部分将关注国有企业技术创新的整体效率，但国有企业相较于其他所有制企业承担了更多的基础研究。同时，国有企业在产品供给端也是重要的市场支柱，尤其是在一些关系到国计民生、国家安全等方面的公共产品，国有企业是最重要的供给方。基于此，本部分将国有企业技术创新概括为两个阶段：基础知识创新阶段和成果转化创新阶段。具体变量的选择见表 10-1。

在基础知识创新阶段，主要是对基础知识的系统化、科学化探索及梳理，使得基础知识理论能够系统地展现出来，从而为下一步的流通交流及产业运用奠定基础。因此，在基础知识创新阶段，最重要的投入变量是人力资源及相关费用的支出力度。因此，我们选择基础研究 R&D 经费支出、基础研究 R&D 从业人员为投入变量，而此阶段基础知识创新的成果主要表现为基础理论所取得的、以论文和专利等形式表现出来的、易于传播和交流的成果，而科技论文及相关科研项目则是这种创新成果最好的承载形式。因此，我们选择科技论文数量及规模以上国有工业企业 R&D 项目课题数来表征。

在成果转化创新阶段，主要是企业如何应用和开发已有的知识及理论，也就是将理论上的创新转化为现实生产力的创新。影响成果转化的企业内部因素主要是其对新产品开发的投入力度，或是在将基础知识理论应用到现实产品的转化阶段时对于创新专利的申请愿望，因此我们将新产品开发经费和专利申请量作为成果转化创新阶段的投入变量，而与此阶段相对应的产出变量则选择相应指标下的产出，即新产品销售收入和专利授权量。

参考余泳泽和刘大勇的研究，选择如下环境变量[1]：在基础知识创新阶段，人力资源是最重要的创新要素，一切知识及理论都有赖于人力资源的投入开发，选择人力资本储备作为影响基础知识创新阶段的环境变量；在成果转化创新阶段，影响成果转化创新的环境

---

[1] 余泳泽，刘大勇. 我国区域创新效率的空间外溢效应与价值链外溢效应：创新价值链视角下的多维空间面板模型研究. 管理世界，2013 (7)：6-20, 70, 187.

变量是区域市场化水平和政府支持力度。其中，区域市场化水平采用该省份规模以上工业企业数来衡量，原因在于：如果一个省份的市场环境越好、市场化水平越高，那么该省份越容易成为企业做大做强的"沃土"，更容易培育出更多规模以上企业。成果转化创新阶段存在前期投入巨大、回收周期长、失败率高等风险，同时外部性导致进行成果转化创新的企业的边际收益小于社会收益，因此一般政府会对这类企业进行财政补贴，而对企业成果转化创新的政府支持力度也是重要的环境变量。此处，以企业筹集的科技经费中政府资金所占的比重衡量。

表 10-1　国有企业技术创新阶段分析的变量选择

技术创新阶段	投入变量	产出变量	环境变量
基础知识创新阶段	1. 基础研究 R&D 经费支出 2. 基础研究 R&D 从业人员	1. 科技论文数量 2. 规模以上国有工业企业 R&D 项目课题数	1. 人力资本储备 2. 市场化水平 3. 政府支持力度
成果转化创新阶段	1. 新产品开发经费 2. 专利申请量	1. 新产品销售收入 2. 专利授权量	

三、数据来源

2008—2015 年国有企业技术创新各阶段指标数据来自《工业企业科技活动统计年鉴》，由于该年鉴的统计数据截至 2015 年，因此 2016—2020 年的数据从《工业企业科技活动统计资料》得出，个别数据根据该省份当时全年所有企业基础研究 R&D 经费支出、基础研究 R&D 从业人员的总量及当年该省份工业资产总值中国有企业的占比推算，相关数据来自《中国科技统计年鉴》及各省份年度统计年鉴。部分年份的专利数据由科技部网站、中国科学指标数据库、各省份科学技术厅网站等渠道发布的公开资料手工整理而来，少数缺失数据根据区域国有经济占工业企业总资产的比重进行推算，相关数据来源于中经网统计数据库。科技论文数量以国外主要检索工具收录我国 SCI 科技论文作为代理指标，数据来源于《中国科技统计年鉴》。规模以上工业企业 R&D 项目课题数来源于中经网统计数据库，个别年份的缺失数据以插值法补齐。由于西藏的数据缺失过多故剔除，最终整理得到全国 30 个省份、时间跨度为 2008—2020 年的面板数据。

四、结果分析

第一阶段和第三阶段均采用 DEA 2.1 软件测算，第二阶段采用 Frontier 4.0 软件计算。具体测算结果分别按阶段展示，相关结果如下：

（1）第一阶段经典 DEA 模型测算结果。在三阶段 DEA 模型的第一阶段，测算我国 30 个省份国有企业技术创新的基础知识创新阶段和成果转化创新阶段的创新效率在 13 年间的平均效率值，见表 10-2。从经典 DEA 模型的分析结果来看，北京、山东、上海、江苏、浙江、广东等省份国有企业的基础知识创新效率较高，均远高于全国平均水平 0.337，而甘肃、青海、宁夏、广西等省份国有企业的基础知识创新效率远低于全国平均水平。在成果转化创新阶段，全国平均技术创新效率有大幅提升，相较于基础知识创新阶段，成果转化创新效率的全国平均值为 0.367，表明我国大多数省份国有企业技术创新的应用能力近年有大幅提升，特别是东南沿海一带的省份，在成果转化创新阶段取得了斐然成绩。在基础知识创新阶段和成果转化创新阶段，全国总体形成了东高西低、南高北低的分布格局。我国国有企业目前的优势和长处仍然集中在成果转化创新阶段，而在基础知识创新阶段，相对来说还有很大提升空间。此阶段的各地经济发展水平受到了不同的环境变量和随机因素的干扰，就单纯的国有企业技术创新效率来说，还需要进一步调整和剥离外在因素的干扰，从而测算出更准确的国有企业技术创新效率。

表 10-2　2008—2020 年第一阶段国有企业技术创新效率平均值

省份	基础知识创新阶段			成果转化创新阶段		
	TE	PTE	SE	TE	PTE	SE
北京	0.526	0.754	0.697	0.566	0.853	0.664
天津	0.274	0.434	0.632	0.226	0.468	0.482
河北	0.365	0.465	0.785	0.255	0.462	0.552
山东	0.483	0.715	0.675	0.461	0.734	0.628
上海	0.628	0.855	0.734	0.548	0.748	0.732
江苏	0.649	0.837	0.775	0.520	0.683	0.762
浙江	0.525	0.818	0.642	0.468	0.674	0.695
福建	0.376	0.599	0.627	0.263	0.453	0.581
广东	0.456	0.721	0.633	0.558	0.683	0.817
海南	0.051	0.064	0.798	0.222	0.392	0.566
安徽	0.380	0.694	0.547	0.430	0.649	0.663
江西	0.215	0.478	0.449	0.311	0.619	0.503
山西	0.245	0.484	0.506	0.353	0.565	0.624
河南	0.361	0.675	0.535	0.351	0.528	0.664
湖北	0.391	0.715	0.547	0.464	0.709	0.654
湖南	0.314	0.680	0.462	0.440	0.615	0.716
广西	0.273	0.481	0.567	0.226	0.687	0.329
重庆	0.494	0.646	0.764	0.464	0.759	0.611
四川	0.481	0.639	0.752	0.413	0.625	0.661
贵州	0.333	0.673	0.495	0.247	0.556	0.445
云南	0.225	0.505	0.445	0.279	0.541	0.516
陕西	0.380	0.548	0.694	0.438	0.594	0.737

续表

省份	基础知识创新阶段			成果转化创新阶段		
	TE	PTE	SE	TE	PTE	SE
甘肃	0.245	0.502	0.488	0.336	0.589	0.571
青海	0.206	0.561	0.368	0.247	0.523	0.473
宁夏	0.164	0.536	0.306	0.242	0.551	0.439
新疆	0.096	0.425	0.226	0.301	0.699	0.431
内蒙古	0.225	0.641	0.351	0.227	0.526	0.431
辽宁	0.424	0.626	0.677	0.435	0.564	0.772
吉林	0.255	0.513	0.498	0.382	0.554	0.689
黑龙江	0.200	0.476	0.421	0.334	0.575	0.581
平均值	0.337	0.592	0.570	0.367	0.606	0.600

注：TE 表示综合技术创新效率值，PTE 表示纯技术创新效率值，SE 表示技术创新的规模效率值，小数点保留三位，下同。

（2）第二阶段 SFA 回归结果。以第一阶段测算的决策单元投入变量的松弛变量取对数作为被解释变量，将三个环境变量取对数作为解释变量。通过软件 Frontier 4.0 测算的国有企业技术创新的两个阶段 SFA 回归结果见表 10-3 和表 10-4。回归结果显示：三个环境变量对两种投入松弛变量的系数大多通过了显著性检验，这说明外部环境因素对各省份国有企业技术创新的基础知识创新和成果转化创新两个阶段的投入冗余存在显著影响。从基础知识创新阶段来看，基础研究 R&D 经费支出投入松弛变量和基础研究 R&D 从业人员投入松弛变量的 γ 值均接近于 1，且通过了相关显著性检验，表明在基础知识创新阶段，影响国有企业技术创新投入的主要是随机误差。从成果转化创新阶段来看，新产品开发经费投入松弛变量和专利申请量投入松弛变量两种投入松弛变量的 γ 值都接近于 0，且均通过了显著性检验，表明在成果转化创新阶段，管理因素是影响这两种投入变量的主导因素。从两个阶段的回归结果来看，在基础知识创新阶段，国有企业的创新效率主要被随机因素干扰，因此其创新投入的主观意愿更强烈。在成果转化创新阶段，国有企业的技术创新效率主要受管理因素干扰。因此，可以初步得出如下结论：在基础知识创新阶段，国有企业在技术创新研发方面的投入是相对更加主动的，而在此阶段的研发成果大多具有"准公共产品"的性质，能使市场上的其他创新主体受益，而在成果转化创新阶段，国有企业的创新效率明显受到管理因素的影响，亦即国有企业的体制"灵活性"在此阶段有所欠缺，因而将基础知识创新转化为现实生产力的能力还有待提升。以上分析表明：管理因素和随机因素对国有企业技术创新效率存在显著影响，有必要通过 SFA 模型将管理因素和随机因素的干扰剥离，使得每个省份的国有企业技术创新面临相同的环境和运气，进而在第三阶段得出国有企业技术创新的真实效率。

进一步分析各环境变量对国有企业技术创新两个阶段的松弛变量的影响系数。在基础知识创新阶段，人力资本储备、市场化水平、政府支持力度三种环境变量对两种投入松弛变量的符号大多数都为负，表明这三种环境变量的提高，确实能提升国有企业在基础知识创新阶段的创新效率。其中，政府支持力度的系数绝对值显著大于另外两种环境变量的系数绝对值，表明在国有企业的基础知识创新阶段，政府支持力度越大，国有企业在基础知识创新阶段的效率提升幅度越高，但政府支持力度存在较大程度的资源浪费，也即冗余资源投入过多，因此还需要进一步改进。在成果转化创新阶段，市场化水平对成果转化创新阶段的两种投入松弛变量的系数绝对值明显更大，说明在成果转化创新阶段，随着市场化水平的提高，国有企业在成果转化创新阶段的创新效率提升幅度也会提高。同时，区域的人力资本储备及政府支持力度也是影响国有企业成果转化创新效率的重要因素。

表 10-3　基础知识创新阶段的 SFA 回归结果

松弛变量	年份	常数项	人力资本储备	市场化水平	政府支持力度	γ	δ_{vi}^2	LR 单边检验值
基础研究 R&D 经费支出	2008	−1.82**	0.22**	−0.25	−0.53*	0.99*	0.52**	−7.42
	2015	−21.35***	−1.96***	−2.25***	−3.41***	0.99*	0.86***	−8.55
	2020	−18.63***	−2.38*	−4.51**	−6.84***	1***	1.35*	−15.78
基础研究 R&D 从业人员	2008	−3.651**	0.68	0.41*	0.91***	0.99*	0.96**	5.691
	2015	−5.27*	−4.16***	−7.65***	−7.76*	1**	0.83	6.37
	2020	−2.81***	−3.44***	−5.24***	−6.62**	0.99*	0.52***	4.89

注：***、**、* 分别表示在 1%、5%、10% 的显著性水平下显著，下同。

表 10-4　成果转化创新阶段的 SFA 回归结果

松弛变量	年份	常数项	人力资本储备	市场化水平	政府支持力度	γ	δ_{vi}^2	LR 单边检验值
新产品开发经费	2008	−3.25**	−2.612***	−3.619***	−0.548***	0.00*	0.13*	−3.59
	2015	−17.54*	−3.51	−3.691***	−3.683***	0.00*	0.002**	−7.55
	2020	−13.61***	−4.664***	−5.192*	−4.646**	0.01*	0.112***	−11.24
专利申请量	2008	−6.518**	1.515**	−5.618***	−0.795**	0.01*	0.06***	6.35
	2015	−5.244***	−3.184**	−6.334*	−5.299**	0.00***	0.17**	8.471
	2020	−6.351***	−2.725***	−5.595*	−3.584***	0.01***	1.17*	5.68

（3）第三阶段调整投入后的 DEA 测算结果。根据式（10.3）的分析，调整每个省份国有企业的技术创新投入变量，再代入 BBC 模型进行测算，得出第三阶段剥离了管理因素和随机因素干扰的国有企业基础知识创新阶段和成果转化创新阶段的技术创新效率，见表 10-5。

表 10-5　2008—2020 年第三阶段国有企业技术创新效率平均值

省份	基础知识创新阶段			成果转化创新阶段		
	TE	PTE	SE	TE	PTE	SE
北京	0.559	0.759	0.736	0.707	0.879	0.804
天津	0.345	0.512	0.673	0.524	0.661	0.792
河北	0.442	0.649	0.681	0.439	0.657	0.668

续表

省份	基础知识创新阶段 TE	基础知识创新阶段 PTE	基础知识创新阶段 SE	成果转化创新阶段 TE	成果转化创新阶段 PTE	成果转化创新阶段 SE
山东	0.527	0.691	0.762	0.557	0.691	0.806
上海	0.512	0.696	0.736	0.572	0.671	0.853
江苏	0.510	0.685	0.744	0.552	0.655	0.842
浙江	0.436	0.626	0.696	0.491	0.658	0.746
福建	0.317	0.573	0.554	0.425	0.619	0.687
广东	0.503	0.646	0.779	0.525	0.602	0.872
海南	0.192	0.415	0.462	0.275	0.654	0.421
安徽	0.361	0.705	0.512	0.438	0.791	0.554
江西	0.324	0.626	0.517	0.284	0.615	0.462
山西	0.274	0.497	0.552	0.265	0.542	0.489
河南	0.267	0.515	0.518	0.393	0.629	0.625
湖北	0.436	0.637	0.685	0.412	0.659	0.625
湖南	0.335	0.572	0.586	0.373	0.638	0.584
广西	0.272	0.466	0.583	0.261	0.532	0.490
重庆	0.463	0.697	0.664	0.438	0.678	0.646
四川	0.462	0.678	0.682	0.417	0.644	0.648
贵州	0.233	0.485	0.481	0.381	0.388	0.981
云南	0.256	0.475	0.539	0.251	0.522	0.480
陕西	0.369	0.561	0.657	0.420	0.665	0.632
甘肃	0.197	0.435	0.452	0.264	0.421	0.628
青海	0.145	0.391	0.371	0.158	0.386	0.409
宁夏	0.203	0.427	0.476	0.254	0.513	0.496
新疆	0.239	0.461	0.518	0.366	0.614	0.596
内蒙古	0.215	0.315	0.682	0.239	0.590	0.405
辽宁	0.375	0.653	0.575	0.387	0.649	0.596
吉林	0.314	0.559	0.562	0.330	0.570	0.579
黑龙江	0.287	0.527	0.545	0.325	0.566	0.574
平均值	0.346	0.564	0.599	0.391	0.612	0.633

资料来源：作者整理计算得出。

经过 DEA 第三阶段的测算，在剔除环境变量和随机因素的冲击后，国有企业在基础知识创新阶段和成果转化创新阶段的效率值都有所提升（基础知识创新效率从 0.337 提高至 0.346，成果转化创新效率从 0.367 提高至 0.391），说明国有企业本身的技术创新效率较高，但各省份的国有企业技术创新效率都受到环境变量和随机因素的干扰。此外，基础知识创新阶段的效率提升幅度为 2.67%，明显小于成果转化创新阶段效率的提升幅度 6.54%，说明各省份国有企业的技术创新被环境变量和随机因素干扰的主要阶段是成果转化创新阶段，而基础知识创新阶段受到影响后的变化较小。这一现象说明：我国各省份国有企业在基础知识研发领域始终保持着一定的稳定投入，受市场因素干扰较小。这一特点可以通过国有企业的公有制产权来解释：国有企业具有政府调控引导和社会责任两方面的烙印，而政府调控大多是逆周期的，不会出现市场经济前景不好或是风险太大就减小基础研发投入，国有企业被视为"国之重器"的使命注定其必须在基础知识创新阶段始终保持强烈的突破愿望。这也是国有企业发挥其作为经济发展"压舱石"和"顶梁柱"作用的表现。

具体对比第一阶段未剔除环境变量和随机因素的结果可以发现：北京、上海、江苏、浙江、山东、广东等省份的国有企业在基础知识创新阶段和成果转化创新阶段均具有较高的效率值，表明这些省份的国有企业本身具有较强的基础知识创新能力和成果转化创新能力，因此其效率值始终处于高位。而天津、四川两个省份在基础知识创新阶段出现明显下滑，表明这两个省份国有企业所面临的环境变量和随机因素都是有利条件，它们自身的技术创新和管理水平并没那么高，可能是受到周边辐射、区域优势抑或政策扶持等原因而具有较高的基础知识创新效率。

第五节 国有企业技术创新空间溢出效应分析

国有企业技术创新在各阶段的效率不同，对经济发展的影响也不同。而在技术创新的两个阶段，国有企业技术创新发生的溢出效应更是影响经济发展的不可忽视因素。目前，关于溢出效应的研究主要通过空间计量方法进行。本节将通过空间计量方法对国有企业技术创新空间溢出效应进行计量分析。

一、国有企业技术创新空间溢出效应实证研究

（一）模型设定

首先，设定回归模型对国有企业技术创新溢出效应进行测度。鉴于对溢出效应的分析是建立在空间因素基础之上的，因而在设定模型时必须考虑空间因素。随着时间的推移和新成果的涌现，关于空间计量模型的研究也日臻完善，包括空间滞后模型（SLM）、空间误差模型（SEM）以及空间杜宾模型（SDM）等。参考余泳泽和刘大勇的做法[①]，结合前一节所分析的国有企业技术创新的不同阶段，构造如下空间计量模型：

$$\mathrm{BKI}_{it} = \rho \boldsymbol{W} \times \mathrm{BKI}_{it} + \beta_1 \times \mathrm{ATI}_{it} + \beta_2 W \times \mathrm{ATI}_{it} + \theta C_{it} + \varepsilon_{it} \tag{10.4}$$

$$\mathrm{ATI}_{it} = \rho \boldsymbol{W} \times \mathrm{ATI}_{it} + \beta_1 \times \mathrm{BKI}_{it} + \beta_2 W \times \mathrm{BKI}_{it} + \theta C_{it} + \varepsilon_{it} \tag{10.5}$$

---

① 余泳泽，刘大勇．我国区域创新效率的空间外溢效应与价值链外溢效应：创新价值链视角下的多维空间面板模型研究．管理世界，2013（7）：6-20，70，187．

式中，BKI 为基础知识创新阶段的创新效率；ATI 为成果转化创新阶段的创新效率；C 为其他影响创新效率的控制变量；ε 为残差项；W 为空间权重矩阵，i、t 分别为省份和时间；ρ 为空间溢出效应；β_1、β_2 为国有企业技术创新价值链的溢出效应；θ 为控制变量的溢出效应。

现实中，技术创新溢出效应不仅受地理距离的影响，同时也在不同区域之间、不同的经济社会关联因素下有不同的溢出效应，因此本章设置了三种空间权重矩阵，以反映不同区域之间国有企业技术创新两阶段溢出效应的空间依赖性。设置规则如下：

空间邻接权重矩阵（$W1$）：若省域相邻，则 W_{ij} 赋值为 1，不相邻赋值为 0。

地理距离权重矩阵（$W2$）：以各省份省会城市的球面距离取倒数构造。

经济空间权重矩阵（$W3$）：在地理距离权重矩阵的基础上构造，即 $W3 = W2 * E$，E 为各省份人均 GDP 差值的绝对值再取倒数，其主对角线的值为 0。

（二）变量选取

解释变量和被解释变量：国有企业基础知识创新阶段的创新效率（BKI）及成果转化创新阶段的创新效率（ATI）由本章第四节三阶段 DEA 方法测算得到。

控制变量：考虑国有企业技术创新两个阶段都对创新效率有影响的因素，参考吴友和刘乃全[1]、叶静怡等[2]、白俊红和蒋伏心[3]、肖仁

---

[1] 吴友，刘乃全. 不同所有制企业创新的空间溢出效应. 经济管理，2016，38（11）：45-59.

[2] 叶静怡，林佳，张鹏飞，等. 中国国有企业的独特作用：基于知识溢出的视角. 经济研究，2019，54（6）：40-54.

[3] 白俊红，蒋伏心. 协同创新、空间关联与区域创新绩效. 经济研究，2015，50（7）：174-187.

桥等①的做法，选取如下四个控制变量：（1）企业集聚程度（AGG）。区域内企业集聚会带来明显的知识技术等创新资源流动，而创新资源流动对技术创新效率具有重要影响。本节采用区域规模以上企业单位数衡量。（2）基础设施建设（INF）。基础设施完善是技术创新效率提升的基础，基础设施越好的区域，越有利于技术创新的顺利完成。本节采用固定资产投资额占 GDP 比重衡量。（3）对外开放程度（OPEN）。对外开放程度越高的区域，不仅有利于塑造更好的经济发展动力，而且有利于促进知识、技术等创新要素的交流互动，从而促进技术创新效率的提升。本节采用省级货物进出口总额占 GDP 比重衡量。（4）技术市场环境（MARKET）。技术市场环境的好坏直接关系到创新主体的成本和收益能否匹配，技术市场环境越好，越能给创新主体带来创新激励，从而提升它们的创新效率。本节采用技术市场成交额反映地区技术流通的市场环境。

（三）数据来源及说明

数据来源于《中国统计年鉴》及各省份年度统计年鉴，其中技术市场成交额来自《中国科技统计年鉴》。个别缺失值通过插值法补齐，GDP 折算成 2008 年不变价，进出口总额按照当年汇率统一成美元计价。

（四）空间相关性分析

在测算各省份国有企业技术创新中两个创新阶段的技术创新溢出之前，先通过 Moran's I 指数对空间层面国有企业技术创新相关性进行测度。Moran's I 指数的计算过程如下：

---

① 肖仁桥，钱丽，陈忠卫. 中国高技术产业创新效率及其影响因素研究. 管理科学，2012，25（5）：85-98.

$$I = \frac{n \sum_{i=1}^{n} \sum_{j=1}^{n} W_{ij}(X_i - \overline{X})(X_j - \overline{X})}{\sum_{i=1}^{n} \sum_{j=1}^{n} W_{ij} \sum_{i=1}^{n} (X_i - \overline{X})^2} \tag{10.6}$$

(五) 空间杜宾模型估计结果

依据模型(10.4)和模型(10.5)进行空间面板模型估计。根据Baltagi的研究，当样本随机取自总体时，随机效应模型较为恰当，而当分析重点局限于一些特定个体时，选择固定效应模型则准确度更高。[①] 对于中国省级层面的宏观计量分析而言，固定效应可能是更好的选择。当然，在进行面板数据分析之前，要通过霍斯曼检验进行固定效应和随机效应的选择检验。模型(10.4)的霍斯曼检验结果显示：chi2(5)＝49.93，prob＞chi2＝0.000。模型(10.5)的霍斯曼检验结果显示：chi2(5)＝281.62，prob＞chi2＝0.000，即固定效应模型有更好的解释效力。因此，模型(10.4)和模型(10.5)都选择固定效应进行分析。由于事先无法知道哪一种空间计量模型适合本节的研究分析，因此需要在常见的几种空间计量模型中选择最合适的模型。本节所涉及的空间计量模型包括四种，分别是空间自回归模型（SAR）、空间滞后模型（SLM），空间误差模型（SEM）以及空间杜宾模型（SDM），而空间自回归模型（SAR）和空间滞后模型（SLM）实际上是同一种模型，本节共检验三种空间模型下的回归结果。参考刘华军等的判断规则[②]，最终的模型选择凭借以下原则筛选：第一步，根据模型的赤池信息准则（AIC）、自然对数函数值（log likelihood）、拟合优度检验（R^2）、σ^2 值大小选择模型类型，选

[①] Baltagi, B. H., *A Companion to Econometric Analysis of Panel Data*, New York: John Wiley & Sons, 2009.

[②] 刘华军，张权，杨骞. 城镇化、空间溢出与区域经济增长：基于空间回归模型偏微分方法及中国的实证. 农业技术经济，2014（10）：95-105.

择法则为选择 log likelihood、R^2 值更大，AIC 值和 σ^2 值更小的模型，此类模型的拟合效果相对更好。第二步，检验空间杜宾模型是否可以转化为空间滞后模型和空间误差模型，即按照 SDM→SLM、SDM→SEM 的路线进行检验。若检验结果拒绝可以转化的原假设，则选择空间杜宾模型为最终模型。表 10-6 展示了三种空间权重矩阵下的三种空间计量模型结果。

从表 10-6 和表 10-7 展示的回归结果结合前文所述的遴选原则，空间杜宾模型（SDM）显然是最佳的分析模型。从国有企业基础知识创新阶段空间溢出的实证结果来看，在三种空间权重矩阵下，成果转化创新效率的提高都显著促进了基础知识创新效率的提高，在成果转化创新阶段的基础知识创新同样会显著发生溢出效应，进而对成果转化创新形成正向促进作用。这说明国有企业创新链上的创新价值链溢出效应显著，国有企业创新价值链的两个阶段是一个密不可分的整体。基础知识创新为成果转化创新奠定了基础，成果转化创新为基础知识创新的发展提供了强有力支撑，国有企业技术创新两个阶段的创新行为紧密结合、正向互动，共同推动国有企业技术创新效率的提高。

从两个阶段的回归结果对比看，国有企业创新价值链的空间溢出效应较为明显。基础知识创新阶段和成果转化创新阶段的创新价值链空间溢出效应系数（$W*BKI$、$W*ATI$）均为正，且在三种空间权重矩阵下通过了显著性检验，说明各省份国有企业技术创新的两个环节形成了良性互动，能够相互促进，基础知识创新能够推动成果转化创新，成果转化创新效率的提升也能显著反哺基础知识创新。从现实来看确实如此，国有企业在基础知识创新阶段取得的成果是成果转化创新的基础，利用相关基础理论知识更容易在成果

表 10−6　国有企业基础知识创新阶段空间溢出的实证结果

变量	空间邻接权重矩阵 SAR	空间邻接权重矩阵 SEM	空间邻接权重矩阵 SDM	地理距离权重矩阵 SAR	地理距离权重矩阵 SEM	地理距离权重矩阵 SDM	经济空间权重矩阵 SAR	经济空间权重矩阵 SEM	经济空间权重矩阵 SDM
ρ	0.162*** (13.94)	−0.022 (−0.30)	−0.014 (−0.20)	0.494*** (6.99)	0.714*** (6.70)	0.019 (0.14)	0.332*** (5.96)	0.159* (1.95)	0.105 (1.43)
BKI	0.195*** (8.72)	0.244*** (15.66)	0.056*** (2.79)	0.098*** (3.94)	0.126** (2.37)	0.026 (0.80)	0.151*** (7.16)	0.241*** (14.63)	0.039 (1.29)
AGG	−0.040 (−0.10)	−0.322 (−0.80)	0.062** (2.25)	0.040 (1.03)	0.059 (1.27)	0.072* (1.83)	0.021 (0.54)	−0.019 (−0.47)	0.055* (1.94)
INF	0.052 (1.62)	0.618 (1.85)	0.044 (1.41)	0.044 (1.43)	0.023 (0.72)	0.047* (1.81)	0.055* (1.75)	0.056* (1.71)	0.066** (2.18)
OPEN	0.221 (0.87)	0.200 (0.77)	0.019 (0.77)	0.024 (1.01)	0.032 (0.18)	0.021 (0.87)	0.001 (0.961)	0.014 (0.55)	−0.154 (−0.64)
MARKET	0.086*** (7.22)	0.089*** (7.38)	0.079*** (6.75)	0.072*** (6.16)	0.076*** (6.08)	0.069*** (6.06)	0.074*** (6.34)	0.082*** (6.58)	0.070*** (6.09)
W*BKI	—	—	0.222*** (5.86)	—	—	0.149*** (2.88)	—	—	0.114*** (2.98)
W*AGG	—	—	−0.132** (−1.97)	—	—	−0.486*** (−3.91)	—	—	−0.246*** (−3.10)

续表

变量	空间邻接权重矩阵 SAR	空间邻接权重矩阵 SEM	空间邻接权重矩阵 SDM	地理距离权重矩阵 SAR	地理距离权重矩阵 SEM	地理距离权重矩阵 SDM	经济空间权重矩阵 SAR	经济空间权重矩阵 SEM	经济空间权重矩阵 SDM
W*INF	—	—	0.137** (2.32)	—	—	0.379*** (3.20)	—	—	0.107 (1.64)
W*OPEN	—	—	−0.030 (−1.10)	—	—	−0.165 (−1.46)	—	—	0.066* (1.81)
W*MARKET	—	—	−0.013 (−0.67)	—	—	0.085** (2.03)	—	—	0.100*** (4.05)
AIC	−319.35	−311.56	−310.71	−352.81	−322.52	−320.72	−343.67	−315.24	−303.63
Log_L	166.677	162.779	187.355	183.405	168.261	197.359	178.839	164.616	198.815
R^2	0.5893	0.5836	0.5999	0.5290	0.6604	0.6649	0.5822	0.5971	0.6598
σ^2	0.025*** (13.94)	0.025*** (13.96)	0.022*** (13.96)	0.022*** (13.91)	0.024*** (13.38)	0.021*** (13.96)	0.022*** (13.85)	0.025*** (13.92)	0.021*** (13.95)
SDM→SLM	—	—	41.36***	—	—	27.91***	—	—	39.95***
SDM→SEM	—	—	49.15***	—	—	58.20***	—	—	68.95***

注：*、**、*** 分别表示通过10%、5%、1%的显著性水平检验，括号内为z统计量，下同。

表 10-7 国有企业成果转化创新阶段空间溢出的实证结果

变量	空间邻接权重矩阵 SAR	空间邻接权重矩阵 SEM	空间邻接权重矩阵 SDM	地理距离权重矩阵 SAR	地理距离权重矩阵 SEM	地理距离权重矩阵 SDM	经济空间权重矩阵 SAR	经济空间权重矩阵 SEM	经济空间权重矩阵 SDM
ρ	0.733*** (13.53)	0.879*** (13.43)	0.547*** (12.43)	0.844*** (32.63)	0.934*** (70.36)	0.690*** (12.08)	0.727*** (25.66)	0.888*** (51.58)	0.619*** (14.74)
ATI	0.408*** (5.18)	0.08 (1.05)	0.269*** (3.40)	0.249*** (3.50)	0.073 (0.94)	0.101*** (7.28)	0.433*** (5.88)	0.162* (1.94)	0.177** (2.10)
AGG	0.470*** (7.57)	0.509*** (8.97)	0.502*** (8.38)	0.409*** (7.16)	0.454*** (7.88)	0.454*** (7.84)	0.432*** (7.01)	0.459*** (7.91)	0.471*** (7.80)
INF	0.026 (0.50)	−0.001 (−0.02)	−0.004 (−0.09)	0.041 (0.85)	0.030 (0.64)	0.024 (0.5)	0.029 (0.55)	−0.018 (−0.38)	0.036 (0.70)
OPEN	−0.019 (−0.49)	−0.037 (0.256)	0.005 (0.13)	−0.014 (−0.39)	−0.007 (−0.20)	−0.001 (−0.04)	−0.063 (−1.56)	−0.08** (−2.27)	−0.091** (−2.30)
MARKET	0.059*** (2.9)	0.026 (1.37)	0.036* (1.83)	0.026* (1.39)	0.016 (0.85)	0.014* (1.86)	0.048** (2.39)	0.018 (1.04)	0.035* (1.75)
W*ATI	—	—	0.683*** (5.30)	—	—	0.699*** (2.59)	—	—	0.485*** (2.97)
W*AGG	—	—	4.09*** (3.85)	—	—	0.332* (1.68)	—	—	0.542*** (4.15)
W*INF	—	—	0.034 (0.35)	—	—	0.007*** (3.54)	—	—	0.225** (2.04)

续表

变量	空间邻接权重矩阵 SAR	空间邻接权重矩阵 SEM	空间邻接权重矩阵 SDM	地理距离权重矩阵 SAR	地理距离权重矩阵 SEM	地理距离权重矩阵 SDM	经济空间权重矩阵 SAR	经济空间权重矩阵 SEM	经济空间权重矩阵 SDM
W*OPEN	—	—	0.038 (0.87)	—	—	0.113** (2.55)	—	—	0.080 (1.32)
W*MARKET	—	—	0.06* (1.87)	—	—	−0.002 (−0.03)	—	—	0.072 (1.59)
AIC	117.26	158.97	57.021	17.731	36.281	0.682	67.218	145.88	104.77
Log_L	−51.601	−72.486	−16.510	−1.865	−11.141	11.659	−45.386	−65.944	−21.609
R^2	0.665	0.618	0.654	0.719	0.683	0.734	0.632	0.687	0.690
σ^2	0.064 (13.53)	0.063*** (13.43)	0.059*** (13.64)	0.054*** (13.82)	0.054*** (13.74)	0.053*** (13.82)	0.063*** (13.64)	0.062*** (13.48)	0.059*** (13.60)
SDM→SLM	—	—	70.18***	—	—	27.05***	—	—	47.55***
SDM→SEM	—	—	111.95***	—	—	45.60***	—	—	88.67***

转化创新阶段取得成就，而成果转化创新阶段的成果能够为国有企业带来更好的收益回馈，从而有动力从事更多基础知识研究创新，两者之间形成了正向反馈互动。在控制变量方面，企业集聚程度（$W*AGG$）是影响国有企业技术创新空间溢出的重要因素。在基础知识创新阶段和成果转化创新阶段的企业集聚程度提高，能够显著促进其创新效率的空间溢出。但从两者对比看，在成果转化创新阶段，企业集聚程度的系数都为正，且通过了显著性检验，而在基础知识创新阶段，企业集聚程度的系数都为负，且通过了显著性检验，说明企业集聚产生的溢出效应实际上更有利于国有企业的成果转化创新。在成果转化创新阶段，企业集聚更有利于形成规模效应，从而使成果转化创新的边际成本降低。企业集聚程度的空间溢出对基础知识创新阶段产生了显著的负向影响，表明企业集中程度过高并不利于国有企业基础知识创新效率的提高。可能原因为：国有企业基础知识创新的外部性使范围内的企业集体受益后，其带来的收益不能补偿国有企业基础知识创新的成本，导致国有企业出现基础知识创新效率下降的情况。基础设施建设对国有企业基础知识创新阶段的空间溢出显著为正，表现为（$W*INF$）的系数显著为正。在基础知识创新阶段，空间邻接权重矩阵和地理距离权重矩阵下的系数为正且通过了显著性检验，表明基础设施建设对国有企业基础知识创新更容易在相邻地理条件下产生空间溢出。在成果转化创新阶段，基础设施建设在地理距离权重矩阵和经济空间权重矩阵下的系数为正且显著，表明在成果转化创新阶段，地理相邻不再是基础设施建设影响国有企业成果转化创新的主要因素，相关省份间的距离和经济联系才是导致基础设施建设产生正向的空间溢出效应，从而推动国有企业成果转化创新的主要因素。对外开放程度系数（$W*OPEN$）在多数情况下的空间溢出效应不显著，只在经济空间权重矩阵下对国有企业基础知识创新产生显著正向溢出，在地理距离权重矩阵下对国有企业成果转化创新产生显著正向溢出。技术市场环境（$W *$ MARKET）在国有企业基础知识创新阶段有较为显著的正向空间溢出，而在成果转化创新阶段的空间溢出效应不显著，说明在基础知识创新阶段有一个良好的技术市场环境是极为重要的，市场环境向好有利于保护基础知识创新或是使从事基础知识创新的国有企业得到适当的补偿，由此才能促进国有企业基础知识创新效率的提高。而在成果转化创新阶段，技术市场环境对国有企业成果转化创新的空间溢出效应不显著，说明我国在成果转化创新阶段的市场环境较好，较为完备的法律法规和较好的技术市场环境合理地保证了国有企业在成果转化创新阶段的收益。

二、国有企业技术创新空间溢出效应的分解

根据前面回归结果分析，本节最恰当的模型是空间杜宾模型，但由于三种空间权重矩阵下的空间杜宾模型 ρ 值均显著不为 0，也即此时的回归系数不能很好地解释各变量的空间经济意义，这是目前空间分析存在的问题。因此，本节采用空间回归偏微分方法进行溢出效应分解，以准确解释国有企业技术创新效率在空间层面的溢出效应。

（一）空间回归偏微分方法

以模型（10.4）为例进行空间回归偏微分方法分解，模型（10.5）同理。根据模型（10.4）的设定形式，将其改写为如下形式：

$$(\boldsymbol{I}_n - \rho W)\mathrm{BKI}_{it} = \alpha\omega_n + \beta_1 \times \mathrm{ATI}_{it} + \beta_2 W \times \mathrm{ATI}_{it} + \theta C_{it} + \varepsilon_{it}$$

令

$$J(W) = (\boldsymbol{I}_n - \rho W)^{-1}$$

$$K_s(W) = J(W) \times (\boldsymbol{I}_n \mu_s + \theta_s W)$$

则可转化为如下形式：

$$\text{BKI} = \sum_{s=1}^{m} K_s(W) \text{ATI}_s + J(W) \times \omega_n \alpha + J(W)\varepsilon \qquad (10.7)$$

将其改写为矩阵形式：

$$\begin{bmatrix} \text{BKI}_1 \\ \text{BKI}_2 \\ \vdots \\ \text{BKI}_n \end{bmatrix} = \sum_{s=1}^{m} \begin{bmatrix} K_s(W)_{11} & K_s(W)_{12} & \cdots & K_s(W)_{1n} \\ K_s(W)_{21} & K_s(W)_{22} & \cdots & K_s(W)_{2n} \\ \vdots & \vdots & & \vdots \\ K_s(W)_{n1} & K_s(W)_{n2} & \cdots & K_s(W)_{nn} \end{bmatrix} \begin{bmatrix} \text{ATI}_{1s} \\ \text{ATI}_{2s} \\ \vdots \\ \text{ATI}_{ns} \end{bmatrix} + J(W)(\alpha \omega_n + \varepsilon)$$

式中，$s=1,2,\cdots,m$，表示解释变量个数；I_n 为 n 阶单位矩阵。

等式中的两个矩阵就是空间计量偏微分矩阵，其主对角线上的值反映了某省份的解释变量对被解释变量的影响大小，即直接溢出效应；非主对角线上的其他值反映了某省份解释变量对其他省份被解释变量的影响，即间接溢出效应；将直接溢出效应和间接溢出效应相加，即可得到总溢出效应。

经过偏微分方法分解，可以更加准确地测度国有企业技术创新两个阶段的技术创新溢出效应在空间层面溢出的方向和大小，从而对国有企业技术创新不同阶段的空间溢出效应做出具体解释。

（二）基础知识创新阶段的溢出效应分解

表 10-8 展示了国有企业基础知识创新阶段的空间溢出分解。从空间溢出的直接效应来看，在省份邻接的情况下，国有企业成果转化创新会直接对基础知识创新产生创新链的空间溢出，系数为 0.081，且通过了 1% 的显著性检验，即国有企业成果转化创新能力会对基础知识创新能力产生正向促进作用。在经济空间权重矩阵下，

国有企业基础知识创新的直接溢出为 0.066，通过了 5% 的显著性检验。然而，在地理距离权重矩阵下没有显著性的直接溢出。相对来说，地理邻接下的直接溢出效应会大于经济联系下的直接溢出效应。在控制变量方面，企业集聚程度和对外开放程度对国有企业基础知识创新的直接溢出效应没有显著作用，不论在哪种空间权重矩阵下，都不会对其直接溢出产生显著作用。但基础设施建设和技术市场环境都对国有企业基础知识创新的直接溢出效应有显著推动作用，而且在三种空间权重矩阵下都通过了显著性检验。这说明在基础知识创新阶段，企业集聚程度和对外开放程度都对国有企业基础知识创新的省内溢出没有显著促进作用，而基础设施建设和技术市场环境都有显著促进作用。因此，国有企业基础知识创新阶段发生的创新溢出有赖于良好的基础设施建设及健全的技术市场环境，而在一系列法律逐渐完善的情况下，基础知识创新通过企业集聚或对外开放等途径产生的溢出效应微乎其微，这也印证了基础知识创新是个体独立研发的过程，必须实现自我研发或正式引进，否则很难通过外部性效应或对外交流来获取。从间接效应来看，成果转化创新的创新链间接溢出效应都为正，而且通过了显著性检验，表明国有企业的成果转化创新对基础知识创新的价值链溢出在省份之间十分明显，在三种空间权重矩阵下都是如此，印证了成果转化创新的成果以物质产品形式在省份之间更易于流动的结论，而且这种成果转化创新的产品流动会反过来带动其他省份的基础知识创新。从总效应来看，在三种空间权重矩阵下，国有企业成果转化创新都对基础知识创新产生了正向溢出效应，而且通过了显著性检验。企业集聚程度和对外开放程度对国有企业基础知识创新的空间溢出没有显著影响，基础设施建设和技术市场环境对国有企业基础知识创新的空间溢出有正向影响。

表 10-8　国有企业基础知识创新的空间溢出分解

效应分解	变量	空间邻接权重矩阵	地理距离权重矩阵	经济空间权重矩阵
直接效应	BKI	0.081*** (2.61)	0.052 (1.60)	0.066** (2.15)
	AGG	-0.001 (-0.06)	0.000 (0.08)	0.001 (0.66)
	INF	0.061** (2.03)	0.063** (2.16)	0.075*** (2.59)
	OPEN	0.014 (0.60)	0.176 (0.75)	-0.016 (-0.66)
	MARKET	0.077*** (6.83)	0.067*** (5.96)	0.069*** (6.11)
间接效应	BKI	0.194*** (5.95)	0.103** (2.32)	0.106*** (3.02)
	AGG	-0.000 (-1.19)	-0.000** (-2.37)	0.000* (1.74)
	INF	0.104** (2.02)	0.326*** (2.83)	0.051 (0.86)
	OPEN	-0.032 (-1.19)	-0.191 (-1.52)	0.066* (1.69)
	MARKET	-0.012 (-0.65)	0.105*** (2.92)	0.125*** (5.17)
总效应	BKI	0.275*** (14.06)	0.154*** (4.25)	0.166*** (6.20)
	AGG	-0.000 (-1.03)	-0.000** (-2.26)	-0.000 (-1.23)
	INF	0.165*** (2.92)	0.389*** (3.32)	0.126* (1.86)
	OPEN	-0.018 (-0.50)	-0.173 (-1.34)	0.050 (1.05)
	MARKET	0.065*** (3.20)	0.172*** (4.66)	0.194*** (7.10)

（三）成果转化创新阶段的溢出效应分解

表 10-9 展示了国有企业成果转化创新阶段的空间溢出分解结

果。从直接效应来看，在三种空间权重矩阵下基础知识创新省内溢出对成果转化创新有显著的正向促进作用，而且通过了显著性检验，并且空间邻接因素的影响最大，地理距离因素的影响最小。企业集聚程度对国有企业成果转化创新的省内溢出有显著促进作用，但作用微弱。基础设施建设在地理距离和经济空间的因素影响下，对成果转化创新的省内溢出有正向作用，但空间邻接因素没有显著影响。同时，对外开放程度和技术市场环境对国有企业成果转化创新的省内溢出没有显著影响。在三种空间权重矩阵下，基础知识创新对成果转化创新的间接溢出效应都是正向促进作用，而且通过了显著性检验，即基础知识创新在省份间传播流动会促进成果转化创新的省份间溢出。基础设施建设和对外开放程度对成果转化创新的省份间溢出没有显著作用，技术市场环境在空间邻接和经济空间联系的省份对国有企业成果转化创新有正向溢出促进作用，在地理距离权重矩阵下，影响不显著。从总效应来看，基础知识创新和技术市场环境在三种空间权重矩阵下的系数都为正，而且通过了显著性检验，说明这两者对国有企业成果转化创新的空间溢出有推动作用。非相邻省份的国有企业基础知识创新对成果转化创新产生的价值链外溢效应最明显。基础设施建设、企业集聚程度和对外开放程度对国有企业的成果转化创新溢出效应不明显。

表 10-9 国有企业成果转化创新阶段的空间溢出分解

效应分解	变量	空间邻接权重矩阵	地理距离权重矩阵	经济空间权重矩阵
直接效应	ATI	0.516*** (5.98)	0.222** (2.47)	0.328*** (3.40)
	AGG	0.000*** (4.59)	0.001*** (4.66)	0.000*** (4.66)
	INF	0.058 (1.03)	0.088* (1.66)	0.119** (2.03)

续表

效应分解	变量	空间邻接权重矩阵	地理距离权重矩阵	经济空间权重矩阵
直接效应	OPEN	0.034 (0.75)	0.037 (0.82)	−0.06 (−1.37)
	MARKET	0.027 (1.25)	−0.002 (−0.10)	0.036 (1.42)
间接效应	ATI	1.694*** (8.93)	2.022*** (2.69)	1.168*** (3.42)
	AGG	−0.000 (−0.16)	−0.001 (−0.40)	−0.000* (−1.74)
	INF	−0.056 (−0.30)	0.347 (0.54)	0.533** (2.14)
	OPEN	0.114 (1.09)	0.440 (0.670)	0.068 (0.41)
	MARKET	0.178*** (2.58)	0.165 (0.63)	0.339*** (2.76)
总效应	ATI	2.21*** (9.69)	2.24*** (2.83)	1.496*** (3.78)
	AGG	0.000 (1.16)	0.000 (0.03)	−0.000 (−0.48)
	INF	0.002 (0.01)	0.436 (0.66)	0.652** (2.26)
	OPEN	0.148 (1.09)	0.477** (2.67)	0.004 (0.02)
	MARKET	0.206** (2.51)	0.164* (2.21)	0.375*** (2.65)

三、分区域异质性检验

从全国各省份国有企业的总样本分析结果看，国有企业技术创新的两个阶段都存在显著的价值链溢出效应和空间溢出效应，在三种不同的空间权重矩阵下，价值链溢出和空间溢出受不同因素影响。如前所述，国有企业承担着大部分创新公共产品的供给，因此其兼具区域协调发展的战略任务。从全国范围来说，若区域发展有失协调，那么国有企业技术创新的空间溢出效应是否有益于缓解区域间创新不协调的情况？因此，本部分将全国省份划分为东、中、西三个样本，并就国有企业技术创新两个阶段的溢出效应进行异质性检验。

（一）基础知识创新空间溢出的异质性检验

在国有企业基础知识创新阶段，三种不同空间权重矩阵下的异质性检验，见表10-10。

表10-10　国有企业基础知识创新阶段的异质性检验

区域	变量	空间邻接权重矩阵	地理距离权重矩阵	经济空间权重矩阵
东部地区	BKI	0.696*** (5.96)	1.384*** (4.81)	0.373** (2.56)
	AGG	−0.01 (−1.01)	0.000 (1.36)	0.011 (0.20)
	INF	0.118* (1.89)	0.273* (1.78)	0.053*** (2.61)
	OPEN	0.002 (0.89)	0.013** (2.23)	0.007 (0.99)
	MARKET	0.130*** (3.92)	0.179** (2.25)	0.032*** (3.78)
中部地区	BKI	0.895*** (4.41)	0.922*** (2.61)	1.389*** (4.01)
	AGG	−0.268 (−1.10)	−0.607 (−1.57)	−0.001*** (−3.75)
	INF	0.049 (0.58)	0.074 (0.44)	0.065 (0.28)
	OPEN	−2.51** (−2.13)	−2.61** (−2.44)	−6.739** (−2.48)
	MARKET	0.075 (0.96)	0.126 (1.07)	0.052 (0.55)

续表

区域	变量	空间邻接权重矩阵	地理距离权重矩阵	经济空间权重矩阵
西部地区	BKI	1.344*** (5.57)	0.738*** (2.61)	0.907*** (3.70)
	AGG	0.476* (1.90)	0.000*** (2.92)	0.001*** (5.76)
	INF	0.515** (2.40)	0.017 (0.05)	0.300 (1.34)
	OPEN	−1.26 (−1.24)	1.523 (0.34)	0.900 (0.85)
	MARKET	−0.088 (−1.48)	−0.179* (−1.67)	0.303 (0.53)

在基础知识创新分样本检验结果中，国有企业的基础知识创新在三种空间权重矩阵下都对成果转化创新产生了明显的价值链溢出效应。其中，西部地区的邻接省份国有企业基础知识创新的价值链溢出效应最大。中部地区和东部地区国有企业在地理不相邻的省份发生的价值链溢出效应较大。在东部地区，基础设施建设和技术市场环境对国有企业的成果转化创新产生了明显正向的空间溢出效应。中部地区对外开放程度越高，对国有企业的成果转化创新越会产生负向的溢出效应。西部地区则表现为国有企业集聚程度对国有企业成果转化创新产生正向溢出效应。上述实证结果与实际情况相符。东部地区经济发展基础好，基础设施建设和良好的市场环境会加速国有企业的成果创新转化进程，因为技术创新具体化为产业成果并大规模推广最依赖的往往是区域的技术市场环境生态和基础设施建设，两者保证了国有企业的创新激励。而中部地区一般经济发展水平有待提高，对外开放程度过高反而会导致企业依赖于技术引进或购买，削弱成果转化创新的内生动力。在经济欠发达的西部地区，

企业集聚往往使得国有企业的规模优势得以体现，因此在成果转化创新过程中可以迅速打开市场以降低成本。

（二）成果转化创新空间溢出的异质性检验

在国有企业成果转化创新阶段，三种不同空间权重矩阵下的异质性检验见表10-11。

表10-11 国有企业成果转化创新阶段的异质性检验

区域	变量	空间邻接权重矩阵	地理距离权重矩阵	经济空间权重矩阵
东部地区	ATI	0.246*** (3.54)	0.279*** (2.60)	0.267*** (4.49)
	AGG	−0.001*** (−3.58)	−0.001*** (−3.68)	−0.01*** (−4.46)
	INF	0.123** (2.53)	0.328*** (3.06)	0.054*** (3.70)
	OPEN	0.005*** (2.59)	0.013*** (3.22)	0.018*** (3.57)
	MARKET	−0.015 (−0.57)	−0.286 (−0.49)	0.005 (0.19)
中部地区	ATI	0.204*** (3.20)	0.365*** (3.98)	0.304*** (4.63)
	AGG	0.115 (0.78)	−0.000 (−0.46)	−0.001 (−0.18)
	INF	0.063** (2.30)	0.024* (1.27)	0.004* (1.06)
	OPEN	0.566 (0.86)	0.823 (0.83)	2.566* (1.73)
	MARKET	0.021 (0.46)	−0.045 (−0.65)	0.034 (0.59)
西部地区	ATI	0.161*** (3.05)	0.102 (1.21)	0.204*** (3.25)
	AGG	0.515*** (3.77)	−0.001** (−2.26)	0.000 (0.01)

续表

区域	变量	空间邻接权重矩阵	地理距离权重矩阵	经济空间权重矩阵
东部地区	INF	0.154 (1.26)	0.029 (0.13)	0.294** (1.98)
	OPEN	−1.61*** (−2.89)	−1.463 (−1.56)	−0.337 (−0.49)
	MARKET	0.039 (1.18)	0.109* (1.88)	−0.004 (−0.13)

从表10-11可以看出，仅西部地区不相邻的省份之间成果转化创新没有对基础知识创新产生显著的价值链溢出效应，其余条件下国有企业的成果转化创新都对基础知识创新产生了正向价值链溢出。在东部地区，基础设施建设和对外开放程度都对国有企业的基础知识创新产生了正向空间溢出效应。在中部地区，仅基础设施建设对国有企业基础知识创新产生了显著的正向溢出。在西部地区，企业集聚在地理邻接的条件下会对国有企业基础知识创新产生显著的正向溢出，在不相邻的区域对国有企业基础知识创新则会产生微弱的负向溢出，亦即虹吸效应。在基础知识创新阶段，东部地区会对中西部地区产生虹吸效应，但效应较小，可能得益于近年来国家中部崛起、西部大开发等战略的实施，推动了中西部地区国有企业基础知识创新的外部条件发展。总体来看，国有企业在基础知识创新阶段和成果转化创新阶段，在东、中、西部地区都存在显著的价值链正向空间溢出效应。异质性检验的结果跟前面的分析相符，相关研究结论较为稳健。

第六节　国有企业技术创新空间溢出效应的机制检验

前文通过设置三种不同空间关联矩阵，利用空间杜宾模型对国有企业技术创新溢出效应进行了分析，结果表明：国有企业在基础知识创新阶段和成果转化创新阶段都有明显的技术创新空间溢出效应。国有企业技术创新两个阶段的溢出效应会惠及其他所有制企业，尤其是民营企业。民营企业是我国社会主义市场经济的重要组成部分，是坚持"两个毫不动摇"中"非公有制经济"的主体，大多善于从事基础知识横向迁移与开发，具有创新转化的市场灵活性。因此，在机制检验时主要以民营企业的创新产出作为被解释变量。需要指出的是，受数据来源限制和实证方法的局限，同时考虑到国有企业技术创新溢出机制在现实中远比一般模型设定得更加复杂多样，相较于充满争议的常规中介效应模型，我们认为运用效应模型进行机制检验可能更符合现实和更具有说服力。[1] 受欧阳艳艳等的思路启发[2]，根据不同溢出机制选取国有企业相关变量作为解释变量，然后建立调节效应模型进行不同溢出机理下的机制检验。需要说明的是，此处的机制检验仅针对产业链协同机制、技术平台合作机制、空间集群效应机制、社会责任职能机制进行实证模型检验。由于企业通过人力资源流动产生创新溢出易于理解，但实证的相关数据缺乏，而且已有文献从数理推导的角度进行了实证分析[3]，所以本节不做实证建模检验。

一、模型设定

（一）产业链协同机制检验模型

设定模型（10.8）和模型（10.9），检验国有企业技术创新的产业链协同机制下技术创新溢出效应对民营企业创新产出的影响。

---

[1] 江艇. 因果推断经验研究中的中介效应与调节效应. 中国工业经济，2022（5）：100-120.
[2] 欧阳艳艳，黄新飞，钟林明. 企业对外直接投资对母国环境污染的影响：本地效应与空间溢出. 中国工业经济，2020（2）：98-121.
[3] 彭中文. 知识员工流动、技术溢出与高技术产业聚集. 财经研究，2005（4）：93-102.

$$PEO_{it} = \beta_0 + \beta_1 SOEO_{it} + \beta_2(W*SOEO_{it}) + \beta_3 BKI_{it} + \beta_4(W*BKI_{it})$$
$$+ \beta_5(SOEO_{it}*BKI_{it}) + \beta_6(W*SOEO_{it}*BKI_{it}) + C_{it} + \varepsilon_{it}$$
$$\quad\quad\quad\quad\quad\quad\quad\quad\quad\quad\quad\quad\quad\quad\quad (10.8)$$

$$PEO_{it} = \chi_0 + \chi_1 SOEO_{it} + \chi_2(W*SOEO_{it}) + \chi_3 ATI_{it}$$
$$+ \chi_4(W*ATI_{it}) + \chi_5(SOEO_{it}*ATI_{it})$$
$$+ \chi_6(W*SOEO_{it}*ATI_{it}) + C_{it} + \gamma_{it} \quad (10.9)$$

式中，PEO 为民营企业技术创新产出；SOEO 为国有企业技术创新产出；SOEO*BKI 为国有企业技术创新产出和基础知识创新的交乘项；SOEO*ATI 为国有企业技术创新产出和成果转化创新的交乘项；C 为控制变量；ε 和 γ 均为残差项。

（二）技术平台合作机制检验模型

设定模型（10.10）和模型（10.11），检验国有企业通过技术平台合作机制产生的创新溢出对民营企业技术创新产出的影响。

$$PEO_{it} = \beta_0 + \beta_1 SOET_{it} + \beta_2(W*SOET_{it}) + \beta_3 BKI_{it}$$
$$+ \beta_4(W*BKI_{it}) + \beta_5(SOET_{it}*BKI_{it})$$
$$+ \beta_6(W*SOET_{it}*BKI_{it}) + C_{it} + \varepsilon_{it} \quad (10.10)$$

$$PEO_{it} = \chi_0 + \chi_1 SOET_{it} + \chi_2(W*SOET_{it}) + \chi_3 ATI_{it}$$
$$+ \chi_4(W*ATI_{it}) + \chi_5(SOET_{it}*ATI_{it})$$
$$+ \chi_6(W*SOET_{it}*ATI_{it}) + C_{it} + \gamma_{it} \quad (10.11)$$

式中，SOET 为登记注册类型是以国有企业为主导成立的技术创新合作平台；SOET*BKI 为技术创新合作平台和基础知识研究的交乘项；SOET*ATI 为技术创新合作平台和成果转化创新的交乘项；其余变量含义同上。

（三）空间集群效应的机制检验模型

设定模型（10.12）和模型（10.13），检验国有企业通过空间集群效应机制产生的创新空间溢出对民营企业技术创新产出的影响。

$$PEO_{it} = \beta_0 + \beta_1 SOEC_{it} + \beta_2(W*SOEC_{it}) + \beta_3 BKI_{it}$$

$$+ \beta_4(W * \mathrm{BKI}_{it}) + \beta_5(\mathrm{SOEC}_{it} * \mathrm{BKI}_{it})$$
$$+ \beta_6(W * \mathrm{SOEC}_{it} * \mathrm{BKI}_{it}) + C_{it} + \varepsilon_{it} \quad (10.12)$$
$$\mathrm{PEO}_{it} = \chi_0 + \chi_1 \mathrm{SOEC}_{it} + \chi_2(W * \mathrm{SOEC}_{it}) + \chi_3 \mathrm{ATI}_{it}$$
$$+ \chi_4(W * \mathrm{ATI}_{it}) + \chi_5(\mathrm{SOEC}_{it} * \mathrm{ATI}_{it})$$
$$+ \chi_6(W * \mathrm{SOEC}_{it} * \mathrm{ATI}_{it}) + C_{it} + \gamma_{it} \quad (10.13)$$

式中，SOEC 为国有企业空间集群；SOEC * BKI 为国有企业空间集群与基础知识创新的交乘项；SOEC * ATI 为国有企业空间集群与成果转化创新的交乘项；其余变量含义同上。

（四）社会责任职能的机制检验模型

设定模型(10.14)和模型(10.15)，检验国有企业技术创新通过社会责任职能机制产生的技术创新空间溢出效应对民营企业技术创新产出的影响。

$$\mathrm{PEO}_{it} = \beta_0 + \beta_1 \mathrm{SOEL}_{it} + \beta_2(W * \mathrm{SOEL}_{it}) + \beta_3 \mathrm{BKI}_{it}$$
$$+ \beta_4(W * \mathrm{BKI}_{it}) + \beta_5(\mathrm{SOEL}_{it} * \mathrm{BKI}_{it})$$
$$+ \beta_6(W * \mathrm{SOEL}_{it} * \mathrm{BKI}_{it}) + C_{it} + \varepsilon_{it} \quad (10.14)$$
$$\mathrm{PEO}_{it} = \chi_0 + \chi_1 \mathrm{SOEL}_{it} + \chi_2(W * \mathrm{SOEL}_{it}) + \chi_3 \mathrm{ATI}_{it}$$
$$+ \chi_4(W * \mathrm{ATI}_{it}) + \chi_5(\mathrm{SOEL}_{it} * \mathrm{ATI}_{it})$$
$$+ \chi_6(W * \mathrm{SOEL}_{it} * \mathrm{ATI}_{it}) + C_{it} + \gamma_{it} \quad (10.15)$$

式中，SOEL 为国有企业的社会责任职能；SOEL * BKI 为国有企业社会责任职能与基础知识创新的交乘项；SOEL * ATI 为国有企业社会责任职能与成果转化创新的交乘项；其余变量含义同上。

二、变量选取与数据来源

（一）变量选取

1. 被解释变量

国有企业技术创新空间溢出会影响民营企业技术创新，而民营企业技术创新产出（PEO）是最主要的反映民营企业技术创新发展的变量。因此，本部分选取民营企业专利授权量和新产品销售收入进行测度。

2. 解释变量

（1）产业链协同机制。国有企业与民营企业之间存在高度的技术经济关联，分布于产业链的不同环节。国有企业技术创新溢出通过产业链传递时主要是国有企业的创新产出会对民营企业的创新产出产生影响。因此，本部分主要选择了国有企业技术创新产出（SOEO），并以专利授权量和新产品销售收入为测度指标。

（2）技术平台合作机制。本部分选取了以国有企业为主导成立的技术创新合作平台（SOET），并以国有与集体联营企业所办研发机构个数乘以各省份国有经济占比为测度指标。

（3）空间集群效应机制。本部分选取了国有企业技术创新空间集群（SOEC），并以各省份规模以上国有企业个数占规模以上工业企业的比例为测度指标。

（4）社会责任职能机制。本部分选取了国有企业技术创新的社会责任职能（SOEL），并以社会发展与社会服务的技术合同成交额乘以各省份国有经济比重为测度指标。

3. 控制变量

本部分选取宏观层面对民营企业技术创新产出有较大影响的一系列控制变量，以削弱遗漏变量带来的实证误差，包括规模以上工业企业主营业务收入、规模以上工业企业利润总额、技术市场成交额、企业购买国内技术经费支出。

（二）数据来源

结合前面的分析，时间跨度设定为2008—2020年。同时，为尽量减小极端值造成的分析误差，对所有原始数据取对数处理，具体变量及数据来源见表10-12。

表 10-12 变量选取说明

机制类型	变量	测度指标	数据来源
产业链协同机制	民营企业技术创新产出	50%×专利授权量+50%×新产品销售收入	《中国科技统计年鉴》《中国高技术产业统计年鉴》
	国有企业技术创新产出	50%×专利授权量+50%×新产品销售收入	《中国科技统计年鉴》《中国高技术产业统计年鉴》
技术平台合作机制	国有企业为主导的技术创新合作平台	国有与集体联营企业所办研发机构个数乘以各省份国有经济占比	《中国科技统计年鉴》各省份的《科技统计年鉴》
空间集群效应机制	国有企业技术创新空间集群	规模以上国有企业个数占比	《中国统计年鉴》
社会责任职能机制	国有企业技术创新的社会责任职能	社会发展与社会服务的技术合同成交额乘以各省份国有经济比重	《中国统计年鉴》
控制变量		规模以上工业企业主营业务收入	中国科技指标数据库
		规模以上工业企业利润总额	中国科技指标数据库
		技术市场成交额	《中国高技术产业统计年鉴》
		企业购买国内技术经费支出	中国科技指标数据库

三、结果分析

（一）产业链协同机制的检验结果

国有企业通过产业链协同机制产生的技术创新空间溢出效应检验结果见表 10-13。

表 10-13 产业链协同机制的检验

变量	模型（10.8）			模型（10.9）		
	W_1	W_2	W_3	W_1	W_2	W_3
SOEO	0.437*** (26.33)	−0.255** (10.37)	0.082* (6.31)	0.029 (0.15)	0.016*** (24.21)	−0.022*** (15.38)

续表

变量	模型(10.8) W_1	模型(10.8) W_2	模型(10.8) W_3	模型(10.9) W_1	模型(10.9) W_2	模型(10.9) W_3
$W*SOEO$	0.163*** (15.25)	0.108*** (35.45)	0.066** (9.75)	0.014*** (16.63)	0.017** (8.62)	0.008*** (14.87)
BKI	0.035** (7.14)	0.062*** (18.95)	0.007*** (10.53)	—	—	—
$W*BKI$	0.025*** (13.26)	0.011* (3.85)	0.031*** (11.53)	—	—	—
$SOEO*BKI$	0.029*** (11.64)	0.075*** (8.59)	−0.091*** (11.53)	—	—	—
$W*SOEO*BKI$	0.035*** (9.66)	0.021*** (10.61)	0.033*** (17.62)	—	—	—
ATI	—	—	—	0.024 (1.67)	−0.041* (1.37)	0.093*** (11.75)
$W*ATI$	—	—	—	0.055*** (15.26)	0.045*** (10.64)	−0.019*** (21.65)
$SOEO*ATI$	—	—	—	0.004*** (10.58)	0.063*** (8.57)	0.017*** (16.16)
$W*SOEO*ATI$	—	—	—	0.051*** (16.85)	0.037*** (12.61)	0.084*** (9.43)
控制变量	是	是	是	是	是	是
—cons	−6.381*** (−36.44)	−4.292*** (−59.65)	9.681*** (46.52)	16.22*** (26.15)	−22.61*** (16.34)	14.99*** (31.91)
省份/时间固定效应	是	是	是	是	是	是

表10-13中模型(10.8)的结果显示,在三种空间权重矩阵下,$W*$BKI的系数显著为正,产业链协同变量和国有企业基础知识创新的交乘项($W*SOEO*BKI$)也显著为正,说明在空间层面,国有企业和民营企业的产业链协同机制有助于民营企业的技术创新产出,国有企业基础知识创新的空间溢出在促进民营企业技术创新产出过程

中发挥了积极作用。从 $W*BKI$、$W*SOEO$ 和 $W*SOEO*BKI$ 三项的系数显著为正来看，国有企业在基础知识创新阶段通过产业链协同机制产生的空间溢出效应显著促进了民营企业的技术创新产出。模型(10.9)的结果显示，$W*ATI$ 的系数有两项显著为正，产业链协同变量和国有企业成果转化创新的交乘项（$W*SOEO*ATI$）也显著为正，说明在空间层面，对于产业链协同机制来说，国有企业成果转化创新的空间溢出效应在促进民营企业技术创新产出过程中发挥了积极作用。结合 $W*ATI$、$W*SOEO$ 和 $W*SOEO*ATI$ 三项的系数大多显著为正来看，国有企业在成果转化创新阶段通过产业链协同机制产生的空间溢出效应显著促进了民营企业的创新产出。因此，产业链协同机制是国有企业技术创新空间溢出的重要机制。

（二）技术平台合作机制的检验结果

国有企业通过技术平台合作机制产生的技术创新空间溢出效应的检验结果见表 10-14。

表 10-14　技术平台合作机制的检验

变量	模型 (10.10)			模型 (10.11)		
	W_1	W_2	W_3	W_1	W_2	W_3
SOET	0.534*** (16.44)	0.163** (25.16)	−0.106* (14.25)	0.074*** (15.75)	0.051 (0.95)	0.107*** (13.19)
$W*$SOET	0.025*** (16.33)	0.038* (2.64)	0.130** (11.72)	0.034*** (10.85)	0.007*** (23.01)	0.041*** (8.52)
BKI	0.028*** (14.61)	−0.206*** (11.43)	0.075* (1.53)	—	—	—
$W*$BKI	0.082*** (9.55)	0.001*** (10.08)	0.052*** (17.83)	—	—	—
SOET*BKI	0.035*** (9.88)	0.206*** (10.42)	0.067*** (24.50)	—	—	—
$W*$SOET*BKI	0.137*** (9.58)	0.096*** (11.63)	0.065*** (16.21)	—	—	—

续表

变量	模型 (10.10)			模型 (10.11)		
	W_1	W_2	W_3	W_1	W_2	W_3
ATI	—	—	—	0.077*** (13.27)	0.063** (20.67)	0.013* (2.75)
$W*$ATI	—	—	—	0.132*** (13.66)	0.077*** (16.35)	0.009*** (9.69)
SOET $*$ ATI	—	—	—	0.027*** (15.84)	0.018*** (17.43)	0.106*** (10.33)
$W*$SOET$*$ATI	—	—	—	0.058*** (10.53)	0.022*** (19.91)	0.061*** (15.35)
控制变量	是	是	是	是	是	是
—cons	5.61*** (22.85)	−15.62*** (−34.86)	−10.11*** (−31.65)	17.64*** (19.83)	16.92*** (13.85)	−11.59*** (−17.29)
省份/时间固定效应	是	是	是	是	是	是

表 10-14 中模型（10.10）的结果显示，在三种空间权重矩阵下，$W*$BKI 的系数显著为正，技术平台合作变量和国有企业基础知识创新的交乘项（$W*$SOET$*$BKI）也显著为正，说明在空间层面，国有企业搭建的技术合作平台有助于扩大国有企业基础知识创新的溢出效应，并促进了民营企业技术创新产出。结合 $W*$BKI、$W*$SOET 和 $W*$SOET$*$BKI 三项的系数显著为正，表明国有企业技术平台合作机制是基础知识创新产生空间溢出效应的重要机制。同理，模型（10.11）的结果显示，$W*$ATI、$W*$SOET 和 $W*$SOET$*$ATI 三项的系数显著为正，表明国有企业在成果转化创新阶段通过技术平台合作机制产生的空间溢出效应显著促进了民营企业的创新产出。因此，国有企业的技术创新会通过技术平台合作这一机制产生空间溢出效应。

（三）空间集群效应机制的检验结果

国有企业空间集群效应产生技术创新空间溢出的机制检验见表 10-15。

表 10-15 空间集群效应机制的检验结果

变量	模型（10.12） W_1	模型（10.12） W_2	模型（10.12） W_3	模型（10.13） W_1	模型（10.13） W_2	模型（10.13） W_3
SOEC	0.534*** (16.44)	0.163** (25.16)	0.106* (14.25)	0.135 (0.68)	0.061** (5.05)	0.074*** (16.94)
$W*$SOEC	0.106*** (16.54)	0.065** (20.52)	0.059* (15.62)	0.051*** (9.59)	0.107*** (16.44)	0.057*** (11.52)
BKI	0.105*** (13.61)	0.026** (5.69)	−0.01*** (23.41)	—	—	—
$W*$BKI	0.034*** (16.72)	0.061*** (18.44)	0.105*** (15.28)	—	—	—
SOEC*BKI	−0.047** (4.88)	0.077*** (13.45)	0.049*** (21.63)	—	—	—
$W*$SOEC*BKI	0.137*** (14.94)	0.085*** (26.71)	0.007*** (16.74)	—	—	—
ATI	—	—	—	0.103*** (12.42)	0.077*** (27.18)	0.013*** (14.52)
$W*$ATI	—	—	—	0.008*** (16.59)	0.131*** (9.86)	0.065*** (16.55)
SOEC*ATI	—	—	—	0.108*** (18.53)	0.006*** (13.71)	0.033*** (12.06)
$W*$SOEC*ATI	—	—	—	0.105*** (13.62)	0.043*** (22.57)	0.057*** (10.55)
控制变量	是	是	是	是	是	是
—cons	10.603*** (33.15)	26.38*** (15.88)	14.51*** (22.79)	−18.65*** (−33.90)	−32.65*** (31.69)	13.52*** (19.59)
省份/时间固定效应	是	是	是	是	是	是

表 10-15 中模型（10.12）的结果显示，在三种空间权重矩阵下，$W*$BKI 的系数显著为正，空间集群效应变量和国有企业基础知识创新的交乘项（$W*$SOEC$*$BKI）也显著为正，说明在空间层面，国有企业的空间集群效应有助于扩大国有企业基础知识创新的

溢出效应,并促进了民营企业技术创新产出,表明国有企业空间集群效应机制是基础知识创新产生空间溢出的重要机制。模型(10.13)的结果显示,$W*ATI$、$W*SOEC$ 和 $W*SOEC*ATI$ 三项的系数显著为正,表明国有企业在成果转化创新阶段也会通过空间集群效应机制产生空间溢出效应来促进民营企业的创新产出。因此,空间集群效应机制是国有企业技术创新产生空间溢出的重要机制。

(四) 社会责任职能机制的检验结果

国有企业通过社会责任职能机制产生技术创新空间溢出的检验结果见表 10-16。

表 10-16 社会责任职能机制的检验结果

变量	模型 (10.14)			模型 (10.15)		
	W_1	W_2	W_3	W_1	W_2	W_3
SOEL	0.053*** (11.25)	0.016* (6.36)	-0.121*** (37.19)	0.104*** (15.61)	0.070*** (16.72)	0.041*** (25.28)
$W*SOEL$	0.029*** (18.61)	0.011*** (27.94)	-0.059*** (22.55)	0.109 (0.843)	-0.017*** (11.37)	0.132** (16.70)
BKI	0.071* (1.05)	0.106*** (17.07)	0.033*** (11.54)	—	—	—
$W*BKI$	0.117*** (9.59)	0.053** (6.85)	0.121*** (25.81)	—	—	—
$SOEL*BKI$	0.038*** (14.66)	0.002*** (11.84)	0.045*** (13.72)	—	—	—
$W*SOEL*BKI$	0.028*** (16.46)	0.104*** (9.07)	0.047*** (21.58)	—	—	—
ATI	—	—	—	0.018*** (10.04)	0.032** (5.37)	0.406*** (10.55)
$W*ATI$	—	—	—	0.069*** (12.61)	-0.071* (2.04)	0.112*** (17.45)
$SOEL*ATI$	—	—	—	0.015*** (20.53)	-0.008*** (8.69)	0.048*** (19.27)

续表

变量	模型 (10.14)			模型 (10.15)		
	W_1	W_2	W_3	W_1	W_2	W_3
$W*\text{SOEL}*\text{ATI}$	—	—	—	0.006*** (17.86)	0.010*** (20.94)	0.003*** (16.37)
控制变量	是	是	是	是	是	是
—cons	15.38*** (34.91)	−16.57*** (−17.21)	30.08*** (22.83)	−6.59*** (−33.61)	−9.49*** (−13.43)	18.55*** (19.91)
省份/时间固定效应	是	是	是	是	是	是

表 10-16 中模型 (10.14) 的结果显示，在三种空间权重矩阵下，$W*\text{BKI}$ 的系数显著为正，社会责任职能变量和国有企业基础知识创新的交乘项 ($W*\text{SOEL}*\text{BKI}$) 也显著为正，说明国有企业履行社会责任职能有助于促进民营企业技术创新产出，国有企业在基础知识创新阶段产生的空间溢出效应会通过社会责任职能机制传递到民营企业的技术创新产出，即社会责任职能机制是国有企业基础知识创新空间溢出的重要机制。同理，模型 (10.15) 的结果显示，$W*\text{ATI}$、$W*\text{SOEL}$ 和 $W*\text{SOEL}*\text{ATI}$ 三项的系数也大多显著为正，表明国有企业在成果转化创新阶段也会通过社会责任职能机制产生空间溢出效应，并促进民营企业的创新产出。因此，国有企业技术创新会通过社会责任职能机制产生空间溢出，并对民营企业的技术创新产生积极影响。

第七节 研究结论与政策启示

一、研究结论

本章主要对国有企业技术创新能力及其空间溢出效应进行了研究。在分析国有企业技术创新溢出机理的基础上，将国有企业技术创新过程划分为基础知识创新阶段和成果转化创新阶段。通过三阶段 DEA 方法测算了国有企业在技术创新两个阶段的创新效率，从省级层面探讨了各省份国有企业技术创新在两个阶段的创新效率差异，而后建立了空间面板模型，探讨了国有企业技术创新两个阶段的溢出效应，并通过空间偏微分方法分解了各地区国有企业技术创新的溢出效应，比较了国有企业技术创新溢出在区域层面的异同。然后，通过调节效应模型，对国有企业技术创新溢出机理进行了检验，揭示了国有企业作为我国公有制经济的主体，在引领国民经济发展方面所起到的重要作用。具体结论主要有以下三点：

第一，国有企业技术创新在基础知识创新阶段的效率高于成果转化创新阶段。分阶段看，国有企业基础知识创新阶段主要受内部随机因素干扰冲击影响，而在成果转化创新阶段，国有企业的创新效率主要受管理因素影响。通过国有企业技术创新的两个阶段效率测算对比可以看出，国有企业基础知识创新阶段的效率呈现稳定上升趋势，而成果转化创新阶段的效率则为震荡上升。国有企业发挥经济稳定器的作用主要体现在始终保持基础知识创新阶段的投入，这是国有企业技术创新产生空间溢出的基础保障。

第二，国有企业技术创新的基础知识创新阶段和成果转化创新阶段都存在价值链溢出效应和空间溢出效应。国有企业的基础知识创新推动了成果转化创新的效率提高，成果转化创新反哺基础知识创新，两者紧密结合、相互促进。国有企业在基础知识创新阶段和成果转化创新阶段存在明显的空间集聚特性，其技术创新的空间溢出效应在全国范围内存在，经过三种空间权重矩阵的实证检验，结论依然成立。从全国层面看，创新溢出效应的高低呈现东、中、西部地区的阶梯式分布格局，东部地区国有企业从整体上看技术创新效率更高，东部地区的国有企业技术创新向中西部地区溢出相对更多，西部地区国有企业溢出效应则相对较小。

第三，国有企业技术创新溢出在不同空间权重矩阵下具有不同的特征，而且其空间溢出效应受不同的外在因素干扰。在基础知识创新阶段，邻接省份的国有企业成果转化创新对基础知识创新具有最大的正向空间溢出，而非邻接的省份间国有企业基础知识创新对成果转化创新的空间溢出最小。在成果转化创新阶段，非邻接省份的国有企业之间基础知识创新的价值链溢出效应最大，经济空间权重矩阵下其价值链溢出效应最小。在基础知识创新阶段，企业集聚程度、区域对外开放程度对国有企业基础知识创新的空间溢出并无显著影响，但基础设施建设和技术市场环境都对国有企业的基础知识创新有正向的空间溢出效应。在成果转化创新阶段，技术市场环境越好，国有企业成果转化创新产生的正向空间溢出效应越大。

二、政策启示

本章从国有企业创新价值链的视角出发，对国有企业在不同创新阶段的效率及其空间溢出效应进行了考察，其研究结论为我们带来三个方面的政策启示：

第一，持续推动国有企业继续加强基础知识研发。目前，我国国有企业在基础知识创新阶段的效率高于成果转化创新阶段。基础知识研发是创新的理论来源、底层基础，但其却面临巨大的创新风险和漫长的成本回收周期，一般的中小民营企业不愿意或无力从事，国有企业要肩负这一重任。一方面，国有企业具有规模优势，能够较好地将基础知识创新的风险和收益进行平衡。另一方面，国有企业在政府的调控下具有良好的社会职能履行功能，在面临外部冲击时，能更好地"坚持初心"，从事研发创新，而这正是基础知识创新所需的长期投入。比如我国各地政府积极推行产业链长制，以国有企业为抓手，充分发挥其在产业链中的支撑融通能力，通过强化基础知识创新、搭建创新生态系统和交流平台，促进其他企业共同发展。

第二，推动国有企业成果转化创新能力提升。尽管近年来我国在应用研发方面的投入经费持续增加，2021年全国应用研究经费投入占比达到了11.3%，但从产业发展来看，仍然面临研究创新到现实生产之间的产业转化不畅等问题。创新创意到成果转化仍是我国经济发展面临的产业性难题。此外，成果转化创新效率容易受外界因素冲击，国有企业作为大多数产业的关键环节或产业龙头，可以通过搭建开放式创新平台，解决创新成果转化的关键问题，同时吸纳多种类型的小微企业贡献创新创意，完善相关利益分配及补偿制度，推动协同创新，形成以国有企业为主，多种所有制类型企业共同参与、共同发展的成果转化创新生态圈。

第三，全面认识国有企业在我国社会经济发展中的重要作用。国有企业不仅是我国技术创新的"排头兵"，而且其技术创新通过空间溢出带动了民营企业与区域经济发展。为更好地发挥国有企业技术创新的溢出效应，以下两个方面非常重要：一方面，推动国有企业发挥规模优势，提升创新能力，从而更好地发挥技术创新溢出效应。另一方面，畅通国有企业技术创新溢出机制，包括：优化企业发展环境，鼓励和引导非公有制企业与国有企业在产业协同发展方面的深度合作；疏通人力资源流动和晋升机制，支持企业间人才流通互通；倡导支持国有企业主动作为，搭建技术创新合作平台，吸纳小微企业协同参与、孵化创新，建立公共创新知识池，通过产业链配套、资金融通、技术交流支持等为非公有制企业创造更多有利发展条件，实现两者和谐共生；发掘不同区域的优势和特色，以国有企业为抓手，引导企业集群，增强产业创新竞争力；完善国有企业履行社会责任职能相关机制，通过设立相关创新基金以及技术支援帮扶等方式促进产业链创新升级。

第四篇

对策研究

党的十九大报告把坚持"两个毫不动摇"写入新时代坚持和发展中国特色社会主义的基本方略，作为党和国家一项大政方针进一步确定下来。如今，坚持"两个毫不动摇"重大论断，已成为习近平新时代中国特色社会主义思想的重要组成部分。一分部署、九分落实，坚持"两个毫不动摇"的关键也在于贯彻落实。

本篇包括第十一章和第十二章。第十一章在分析我国公有制经济的建立、发展和演变，以及公有制经济基础性作用的基础上，从如何推动国有企业和国有资本做强做优做大，如何大力发展国有控股混合所有制经济，如何大力发展农村新型集体经济和城镇集体经济五个方面，对"毫不动摇巩固和发展公有制经济"进行了深入的讨论。这五个方面都很重要，都要发展好，尤其是不要忽视了发展农村新型集体经济和城镇集体经济。第十二章梳理了非公有制经济发展的历史脉络，总结了非公有制经济发展的经验启示和所取得的成绩，立足中国式现代化对非公有制经济提出的新要求，从推动民营企业高质量发展、支持中小微企业发展以及积极吸引和利用外商投资三个方面，提出了进一步推动非公有制经济高质量发展的对策建议。非公有制经济主要包括民营企业、中小微企业和外资企业。因此，推动民营企业高质量发展、支持中小微企业发展以及积极吸引和利用外商投资，就成为鼓励、支持、引导非公有制经济发展自然而然的选择。

本篇提出了"毫不动摇巩固和发展公有制经济""毫不动摇鼓励、支持、引导非公有制经济发展"的具体路径，较好地实现了理论研究与咨政建议的有机结合。

第十一章
毫不动摇巩固和发展公有制经济

"坚持和完善公有制为主体、多种所有制经济共同发展的基本经济制度"与坚持"两个毫不动摇"是一个有机整体。"毫不动摇巩固和发展公有制经济"既是坚持"两个毫不动摇"的需要，更是"高举中国特色社会主义伟大旗帜"、确保公有制主体地位的需要。本章重点探讨如何毫不动摇巩固和发展公有制经济。

第一节 我国公有制经济的建立、发展和演变

中国共产党对生产资料所有制的探索和实践是从土地革命时期开始的，由于当时的革命根据地在农村，所以中国共产党人对生产资料所有制的探索和实践是从土地制度开始的。伴随着新中国的诞生和社会主义实践的充分展开，中国共产党对社会主义本质特征的认识不断深化，公有制经济也有一个建立、发展和演变的过程。

一、社会主义土地公有制建立阶段

1927年大革命失败后，以毛泽东等老一辈革命家为代表的中国

共产党人，没有照抄照搬"俄国十月革命道路"，勇于从中国实际出发，在领导新民主主义革命的长期实践中艰难摸索出"农村包围城市、武装夺取政权"的、符合中国国情的革命发展道路。其主要做法是将党的工作重点从中心城市转向农村，在国民党统治力量相对薄弱的农村率先进行革命，通过办夜校提高农民觉悟，开展武装暴动，建立自己的军队和革命根据地，把武装斗争、土地革命与建立工农政权结合起来，把经济文化落后的农村改造为中国共产党人的革命根据地。在根据地深入进行以土地制度为代表的社会变革，有效地推动了根据地的发展和壮大了革命力量，逐步形成农村包围城市的良好态势，为最后夺取全国胜利奠定了基础。在中国，解决农民土地问题始终是革命的根本问题。因为在农村，土地是最基本的生产要素，要调动农民的革命积极性，只能在土地制度上做文章。中国共产党在建立初期就提出和执行"没收土地等生产资料归社会公有"的实践主张，在土地革命和新民主主义革命时期，积极在根据地与解放区推广和实行"打土豪、分田地"、践行"耕者有其田"的土地制度实践及改革理念，对封建的农村土地传统产权制度和土地配置原则进行了脱胎换骨的变革。新中国成立后，对农村个体私有的小农经济进行社会主义改造，实行农业合作社以及后来的人民公社形式，顺利完成了土地产权制度的社会主义改造，在广大农村顺利建立了土地集体所有的土地公有制度。1982年颁布的《中华人民共和国宪法》明确规定："城市的土地属于国家所有。"这样，以国家所有和农民集体所有两种公有制为基本形式的社会主义土地制度，成为中国土地的根本制度。有中国特色公有土地制度的建立，为推动社会主义建设和社会经济发展奠定了制度基础。

二、单一公有制经济形成阶段

中国共产党是在马克思列宁主义同中国工人运动紧密结合中应

运而生的。中国共产党自成立之始，就肩负起为中国人民谋幸福、为中华民族谋复兴的初心使命。经过二十八年浴血奋斗，中国共产党领导广大人民推翻了帝国主义、封建主义和官僚资本主义在中国的黑暗统治，彻底结束了旧中国半殖民地半封建社会的历史，以及极少数统治者剥削、压迫广大劳动人民的历史，实现了人民解放和民族独立，为实现中华民族伟大复兴奠定了根本政治前提和制度基础。从新中国成立到1952年底，是国民经济恢复时期，旨在恢复被长期战争毁坏了的、千疮百孔的经济。在国民经济恢复时期，全面进行土地改革和对国营企业进行改造，以及没收官僚资本是中国共产党在生产资料所有制改革和建设上的主要举措。1953—1956年是向社会主义社会过渡的时期。党在过渡时期的总路线和总任务是，"要在一个相当长的时期内，逐步实现国家的社会主义工业化，并逐步实现国家对农业、对手工业和对资本主义工商业的社会主义改造"[①]。党在过渡时期的总路线和总任务是毛泽东同志反复提出和强调的。

我国在建立生产资料社会主义公有制过程中所遇到的私有制大体上有两种：一种是资本主义私有制，主要包括官僚资本和民族资本；另一种是以个体劳动为基础的小私有制，主要包括农业和手工业中的个体劳动者。这两种私有制在性质上是完全不同的，党对它们采取的变革方法也是完全不同的。

由于官僚资本是依靠统治权力垄断旧中国的经济命脉来搜刮民脂民膏，代表着旧中国最落后、最反动的生产关系，是国民党反动统治的基础，并且依附于帝国主义，严重阻碍了旧中国生产力发展水平的提高。因此，当中华人民共和国成立后，立即着手在全国范

---

① 中共中央文献研究室. 毛泽东文集：第6卷. 北京：人民出版社，1999：316.

围内没收官僚资本所控制的企业，建立了社会主义全民所有制经济，从而迅速掌握了新中国的经济命脉，为我国大规模开展社会主义建设奠定了物质基础。

民族资本在民主革命和社会主义革命时期都具有二重性，它既有积极作用的一面，又有消极作用的一面。民族资产阶级在对待中国共产党领导无产阶级革命的政治态度上也具有两面性，既有保持民族资本所有制形式不变、希望发展民族资本的一面，又有拥护中国共产党共同纲领、接受党和人民政府领导的一面。与官僚资本不同，中国共产党对民族资本实行了"和平赎买"政策。中国共产党对民族资本的赎买，采取了利用、限制和改造的政策，即利用民族资本主义经济对社会经济发展和国计民生的有利作用，限制其不利于国计民生的消极作用，并把民族资本所建立的企业改造成社会主义全民所有制经济。

个体农业和手工业的生产分散、社会协作程度低，不利于生产力的发展。中国共产党通过合作社经济的方式把广大单干农民和手工业个体户改造为社会主义集体所有制，引导个体农民和个体手工业者走上社会主义道路。

我国经过1953—1956年对旧中国经济制度和生产资料所有制进行的脱胎换骨的改造改革，基本完成了从新民主主义社会到社会主义社会的转变，建立起了生产资料公有制占绝对统治地位的中国社会主义基本经济制度，消除了外国资本和旧中国四大家族垄断资本对中国经济的控制，推翻了资本家阶级剥削工人阶级、地主阶级剥削贫苦农民的不平等制度，建立了生产资料与劳动者平等关系所有制，在经济制度和政治制度上确立了广大劳动人民当家作主的地位，为新中国社会和经济发展奠定了制度前提。到1956年底，农业部门和广大农村全部实现了土地和生产经营的集体所有制，没有例外。

在工业经济中，全民所有制工业、集体所有制工业和公私合营工业分别占54.5%、17.1%和27.2%，私营工业和个体工业分别只占0.04%和1.2%，而在1949年，这五个比重依次是26.2%、0.5%、1.6%、48.7%和23.0%（见表11-1）。[①]

表11-1　各种经济成分在工业总产值中的占比变化（%）

年份	全民所有制工业	集体所有制工业	公私合营工业	私营工业	个体工业	合计
1949	26.20	0.50	1.60	48.70	23.00	100.00
1952	41.50	3.30	4.00	30.60	20.60	100.00
1956	54.50	17.10	27.20	0.04	1.20	100.00
1957	53.80	19.00	26.30	0.10	0.80	100.00

资料来源：1984中国统计年鉴. 北京：中国统计出版社，1984.

三、公有制为主体地位阶段

向社会主义过渡完成后，我国生产资料公有化水平仍在继续提高，非公有制经济在国民经济中所占比例越来越小，乃至不存在。资料显示，到1965年，中国工业经济中的全民所有制经济和集体所有制经济分别占90.1%和9.9%，私营工业经济和个体工业经济彻底消失了。[②] 在农业经济中，普遍建立了集体土地所有制，全国农村地区普遍走上了人民公社化的发展道路。这种纯而又纯的单一公有制经济，被社会主义实践证明超越了生产力的发展水平和经济发展的状况，因而难以长期促进生产力的持续发展。特别是高度集中的计划经济体制和单一的公有制形式，造成了统得过死、责权利分离和分配上的"大锅饭"，无法发挥企业和个人的主动性，不利于调动生产单位和个人的积极性，束缚了市场发育成长，市场机制作用无

[①②] 方福前. 从单一公有制到公有制为主体的混合所有制：中国共产党对生产资料所有制形式和结构的百年探索与实践. 中国工业经济，2021（8）：5-19.

法发挥，结果导致经济活力不足、生产效率不高、经济增长乏力。中国经济发展水平与发达国家的差距进一步拉大了，中国经济发展水平在世界经济中的地位反而降低了。有关数据显示，1965—1977年世界的人均 GDP 由 591.72 美元增加到 1 729.56 美元，增长了 1.92 倍，而中国只增长了 0.88 倍，不到全世界平均增长倍数的一半。1965 年，中国 GDP 在全世界 GDP 中的占比为 3.6%，而 1977 年的占比却下降到 2.4%，占比下降了 1.2 个百分点。[①]

党的十一届三中全会重新确立的"解放思想、实事求是"的思想路线，为非公有制经济发展打开了大门。党的十一届六中全会首次提出："一定范围的劳动者个体经济是公有制经济的必要补充。"党的十二大报告提出："由于我国生产力发展水平总的说来还比较低，又很不平衡，在很长时期内需要多种经济形式的同时并存。"党的十三大报告提出了社会主义初级阶段理论，指出社会主义初级阶段的所有制结构应在以公有制为主体的前提下继续发展多种所有制经济。党的十四大确立了建立社会主义市场经济体制的改革目标，并明确提出"一个主体、多种补充"的所有制结构改革方案："在所有制结构上，以公有制包括全民所有制和集体所有制经济为主体，个体经济、私营经济、外资经济为补充，多种经济成分长期共同发展，不同经济成分还可以自愿实行多种形式的联合经营。"[②] 党的十四届三中全会通过的《中共中央关于建立社会主义市场经济体制若干问题的决定》进一步提出："在积极促进国有经济和集体经济发展的同时，鼓励个体、私营、外资经济发展，并依法加强管理。"

[①] 方福前. 从单一公有制到公有制为主体的混合所有制：中国共产党对生产资料所有制形式和结构的百年探索与实践. 中国工业经济，2021 (8)：5-19.

[②] 中共中央文献研究室. 十四大以来重要文献选编（上）. 北京：人民出版社，1996：19.

"国家要为各种所有制经济平等参与市场竞争创造条件,对各类企业一视同仁。"① 1993年,《中华人民共和国宪法修正案》增加了非公有制经济的地位和作用的内容。1997年9月,党的十五大报告把"公有制为主体、多种所有制经济共同发展"确立为我国的基本经济制度,明确提出"非公有制经济是我国社会主义市场经济的重要组成部分"。在党的方针政策引导下,我国由单一公有制经济进入公有制为主体、多种所有制经济共同发展阶段。根据《1999中国统计年鉴》提供的数据,到1998年,国有及国有控股企业、集体企业、个体企业、外商及港澳台投资企业、其他类型企业在工业总产值中的占比分别为28.24%、38.41%、17.11%、14.91%、1.33%。

四、坚持两个"毫不动摇"阶段

2002年,党的十六大报告在党的十五大报告提出"公有制为主体、多种所有制经济共同发展"这个创新性理论基础之上明确指出:"根据解放和发展生产力的要求,坚持和完善公有制为主体、多种所有制经济共同发展的基本经济制度。第一,必须毫不动摇地巩固和发展公有制经济","第二,必须毫不动摇地鼓励、支持和引导非公有制经济发展","第三,坚持公有制为主体,促进非公有制经济发展,统一于社会主义现代化建设的进程中,不能把这两者对立起来。各种所有制经济完全可以在市场竞争中发挥各自优势,相互促进,共同发展"。② 2007年,党的十七大报告进一步强调:"坚持和完善公有制为主体、多种所有制经济共同发展的基本经济制度,毫不动摇地巩固和发展公有制经济,毫不动摇地鼓励、支持、引导非公有

---

① 中共中央文献研究室. 十四大以来重要文献选编(上). 北京:人民出版社,1996:526-527.
② 江泽民. 江泽民文选:第3卷. 北京:人民出版社,2006:547-548.

制经济发展。"党的十八大、十九大、二十大报告和党的一些重要会议都反复重申和强调坚持"两个毫不动摇"。党的十八大以来，习近平总书记多次就非公有制经济发展、坚持"两个毫不动摇"作出重要指示，他于2018年11月1日专门召开了民营企业座谈会，并强调"支持民营企业发展，是党中央的一贯方针，这一点丝毫不会动摇"[1]。他在2022年12月的中央经济工作会议上强调："一段时间以来，社会上对我们是否还搞社会主义市场经济、是否坚持'两个毫不动摇'有一些不正确甚至错误的议论。我们必须亮明态度、决不含糊，始终坚持社会主义市场经济改革方向，坚持'两个毫不动摇'。"[2] 与此同时，党中央、国务院不断推出支持非公有制经济发展的政策举措。2005年2月，国务院颁布了"非公经济36条"，以鼓励、支持非公有制经济发展。2010年5月，国务院颁布了"新非公经济36条"，鼓励和引导民间资本进入法律法规未明确禁止准入的行业和领域，逐步为民营企业拓宽准入领域和范围，以期破解民营企业市场准入的"堵点"，为民营企业创造公平竞争的市场环境。为促进民营经济发展壮大，2023年7月中共中央、国务院颁布了《关于促进民营经济发展壮大的意见》，包括8方面31条政策措施，明确提出持续优化民营经济发展环境，加大对民营经济政策支持力度，强化民营经济发展法治保障，着力推动民营经济实现高质量发展。[3] 2023年8月，国务院印发了《关于进一步优化外商投资环境 加大吸引外商投资力度的意见》，提出6方面24条政策措施，要求更好统筹国内国际两个大局，营造市场化、法治化、国际化一流营商环境，充分发挥我国超大规模市场优势，更大力度、更加有效吸

---

[1] 习近平. 在民营企业座谈会上的讲话. 人民日报，2018-11-02.
[2] 习近平. 当前经济工作的几个重大问题. 求是，2023（4）：4-9.
[3] 中共中央国务院关于促进民营经济发展壮大的意见. 人民日报，2023-07-20.

引和利用外商投资，为推进高水平对外开放、全面建设社会主义现代化国家作出贡献。① 在国家方针政策的引导支持下，非公有制经济在国民经济中所占比例不断上升。根据《2022中国统计年鉴》提供的数据，到2021年，国有及国有控股企业的企业数、资产总计、营业收入、利润总额、就业人数占规模以上工业企业的比重分别为5.7%、38.5%、26.7%、26.3%和17.5%，私营工业企业的企业数、资产总计、营业收入、利润总额、就业人数占规模以上工业企业的比重分别为73.8%、27.9%、39.4%、34.2%和48.1%，外商投资和港澳台投资工业企业的企业数、资产总计、营业收入、利润总额、就业人数占规模以上工业企业的比重分别为9.8%、19.0%、21.5%、24.5%和21.0%，见表11-2。私营工业企业加上外商投资和港澳台投资工业企业的企业数、资产总计、营业收入、利润总额、就业人数占规模以上工业企业的比重分别为83.6%、46.9%、60.9%、58.7%和69.1%。

表11-2　不同类型工业企业主要指标占规模以上工业企业的比重（%）

类别	企业数	资产总计	营业收入	利润总额	就业人数
国有控股工业企业	5.7	38.5	26.7	26.3	17.5
私营工业企业	73.8	27.9	39.4	34.2	48.1
外商投资和港澳台投资工业企业	9.8	19.0	21.5	24.5	21.0
其他工业企业	10.7	14.6	12.4	15.0	13.4

资料来源：根据《2022中国统计年鉴》整理。

第二节　公有制经济的基础性作用

新中国成立70多年来，我国由一穷二白到全面小康，已踏上以

---

① 国务院印发《关于进一步优化外商投资环境 加大吸引外商投资力度的意见》．人民日报，2023-08-14．

中国式现代化全面推进强国建设、民族复兴的新征程①，这些发展成绩的取得离不开中国特色社会主义公有制的基础性作用。

一、农村集体所有制土地制度对经济发展发挥了基础性作用

中国共产党领导下的中国土地制度是以国家所有和农民集体所有两种公有制为存在形式的，以公有制为基础、具有中国特色的社会主义土地制度。

社会主义土地公有制成为中国土地的根本制度。土地制度作为资源配置的基础性制度，对推动一国经济发展发挥着不可替代的重要作用。每个国家建立适合本国国情的土地制度是重要的。中国的经济发展表明：中国农村集体所有制土地制度是符合中国国情的土地制度，在不同历史时期都对经济发展发挥了重要的基础性作用。

新中国成立后，在农业劳动生产率比较低的贫困时期，农村集体所有制土地制度确保了耕者有其田，有效配置了稀缺的土地资源，建立了人人有饭吃的体制机制。有关资料显示，1949年全国粮食产量仅有1.13亿吨，人均为209公斤，1978年全国粮食产量为3.05亿吨，人均为317公斤。②从1949年到1978年近三十年的时间，中国共产党始终把解决吃饭问题作为第一要务，之所以在农业生产力水平十分低下的情况下，能够有效解决全国那么多人口的吃饭穿衣问题，重要原因之一是建立了农村集体所有制土地制度。

在巩固农业基础地位、大力提高农业产量时期，农村集体所有制土地制度一方面为大规模开展农田水利设施建设提供了制度保障，

---

① 习近平. 在庆祝中华人民共和国成立74周年招待会上的讲话. 人民日报，2023-09-29.
② 王秋成，武力. 五十年来我国粮食增长的历史考察. 聊城师范学院学报，1999（3）：26-30.

另一方面避免了小农经济，使原始的自然地块得到了统一规划、整治与开垦，建立起旱涝保收的高产农田。资料显示，1958—1978年的二十年时间里，全国建立大型水库302座、中型水库2100座、小型水库82000座，库容量超过4000亿立方米。[①] 像河南红旗渠为代表的水利工程，安徽淠史杭灌区为代表的水利工程，更是创造了世界奇迹。据了解，淠史杭灌区是新中国成立后兴建的全国最大灌区，横跨江淮两大流域，有效灌溉面积1060万亩，惠及皖豫2省4市17个县区。淠史杭灌区建成以来，抗旱减灾效益达1600多亿元，累计灌溉供水1786亿立方米、灌溉农田5.2亿亩、助推粮食增产1590亿斤，在防洪保安、农业生产、城乡供水、生态涵养等方面发挥了重要作用。[②] 大量水库和水利工程建设，对农田进行规划整治，使高产良田建设有了保证。

在工业化、城市化发展初期，农村集体所有制土地制度有效解决了工厂建设、基础设施建设和城市扩张、发展用地的土地征用问题。有关部门测算，新中国成立以来的铁路、公路、港口、机场修建及城市发展占用土地超过1亿亩。[③] 如果没有集体所有制土地制度的巨大调节功能，其征地工作是很难推进的。西方国家有很多深刻的教训。因为集体所有制的土地被征用后，集体组织内部可以对土地使用权进行有效调节，确保土地资源在集体经济组织内部得到再分配。

在城市化、市场化发展加速期，农村集体所有制土地制度有效解决了土地使用权的合理流动问题，确保了农村人口有序向城市转移。根据《2022中国统计年鉴》，1978年中国城市人口为1.7亿人，

[①③] 刘金堂. 论中国特色社会主义公有制在经济发展中的基础性作用. 决策与信息，2018（7）：89-97.

[②] 许昊杰. 淠史杭灌区累计灌溉供水1786亿立方米. 安徽日报，2023-08-15.

占总人口的 18%；到 2021 年，中国城市人口约 9.14 亿人，占总人口的 64.72% 左右，其中超过 6 亿人口是从农村转移进城的。中国农村人口在向城市大规模转移的过程中，没有出现类似巴西、印度城市贫民窟的现象，一个重要制度安排是农村集体所有制土地制度为农村转移人口在正式转移前提供了可靠的安全保障，即农村人口在进城务工、经商初期，老家还有农田使用权。当他们在城市站稳脚跟时，就可能选择放弃农村集体土地使用权；如果他们不想留在城市，或在城市没有稳定工作、很难立足时，还可以选择回到农村从事农业生产，不会失地失业、一无所有。

二、以央企为主体的国有企业在中国经济发展中发挥着基础性作用

经过 40 多年的改革发展和战略性调整，国有企业不仅走出了困境，而且成为推动经济增长的助推器，成为提升国家竞争力的中坚力量，成为提高自主创新能力的引领者。国有企业改革所取得的这些成就是有目共睹、令人振奋的。

（一）成为推动经济增长的助推器

改革开放初期，受传统体制机制约束，国有企业在相当长的时间内，陷入效益低下、经营难以为继的困境。《1998 中国统计年鉴》的相关统计数据显示，1978—1997 年的 20 年间，独立核算的国有工业企业亏损总额呈不断扩大趋势，由 1978 年的 42 亿元扩大到 1997 年的 830 亿元，陷入了"三分之一明亏，三分之一暗亏，三分之一盈利"的困难局面。因此，党的十五届一中全会提出："用三年左右时间，通过改革、改组、改造和加强管理，使大多数国有大中型亏损企业摆脱困境。"党的十五届四中全会通过的《中共中央关于国有企业改革和发展若干重大问题的决定》重申了国有企业改革和脱困

的三年目标。随着国有企业"三年脱困"政策的落实和国有企业政策性负担的剥离，特别是国有企业现代企业制度改造的推进，以中小企业退出竞争性领域为内容的组织结构调整重组，以及国有经济布局的调整优化，使中国国有企业的亏损困境得到了根本性的扭转。以国有控股工业企业为例，从 1998 年到 2021 年，其资产由 74 916.27 亿元增加到 565 082.1 亿元，增加了 6.5 倍；主营业务收入由 33 566.11 亿元增加到 350 557.9 亿元，增加了 9.4 倍；利润总额由 525.14 亿元增加到 24 435.2 亿元，增加了 45.5 倍。此外，国有控股工业企业利润自 2010 年突破 1 万亿元后，一直保持在 1 万亿元以上，2021 年突破 2 万亿元，达到 24 435.2 亿元。国有控股工业企业数由 1998 年的 64 747 个逐步减少到最低点 2011 年的 17 052 个，此后逐步增加到 2021 年的 25 180 个（见表 11-3）。

表 11-3 国有控股工业企业主要指标

年份	企业单位数（个）	资产总计（亿元）	主营业务收入（亿元）	利润总额（亿元）
1998	64 747	74 916.27	33 566.11	525.14
2000	53 489	84 014.94	42 203.12	2 408.33
2005	27 477	117 629.61	85 574.18	6 519.75
2006	24 961	135 153.35	101 404.62	8 485.46
2007	20 680	158 187.87	122 617.13	10 795.19
2008	21 313	188 811.37	147 507.90	9 063.59
2009	20 510	215 742.01	151 700.55	9 287.03
2010	20 253	247 759.86	194 339.68	14 737.65
2011	17 052	281 673.87	228 900.13	16 457.57
2012	17 851	312 094.37	245 075.97	15 175.99
2013	18 574	343 985.88	257 816.87	15 917.68
2014	18 808	371 308.84	262 692.28	14 508.02
2015	19 273	397 403.65	241 668.91	11 416.72
2016	19 022	417 704.16	238 990.23	12 324.34

续表

年份	企业单位数（个）	资产总计（亿元）	主营业务收入（亿元）	利润总额（亿元）
2017	19 022	439 622.9	265 393.0	17 215.5
2018	19 250	456 504.2	290 753.9	19 284.7
2019	20 683	469 679.9	287 707.7	16 067.8
2020	22 072	500 461.0	279 606.8	15 346.1
2021	25 180	565 082.1	350 557.9	24 435.2

资料来源：根据《2022中国统计年鉴》整理。

如果从全国国有及国有控股企业经济运行情况来看，其表现更为出色。在2013—2022年这10年中，其营业总收入由464 749.2亿元上升到825 967.4亿元，增加了361 218.2亿元；应交税金由36 812.0亿元上升到59 315.7亿元，增加了22 503.7亿元，10年累计上交国家税金444 866亿元；实现的利润总额呈上升态势，由24 050.5亿元上升到43 148.2亿元，增加了19 097.7亿元，10年累计实现利润316 361.5亿元。特别是其2021年的利润总额达到了45 164.8亿元，超过了4.5万亿元。虽然不同年份国有及国有控股企业的营业总收入、应交税金和利润总额有所波动，但波动不大，并且呈增加趋势（见表11-4）。

表11-4 全国国有及国有控股企业经济运行情况

年份	营业总收入（亿元）	应交税金（亿元）	利润总额（亿元）	资产负债率（%）
2013	464 749.2	36 812.0	24 050.5	65.1
2014	480 636.4	37 860.8	24 765.4	65.2
2015	454 704.1	38 598.7	23 027.5	66.3
2016	458 978.0	38 076.1	23 157.8	66.1
2017	522 014.9	42 345.5	28 985.9	65.9
2018	587 500.7	46 089.7	33 877.7	64.7
2019	625 520.5	46 096.3	35 961.0	63.9
2020	632 867.7	46 111.3	34 222.7	64.0
2021	755 543.6	53 559.9	45 164.8	63.7
2022	825 967.4	59 315.7	43 148.2	64.4

资料来源：根据财政部发布的《全国国有及国有控股企业经济运行情况》数据整理（不含国有金融类企业）。

国有企业在经济增长中的良好表现得到了实证研究的支持。胡鞍钢和张新通过比较"世界 500 强"上榜国有企业营业收入总额的占比和中国 GDP 占世界总量的比重，发现两者都呈同步上升趋势，说明国有企业在跨越式发展的同时，中国经济也在持续高速增长。国有企业的崛起与中国经济的崛起具有一致性。[①] 詹新宇和方福前通过理论分析和扩展的 RBC 模型模拟发现：国有经济改革的深入推进，是 2000 年以来中国经济"波幅收窄"的重要原因。[②] 王文成和才琳以状态空间的可变参数模型的计量结果为依据，比较研究了宏观经济波动下不同类型经济形式对经济增长的影响，发现我国的国有经济对经济健康平稳发展发挥了保驾护航的作用。[③]

（二）成为提升国家竞争力的中坚力量

经济全球化的发展，既表现为各国经济的相互依存度进一步提高，以及资源、要素在全球范围内的有效利用，也表现为国际市场上各国企业之间的相互竞争日益激烈。国家间的竞争、产业间的竞争实质上表现为企业间的实力竞争，表现为跨国公司在全球市场的角力。要维护中国企业的国际地位和经济利益，提高其国际竞争力是一条必由之路。中国要成为现代化强国，就必须培养出一批具备国际竞争力的、现代化的大企业。

如表 11-5 所示，依据美国《财富》杂志公布的"世界 500 强排行榜"，1990 年中国只有 1 家企业进入世界 500 强。到 2013 年，中国就有 95 家企业进入世界 500 强，成为超越日本、拥有世界 500 强

---

① 胡鞍钢，张新. 国有企业：巩固、提升和发展国家能力的主力军. 国际税收，2016（6）：36-40.
② 詹新宇，方福前. 国有经济改革与中国经济波动的平稳化. 管理世界，2012（3）：11-22, 187.
③ 王文成，才琳. 经济周期波动下国有经济对经济增长的影响研究. 经济体制改革，2013（1）：166-169.

企业第二多的国家。2018年中国进入世界500强企业数达到120家，在上榜公司数量上，已经非常接近第一位美国的126家，远远超过第三位日本的52家。2020年、2021年、2022年中国进入世界500强企业数分别为133家、143家、145家，而同期美国进入世界500强企业数分别为121家、122家、124家，中国稳居世界第一。从《财富》世界500强排行榜发布以来，中国上榜企业数量增长迅速，还没有哪一个国家能与之相比。2022年，在来自中国内地的136家世界500强企业中（含中国香港，不含中国台湾），国有及国有控股企业93家，国务院国有资产监督管理委员会监管的中央企业53家。其中，央企国家电网、中石化和中石油分别排在排行榜的第三、第四和第五位。

表 11-5 各国世界500强企业数

年份	1990	1996	2000	2005	2010	2013	2016	2018	2020	2021	2022
美国	164	153	179	177	140	132	129	126	121	122	124
日本	111	141	108	81	71	68	50	52	53	53	47
英国	43	32	38	35	30	26	21	17	21	22	18
德国	30	40	37	36	37	32	28	23	27	27	28
法国	30	42	37	39	39	32	27	27	31	26	25
中国	1	2	11	18	54	95	110	120	133	143	145
内地	1	2	9	15	43	70	97	111	124	135	136
国企	1	2	9	15	41	66	85	84	84	89	93
央企	1	2	9	15	40	44	50	48	53	53	53

资料来源：美国《财富》世界500强企业数据库。

另外，根据胡鞍钢和马英钧的研究，"中央企业在500强50个行业中有18个行业进入同行业前三，其中有5个行业中央企业位于行业世界第一（炼油、公用设施、网络通信设备、工程与建筑和邮件包裹及货物包装运输），已经成为世界级优秀企业；有17家中央企业在2016年进入世界品牌500强，已经跻身世界一流企业"。"中央企业对中国的整体综合影响力指数达到 0.172，美国则为 0.160，两者结果非常接近，说明了中央企业和美国大企业在本国经济社会中的重要性趋于一致，中央企业对中国发挥着同美国大企业对美国同样的重要作用"。①

可见，经过 40 多年的改革开放，经过浴火重生的这批国有企业，规模不断扩大，能力不断提高，已经成为中国企业融入全球价值链、在全球范围内配置资源和应对挑战的领头羊，它们既在打破由西方发达国家长期垄断的世界经济格局中发挥着核心作用，又在拉动国内经济发展方面发挥着关键性作用。

（三）成为提高自主创新能力的引领者

创新是引领发展的第一动力。企业之间的竞争，在一定意义和程度上表现为科技创新能力的竞争。中国既是现代科学技术的落伍者，也是世界性科技革命的追赶者。国有企业在由"跟跑者"向"并行者"和"领跑者"的发展转变中发挥着重要的引领作用。②

从掌握的关键核心技术方面看，以中央企业为代表的国有企业，在诸多领域达到了世界之最和世界领先水平，占领了自主创新的制高点。例如，宝钢集团已成为全球唯一能够同时批量生产第一代、第二代、第三代先进高强钢的钢铁企业；华润微电子拥有近千项专利，支持了国内 70% 设计公司的发展，同时有力地推动了国内装备和材料的本土化；中国广东核电集团有限公司自主研发的第三代核能发电站"华龙一号"申请专利超过 700 个，软件著作权超过 120 项，成为成功出口多国并迈进世界第一阵营的核电企业；武汉邮电科学研究院是全球唯一一家有能力对光纤通信领域三大战略技术

---

① 胡鞍钢，马英钧. 中央企业：从经济支柱迈向世界一流. 现代国企研究，2018（Z1）：55-56.

② 洪功翔. 国有企业改革 40 年：成就、经验与展望. 理论探索，2018（6）：15-23.

(光通信系统、光纤光缆、光电子器件)进行综合性研究与开发的企业,三项产品的综合竞争力均位列全球前五强[①];中国移动在5G技术创新和标准上实现了端到端系统化(网络设备、终端、芯片等端到端各环节)全面引领,在全球运营商里处于首位,并主导了国际标准和产业合作工作;中国交通建设股份有限公司掌握了大型、超大型专业化码头建设能力和成套技术,相关的地基处理技术、新结构开发、装卸工艺达到世界先进水平。[②]

从弥补国内技术空白方面看,以中央企业为代表的国有企业也取得了不俗的成绩。2014年6月,由我国自主研制、具有完全自主知识产权的8英寸IGBT芯片在中车时代电气股份有限公司成功下线,预示着高铁拥有了第一颗"中国心";航天科工选择以信息系统迁移技术作为进入我国自主可控计算机系统应用领域的切入点,在全国范围内首开大型企业集团自主可控信息系统迁移先河,构建了国内首个实际应用的复杂、大规模自主可控信息系统,证明中国已具有自主可控关键系统、关键应用及关键软硬件产品的研发集成能力,能够初步实现对国外信息技术产品的全方位替代;中国建材集团蚌埠玻璃工业设计研究院首席科学家彭寿和科研团队经过30多年的探索,将完全拥有自主知识产权的中国超薄玻璃带上了世界舞台,2014年6月突破0.33毫米,2016年4月突破0.15毫米,2018年4月突破0.12毫米,这是目前世界上使用浮法工艺批量生产的最薄玻璃,既打破了国外的技术封锁,又在近4年实现了由国际市场零销量到40%的华丽转身[③];太钢集团继2017年的"笔尖钢"之后,又自主

---

① 贾根良,李家瑞.国有企业的创新优势:基于演化经济学的分析.山东大学学报(哲学社会科学版),2018(4):1-11.
② 原诗萌,王倩倩,任腾飞,等.从跟随到引领 十八大以来央企重大工程和科技创新变化与趋势.国资报告,2017(9):38-45.
③ 冰蓝."超薄玻璃"突破"封锁线".当代学生,2018(Z3):23-25.

研发、可替代进口厚度为 0.02 毫米，宽度达 600 毫米的不锈钢，也称"手撕钢"，是目前中国最薄的不锈钢，在此之前，该产品因工艺控制难度大，长期被日本、德国等国家垄断[①]；"特高压±800kV 直流输电工程"获 2017 年度国家科学技术进步奖特等奖，该项目创造了 37 项世界第一，完成关键技术研究 141 项，与设计有关的 2 项国家标准《±800kV 直流架空输电线路设计规范》《±800kV 直流换流站设计规范》和 6 项行业标准诞生。这是能源电力领域的重大创新，也是世界电力工业发展史上的重要里程碑。[②] 2022 年，在新能源领域，全球单机容量最大的 16 兆瓦海上风电机组"率先号"下线，揭阳神泉二海上风电项目全球商用最大单机容量 11 兆瓦风电机组实现并网发电。在新型储能领域，世界首座非补燃压缩空气储能电站——江苏金坛盐穴压缩空气储能国家试验示范项目投产。在电网领域，高端输变电装备、柔性直流输电关键技术、电力系统分析与保护技术、新能源发电主动支撑技术、国产电力芯片技术、超导输电技术等领域取得系列重大创新成果；我国自主研发生产的世界最大规模的新能源分布式调相机群——青豫直流特高压工程一期配套电源点 21 台 50 兆乏分布式调相机项目全部并网投运。[③]

以中国航天科技集团、中国航天科工集团、中国航空工业集团、中国兵器工业集团、中国兵器装备集团、中国电子科技集团和中国船舶重工集团为主体的国防工业体系建设，使中国的国防工业形成了赶超美俄的发展势头。中国神舟十号载人飞船与天宫一号对接、运载火箭发射成功率 95%、C919 大型客机正式交付、歼 20 战机列装、国产航母和 055 大舰建成、中国石化国内首套万吨级 48K 大丝

[①] 李勤余. 从"手撕钢"看中国经济的韧性. 光明日报，2018 - 08 - 17.
[②] 李亮子. 中国特高压技术世界领先. 中国改革报，2018 - 01 - 23.
[③] 中国电力行业年度发展报告 2023（摘要）. 中国电力报，2023 - 07 - 12.

束碳纤维全国产化生产线成功投产、中国海油亚洲第一深水导管架平台"海基一号"建成投产、载人航天、探月探火、"蛟龙"号载人潜水器、"地壳一号"万米钻机、超级计算机、卫星导航、量子信息、"墨子号"量子科学实验卫星、核电技术、新能源技术、生物医药等取得重大成果,进入创新型国家行列。这些都表明中国的航空及国防工业发展达到了崭新的水平。

国有企业在技术创新方面取得突破后,通过技术转移、扩散发挥了更大的作用。一方面,国有企业在重大和关键技术上取得突破后,提高了中国产业的竞争能力,包括民营企业在内的所有企业都从中受益。例如,伴随着国有企业京东方在平板显示领域的崛起,液晶面板供求关系发生了巨大变化,其价格大幅下降,拓展了处于产业链下游民营企业的利润空间。① 另一方面,国有企业在关键技术上取得了成功后,由其性质与地位决定了它们将成为技术溢出和技术模仿的中心,并且惠及大量民营企业。例如,国有企业的技术进步直接带动了相关配套非公有制企业的技术进步,国有企业人才向非公有制企业的流动,带动了新思想、新理念和新技术的传播,促进了非公有制企业的技术和管理水平提升。当然,也有国有企业直接向民营企业转让技术的,比如中国机械工业集团下属的科研院所只有30%的技术是提供给国有企业,而另外70%的技术是提供给民营企业的。②

(四)推动了基础设施建设

交通、港口、能源和国防安全建设是中国作为发展中大国经济发展的基础。以央企为代表的国有企业,推动了中国交通、港口、能源等基础设施以及国防装备建设的飞速发展,为中国经济的又好

---

① 洪功翔.做强做优做大国有企业的理论思考.理论探索,2016(6):70-77.
② 贺大卓.机械龙头国机的千亿牌局.英才,2010(6):34-40.

又快发展创造了条件、提供了保障。

以中国大唐集团、中国华能集团、中国华电集团、中国国电集团、国家能源集团、中国电力投资集团、中国核工集团、中国核建集团、中国长江三峡集团和国家电网、南方电网、内蒙古电力集团为主体组成的发电、输电工程系统为中国经济发展提供了强大的电能保障。截至 2022 年底，全国全口径发电装机容量 256 733 万千瓦，全国电网 220 千伏及以上输电线路回路长度 88 万千米，全国跨区输电能力达到 18 815 万千瓦，全国跨区送电量完成 7 674 亿千瓦时，均居世界第一。[①] 同时，我国是从 1986 年开始立项研究特高压输电技术，经过 30 多年的刻苦攻坚，中国超高压直流输电工程处于国际领先地位。截至 2021 年底，中国已建成 15 条交流、18 条直流，一共 33 个特高压输电工程，成为世界上拥有直流输电工程最多、输送线路最长、容量最大的国家。[②]

以中国铁路总公司，各省、市、自治区交通投资集团公司，中国中车股份有限公司为主体的铁路与公路设计、建设、装备制造和投融资企业将中国的交通基础设施建设推向了世界一流水平。截至 2021 年底，中国铁路总里程近 15.07 万公里，其中高铁营业里程 40 139 公里，占铁路营业里程的 26.6%，公路总里程 528.07 万公里，其中高速公路 16.91 万公里，内河航道里程 12.76 万公里，输油（气）管道里程 13.12 万公里。[③] 我国建成了世界最大的高速铁路网、高速公路网，机场港口、水利、能源、信息等基础设施建设取得重大成就。

以中国联通集团、中国移动集团、中国电信集团为主体的通信

[①] 中国电力行业年度发展报告 2023（摘要）. 中国电力报, 2023 - 07 - 12.
[②] 曹雅丽. 电力：从追赶跟随到领先跨越 迈向电力强国. 中国工业报, 2022 - 10 - 16.
[③] 国家统计局. 2022 中国统计年鉴. 北京：中国统计出版社, 2022：514、528.

行业使中国的移动支付、网购得到飞速发展。截至2023年6月底，全国光缆线路总长度达到6 196万公里，全国互联网宽带接入端口数量达11.1亿个，其中光纤接入（FTTH/O）端口10.6亿个，我国移动电话基站总数达1 129万个，其中5G基站总数达293.7万个，占移动基站总数的26%，均居全球之首。①

三、城市国有土地制度在中国城市和经济发展中发挥了基础性作用

中国土地的根本制度是社会主义土地公有制。1982年颁布的《中华人民共和国宪法》明确规定："城市的土地属于国家所有。"国家所有的土地制度在中国经济发展中也发挥着巨大的基础性作用。

城市国有土地制度推动了中国城市的发展。1990年5月，《中华人民共和国城镇国有土地使用权出让和转让暂行条例》颁布，该条例规定"城镇国有土地"为"市、县城、建制镇、工矿区范围内属于全民所有的土地"，土地使用开始从过去的"无偿划拨"转为"有偿使用"，即开始征收土地出让金。土地出让收入根据1989年7月财政部颁发的《国有土地使用权有偿出让收入管理暂行实施办法》执行：取得收入的城市财政部门先留下20%作为城市土地开发建设费用，其余部分40%上缴中央财政、60%留归取得收入的城市财政部门，即中央政府提取32%。按规定，"土地使用权出让金列入财政预算，作为专项基金管理，主要用于城市建设和土地开发"。城市国有土地制度为城市建设提供了巨大的资金来源。据不完全统计（见表11-6），2009—2022年全国国有土地使用权出让收入688 699.49亿元。据测算，改革开放以来中国城市人口增加了7亿多人，农村

---

① 工信部运行监测协调局.2023年上半年通信业经济运行情况.通信企业管理，2023（8）：6-10.

每年有1 000多万人口向城市转移，按每万人占用土地1平方公里计算，中国新建了约7万平方公里面积的城市，需投资几百万亿元资金，仅基础设施投入就有几十万亿元，其巨大投入主要来源于土地出让金或以土地作抵押从金融机构获得的贷款。如果没有城市国有土地制度，而是私人土地制度，土地出让金不为政府所有，中国城市发展、基础设施建设所需要的巨额资金问题就难以得到有效解决，城市就无法接纳农村人口，中国城乡的二元结构永远无法解决。农村人口就无法进城，也就不能公平、公正地享受国家改革开放发展红利。

表11-6　2009—2022年全国国有土地使用权出让收入　单位：亿元

年份	2009	2011	2013	2015	2017	2018	2019	2020	2021	2022
收入	14 254	33 477	41 250	33 658	52 059	65 096	72 517	84 142	87 051	66 854

资料来源：根据财政部公布的相关年份财政收支情况整理。

城市国有土地制度推动了乡村振兴。在我国，土地出让收入是地方政府性基金预算收入的重要组成部分。地方政府可以通过调整国有土地使用权出让收入的用途，达到调控经济运行的目的。长期以来，我国土地增值收益主要取之于农村，用之于城市，这种做法虽然有力地推动了城镇化和工业化的高速发展，但直接用于农业农村的比例明显偏低，对农业农村发展的支持作用明显不够。为深入贯彻习近平总书记关于把土地增值收益更多用于"三农"的重要指示精神，落实党中央、国务院有关决策部署，拓宽实施乡村振兴战略资金来源，中共中央办公厅、国务院办公厅印发了《关于调整完善土地出让收入使用范围优先支持乡村振兴的意见》，其指导思想是坚持和加强党对农村工作的全面领导，坚持把解决好"三农"问题作为全党工作重中之重，坚持农业农村优先发展，按照"取之于农、主要用之于农"的要求，调整土地出让收入城乡分配格局，稳步提高土地出让收入用于农业农村的比例，集中支持乡村振兴重点任务，加快补上"三农"发展短板，为实施乡村振兴战略提供有力支撑。

依据《关于调整完善土地出让收入使用范围优先支持乡村振兴的意见》，预期"十四五"期末，土地出让收入用于农业农村的比例达到50%以上。土地出让收入分配制度改革的目的，是引导生产要素从城市向农村流动，促进城乡收入分配公平。这些举措也有利于提升农村基本公共服务水平，推动公共服务均等化。

本节的分析表明，新中国成立以来所取得的建设成就，离不开中国特色社会主义公有制的基础性作用。社会的性质是由生产资料所有制结构决定的。资本主义之所以是资本主义，在于以私有制为基础。我们的市场经济之所以是中国特色社会主义市场经济，在于公有制经济的主体地位。因此，无论是确保改革开放沿着中国特色社会主义道路前进，还是实现中国式现代化，都需要巩固和发展公有制经济。

第三节 推动国有企业做强做优做大

"做强做优做大国有企业"是巩固基本经济制度的需要，是提高市场竞争力的需要，是提升国际竞争力的需要，是带动非公经济发展的需要，是保障人民共同利益的需要。[1] 做强就是要使国有企业更具有竞争力，更具有活力；做优就是要使国有企业的资产质量更优，分布领域更优；做大就是要使国有企业的规模进一步扩大。做强做优做大国有企业是一个整体，不宜单独割裂开来。做大，不仅仅强调规模，而是要兼具"强"和"优"，是强而优的"大"。做强做优

---

[1] 洪功翔. 做强做优做大国有企业的理论思考. 理论探索, 2016 (6): 70-77.

做大国有企业是个系统工程,需要多方配合,形成合力。

一、为国有企业高质量发展营造良好环境

从政府层面看,更好地推动国有企业高质量发展,就是要坚定国有企业在社会主义市场经济中的地位与作用,做好国有企业改革的顶层设计,并为国有企业改革营造良好的环境。

(一)坚定国有企业的地位与作用

自 20 世纪 90 年代以来,尽管党中央、国务院的态度非常明确,但在国有企业改革这一重大问题上,依然存在不同声音。有部分学者受西方新自由主义影响较深,到处推销私有化的改革主张。受此影响,我们部分政策制定者和实际工作者对做强做优做大国有经济显得底气不足、畏首畏尾,使得国有企业改革裹足不前,国有经济在国民经济中所占的比例越来越低。党的十八大以来,习近平总书记已经十几次在国企改革问题上发表重要讲话。2015 年 7 月,习近平总书记在吉林调研时强调:国有企业是推进现代化、保障人民共同利益的重要力量,要坚持国有企业在国家发展中的重要地位不动摇,坚持把国有企业搞好、把国有企业做大做强做优不动摇。[①] 2016 年 7 月,习近平总书记在全国国有企业改革座谈会上强调:"国有企业是壮大国家综合实力、保障人民共同利益的重要力量,必须理直气壮做强做优做大,不断增强活力、影响力、抗风险能力,实现国有资产保值增值。"[②] 2017 年 12 月,习近平总书记在江苏徐州市考察时强调:"国有企业是中国特色社会主义的重要物质基础和政治基

---

① 霍小光,谢环驰,鞠鹏. 习近平在吉林调研时强调:保持战略定力增强发展自信 坚持变中求新变中求进变中突破. 人民日报,2015 - 07 - 19.
② 习近平对国有企业改革作出重要指示强调:理直气壮做强做优做大国有企业 尽快在国企改革重要领域和关键环节取得新成效. 人民日报,2016 - 07 - 05.

础,是中国特色社会主义经济的'顶梁柱'。要按照党的十九大部署推动国有企业深化改革、提高经营管理水平,使国有企业成为贯彻新发展理念、全面深化改革的骨干力量,成为我们党执政兴国的重要支柱和依靠力量。"[1] 2022年10月,习近平总书记在党的二十大报告中指出:"坚持和完善社会主义基本经济制度,毫不动摇巩固和发展公有制经济,毫不动摇鼓励、支持、引导非公有制经济发展","深化国资国企改革,加快国有经济布局优化和结构调整,推动国有资本和国有企业做强做优做大"。[2] 习近平总书记的系列讲话,进一步强调了国有企业的性质、地位、作用与国有企业改革的意义,明确了国有企业改革的目标。各级党委、国有资产管理部门、国有企业要学习、领会、贯彻习近平同志关于国有企业改革的系列讲话精神,以确保国有企业改革沿着正确的方向前进。

(二)做好国有企业改革发展的顶层设计

习近平总书记指出:"改革开放是一场深刻革命,必须坚持正确方向,沿着正确道路推进。"[3] 国有企业改革的政策性非常强,其改革的方向性选择关系到中国特色社会主义道路性质问题,因此从国家层面做好国有企业改革的顶层设计非常有必要。2015年9月,党中央、国务院正式颁布了《关于深化国有企业改革的指导意见》(以下简称《指导意见》),这是进入21世纪以来在国有企业改革方面最全面、最系统、最高规格的文件,是新形势下指导和深化国有企业改革的纲领性文件。此外,与《指导意见》相配套的22个文件已经印发,其他相关配套文件也陆续推出,基本形成了以《指导意见》

---

[1] 习近平在江苏徐州市考察时强调:深入学习贯彻党的十九大精神 紧扣新时代要求推动改革发展. 人民日报,2017-12-14.
[2] 习近平. 高举中国特色社会主义伟大旗帜 为全面建设社会主义现代化国家而团结奋斗:在中国共产党第二十次全国代表大会上的报告. 人民日报,2022-10-26.
[3] 习近平. 习近平谈治国理政:第1卷.2版. 北京:外文出版社,2018:67.

为引领，以若干文件为配套的"1+N"文件体系。"1+N"文件体系指明了新形势下国有企业改革的大方向和原则，明确了操作层面的具体政策依据，提供了国有企业深化改革的具体措施，取得了很好的效果。2020年6月，习近平总书记主持召开中央全面深化改革委员会第十四次会议并审定了《国企改革三年行动方案（2020—2022年）》。此后，各地方、各有关部门和广大国有企业坚持以习近平新时代中国特色社会主义思想为指导，坚决贯彻党中央、国务院决策部署，按照国务院国有企业改革领导小组的要求，扎实推进各项任务举措落实落地，完成了《国企改革三年行动方案（2020—2022年）》的主要目标任务，取得了一系列重大成果，推动国资国企领域发生了全局性、根本性、转折性变化。《国企改革三年行动方案（2020—2022年）》取得的成效主要包括中国特色现代企业制度更加成熟定型、国有经济布局结构实现整体性优化、国有企业科技创新体制不断完善、市场化经营机制取得大范围深层次突破、以管资本为主的国资监管体制更加健全、改革抓落实工作机制扎实有效六个方面。[①]

为贯彻落实党的二十大精神以及习近平总书记关于国企改革发展和党的建设的重要论述，2023年7月中共中央政治局委员、国务院副总理张国清出席全国国有企业改革深化提升行动动员部署电视电话会议，就新阶段国有企业改革深化提升行动作出了明确指示，并要求各级政府和国有企业要"以钉钉子精神抓好改革落实"[②]。实施国有企业改革深化提升行动，是以习近平同志为核心的党中央站在党和国家工作大局的战略高度，继部署实施《国企改革三年行动

[①] 翁杰明. 国企改革三年行动推动国资国企领域发生深刻变革. 学习时报，2023-02-10.

[②] 张国清. 围绕国之所需 聚集重点攻坚 扎实推进国有企业改革深化提升行动. 人民日报，2023-07-19.

方案（2020—2022 年）》之后，面向新时代新征程作出的一项全局性、战略性重大决策部署。各级国有资产管理部门纷纷响应，深入实施国有企业改革深化提升行动。国务院国资委在《深入实施国有企业改革深化提升行动》中提出：切实把思想和行动统一到党中央关于实施国有企业改革深化提升行动的重大决策部署上来，牢牢把握国有企业改革深化提升行动的方向目标，突出抓好以更好服务国家战略为导向的功能性改革，着力打造发展方式新、公司治理新、经营机制新、布局结构新的现代新国企，在深化改革中全面加强国有企业党的领导和党的建设，围绕提高企业核心竞争力和增强核心功能，力争在增强国有企业服务国家战略功能作用上取得明显成效，在推动国有企业真正按市场化机制运营上取得明显成效，在加快建设世界一流企业和培育"专精特新"企业上取得明显成效，奋力书写新时代新征程国有企业改革发展新篇章，为强国建设、民族复兴作出新的更大贡献。[①]

可以预见，国有企业改革深化提升行动必将推动国有企业高质量发展取得新的更大成效，为全面建设社会主义现代化国家开好局起好步作出更大贡献。

（三）为国有企业改革发展营造良好的舆论氛围

在相当长时期内，国有企业面临的舆论氛围非常尴尬，甚至可以说是舆论上的弱势群体。国有企业如果不赚钱或亏损，就会被批评说经营不善、效率低下；如果利润多了，就会被批评说不能光顾着赚钱，提供公共服务更重要；如果参与市场竞争，就会被批评说"与民争利"，"挤压"民营经济发展空间；如果做大做强了，就会被

[①] 国务院国资委党委. 深入实施国有企业改革深化提升行动. 国资报告，2023（10）：9-13.

批评为垄断；如果做不大做不强，就会被批评为没有竞争力；等等。可见，为国有企业创造良好的舆论氛围非常重要。首先，要理直气壮地宣传国有企业在国民经济中的地位与作用。我国 40 多年的改革开放历程表明，计划经济体制下的"国有企业"已通过现代企业制度改造"浴火重生"为"新国企"，这些"新国企"成为国内外市场竞争中的"巨无霸"，成为促进社会公平正义、增进人民福祉、维护国家安全的最重要力量。其次，要勇于批驳否定国有企业的各种错误理论和观点，比如"国有企业低效率"论、"双重效率损失"论[①]、"政府利益输送"论、"利润垄断来源"论、"与民争利"论、"增长拖累"论、"挤压"民营经济发展空间论、"弥补市场失灵"论等。这些理论和观点都是为"国有企业民营化改革"制造舆论。最后，要抢占国有企业改革与发展宣传的舆论高地，包括多宣传国有企业改革发展所取得的成绩，多刊登正能量文章，相关部门和国有企业要站出来反驳那些无端的指责，对少数新闻媒体妖魔化国有企业的现象加强监管，努力把国有企业的改革发展优势转化为话语权优势。[②]

（四）为国有企业改革发展创造公平的竞争环境

公平竞争是市场经济的真谛，但从实际情况看，存在三个方面的问题：一是国有企业的税负较重。国有企业财务核算体系健全，容易进行规范化的税收管理，征纳税较为严格规范，偷漏税现象较少，因此总体税负较重。有资料显示，国有企业的税收贡献率远高于其他所有制企业。二是国有企业经常遭遇一些非公有制企业采取不正当手段开展的不公平竞争。比如我们到一家国有建筑企业调研

---

① 刘瑞明. 国有企业的双重效率损失与经济增长：理论和中国的经验证据. 上海：格致出版社，上海三联书店，上海人民出版社，2013：10 - 37.
② 洪功翔. 国有经济与民营经济之间关系研究：进展、论争与评述. 政治经济学评论，2016，7 (6)：42 - 60.

时发现，其社会负担比非公有制企业要重，职工工资福利比非公有制企业要高，其现金使用、用工制度没有非公有制企业灵活，甚至在招投标中受到非公有制企业的围标、串标围堵等。三是执行国家政策的力度不同。我们在调研中发现：从总体上看，国有企业比民营企业更讲政治，执行国家政策更坚决、彻底。在执行国家淘汰落后产能、控制产能、节能减排、双碳目标等产业政策时，国有企业比民营企业更坚决、彻底。为扶助中小企业渡难关，2022年国资央企推出助力中小企业纾困解难27条举措，2022年前三季度累计减免房租146.9亿元、惠及租户19.1万户，汽车企业办理货车司机延期免息贷款570亿元，电信企业降低中小企业宽带和专线费用超过10%。①

改革开放以来，我国创造了世界经济增长史上的经济快速发展奇迹和社会长期稳定奇迹，其中一个重要因素是，我们既坚持了公有制为主体，又鼓励、支持多种所有制经济发展。所以，我们要为多种所有制经济共同发展创造公平的竞争环境。

二、提升国有企业核心竞争力

党的二十大报告和2022年12月的中央经济工作会议都强调要提升国有企业核心竞争力。关于什么是企业的核心竞争力，学术界并没有统一的定义。笔者认为：企业的核心竞争力是一种超越竞争对手的可持续领先能力。显然，核心竞争力对国有企业做强做优做大意义重大。提升国有企业核心竞争力，以下几个方面非常重要。

（一）选拔党性强的优秀企业家担任领导职务

企业的"一把手"是一个企业的灵魂，其能力与境界决定了一

---

① 周雷．国企迎难而上挑大梁．经济日报，2023-01-07.

个企业发展的高度和绩效水平。作为国有企业的经营者，一方面，要有企业家的能力与胆识。市场竞争是无情的，没有企业家能力的经营者很难把握机遇、主动变革，带领国有企业迎难而上、不断发展壮大。另一方面，国有企业的经营者又要有共产党员全心全意为人民服务的精神与理想抱负。因为国有企业经营者的报酬不是完全市场化的，财政部和国务院国有资产监督管理委员会对国有企业的高级管理人员实行了限薪政策。这是由公有制经济的性质和共同富裕目标导向决定的。如果国有企业的经营者没有共产党员全心全意为人民服务的精神与理想抱负，拿自己的薪酬与私营企业高管比，与外资企业高管比，就会产生心理失衡，甚至会走上腐败、犯罪的道路。因此，这两方面都很重要。

（二）提升高水平科技自立自强能力

习近平总书记指出：实践反复告诉我们，关键核心技术是要不来、买不来、讨不来的。① 如果核心元器件、核心技术严重依赖外国，供应链"命门"掌握在别人手里，我们经济的抗风险能力和发展潜能将会严重受损。② 高水平科技自立自强，不仅事关国有企业生存问题、发展问题，更是提升国有企业核心竞争力与增强核心功能的关键。国有企业作为国家战略科技力量的重要组成部分，必须准确把握在我国科技创新全局中的战略定位，强化企业科技创新主体地位，提升企业科技创新引领力和全球竞争力。③ 一是国有企业要以全球化视野谋划创新和技术发展，坚持原始创新、集成创新、开放创新一体设计，积极融入全球科技创新网络，坚持创新链、产业链、

---

① 习近平. 努力成为世界主要科学中心和创新高地. 奋斗, 2021 (6): 4-11.
② 黄群慧, 等. 新发展格局下的国有企业使命. 北京: 中国社会科学出版社, 2022: 74-75.
③ 国务院国资委党委. 深入实施国有企业改革深化提升行动. 现代国企研究, 2023 (11): 6-10.

人才链一体部署，整合全球创新资源开展科技攻关，打好关键核心技术和"卡脖子"技术攻坚战，推动产业链上中下游和大中小企业融通创新，构建"以我为主"和"为我所用"的产业链、供应链、价值链，形成畅通国内经济大循环的战略支点。① 二是国有企业要准确把握未来产业发展的本质要求和技术趋势，突出战略导向，强化内在、长期价值，健全国有企业打造原创技术策源地的政策体系和制度安排，加强基础性、紧迫性、前沿性、颠覆性技术研究，超前部署生物、信息、空天、海洋、地球深部等一批基础性、前沿性技术，联合不同创新主体开展交叉领域的技术研究和产品研发。② 三是加强国有企业主导的产学研深度融合，牵头或参与建设国家实验室、全国重点实验室等国家级创新平台，加强与科研院所、高等学校等创新主体深度合作。③ 四是主动开放创新资源，提供技术牵引和转化支持，积极开展首台（套）装备、首批次材料、首版次软件应用，促进科技成果转化。五是积极参与高水平人才高地和吸引集聚人才平台建设，加快培育壮大科技创新国家战略人才力量。六是选择具有引领带动作用的主要方向，统筹技术开发、工程化、标准制定、市场应用等，推动产业链供应链关键技术研发。④

（三）完善市场化运营机制

完善市场化运营机制是提升国有企业核心竞争力，增强国有企业核心功能的内生动力。2022年底中央经济工作会议在强调国有企业改革的"市场化运营"前面加了"真正"二字⑤，意味着市场化运营将放在突出位置。2023年初召开的中央企业负责人会议要求"构

---

① 陈劲. 双循环新发展格局下的中国科技创新. 杭州：浙江大学出版社，2021：105.
② 洪银兴，安同良，孙宁华. 创新经济学. 南京：江苏人民出版社，2017：62-68.
③ 洪银兴. 创新型经济：经济发展的新阶段. 北京：经济科学出版社，2010：67-69.
④ 李锦. 新一轮国企改革背景、内涵、特征与前景分析. 企业家日报，2023-08-15.
⑤ 中央经济工作会议在北京举行. 人民日报，2022-12-17.

建完善全员新型经营责任制"。① 2023年3月，国务院国资委党委在《人民论坛》发表署名文章《国企改革三年行动的经验总结与未来展望》，提出要"构建中国特色现代企业制度下的新型经营责任制"。② 同月，国务院国资委主任张玉卓出席博鳌亚洲论坛时，特别提出："今天的国有企业将以实施新一轮国企改革深化提升行动为契机，提升国有企业公司治理现代化水平，构建中国特色现代企业制度下的新型经营责任制，健全更加精准灵活规范高效的收入分配机制，推动中长期激励在更大范围内规范实施，推动国有企业真正按市场化运营，让创新创造活力竞相迸发。"③ 显然，新型经营责任制的构建将会是新一轮国有企业改革深化提升行动的重点任务之一。过去的经营责任制目标是让国有企业实现自主经营、自负盈亏，主要通过经营合同的契约形式，约定国家与企业的责权利关系，推动所有权与经营权相分离。现在，构建中国特色现代企业制度下的新型经营责任制，是以国有企业分类改革为前提，以国有资产、国有资本授权监督为关键，以现代企业制度为基础，以市场化考核激励为核心，以风险管控为保障，通过国有企业改革深化进一步激发其内生动力活力，推动国有企业真正按市场化运营。

国有企业市场化运营机制包括三个方面：对外经营市场化、内部管理市场化和管理体制市场化。对外经营市场化是指国有企业作为独立的市场主体开展经营活动，遵循市场对资源配置的决定性作用，政府不干预企业的经营事务。内部管理市场化是指企业的劳动

---

① 国务院国有资产监督管理委员会. 中央企业负责人会议召开 聚焦推进高质量发展 全面加快建设世界一流企业 为全面建设社会主义现代化国家开好局起好步贡献力量. 国务院国有资产监督管理委员会网站，2013-01-05.
② 国务院国资委党委. 国企改革三年行动的经验总结与未来展望. 人民论坛，2023（5）：6-9.
③ 国务院国有资产监督管理委员会. 国资央企参加博鳌亚洲论坛2023年年会"打造充满活力的现代企业"分论坛. 国务院国有资产监督管理委员会网站，2023-03-30.

用工、人事安排和薪酬制度按市场规律配置，建立相互制衡的法人治理结构。管理体制市场化是指出资人按公司治理原则参与经营管理，完善委托-代理机制，确保国有企业的产权制度符合市场经济原则。市场化是国有企业治理现代化的关键目标和基础。[①] 完善国有企业对外经营市场化，既要通过深化改革激发其内生发展动力，又要发挥"有为政府"的作用，在科学处理政府与市场边界的基础上，创造公平的竞争环境。要推进国有企业内部管理市场化，那么完善三项制度改革、建立科学完善的流程管理与内控机制、建立市场化和能上能下的用人机制是非常重要的。推进国有企业管理体制市场化，需要优化完善对国有资本的监管方式，科学处理政府与企业的关系，通过国有资产证券化提高国有资本的流动性，通过完善公司治理机制切实转换经营机制。

（四）构建面向全员创新的体制机制

企业创新涉及方方面面，因而无处不在、无处不有。企业的发展战略、投资决策、生产经营、产品研发、工艺流程、技术质量、营销模式、管理制度等各方面都有进一步改进和优化的空间，都有持续创新的内容，都可以比过去做得更好。理想的创新状态是，每个员工在工作过程中，都能时刻对以往的工作效率、流程进行再审视，找出可能存在的局限性进行改进和创新，思考如何做到技术更先进、成本更低、效率更高、质量更好。为此，国有企业应：（1）举办创新方法培训。创新是有规律的，需要具备一定的基础，掌握一定的方法。鼓励全员创新，有必要积极开展创新方法的引入工作，比如采用内训和外训相结合的方式，提高员工的创新能力，

[①] 卢俊．中国国有企业治理现代化对企业活力的影响研究．北京：经济管理出版社，2022：160-163．

使更多的员工成为掌握创新方法、具有创新思维的创新人才。（2）培养高层次创新人才。创新驱动归根结底是高端人才驱动。国有企业要根据所处行业的特点与技术变革趋势，有针对性地引进和培养创新领军人物及关键人才，打造具有世界眼光、战略思维、开拓精神、敢闯敢试的高水平战略创新团队，为国有企业实现创新发展提供人才支撑与组织保障。（3）制定有效激励政策。开辟管理、技术、营销、办公室、一线职工等不同种类人才成长晋升通道，各层级员工的晋升都要与创造性开展工作、进行了多少项创新、取得的业绩紧密挂钩，为"想干事的提供机会，能干事的创造条件，干成事的提高待遇"，形成一个"我要创新、我要发展"的浓厚文化氛围。同时，完善人才评价机制，加大人才激励力度，有条件的国有企业可以积极稳妥地实施员工持股。（4）营造良好创新生态文化。倡导"敢为人先、敢于人先"的理念，营造"鼓励探索、奖励成功、宽容失败"的文化氛围，将创新精神作为市场化选聘和管理企业领导人员的重要考核内容，着力激发人才创新创造动力，持续激发创新潜能。（5）搭建创新平台。为了推动持续创新，有必要构建员工自主创新推进体系、科研课题研发体系、各专业系统创新体系、产销研创新体系、产学研创新体系以及国内国际高端学术交流等管理架构。

（五）塑造凝聚人心和促人奋进的企业文化

文化是一个国家、一个民族的灵魂，也是一个企业的灵魂，更是国有企业的灵魂。企业文化是在现代化大生产与市场经济发展基础上逐步产生的一种以现代科学管理为基础的新型管理理论、管理思想与管理方式，它是企业全体员工在企业的发展过程中培育形成并共同遵守的价值标准、基本信念、行为规范、企业形象等的总和。2018年3月20日，习近平总书记在第十三届全国人民代表大会第一次会议上指出："要以更大的力度、更实的措施加快建设社会主义文化强国,培育和践行社会主义核心价值观,推动中华优秀传统文化创造性转化、创新性发展,让中华文明的影响力、凝聚力、感召力更加充分地展示出来。"[1] 由国家推及企业,可见企业文化建设的重要性。在企业发展史上,在企业创始人对企业使命感、愿景不懈追求的努力下,诞生了一批以华为、苹果、微软、松下电器、京瓷为代表的杰出企业。使命感和责任感是企业屹立于市场经济之林的法宝,反映在企业中是一种积极向上的企业文化。2018 年 5 月 4 日,习近平总书记在纪念马克思诞辰 200 周年大会上指出:"先进的思想文化一旦被群众掌握,就会转化为强大的物质力量;反之,落后的、错误的观念如果不破除,就会成为社会发展进步的桎梏。"[2] 在传统的国有企业里,企业文化既有好的一面,如强调集体意识和大局观,强调党的领导和职工的民主管理;也有不好的一面,如层级制、行政导向和"大锅饭"导向的福利主义。企业文化是企业竞争的软实力,是企业活力的重要体现,不可小觑。

随着"80 后""90 后""00 后"员工进入企业工作,国有企业更要根据自身的行业特点和企业特点,形成符合新时代要求的企业文化。党的十九大报告强调:"坚定文化自信,推动社会主义文化繁荣兴盛","倡导创新文化,强化知识产权创造、保护、运用。培养造就一大批具有国际水平的战略科技人才、科技领军人才、青年科技人才和高水平创新团队"。创新驱动经济是新时代我国经济持续、健康发展的动力,尤其需要年轻人的参与。层级制、论资排辈是对国有企业文化最大的伤害,而更加重视对青年员工的鼓励和提拔,更加包容员工的个性化和多元化,更加鼓励人人自由思考和创新,是

---

[1] 习近平. 在第十三届全国人民代表大会第一次会议上的讲话. 人民日报,2018 - 03 - 21.

[2] 习近平. 在纪念马克思诞辰 200 周年大会上的讲话. 人民日报,2018 - 05 - 05.

国有企业文化转型中亟待补上的一课。① 企业是由人组成的有机生命体，在我国的文化价值观导向下，国有企业对员工来说天然具有归属感。如何将这种归属感转化为凝聚人心、促人奋进、积极为企业作贡献的"活力"，避免"温床意识""羊群效应"是需要有切实企业文化支持的，也是一个有待研究的课题。

三、加强党对国有企业的领导

党的领导是我国国有企业的独特优势和光荣传统，是国有企业的"根"和"魂"。实践证明，新中国成立以来国有企业作出的巨大贡献和取得的辉煌成就，与加强党的领导和党的建设密不可分。国有企业在市场经济发展中出现的曲折和问题，与党的领导和党的建设被弱化、淡化、虚化、边缘化有很大关系。在全面深化改革的关键阶段，国资国企改革进入攻坚期和深水区，面对不断暴露出来的国有资产流失严重、国有企业监督缺失、反腐败任务艰巨、广大职工群众的归属感和凝聚力亟待增强等一系列现实课题，加强党的领导和党的建设，已经成为深化国有企业改革的题中之义和根本保证。②

国有企业改革深化提升行动需要通过加强党对国有企业的领导来更好发挥其独特的政治优势，以便为国有企业改革攻坚和进一步发展提供坚强有力的政治保证、组织保证和人才支撑。在国有企业改革深化提升行动中加强党的领导与建设，关键要聚焦国有企业的核心功能和问题，对症施策、标本兼治和守正创新，以提高党的建设水平来促进企业科学发展、高质量发展，全面开创国有企业改革

---

① 周海晨，陈俊豪．有效增强国有企业活力的三大举措．经济研究参考，2017（21）：19-22.

② 王金柱．深化国企改革务必加强党的领导和建设．经济日报，2016-10-20.

和发展新局面。各级国有企业党组织都要自觉把党建纳入整体工作部署和总体规划，切实担负把握方向、统一领导、建强队伍的职责。国有企业党委要切实履行主体责任，树牢"四个意识"，全面加强思想政治建设，确保党中央的大政方针和决策部署在国有企业落地落实。用心经营和管理好国有资产，是党的事业的一部分。国有企业经营团队要始终牢记第一职责是为党工作，要千方百计推动国有企业高质量发展，不辜负党和人民的期望及重托。要充分发挥企业党组织在国有企业中的领导作用，筑牢国有企业的根和魂。发挥企业党组织在企业做出重要决策前的把关作用，要把企业党组织的领导嵌入公司法人治理结构，对公司的重大决策，要发挥党组织把方向、管大局、保落实的作用。要坚持党管干部原则与市场化选聘机制相结合，选好配强国有企业的经营团队，把从严管理与关心爱护结合起来，引导国有企业经营团队和全体职工把全部心思、精力聚焦到干事创业上来。要切实强化企业党组织的主体责任和企业纪检监察的监督作用，确保企业风清气正。要进一步强化责任、稳委落实，在增强竞争力、优化布局和提质增效上下功夫，尽快推动国有企业在重要领域和关键环节的改革取得突破，以推动国有企业控制力和影响力的进一步提升。

四、健全具有中国特色的公司法人治理结构

从企业层面看，公司制企业都存在委托-代理问题。国内外理论和实证研究表明，既没有最优的所有制结构，也没有最优的股权结构。国有企业改革发展不断取得重大进展显示，国有企业总体上已经同市场经济相融合了。所以，推动国有企业改革深化，推动国有企业做强做优做大，应在健全具有中国特色的公司法人治理结构上下功夫。

（一）要充分发挥国有企业党组织的政治核心作用

国有企业是党和国家事业发展的重要物质基础及政治基础。这个"政治基础"的"基础"性作用是通过充分发挥企业党组织的政治核心作用来保证的。《中共中央 国务院关于深化国有企业改革的指导意见》明确提出：要"充分发挥国有企业党组织政治核心作用"，并就如何"把加强党的领导和完善公司治理统一起来"，国有企业党组织如何"切实承担好、落实好从严管党治党责任"，如何"加强国有企业基层党组织建设和党员队伍建设"，如何把"坚持党管干部原则与董事会依法产生、董事会依法选择经营管理者、经营管理者依法行使用人权相结合"等方面做了具体部署。习近平总书记强调："坚持党对国有企业的领导是重大政治原则，必须一以贯之；建立现代企业制度是国有企业改革的方向，也必须一以贯之。中国特色现代国有企业制度，'特'就特在把党的领导融入公司治理各环节，把企业党组织内嵌到公司治理结构之中，明确和落实党组织在公司法人治理结构中的法定地位，做到组织落实、干部到位、职责明确、监督严格。"[1] 党对国有企业的领导是政治领导、思想领导、组织领导的有机统一。党对国有企业的领导主要体现在选人用人方面，以及把方向、管大局、保落实方面。要通过制度创新把党的领导嵌入公司治理之中，明确党委、董事会、经理层的权责边界，做到无缝衔接，形成各司其职、各负其责、协调运转、有效制衡的公司治理机制。[2]

（二）要建立对全员的激励约束机制

习近平总书记指出："坚持全心全意依靠工人阶级的方针，是坚

---

[1] 习近平. 习近平谈治国理政：第2卷. 北京：外文出版社，2017：176.
[2] 杨瑞龙. 新时代深化国有企业改革的战略取向：对习近平总书记关于国有企业改革重要论述的研究. 改革，2022（6）：10-19.

持党对国有企业领导的内在要求。"[①] 企业既是一个资合体,也是一个人合体。对企业来说,人是最主动、最活跃的决定性因素。以私有制为基础的资本主义制度,生产资料归资本家所有,资本主义的生产过程是生产资料与雇佣劳动的结合,劳动者处于受剥削的从属地位。生产资料社会主义公有制的建立,使劳动者成为生产资料的主人,因此对国有和国有控股企业来说,建立对全员的激励约束机制,既是由其性质决定的,也是实现做强做优做大的需要,与党中央提出的要全心全意依靠工人阶级也是一致的。

从薪酬体系看,需要建立公正、透明的包括在公司内任职的监事、董事和经理人员在内的全员绩效评价标准与薪酬体系。普通职工的薪酬要与岗位贡献、企业绩效挂钩;营销人员的薪酬与其营销贡献挂钩;技术人员的薪酬既要与其创新贡献挂钩,又要与其人力资本挂钩;管理人员的薪酬与其岗位重要性挂钩;经理人员的薪酬既要与企业经营绩效挂钩,又要与企业员工平均收入挂钩。现实中,不少改制的国有企业对管理层实现了年薪制,这是值得肯定的。但我们在调查中发现,不少企业的管理团队收入上去了,但企业的经营业绩没有根本的改变,职工收入没有同比例增加,职工有怨言。企业既是一个生产单位,也是社会的一个基层群体单位。作为生产单位,企业要以满足客户需求为目标;作为社会的基层群体单位,企业要以提高职工的满意度、幸福度为目标,两者是辩证统一的。国有企业承担着公平分配与共同富裕功能,其内部的薪酬体系既要与市场接轨,又要兼顾公平。简言之,国有企业的薪酬体系既要体现按劳分配原则,又要体现共同富裕要求。从公平意义上说,国有企业员工持股试点方案也要考虑科研人员、经营管理人员、业务骨

---

① 习近平. 习近平谈治国理政:第2卷. 北京:外文出版社,2017:177.

干以及普通员工等持股比例的相对均衡。①

从企业内部用人制度看，每个员工都是社会人，都有自己的价值追求。他们不仅会追求收入的稳定与增长，还会追求个人事业的成功，每个人都希望有发挥自己聪明才智的舞台。国有企业具有人才优势，关键是如何把每个员工的最优秀品质和潜能充分发挥出来，如何为每个员工创造一个发挥才能的机会和公平竞争的环境，从而使每个员工在实现自己价值的同时，为企业创造最大的价值。我们在调查中发现：国有企业职工对收入与岗位挂钩没有意见，但对各个岗位不具有竞争性、干部终身制、只能上不能下有意见。由此看来，建立健全企业各类管理人员公开招聘、竞争上岗等制度，实行能者上、庸者下的用人机制，是当前加强国有企业内部管理、调动员工积极性的必然选择。

当前，我们特别强调要加强对国有企业高管的事业激励与权力约束。一方面，国有企业的性质决定了我们不可能照搬西方国家、私营经济的分配制度，担任国有企业高管既是企业的需要，也是党的事业的需要，尤其是党员高管，一定要不忘"初心"。另一方面，国有企业暴露出来的各种腐败现象，表明存在约束不力问题。因此，需要加强内部控制制度、监督制度建设，"建立健全高效协同的外部监督机制"，"加强党性教育、法治教育、警示教育，引导国有企业领导人员坚定理想信念"，"努力构筑企业领导人员不敢腐、不能腐、不想腐的有效机制"。

（三）要发挥国有企业职工在公司治理中的监督作用

国有企业属于全民所有，因为全民所有不可能将公有资产量化

---

① 洪功翔.坚持和完善公有制为主体多种所有制经济共同发展基本经济制度研究.北京：中国经济出版社，2022：332-333.

到个人并实行个人所有，只能由国家代表全民行使所有者职能。国家不能既当运动员又当裁判员，所以委托国有资产监督管理委员会来行使国有资产的所有者职能，由各级国有资产监督管理机构委托国有企业职工进行经营。这样，国有企业职工就具有双重身份。一方面，他们是企业的雇员，与企业之间是一种合同关系，要服从企业安排和企业各类用工管理。另一方面，他们是作为全民所有制的代表来经营管理国有企业，肩负着国有资产保值增值的重任，是国有企业的主人。作为国有企业的主人，他们对企业内部情况最熟悉，理应并能发挥很好的监督作用。首先，"大力推进厂务公开，健全以职工代表大会为基本形式的企业民主管理制度，加强企业职工民主监督"。其次，对合理化建议与批评监督，实行奖励政策，以鼓励职工关心企业，勇于同歪风邪气作斗争。最后，安排职工代表进入国有独资、全资公司的董事会和监事会，以加强董事会内部的制衡约束。为使这一制度能够有效实施，应根据我国国情，在做出职工进入董事会或监事会的制度安排时，既要明确职工董事或监事的比例、职责，更要确保选拔好职工董事和监事，以及保证其权力正常行使，避免形式主义倾向。德国、日本等国在公司治理中较好地发挥了职工的监督作用，职工监督在我国国有企业公司治理中应该有更大的作为。[①]

五、做好新质生产力发展这篇大文章

2023年9月，习近平总书记在黑龙江考察调研期间指出："整合科技创新资源，引领发展战略性新兴产业和未来产业，加快形成新质生产力。"[②] 这是首次提出"新质生产力"这一重要概念。2024年

[①] 洪功翔. 坚持和完善公有制为主体多种所有制经济共同发展基本经济制度研究. 北京：中国经济出版社，2022：333-334.

[②] 习近平在黑龙江考察时强调：牢牢把握在国家发展大局中的战略定位 奋力开创黑龙江高质量发展新局面. 人民日报，2023-09-09.

2月，习近平总书记在主持中共中央政治局第十一次集体学习时强调："发展新质生产力是推动高质量发展的内在要求和重要着力点，必须继续做好创新这篇大文章，推动新质生产力加快发展。"① 国有企业加快发展新质生产力，是实现高质量发展的应有之义，是抢占新一轮全球科技革命和产业变革制高点、开辟发展新领域新赛道、培育发展新动能、增强竞争新优势、建设世界一流企业的战略选择。

（一）培育发展新质生产力的新动能

习近平总书记指出："概括地说，新质生产力是创新起主导作用，摆脱传统经济增长方式、生产力发展路径，具有高科技、高效能、高质量特征，符合新发展理念的先进生产力质态。它由技术革命性突破、生产要素创新性配置、产业深度转型升级而催生，以劳动者、劳动资料、劳动对象及其优化组合的跃升为基本内涵，以全要素生产率大幅提升为核心标志，特点是创新，关键在质优，本质是先进生产力。"② 这一重要论述深刻指明了新质生产力的特征、基本内涵、核心标志、特点、关键、本质等基本理论问题，为我们准确把握新质生产力的科学内涵提供了根本遵循。新质生产力有别于传统生产力，代表一种生产力的跃迁，涉及领域新、技术含量高，依靠创新驱动是其中关键。从根本意义上说，不能把新质生产力简单理解为一种新技术。新质生产力的提出，不仅意味着以科技创新推动产业创新，更体现了以产业升级构筑新竞争优势，赢得发展（特别是国际经济竞争）中的主动权。因此，要深刻领会新质生产力的科学内涵，切实扛起国家重要战略科技力量责任，把科技创新作

---

①② 习近平在中共中央政治局第十一次集体学习时强调：加快发展新质生产力 扎实推进高质量发展. 人民日报，2024-02-02.

为发展新质生产力的核心要素，强化科技创新主体地位，全面融入国家创新体系，主动承担国家重大科技任务，坚决打好关键核心技术攻坚战，加快培育发展新质生产力的新动能。要着力构建与新质生产力发展要求相适应的新型生产关系，进一步深化改革，推进体制机制创新，着力打通堵点、卡点，为发展新质生产力提供强有力支撑。

（二）大力发展战略性新兴产业

战略性新兴产业是发展新质生产力的主阵地之一。国有企业发展战略性新兴产业，既是发展新质生产力，也是优化国有经济布局、发挥国有经济核心功能的必要选择：一是要更大力度布局战略性新兴产业，加大在新一代信息技术、人工智能、生物技术、新能源、新材料、高端装备、绿色环保等产业投资力度，在集成电路、工业母机、关键软件等领域补短板强弱项。[1] 近年来，中央企业布局战略性新兴产业取得积极进展。资料显示，2018—2022年中央企业在战略性新兴产业领域的投资规模由0.7万亿元增长至1.5万亿元，占全部投资比重由12.8%提升至27%，投资规模增长115.2%，年均增长28%。[2] 二是充分发挥国有龙头企业在产业链循环畅通中的支撑带动作用。启动产业链融通发展共链行动，推动基础固链、技术补链、优化塑链、融合强链。推动数字化技术与企业生产经营管理深度融合，加大绿色低碳技术研发和推广力度，推动传统产业数字化、智能化、绿色化转型升级。三是积极发挥国有资本运营公司的引领作用。很多央企和省属国有企业都有国有资本运营公司，注重发挥国有资本运营公司的产业引领作用，对积极布局战略性新兴产

---

[1] 国务院国资委党委. 深入实施国有企业改革深化提升行动. 求是，2023（19）：42-46.

[2] 周雷. 央企加速布局战略性新兴产业. 经济日报，2023-09-14.

业意义重大。国有资本运营公司国投集团将发展战略性新兴产业作为战略选择，加大了投资布局力度，取得了显著成效。2022年，国投集团战略性新兴产业板块完成的长期股权投资占集团总投资的近50%；国投集团共有高新技术企业51家，较2020年初新增27家，新增部分中约70%通过投资并购实现。[1] 四是设立国有资本风险投资基金。战略性新兴产业项目往往不确定性强、资本投入大、风险高、投资回报期长，单纯依靠政府财政或企业积累难以满足资金需求。中国国新发起设立中国国有资本风险投资基金等11只基金，发挥国有资本放大功能，直接出资近300亿元，引导带动社会资本2100亿元，孵化和培育出了一批"专精特新"企业和单项冠军企业，比如国产智能芯片龙头寒武纪、领先的芯片测试设备企业华峰测控、人工智能头部企业旷视科技、高精度定位服务商千寻位置等。[2] 五是通过发展"衍生型"战略性新兴产业实现国有企业"产业焕新"。[3] 推动国有企业发展"衍生型"战略性新兴产业，可以让国有企业因生产产品的推陈出新而发生脱胎换骨的变化。产业衍生是指处于传统行业的企业，通过研发新产品、引进新技术实现产品不断迭代升级，进而分解为一个独立新兴产业的过程。当新产品替代老产品占主导时，企业就发生了脱胎换骨的变化，跨进了战略性新兴产业的门槛，达到了"产业焕新"的目的。产业衍生是科技进步、生产力发展和社会分工深化的必然结果。当一个产业发展到一定程度时，就会开始发育和萌芽新产业，出现新技术、新工艺、新产品等。例如，电子工业从机械工业中分离出来，数控机床、智能数控机床等高端装备从装备工业中分离出来，新能源汽车从燃油车中分

---

[1] 刘丽靓. 央企战略性新兴产业发展跑出"加速度". 中国证券报, 2023-09-25.
[2] 原诗萌. 央企加快发展战略性新兴产业. 国资报告, 2023 (6): 14-16.
[3] 洪功翔, 沈宏超, 崔立志. 新兴产业培育与发展研究：以安徽省为例. 北京：科学出版社, 2013: 39-40.

离出来，新材料的层出不穷等。发展"衍生型"战略性新兴产业，主要是立足于传统产业，通过技术突破，与高新技术产业融合，延长产业链，开发新产品来实现产业新生。因此，要引导、支持处于传统行业的国有企业，通过产品的换代升级或采用新技术，延伸产业链条进入新兴产业领域，实现传统产业和新兴产业的互动融合发展，推动传统产业从产业链低端向高端跃进，进而推动产业结构优化与产业发展，并实现"产业焕新"。

（三）积极部署未来产业

未来产业是新质生产力发展的另一个主阵地。产业发展是动态变化的，随着科技进步和需求的变化，原本的战略性新兴产业也会随着时间推移演变为传统产业。此外，战略性新兴产业总是不断推陈出新、层出不穷的。把握发展机遇，就需要前瞻性地从未来产业中遴选、培育有望成为战略性新兴产业的产业。今天的未来产业有望成为明天的战略性新兴产业。未来产业一旦成熟，将形成显著的规模经济、范围经济和产业关联性，其战略性显著。未来产业代表着新兴产业发展中的制高点，谁率先在未来产业发展方面有所作为，就意味着在技术创新竞争中抢占先机，所以国有企业要积极部署未来产业。

未来产业发展的关键是面向未来的重大社会需求，率先实现关键技术突破。从短期看，一方面，要关注国家科技重大专项、863计划、国家科技支撑计划、973计划、国家重大科学研究计划的研究进展，要关注国家（重点）实验室、国家工程（技术）研究中心的研究成果。另一方面，在类脑智能、量子信息、基因技术、未来网络、深海空天开发、氢能与储能等前沿科技和产业变革领域组织实施未来产业孵化与加速计划，谋划布局一批未来产业。[①] 从中期看，

---

① 沈坤荣. 发展新质生产力 增强高质量发展新动能. 人民日报，2024-02-22.

面向未来具有广泛前景的重大需求，超前谋划 5～10 年后可能诞生的萌芽产业，组建研究团队，搭建研究平台，积蓄研究力量，联合攻关、重点突破，着力抢占科技制高点。从长期看，要扎扎实实地进行基础研究。习近平总书记指出："应对国际科技竞争、实现高水平科技自立自强，推动构建新发展格局、实现高质量发展，迫切需要我们加强基础研究，从源头和底层解决关键技术问题。"[①] 基础研究是科技创新的源头，处于从研究到应用、再到生产的科研链条起始端，要想在原始创新上取得新突破，必须要打牢基础研究这个地基。改变我国关键核心技术受制于人的局面，实现高水平科技自立自强和高质量发展，需要强化基础研究的前瞻性、战略性、系统性布局。基础研究是一个比较漫长的过程，各级政府和产业界需要有足够的耐心，需要摆脱浮躁之心，需要"慢工出细活"。

人才是第一资源，创新驱动实质是人才驱动。发展新质生产力，归根结底要靠创新人才。国有企业针对新质生产力发展这篇大文章，要按照发展新质生产力的要求，畅通教育、科技、人才的良性循环，完善人才培养、引进、使用、合理流动的工作机制，健全要素参与收入分配机制，营造鼓励创新、宽容失败的良好氛围。

第四节 推动国有资本做强做优做大

国有企业和国有资本都是公有制的一种形式。国有资本同样是党和国家事业发展的重要物质基础及政治基础，其在社会经济健康发展中的"稳定器"作用和改善民生福祉的"压舱石"作用日益凸

[①] 习近平. 加强基础研究 实现高水平科技自立自强. 求是，2023（15）：4-9.

显。有数据表明，截至 2020 年底，中央企业向社保基金划转国有资本股权 1.21 万亿元。这正是全体人民共享发展成果的直接体现。[①] 把国资管理与国企管理适当分离后，加大了国有资本投资的灵活性和市场导向性，有利于淘汰落后产能和低效亏损的僵尸企业，有利于优化国有资本布局和把握新的发展机会。[②] 党的十九大报告和二十大报告都提出要做强做优做大国有资本。

一、进一步完善国有资本授权经营体制

做强做优做大国有资本，需要理顺国有资本授权经营体制。这项工作很关键：一是明确"管资本"的主要对象。不同行业的国有企业在国民经济中的地位是不同的。根据党中央关于国有企业分类改革的原则，对"竞争类"和"功能类"国有企业，明确由国有资本运营公司、投资公司履行国资出资人职能，重在"管资本"。对于"公益类"国有企业，考虑到要代行政府部分公共管理职能，明确其作为"特殊企业"由有关部门直接管理。二是进一步优化授权经营模式。国有资本授权经营模式有"政府直接授权"和"国有资产监督管理部门授权"两种模式。这两种模式是根据我国国有企业分类改革现状提出来的国资监管举措，各有其优点和适应性。因此，实行政府直接授权和国有资产监督管理机构授权，需要各级政府和国有资产管理部门结合各自实际情况进行选择，但无论做出何种选择，均要明晰政府和企业的边界，明确企业的功能定位，健全公司治理结构和提高公司治理能力。三是建立健全国有资本进入与退出机制。一方面，要扩大国有投资公司、运营公司的自主权，让它们能够根据市场规律和发展前景自主决定进退。另一方面，要建立进入与退

[①] 梁积江. 做强做优做大国有资本. 上海企业，2021（6）：59.
[②] 平新乔. 对于做强做优做大国有资本的若干认识. 经济科学，2018（1）：15-20.

出的规则，让国有投资公司、运营公司明白进入与退出的条件——什么情况下可以进、什么情况下可以退，哪些行业可以进、哪些行业可以退。

二、科学精准选择有发展前景的投资项目

资本是靠投资来实现增值的。做强做优做大国有资本，科学精准选择有发展前景的投资项目非常重要。在这一方面，合肥的经验是值得借鉴的。合肥瞄准产业链上的龙头企业、重点企业开展精准招引，成功探索出"国资引领—项目落地—股权退出—循环发展"的产业运作模式。在资金来源上，合肥充分发挥国有资本"四两拨千斤"的撬动作用，先后成立国有建投、产投、兴泰三大投资平台，设立百亿规模政府引导母基金，聚焦区域内各地优势产业配套设立县（市）区产业基金，联合头部机构构建产业基金群，形成了"政府引导基金＋政府产业基金＋市场基金"的股权投资体系，以基金撬动资本，将资本引入产业。2007年，合肥市政府拿出全市三分之一的财政收入投了京东方，最后赚了100多亿元；2011年又拿出100多亿元投了长鑫/兆易创新，上市浮赢估计超过1 000亿元；2019年，又拿出100亿元投蔚来，结果大众汽车新能源板块落地合肥。目前，合肥市已培育、引进江淮、长安、安凯、大众、比亚迪、蔚来6家新能源汽车整车企业，陆陆续续集聚国轩高科、巨一科技、中创新航等500多家零部件配套企业，为加快打造新能源汽车之都奠定了良好基础。在引进和投资决策的过程中，合肥从项目选择之初就进行全方位研判，做到科学精准，系统设计了精准测算、预期管理、双向约束、市区风险共担的"一事一议"模式。合肥的许多成功案例都是基于科学的决策和严密的程序，都是与企业先"共患难"，然后才"同富贵"的。合肥人认为他们做的不是"风投"是

"产投",靠的不是赌博是拼搏。在他们看来,赌博是有今天没明天,拼搏才是抓今天赢明天。①

三、要不断完善国有资本监管体制

资本监管体制是出资人通过资本组织形式等现代公司治理的体制机制,对代理人进行激励和约束的制度安排。资本监管体制是与资本组织形式相关联的。在向市场经济转轨的过程中,我们创造性地学习了西方企业理论和公司治理经验,将现代企业制度引入了国有企业改革,推动政企分开、政资分开,建立了专门履行出资人职责的国有资产监管体制。各级国有资产监督管理机构针对国有企业的不同功能和特点逐步实施了分类监管、分类考核;对混合所有制企业和股权多元化的公司制企业探索实施了差异化管控;对公司治理良好、发展良好、市场化程度较高、董事会运作规范的企业集团进行了授权放权,同时也督促企业集团向其分、子公司授权放权;对企业"三重一大"等重要环节、重点领域建立健全业务监督、综合监督、责任追究"三位一体"的国资监督工作闭环,打造了数字化、智能化监管平台。同时,国务院国资委履行了中央企业出资人职责、全国国有资产监管职责和负责中央企业党的建设工作职责,实现了管资本与管党建相结合、履行出资人职责与履行国资监管职责相结合、党内监督与出资人监督相结合。② 为进一步完善国有资本监管体制,需要构建国有资本全链条、全方位监管,强化违规责任追究,防止国有资产流失。一方面,要建立健全对国有资本的统一

---

① 常河,丁一鸣. 用创新把握今天赢得明天:安徽合肥以科技赋能高质量发展. 光明日报,2023-07-25.
② 郑东华. 新时代做强做优做大国有资本的理论思考. 政治经济学研究,2022(3):69-80.

归口管理和基础管理工作体系、产权交易管理制度。另一方面，要强化风险防控主体责任，推动企业细化完善内控体系，严守会计与监管要求，加强审计、评估等外部监督与社会公众监督，依法依规及时准确披露经营状况相关信息，提升国有资本运营的透明度。

四、防止出现"脱实向虚"

所谓"资本"，按照马克思政治经济学的定义，是指能够带来价值增值的价值。既然要带来价值增值，资本就要流向可以获得高回报的产业和领域，其灵敏嗅觉总能在不同产业和领域的投资回报率之间做出比较。由于虚拟经济的回报率在大多数情况下要高于实体经济，资本的天然逐利性容易导致"脱实向虚"。历史上曾有为数不少的发达国家走了"脱实向虚"的弯路，影响了经济发展质量，吃了大亏。世界经济史的发展表明：创造社会财富、提供高质量就业岗位、开辟产业发展新赛道的往往是实体经济部门。实体经济是国家发展之根本，对提高国际竞争力、保持社会经济长久稳定和繁荣具有重要现实意义，特别是在应对国际风险挑战、国内市场需求不振冲击时，更要有强大的实体经济作为支撑。这已是公认的现代经济发展"硬道理"。

党的十八大以来，习近平总书记就如何重视和推动实体经济振兴发展多次发表重要论述。他明确提出："实体经济是一国经济的立身之本，是财富创造的根本源泉，是国家强盛的重要支柱"，"我们这么一个大国要强大，要靠实体经济，不能泡沫化"，"中国式现代化不能走脱实向虚的路子"，"要扭住实体经济不放，继续不懈奋斗，扎扎实实攀登世界高峰"。[1] 这些重要论述为做强做优做大国有资本

---

[1] 欧阳优. 防止脱实向虚. 经济日报，2023-08-09.

提供了根本遵循，并指明了前进方向。因此，国有资本必须立足产业报国，在振兴我国实体经济中发挥关键作用、作出重要贡献，不能"唯利是图"。第一，支持以实体经济为支撑的现代化产业体系建设。国有资本要大力支持制造强国、质量强国、网络强国、数字中国建设，为构建新发展格局，推进产业基础高级化、产业链现代化等国家重大战略作出更大贡献。第二，支持"新""老"基建建设。国有资本既要支持加快推进"新基建"投资，还要继续支持补齐基础设施短板投资，铺就社会经济可持续发展的"高速路"。第三，支持核心技术攻关。国际格局动荡不安，科技竞争日益激烈，我国许多关键核心技术仍面临"卡脖子"问题，部分产业与企业缺少核心竞争力，迫切需要通过国有资本支持来培养和提高核心竞争力，以及核心技术攻关能力。第四，支持传统产业改造。国有资本有必要坚持以智能制造为主攻方向，支持传统企业加快推进数字化、智能化、网络化转型，重塑创新链、产业链、价值链、供应链，让传统产业焕发新的生机。第五，支持战略性新兴产业发展。各国都把大力发展战略性新兴产业作为抢占新一轮产业竞争制高点的举措。国有资本要做好支持我国战略性新兴产业发展、培育一批专注细分领域的"单项冠军"企业这篇大文章。

五、推动国有资本向重要领域集聚

充分发挥资本流动的灵活性，通过推动国有资本向重要领域集聚，更好地发挥国有资本的作用，巩固公有制为主体、多种所有制经济共同发展的基本经济制度。推动国有资本向重要领域集聚，需要在明确国有经济核心功能的基础上，做好以下工作：一是发挥国有资本投资公司、运营公司的平台作用，推动国有资本更多投向符合国家战略需求的领域。各级国有资产监督管理机构和中央企业、省属企业要持续推动国有资本的配置优化,推动各类国有企业的有机整合,为我国经济实现质量更高、效益更好、结构更优的发展贡献更大力量。① 二是推动国有资本向关系国家安全、国民经济命脉和国计民生的重要行业、关键领域和优势企业集中,向提供公共服务、应急能力建设和公益性等关系国计民生的重要行业集中,不断优化国有资本布局结构。三是加大对资源能源、新型基础设施、粮食供应储备等领域投入,特别是要聚焦战略性新兴产业和关键核心技术的"卡脖子"环节,发挥国有资本的引导和带动作用,引领资源整合与创新驱动,推动国有企业当好服务国家战略、保障改善民生、发展实体经济的"长期资本""耐心资本""战略资本",真正成为堪当时代重任的大国重器、强国基石。② 四是要继续推进企业重组整合,更好地发挥中央企业在服务国家战略中的重要作用。五是要确保国有金融资本在金融领域的主导地位,尤其是在关系金融安全稳定、对区域或行业有影响力的领域中,必须保持控制力与主导地位,不断提高资本配置效率,将战略性、安全性、效益性有机统一起来。

第五节　大力发展国有控股混合所有制经济

混合所有制经济是基本经济制度的重要实现形式。混合所有制经济发展,对巩固和发展公有制为主体、多种所有制经济共同发展的基本经济制度具有重要意义。

---

① 郝鹏. 做强做优做大国有资本 加快培育具有全球竞争力的世界一流企业. 国资报告,2018(2):6-11.
② 张玉卓. 推动国有企业在建设现代化产业体系、构建新发展格局中发挥更大作用. 人民日报,2023-09-20.

一、混合所有制经济的提出与内涵界定

1992年，党的十四大报告在提出我国经济体制改革的目标是建立社会主义市场经济体制的同时，指出："多种经济成分长期共同发展，不同经济成分还可以自愿实行多种形式的联合经营"[1]，这就为混合所有制经济发展奠定了体制基础。1993年，党的十四届三中全会通过的《中共中央关于建立社会主义市场经济体制的决定》指出："随着产权的流动和重组，财产混合所有的经济单位越来越多，将会形成新的财产所有结构。"[2] 这段话提到的"财产混合所有"，显然已经有了混合所有制经济的含义。1997年，党的十五大报告指出："要全面认识公有制经济的含义，公有制经济不仅包括国有经济和集体经济，还包括混合所有制经济中的国有成分和集体成分。"[3] 这是在党的文件里首次明确提出了"混合所有制经济"的概念。1999年，党的十五届四中全会通过的《中共中央关于国有企业改革和发展若干重大问题的决定》提出："国有资本通过股份制可以吸引和组织更多的社会资本，放大国有资本的功能，提高国有经济的控制力、影响力和带动力。国有大中型企业尤其是优势企业，宜于实行股份制的，要通过规范上市、中外合资和企业互相参股等形式，改为股份制企业，发展混合所有制经济，重要的企业由国家控股。"[4] 此后，国有企业进行股份制改造的力度不断加大，进行股份制改造的国有企业日益增多，我国混合所有制经济有了较快的发展。2013年，党的十八届三中全会通过的《中共中央关于全面深化改革若干重大问

---

[1] 江泽民. 江泽民文选：第1卷. 北京：人民出版社，2006：227.
[2] 中共中央关于建立社会主义市场经济体制的决定. 求实，1993（12）：1-13.
[3] 江泽民. 江泽民文选：第2卷. 北京：人民出版社，2006：19.
[4] 中共中央关于国有企业改革和发展若干重大问题的决定. 求是，1999（20）：4-14.

题的决定》指出:"国有资本、集体资本、非公资本等交叉持股、相互融合的混合所有制经济,是基本经济制度的重要实现形式","允许更多国有经济和其他所有制经济发展成为混合所有制经济。国有资本投资项目允许非国有资本参股。允许混合所有制经济实行企业员工持股,形成资本所有者和劳动者利益共同体"。① 这一决定扩大了混合所有制经济的发展范围,进一步明确了混合所有制经济的内涵,为积极发展混合所有制经济奠定了政策基础。2014 年,党的十八届四中全会通过的《中共中央关于全面推进依法治国若干重大问题的决定》指出:"创新适应公有制多种实现形式的产权保护制度,加强对国有、集体资产所有权、经营权和各类企业法人财产权的保护。"② 这个决定从立法角度为混合所有制经济发展中各类主体的利益提供了法制保障。2017 年,党的十九大报告把"发展混合所有制经济"作为"深化国有企业改革""培育具有全球竞争力的世界一流企业"的重要举措。2019 年,党的十九届四中全会通过的《中共中央关于坚持和完善中国特色社会主义制度、推进国家治理体系和治理能力现代化若干重大问题的决定》,把"发展混合所有制经济"作为"探索公有制多种实现形式,推进国有经济布局优化和结构调整""增强国有经济竞争力、创新力、控制力、影响力、抗风险能力,做强做优做大国有资本"的重大举措。

  从混合所有制经济提出与发展历程看,中国共产党对混合所有制经济改革的探索是随着社会主义市场经济的确立和经济体制改革的深化逐步推进的,其出发点是更好地坚持"两个毫不动摇"和推动国有企业改革,鼓励和强调的是国有经济、集体经济与非公有制经济的交叉持股、相互融合。从这个意义上说,"把混合所有制经济

---

① 中共中央关于全面深化改革若干重大问题的决定. 求是,2013(22):3-18.
② 中共中央关于全面推进依法治国若干重大问题的决定. 人民日报,2014-10-29.

界定为公有经济与非公经济的融合，特别是国有经济与民营经济的融合"①，更能体现中央文件精神和本质要求。可见，混合所有制经济是股份制经济，但股份制经济不一定都是混合所有制经济。只有公有制经济与非公有制经济之间的交叉持股、相互融合才是混合所有制经济。②

自党的十八届三中全会提出"积极发展混合所有制经济"后，国务院又发布了《关于国有企业发展混合所有制经济的意见》。

二、混合所有制经济发展所取得的成效

国家发展改革委、国务院国资委积极落实党中央关于推动混合所有制经济发展的精神与政策，牵头开展国有企业混改试点，先后推出了4批共208家国有企业进行试点。在试点混改企业的示范引领下，有更多的民营企业和国有企业纷纷参与混合所有制经济改革与发展，并取得了明显成效。

（一）吸引了大量社会资本参与国有企业改革发展

党的十八大以来，中央企业累计引入社会资本超过2.5万亿元，地方国有企业通过混合所有制改革引入社会资本超过7 000亿元。2020年以来，中央企业通过市场化方式累计引入社会资本超过9 000亿元，四批混合所有制改革试点引入社会资本超过2 500亿元。中国联通集团以A股上市公司为载体引入腾讯、京东、百度、阿里、滴滴、苏宁、中国人寿等14家战略投资者实施混合所有制改革，共募集资金747亿元，为5G等创新业务发展提供了坚实保障。③

---

① 季晓南. 论混合所有制经济的内涵、意义及发展路径. 北京交通大学学报（社会科学版），2019，18（4）：8-26.

② 张雷声. 习近平关于混合所有制经济改革问题的研究. 思想理论教育导刊，2019（12）：4-10.

③ 阮征. 国有企业混合所有制改革向纵深推进. 现代国企研究，2022（11）：18-21.

（二）形成了各类所有制经济互促共进的良好局面

国有资本的实力、品牌优势和非公有资本的市场机制优势互补融合，围绕产业链、价值链、创新链的战略合作持续深化，形成了一批行业领军企业和"专精特新"企业，培育了众多战略性新兴产业集群。电力、石油、天然气、铁路、民航、电信、军工等重点行业改革提速，竞争性环节有序放开，有效带动了非公有制经济发展。国有资本、集体资本、非公有资本呈现出融合发展、共赢发展的良好趋势。

（三）实现了国有资产保值增值和功能放大

超过100家混合所有制改革试点企业在改革后的国有资本权益均显著增长，近20家试点企业成功完成首发上市，实现资产证券化和市值倍增。全国国资系统监管企业资产总额和所有者权益较"十二五"末增长80%以上。通过混合所有制改革，存量国有资本的质量效益显著改善，盈利能力明显提升，增量国有资本也实现了结构优化、转型升级，切实放大了国有资本的功能。

（四）培育了一批高质量的市场主体

通过混合所有制改革，企业的核心竞争力实现了显著提升，一批长期亏损甚至濒临破产的传统国有企业得以扭转颓势、涅槃重生，一批充满活力、生机勃勃的行业龙头企业和隐形冠军企业实现了快速发展，开始进军国际市场。截至2020年底，中国建材集团通过混合所有制方式开展多个业务板块的战略性重组和专业化整合，以361亿元的国有资本吸引了1 529亿元社会资本，撬动了6 000多亿元的总资产，成为水泥、商品混凝土、石膏板、玻璃纤维、风电叶片、国际水泥工程及玻璃工程7个领域的世界第一。

（五）转换了混合所有制企业的经营机制

混合所有制企业的经营机制出现深度转换，70%的混合所有制企业中有外部投资者派出的董事，2020年以来累计推动92户国有股权超过50%的上市公司引入持股比例5%以上战略投资者作为积极股东，85.7%的重要领域混改试点企业营业收入实现增长，平均年复合增长率超过36%，其中45.7%的试点企业引资后净利润率提升超过2个百分点。[①] 这些结论也得到了实证研究的支持。许晨曦等[②]以2008—2021年中国沪深A股国有上市公司为研究对象的实证研究发现：国有企业混合所有制改革通过提高企业管理效率，从而提升了企业的创新可持续性。黄晓珊和马新啸以2009—2020年沪深两市国有上市公司为样本的实证研究发现：混合所有制改革可以在平常时期减轻国有企业的冗员负担并提升其经营管理效率，促使国有企业在经济增速换挡的高质量发展阶段更好地实现"稳就业"目标，能够实现国有企业做强做优做大的经济目标和促进就业稳定的社会目标之间的"双赢"。[③] 郑云坚和王泽宇收集了A股中647家国有上市企业2014—2018年度包括企业所有制情况、财务数据等在内的2 986个观测值，通过DID和PSM-DID模型验证了混合所有制改革对全要素生产率的正向影响。[④]

（六）扩大了私营企业的出口规模

彭飞等[⑤]基于中国私营企业调查数据中"国有企业混合所有制改革"和出口贸易发展等调查指标，考察了参与国有企业混合所有制

[①] 翁杰明. 国企改革三年行动推动国资国企领域发生深刻变革. 学习时报, 2023 - 02 - 10.

[②] 许晨曦, 刘肖楠, 孟大虎. 国有企业混合所有制改革、企业管理效率与创新可持续性. 北京工商大学学报（社会科学版），2023，38（4）：89 - 100.

[③] 黄晓珊, 马新啸. 高质量发展背景下国有企业混合所有制改革的稳就业效应. 财经科学，2023（1）：111 - 123.

[④] 郑云坚, 王泽宇. 国有企业混合所有制改革的生产效率研究. 福建论坛（人文社会科学版），2020（7）：58 - 67.

[⑤] 彭飞, 王玲, 吴华清. 私营企业缘何参与国有企业混合所有制改革？来自出口市场的证据. 世界经济研究，2023（2）：105 - 118，136.

改革对私营企业出口贸易发展的影响。研究发现：参与国有企业混合所有制改革的私营企业，出口规模和出口倾向显著提高，经过样本选择偏误、内生性、随机性等稳健性检验后，该结论依然成立。机理分析表明：私营企业作为一种股权投资方式，通过参与国有企业混合所有制改革，与国有企业建立了政治关联，有利于突破融资约束、获得政府更多补贴和增强投资能力，进而促进出口贸易的发展。和军和季玉龙[1]、马新啸等[2]研究认为：私营企业通过参与国有企业混合所有制改革，还能凭借国有企业较为完善的产业链体系补齐技术短板，扩大了在出口市场的发展。可见，衡量混合所有制改革的成效，不仅要关注国有企业混合所有制改革后治理效率的变化，而且要关注私营企业参与混合所有制改革所带来的积极影响。

三、推动混合所有制经济向纵深发展的政策建议

习近平总书记指出："发展混合所有制经济，基本政策已明确，关键是细则，成败也在细则。"[3] 要通过制定、完善和落实好细则，明确预期，催生动力，破解混合所有制改革中遇到的难题。

（一）发展混合所有制经济要注意扬长避短

从我国混合所有制经济发展的实践看，主要有国有资本参股民营企业和民营资本参股国有企业两种不同的发展路径。国有资本参股民营企业，既有积极效应，也有消极效应。其积极效应为：有利于民营企业获取更多的经济资源和更多的发展机会；有利于民营企

---

[1] 和军，季玉龙. 国企混合所有制改革红利与实现途径. 中国特色社会主义研究，2014（5）：48－52.
[2] 马新啸，汤泰劼，郑国坚. 非国有股东治理与国有企业的税收规避和纳税贡献：基于混合所有制改革的视角. 管理世界，2021，37（6）：128－141，8.
[3] 国务院国有资产监督管理委员会. 前线："混合所有制经济"若干问题辨析. 国务院国有资产监督管理委员会网站，2014－07－09.

业提高社会声誉,缓解外部融资约束。其消极效应可能为:加重了民营企业的政策性负担,降低了绩效水平;加重了信贷融资约束,削弱了民营企业的创新意愿。民营资本参股国有企业,也是既有积极效应,也有消极效应。其积极效应为:激发创新意愿,提升创新效率;降低政策性负担,优化经营绩效。其消极效应可能为:削弱创新意愿,抑制创新水平;侵占国有利益,恶化经营绩效。无论是国有资本参股民营企业,还是民营资本参股国有企业,都有积极效应与消极效应,但两者的总效应是正的,即积极效应要大于消极效应。因此,要积极推动混合所有制经济发展。国有企业和民营企业有各自的优势及适应性,在推动混合所有制经济发展的时候,要因地施策、因业施策、因企施策,宜独则独、宜控则控、宜参则参,不搞拉郎配[1],切实推动各类所有制企业取长补短、扬长避短,以形成相互促进、优势互补、共同发展的多元化产权结构,最终实现"1+2>2"的企业治理效果和经济协同效应。[2]

由于国有企业处于不同行业和市场环境中,所以混合所有制改革不能采取"一刀切"的方案,必须分类改革、分层推进。[3] 因此,要按照完善治理、强化激励、突出主业、提高效率的要求,不搞全覆盖、不设时间表,积极稳妥地深化混合所有制改革,支持国有企业、民营企业及其他各类所有制企业取长补短、相互促进、共同发展。

(二) 大力发展国有和集体控股的混合所有制经济

党的十五大报告明确指出:"要全面认识公有制经济的含义。公有制经济不仅包括国有经济和集体经济,还包括混合所有制经济中

---

[1] 阮征. 国有企业混合所有制改革向纵深推进. 现代国企研究, 2022 (11): 18-21.
[2] 陈林, 陈焕然. 发展混合所有制经济的路径选择: 基于"双向混改"模式的讨论. 学术研究, 2021 (5): 78-84.
[3] 常修泽, 等. 混合所有制经济新论. 合肥: 安徽人民出版社, 2017: 59-61.

的国有成分和集体成分。""不能笼统地说股份制是公有还是私有，关键看控股权掌握在谁手中。国家和集体控股，具有明显的公有性，有利于扩大公有资本的支配范围，增强公有制的主体作用。"① 因此，要"毫不动摇巩固和发展公有制经济"，做强做优做大国有企业与国有资本是重要的，发展壮大集体所有制经济与大力发展国有和集体控股的混合所有制经济也是重要的。当然，大力发展国有和集体控股的混合所有制经济要遵循效率原则及有利于发挥公有制经济的功能原则，不能为"控股"而"控股"。

（三）建立与混合所有制企业发展相适应的监管模式

混合所有制企业至少有两个以上所有者主体，其治理机制和监管制度有别于国有独资和全资公司。第一，确保国有股东不承担公共管理职能，需要明确国有资产出资人监管事项，建立监管权力清单和责任清单。第二，确保党委把方向、管大局、保落实的领导作用，需要明确公司党委与董事会、经理层、职代会等其他治理主体之间的关系，建立国有企业党委对公司重大问题进行前置研究讨论的事项清单，以及明确国有股东监管边界，以保证不干涉企业具体生产经营活动和日常经营活动。混合所有制企业党组织的设置，不能一概而论，要依据国有资本绝对控股、相对控股和参股而相应调整。混合所有制企业中国有资本不控股的，党组织设置可以比照非公有制企业。第三，发挥党组织的政治核心作用和战斗堡垒作用，需要尊重公司治理准则，支持董事会、经理层依法行使职权，有效规范大股东行为，避免"行政化""机关化"管控。

（四）充分激发混合所有制企业的发展活力

发展混合所有制经济是通过发挥公有制经济和非公有制经济的

---

① 江泽民. 江泽民文选：第2卷. 北京：人民出版社，2006：20.

各自优势，更好地推动混合所有制企业发展。企业发展的根本在于"一企一策"，充分激发领导者和职工的主动性、积极性及创造性。对处于竞争领域和行业的混合所有制企业，鼓励非公有资本控股，充分发挥民营企业家的作用，把民营企业灵活机制的作用发挥出来。可通过大力推广企业职工持股、跟投，将企业利益与职工利益无缝对接，形成利益共享、风险共担的企业命运共同体。对于由国有控股的混合所有制企业，要建立市场化选聘优秀人才和使用机制，建立面向企业全体职工的能上能下、能进能出的体制机制。落实党中央、国务院关于国有企业工资总额管理制度的改革要求，体现共同富裕目标要求，贯彻按劳分配原则，遵循经济规律，建立健全与市场决定资源配置基本适应、与企业劳动生产率和经济效益挂钩的工资决定机制和正常增长机制。对混合所有制企业中国有资本不控股的，可以采取更加灵活、更加高效的"因企制宜"监管方式。

第六节　大力发展集体经济

集体经济是公有制经济的重要组成部分，对巩固公有制为主体、多种所有制经济共同发展的基本经济制度和实现共同富裕，具有重要意义。集体经济包括农村集体经济与城镇集体经济。

一、大力发展农村新型集体经济

2017 年，党的十九大报告在提出"实施乡村振兴战略"时要求"壮大集体经济"。[①] 此后，习近平总书记在 2018 年中央政治局第八

---

① 习近平. 习近平谈治国理政：第 3 卷. 北京：外文出版社，2020：25.

次集体学习时明确指出:"要把好乡村振兴战略的政治方向,坚持农村土地集体所有制性质,发展新型集体经济,走共同富裕道路"①,明确了新型集体经济对农村发展的牵引作用。2018年9月26日,中共中央、国务院印发的《乡村振兴战略规划(2018—2022年)》强调要"发展新型农村集体经济"②。2022年,党的二十大报告在提出"全面推进乡村振兴"时再次强调:"巩固和完善农村基本经营制度,发展新型农村集体经济,发展新型农业经营主体和社会化服务,发展农业适度规模经营。"③

(一)农村新型集体经济的内涵界定及其基本特征

农村新型集体经济是指尊重现代市场经济发展规律,按照归属清晰、权责明确、保护严格、流转顺畅的现代产权制度要求,以成员自愿合作与联合为原则,通过劳动者的劳动联合或劳动者的资本联合、要素联合实现共同发展的一种经济组织形态。④ 可见,我们可以认为集体经济是各种形式合作经济的统称。

发展农村新型集体经济,对推动乡村振兴和中国式现代化的实现具有重要意义。从集体经济发展路径看,农村新型集体经济有两大来源:一是把传统农村集体经济改造成新型集体经济。一般而言,它以适应现代市场经济为原则,在核实集体资产数量,明确界定集体经济组织成员边界的基础上,通过现代产权制度改革,发展社区新型股份合作,将传统集体经济改造成新型集体经济。新型集

---

① 习近平在中共中央政治局第八次集体学习时强调:把乡村振兴战略作为新时代"三农"工作总抓手 促进农业全面升级农村全面进步农民全面发展. 人民日报,2018-09-23.
② 中共中央国务院印发《乡村振兴战略规划(2018—2022年)》. 人民日报,2018-09-27.
③ 习近平. 高举中国特色社会主义伟大旗帜 为全面建设社会主义现代化国家而团结奋斗. 人民日报,2022-10-26.
④ 苑鹏,刘同山. 发展农村新型集体经济的路径和政策建议:基于我国部分村庄的调查. 毛泽东邓小平理论研究. 2016(10):23-28,91.

体经济内部的产权清晰、权责明确，有利于实现成员所有者主体的利益最优化，有利于实现集体经济组织资产的优化配置和保值增值。二是新创办的新型集体经济组织。现实中，农村新型集体经济组织的创办是建立在遵循市场原则和自愿原则基础上，按照"物尽其用、人尽其才、自愿合作、美美与共"的理念，以集体经济组织成员的劳动联合、要素联合或资本联合为主，外部资源入股参与为辅，并以入股财产为限分享利益、承担有限责任的一种经济组织形式。农村集体经济的发展是一个动态变化、推陈出新的过程，在不同时期，农村集体经济的实现形式和特点、肩负的使命各不相同。

农村新型集体经济的"新"是相对于计划经济体制下的"旧制度安排"而言的。与传统的、旧的集体经济相比，农村新型集体经济具有五个方面的特征：（1）产权关系明晰化。也就是说，集体财产是在明晰界定集体产权、成员并折股量化到每个集体经济成员头上，由集体经济成员各自独立出资联合起来而形成的，它承认和保护每个集体经济成员的所有者权益，强调集体财产属于成员联合所有。（2）所有者成员主体清晰化。新型集体经济的成员身份是清晰界定的，是独立成员的自愿合作与联合，成员可根据组织章程加入或退出。集体经济的股权可以在成员内部转让，符合条件的可以进行市场交易，实现部分股权在一定范围内流转。（3）组织治理的民主化。新型集体经济的内部治理体现为所有成员共同参与的民主决策机制，每个成员的责、权、利是对等的。（4）分配制度的灵活化。新型集体经济实行按劳分配为主与其他分配方式相结合的灵活分配方式，可以更好地调动成员的积极性和激发各种参与要素、资源的积极性。（5）组织机构的去行政化。农村新型集体经济组织是依法自主经营、自负盈亏、自担风险的相对独立的商品生产者和市场主体。农村基层政府不能直接干预其生产运营，只能通过国家政策和优化营商环境间接影响集体经济组织的发展。

（二）农村新型集体经济的发展路径

从发展什么、怎么发展来看，当前农村集体经济主要有四种发展路径：

（1）产业发展型集体经济。这是指农村集体经济组织通过把握市场机遇，或立足自身区位优势和自然资源、历史文化资源禀赋，发展一种或多种产业，实现集体资产、资源、资金的保值增值和增加集体经济组织成员收入的共同致富模式。产业发展型集体经济可分为只有部分集体经济组织成员参与、全体成员参与以及集体控股吸引社会公众参与三大类。在深圳证券交易所上市的"华西股份"就属于集体控股吸引社会公众参与的类型。产业发展型集体经济既有利于发挥资本的积极作用，也有利于加强成员间的合作，同时允许成员所拥有股权的转让。

（2）为农服务型集体经济。土地资源的稀缺性决定着农村耕地价值的不断提高，一些村级组织借助于土地所有者和管理协调者的身份，为实现土地的规模开发或经营，通过组建土地股份合作社或者推动土地连片出租获得收益。有的村级组织集中农户自愿流转的农地，以一亩土地为一股，组建了土地股份合作社，对外招租土地，实行同股同利。有的村级组织为土地承租大户协调土地流转并收取流转费，然后将其作为村级集体收入，用于修桥筑路、救济扶贫等公共服务。与产业发展型集体经济不同，不参与生产和经营是为农服务型集体经济组织的一个突出特点。村级组织通过提供为农服务，提高了农业规模化、集约化程度，既壮大了集体经济的实力，又增加了农民财产性收入，还有效发挥了村委会在农村事务中的作用。

（3）资产租赁型集体经济。这是指集体经济组织将通过长期建设形成的历史资产或者通过购置或投资等方式取得的实物资产用于出租，以获取收益和实现集体资产保值增值的一种集体经济组织形式。有的村级组织将部分征地拆迁补偿款用于购置门店并出租，有的集体经济组织通过"抱团"建设或购置标准厂房用于出租。资产租赁型集体经济大多出现在经济比较发达的城郊或工业集聚地区，是城郊农村借助城市经济的快速发展机遇，主动融入城市经济发展的一种资产配置选择。

（4）资源开发型集体经济。这是指农村基层政府组织为了发展集体经济和增加农民收入，将原本低效利用甚至闲置的集体土地、资金和值得开发的生态、历史文化、旅游等资源，通过集体经济组织进行整合、开发，或者交由其他主体投资开发，以便获取更多经济利益、实现共同富裕的一种集体经济发展模式。由于农户要求保底收益，不愿承担资源开发后的经营风险，所以资源开发型集体经济大多采取收取固定租金或村集体资源资产入股的方式。资源开发型集体经济模式的利益联结没有产业发展型集体经济模式紧密。

（三）壮大农村新型集体经济的政策建议

壮大农村新型集体经济，以下几个方面非常重要：

（1）发挥农村基层政府组织的谋划、推动作用。农村基层政府的党支部书记、村长及其工作人员，对本地的资源优势、适宜发展什么类型的新型集体经济最清楚，对怎么组织推动新型集体经济发展最清楚，对谁有能力担任集体经济负责人最清楚，因此激发农村基层政府党支部书记、村长及其工作人员的使命担当意识，调动他们的积极性，加强对他们推动农村新型集体经济发展进行考核，都非常重要。

（2）鼓励党支部领办集体经济组织。发挥农村基层党组织作用，大力发展农村集体经济，是实现乡村振兴、共同富裕和夯实中国共产党执政基础的关键举措。我们欣喜地发现：很多地方政府纷纷出台有关政策，要求和引导党支部领办合作社等集体经济组织。发挥农村基层党组织政治引领作用的基本做法是：由村级党组织牵头，通过协调土地流转、领办农业合作社或相关产业公司等形式，大力发展具有本地特色的农产品种植、深加工、储藏保鲜、物流运输、文化旅游等经营性项目，做多做大村集体经济，走出一条可持续的产业振兴和强村富民路子。"村民富不富，关键看支部。"只有发挥好村级党组织的带头作用，才能将土地、人才、政策信息等发展要素聚集起来，探索出适合各村实际的集体经济发展新路。

（3）选好带头人。"火车跑得快，全靠车头带。"发展壮大农村集体经济，需要一个有公心、有担当、有无私奉献精神的农村致富带头人。实践证明，无论是采取哪种村级集体经济发展模式，都需要有一个好班子，特别是好的支部书记。因此，结合村和社区"两委"换届，真正选拔培育出一批素质好、能力强、敢担当、愿干事的村级党组织书记，是推动乡村振兴的基础性工作。可见，选拔创业有成的中共党员担任村级党支部书记，或者担任村集体经济负责人，也很有必要。

（4）完善农村集体资产管理制度。农村集体资产包括的范围非常广。依据《广东省农村集体资产管理条例》的界定，农村集体资产包括：法律规定属于集体所有的土地和森林、山岭、草地、荒地、滩涂、水域等自然资源；农村集体经济组织成员集体所有的建筑物、构筑物、设施设备、库存物品等资产；农村集体经济组织用于教育、科学、文化、卫生、体育、水利、交通、福利等公益事业的资产；农村集体经济组织投资兴办或者购买、兼并的企业的资产，以及与其他单位或者个人合资、合作所形成的资产中占有的份额、股权；农村集体资产的经营收益，以及属于集体所得部分的土地补偿费和生态补偿费；农村集体经济组织接受政府拨款、补贴补助和减免税费以及其他单位和个人的资助、捐赠等形成的资产；农村集体经济组织拥有的现金、存款、有价证券、债权以及所产生的利息、衍生收入等资产；农村集体经济组织拥有的商标权、专利权、著作权、专有技术等无形资产；属于国家所有依法由农村集体经济组织成员集体行使使用权、享有收益权的资产；依法属于农村集体经济组织成员集体所有的其他资产。因此，为推动农村集体经济发展，需要规范农村集体资产管理，建立与社会主义市场经济发展要求相适应的农村集体资产管理制度，以保护集体资产所有者和经营者的合法权益，促进农村集体经济发展和社会稳定。在国家没有出台有关政策的情况下，需要地方政府根据国家有关法律、法规的规定，结合本地实际，制定农村集体资产管理制度。

（5）完善集体经济成员股权的进退机制。股权流动对增强企业活力、压力，吸引投资具有重要意义。完善股权的进退机制，需要在做好成员界定、集体资产量化等的基础上，搭建集体资产股权交易流转平台，建立股权交易流转和有偿退出机制，允许集体经济组织成员的股份在家庭内部、组织成员内部转让或由集体经济组织有偿回购。借鉴现有的经验，可以采取"先内后外、进退平衡、资源互补"的实施思路，推动集体经济组织的股权转让和股份合作。为推动农村产权交易流转公开、公正和规范运行，还需要提供完善的中介服务和健全的制度安排。

（6）出台支持农村新型集体经济发展的政策。农村新型集体经济的发展对巩固公有制为主体的基本经济制度和夯实中国共产党的执政基础，对推动乡村全面振兴和共同富裕目标的实现，对推动我国全面建成社会主义现代化强国、实现第二个百年奋斗目标，具有非常重要的意义。为促进农村新型集体经济发展壮大，需要从优化发展环境、减轻发展负担等多方面出台支持农村新型集体经济发展的政策。

二、大力发展城镇集体经济

城镇集体经济同样是公有制经济的重要组成部分，同样有利于巩固公有制为主体的基本经济制度和夯实中国共产党的执政基础，要毫不动摇推动城镇集体经济的改革发展。

（一）城镇集体经济的形成和发展

新中国成立 70 多年来，城镇集体经济经历了曲折的发展历程。城镇集体经济的第一次大发展是在"三年过渡时期"，为建立社会主义公有制经济，通过说服教育和示范，引导城镇个体经济在自愿互利的原则下进行社会主义改造，组建了一批手工业供销合作社和生产合作社，形成和发展了一批城镇集体所有制经济。城镇集体经济的第二次大发展是"大跃进"时期到改革开放前夕，它涵盖四个时期：一是 1958 年"大跃进"初期，为了"赶美超英"，掀起了大办街道工厂和生产组的热潮，通过创办集体所有制街道工厂来为城镇妇女提供就业岗位，引导城镇妇女投身于社会主义建设热潮；二是党中央于 1961 年发布了《关于城乡手工业若干政策问题的规定（试行草案）》，也就是"手工业三十五条"，将一部分不适合转为国营工厂的企业，重新改为手工业生产合作小组或合作社；三是 1966 年"文化大革命"初期，为解决职工家属就业问题，许多政府机关、部队、工厂、学校纷纷兴办"五七"家属工厂，就地解决本单位职工家属就业；四是改革开放前夜的 1978 年，为解决城市知识青年待业问题，以"上山下乡"回城知识青年为主，组成各种形式的生产、服务合作社。城镇集体经济的第三次大发展是改革开放后至 20 世纪 90 年代中期。这次大发展以乡镇企业为主，前后经历了 20 年，是持续最久、规模最大的一次。国家统计局的统计数据显示：1978 年全国集体所有制工业企业数为 10.1 万个，就业职工为 1 215 万人，年产值为 602.5 亿元。1991 年，全国城镇集体经济工业总产值增加到 3 315 亿元、就业职工增加到 3 628 万人，达到历史上最高峰。在整个 20 世纪 80 年代和 90 年代初，城镇集体经济占全国工业总产值的比例都在 15% 以上，城镇就业总人数占全国比例都在 20% 以上，城镇新安置劳动力占全国比例在 30% 以上。[1] 在这段时期，城镇集体经济在发展生产、扩大就业、繁荣市场、出口创汇、方便居民生活等方面发挥了重大作用。

随着社会主义市场经济体制的确立和经济体制改革的不断深入，人们逐渐认识到军队办企业、政府办企业妨碍公平竞争；在此背景下，政府机关、军队办的家属工厂纷纷关停并转。当然，也有大量城镇集体企业因历史包袱沉重、发展理念陈旧和产权关系不明晰，不能很好适应市场竞争，纷纷破产倒闭和被改制，导致城镇集体经

---

[1] 许镇，窦永富．新形势下促进城镇集体经济发展的路径选择．中国集体经济，2015（20）：39-44.

济不断萎缩。以就业为例，根据《1999中国统计年鉴》提供的数据，1998年全国城镇集体单位的就业职工为1 900万人；根据《2022中国统计年鉴》提供的数据，2021年全国城镇家庭单位的就业职工为262万人。以建筑业为例，集体企业数由1980年的4 608个增加到2000年的24 756个，而后逐步减少到2021年的1 928个，其在行业的占比由1980年的69.8%逐步下降到2021年的1.5%；集体企业的就业职工由1980年的166.2万人增加到2000年的887.5万人，而后逐步减少到2021年的90.2万人，其在行业的占比由1980年的25.6%增加到2000年的44.5%，而后逐步下降到2021年的1.7%；集体企业的总产值由1980年的66.0亿元增加到2000年的4 035.8亿元，而后逐步下降到2021年的3 295.1亿元，其在行业的占比由1980年的23.0%增加到1995年的32.8%、2000年的32.3%，而后逐步下降到2021年的1.1%，见表11－7。这些数据表明：进入21世纪以来，城镇集体经济过度萎缩，其相对地位与绝对地位都下降到微不足道，处于不断被"边缘化"的尴尬境地。

（二）发展城镇集体经济的重要意义

城镇集体经济是社会主义公有制经济的一部分，其发展的重要意义体现在以下几个方面：

（1）有利于巩固公有制的主体地位。《中华人民共和国宪法》明确规定："城镇中的手工业、工业、建筑业、运输业、商业、服务业等行业的各种形式的合作经济，都是社会主义劳动群众集体所有制经济。"城镇集体经济发展得越好，公有制经济的规模越大，公有制的主体地位越巩固。

表 11-7 建筑业企业中集体企业的主要指标及其行业占比

年份	1980	1985	1990	1995	2000	2005	2010	2015	2020	2021
企业数（个）	4 608	7 765	9 052	15 348	24 756	8 090	5 026	3 318	2 180	1 928
企业数占比（%）	69.8	69.6	67.9	63.6	52.1	13.8	7.0	4.1	1.9	1.5
就业数（万人）	166.2	334.8	389.7	631.9	887.5	361.6	246.5	169.0	103.5	90.2
就业数占比（%）	25.6	36.7	38.6	42.2	44.5	13.4	5.9	3.3	1.9	1.7
总产值（亿元）	66.0	200.6	409.8	1 899.5	4 035.8	2 815.2	3 655.3	4 364.4	3 457.3	3 295.1
总产值占比（%）	23.0	29.7	30.5	32.8	32.3	8.1	3.8	2.4	1.3	1.1

资料来源：根据《2022中国统计年鉴》整理。

（2）有利于共同富裕目标的实现。让人民过最幸福、最美好的共同富裕生活，是中国共产党的初心和使命。习近平总书记在《扎实推动共同富裕》一文中强调："要坚持公有制为主体、多种所有制经济共同发展，大力发挥公有制经济在促进共同富裕中的重要作用。"① 城镇集体经济实行的是按劳分配原则，城镇集体经济的发展壮大，意味着实行按劳分配的群体规模越来越大，越有利于共同富裕目标的实现。

（3）有利于扩大就业。在城镇集体经济发展的历史上，曾经为扩大与增加就业作出了重大贡献。根据有关资料，在20世纪90年代中期，城镇集体企业有100万户，从业职工有3 600万人。1979年全国返城知青1 500万人，党中央决定广开就业门路，大力发展城镇集体经济，安置待业青年就业。1978—1982年城镇集体经济共安置待业青年1 237.9万人。② 就业是民生之本，在当前社会就业压力比较大、创业带动就业的任务也比较繁重的背景下，城镇集体经济的发展在一定程度上可以起到带动就业、带动创业的作用，有利于低成本推动创业和安置城乡就业人口。可见，增加就业需要有城镇集体经济的发展，城镇集体经济的发展有利于扩大就业。

（4）有利于满足人民群众的生活需要。城镇集体经济的主营业务属于日常消费品生产领域，与老百姓的日常生活关系密切，能够在国有经济下起到拾遗补阙的作用。事实证明：城镇集体经济比较贴近城市市民的生活消费和生产活动，因而对于城市经济和城镇经济中的服务经济，特别适合发展多种形式的城镇集体经济。

---

① 习近平.习近平谈治国理政：第4卷.北京：外文出版社，2022：143.
② 中国合作经济学会城镇集体经济研究专业委员会.关于城镇集体经济未来发展问题的意见与建议.中国集体经济，2013（32）：2-9.

（三）发展壮大城镇集体经济的政策建议

发展壮大城镇集体经济，以下几个方面非常重要：

（1）坚定发展城镇集体经济的信心。无论是国内的理论论争与实践，还是国际上的理论论争与实践，都无法证明哪一种所有制最优，哪一种股权结构最优。20世纪90年代我国在向市场经济转轨的过程中，由于城镇集体经济需要有一个适应期，所以部分企业出现了效益下降、经营困难，一些地方政府不是帮助这些企业走出困境，而是对活力不足的城镇集体企业采取"甩包袱""一卖了之""收产业"的做法，甚至以"下指标、赶进度"方式推行改、转、租、卖运动，导致城镇集体经济快速、大范围收缩。可见，坚定对城镇集体经济发展的信心是多么重要。

（2）推动城镇集体企业的公司制改造。公司制企业是适应市场经济发展的企业制度，要积极推动城镇集体经济进行公司制改造，建立有效的公司治理结构。海尔集团创立于1984年，1993年成功上市，经过近40年的发展，从一家当初亏空147万元的集体小厂逐步发展成全球领先的美好生活和数字化转型解决方案服务商。截至2023年8月，海尔集团旗下有4家上市公司，子公司海尔智家位列《财富》世界500强和《财富》全球最受赞赏公司。海尔集团拥有海尔、卡萨帝、Leader、GE Appliances、Fisher & Paykel、AQUA、Candy等全球化高端品牌和全球首个智慧家庭场景品牌三翼鸟，构建了全球领先的工业互联网平台卡奥斯COSMOPlat和物联网大健康产业生态盈康一生，旗下创业加速平台海创汇已孵化加速7家独角兽企业、107家瞪羚企业和124家专精特新"小巨人"。

（3）鼓励街道、社区党支部领办集体经济组织。在农村，很多地方政府纷纷出台有关政策，要求和引导党支部领办合作社等集体经济组织，取得了很好的效果。笔者认为：很有必要效仿农村的做法，鼓励和引导街道、社区党支部领办集体经济组织，发展城镇集体经济，为那些找不到工作的人，自主创业有困难的人，社会保障收入较低需改善生活、提高收入的人，提供稳定的就业岗位。这是实现中国式现代化义不容辞的社会责任。

（4）设立集体经济发展局。2023年9月，中央机构编制委员会办公室正式批复在国家发展改革委内部设立民营经济发展局，作为促进民营经济发展壮大的专门工作机构，旨在加强相关领域的政策统筹协调，推动各项重大举措早落地、见实效。笔者建议：效仿设立民营经济发展局的方式，在国家发展改革委内部设立集体经济发展局，作为促进集体经济发展壮大的专门工作机构。集体经济发展局的主要职责为：跟踪了解和分析研判集体经济发展状况，统筹协调、组织拟定、修改完善促进集体经济发展的政策支持体系，拟定促进集体经济投资发展的相关政策。建立与集体经济的常态化沟通交流机制，协调解决城镇集体经济和农村新型集体经济发展中的重大问题，协调支持集体资本和集体企业提升竞争力、实现高质量发展和做强做优做大。

第十二章
毫不动摇鼓励、支持和引导
非公有制经济发展①

坚持"两个毫不动摇"是由社会主义初级阶段基本国情决定的。坚持"两个毫不动摇"将贯穿于整个社会主义初级阶段。坚持"两个毫不动摇"是个有机整体，既不能只强调发展公有制经济，也不能只强调发展非公有制经济，而是要促进公有制经济与非公有制经济共同发展。本章在分析非公有制经济发展的历史脉络、经验启示、所取得的成绩，以及中国式现代化对非公有制经济提出的新要求的基础上，重点探讨如何"毫不动摇鼓励、支持和引导非公有制经济发展"。

第一节 非公有制经济发展的历史脉络

党的十八大以来，习近平总书记多次重申坚持基本经济制度，

---

① "非公有制"和"民营"两个概念在大多数情况下具有相同的内涵，在不同的情境下出现有一定的历史渊源。近年来，越来越多的党和国家文件采用"民营经济""民营企业""民营企业家"的概念，但在部分情境下，仍以"非公有制经济""非公有制企业""非公有制经济人士"来称呼。

坚持"两个毫不动摇"。在 2018 年 11 月 1 日民营企业座谈会上，习近平总书记对民营经济的重要作用给予了高度肯定，并旗帜鲜明地提出了三个"没有改变"——"非公有制经济在我国经济社会发展中的地位和作用没有变！我们毫不动摇鼓励、支持、引导非公有制经济发展的方针政策没有变！我们致力于为非公有制经济发展营造良好环境和提供更多机会的方针政策没有变！"[1] 习近平总书记的讲话极大地坚定、鼓舞了非公有制经济企业发展的信心和创新热情。改革开放以来，非公有制经济发展可分为"恢复发展"、"快速发展"、"科学发展"和"高质量发展"四个阶段。[2]

一、恢复发展阶段（1978—1992 年）

这一阶段从 1978 年党的十一届三中全会开始，到 1992 年党的十四大确立了建立社会主义市场经济体制的改革方向，其特征是在农村率先实行家庭联产承包责任制改革后，个体经济率先获得快速发展并萌生私营经济，而后私营经济从无到有开始起步。

1978 年，党中央派出四个考察组，分别到西欧、东欧和日本等工业较发达国家以及港澳地区学习、借鉴工业建设和商贸经验，并作出经济建设新决策。1978 年 5 月 11 日，《实践是检验真理的唯一标准》刊登在《光明日报》头版，受到社会各界的高度关注，引发了真理标准大讨论。同年 11 月 13 日，邓小平同志在中央工作会议闭幕式上高度评价真理标准大讨论，指出："不打破思想僵化，不大大解放干部和群众的思想，四个现代化就没有希望。"[3] 1978 年 12 月 18—22 日党的十一届三中全会胜利召开，会议提出将全党工作重

---

[1] 习近平. 在民营企业座谈会上的讲话. 人民日报, 2018 - 11 - 02.
[2] 陈东, 刘志彪. 新中国 70 年民营经济发展：演变历程、启示及展望. 统计学报, 2020, 1 (2): 83 - 94.
[3] 邓小平. 邓小平文选：第 2 卷.2 版. 北京：人民出版社, 1994: 143.

心转移到社会主义现代化建设上来,指出"社员自留地、家庭副业和集市贸易是社会主义经济的必要补充部分,任何人不得乱加干涉"①,预示着个体私营经济的破土生长和发展有了政策空间。1979年11月12日,中共中央批转了中央统战部等六部门《关于把原工商业者中的劳动者区别出来的问题的请示报告》,在党和政府的关心下,在政策文件的具体指导下,经过细致工作,到1981年,原86万工商业者中的70万人恢复了劳动者的身份。②

从邓小平同志在"五老火锅宴"上希望工商界"钱要用起来,人要用起来"③,到对小岗村"包产到户"的认可并在全国推广④,以及邓小平同志提出的"允许一部分人先富裕起来"⑤,其本质是从生产分配体制的调整上对调动个人积极性、创造性的承认,农村改革出现了"承包户""种植大户""运输大户",1 000多万知青大返城后的自主就业"逼"出了个体户和私营企业。由于长期以来"左"倾的思想桎梏,私营经济的萌生发展并非一帆风顺,诸如雇工问题、姓"资"姓"社"问题、私营业主"原罪"问题,一波未平一波又起,非常艰难。尽管如此,但我们一直是跨步向前。党的政策在探索中充分体现了思想解放、理论创新的时代特征,不仅支持了民营经济实践,而且引领了民营经济发展。1981年6月,党的十一届六中全会首次提出个体经济是公有制经济的必要补充。1982年9月,党的十二大报告提出:"由于我国生产力发展水平总的说来还比较低,又很不平衡,在很长时期内需要多种经济形式的同时并存"。

---

① 中国共产党第十一届中央委员会第三次全体会议公报.人民日报,1978-12-24.
② 沈云锁,潘强恩.共产党通史:第3卷下.北京:人民出版社,2011:582.
③ 吴跃农.邓小平请荣毅仁等工商界五老吃火锅.党史纵横,2006(1):10-11.
④ 洪银兴,杨德才,等.中国共产党经济思想史论(下册).天津:天津人民出版社,2021:529-534.
⑤ 邓小平.邓小平文选:第3卷.北京:人民出版社,1993:23.

1982 年底通过的《中华人民共和国宪法》将个体经济写入第十一条。1987 年 10 月，党的十三大报告首次承认并允许私营经济发展。1988 年，私营经济写入《中华人民共和国宪法》。同年，《中华人民共和国私营企业暂行条例》颁布，表明私营经济在法律上得到正式承认，并开始加速发展。

据统计，1978 年中国城镇个体劳动者只有 15 万人。[①] 到 1982 年，个体工商户注册户数就升到 263.7 万户，注册资金为 8.25 亿元，从业人员达到 319.9 万人。到 1991 年底，个体工商户注册户数增加到 1 416.8 万户，注册资金为 488.15 亿元，从业人员达 2 258 万人。1988 年底，全国登记注册的私营企业为 4.06 万户，从业人员为 72.4 万人，注册资金总额为 32.86 亿元。[②] 到 1991 年底，登记注册的私营企业为 10.8 万户，从业人员为 183.9 万人，注册资金为 123.2 亿元。[③] 由于到 1988 年底才有私营经济统计数据，因而此前的个体经济统计数据含有私营企业。1987 年，当时的国家工商行政管理局对全国私营企业进行了一次全面调查，得到了较为准确的数据，即当时全国约有个体私营经济 22.5 万户，共解决就业人数为 360.7 万人。其中，包括个体工商户 11.5 万户，雇工 184.7 万人；以合作经济组织名义存在的约有 6 万户，雇工 96 万人；以集体名义存在的有 5 万户，雇工 80 万人。[④]

二、快速发展阶段（1992—2002 年）

这一阶段从邓小平"南方谈话"为标志到世纪之交，其特征是

---

① 黄孟复. 中国民营经济史·纪事本末. 北京：中华工商联合出版社，2010：175.
② 1988 年，山西、黑龙江、西藏尚未开展私营企业登记工作，因此当年数据未包含上述三个地区。
③ 全国工商联研究室. 中国改革开放 30 年民营经济发展数据. 北京：中华工商联合出版社，2010：1-5.
④ 庄聪生. 中国民营经济四十年. 北京：民主与建设出版社，2018：102.

党和国家确立和坚持社会主义基本经济制度，非公有制经济从少到多、由弱趋强，并进入加快国际化步伐的发展阶段。

邓小平同志在我国改革开放的关键时刻，于 1992 年初视察南方并发表"南方谈话"，解决了"姓社姓资"和"市场经济是不是社会主义"的争论干扰。1992 年 10 月，党的十四大召开，这次大会明确了我国经济体制改革的目标是建立和完善社会主义市场经济体制。[1] 1993 年 11 月，党的十四届三中全会通过了《中共中央关于建立社会主义市场经济体制若干问题的决定》，并指出："国家要为各种所有制经济平等参与市场竞争创造条件，对各类企业一视同仁。"[2] 以党的决议终结了姓"资"姓"社"的无谓纠缠，为非公有制经济发展创造了更加宽松的外部环境。1997 年 9 月，党的十五大报告在理论上对非公有制经济的地位进行了重大创新，由原来的"公有制经济的必要的有益的补充"，重新定义为"社会主义市场经济的重要组成部分"。[3] 也就是说，非公有制经济已经不是可有可无的了，而是我国国民经济"有机组成、不可缺少"的部分。1993 年 3 月，八届全国人大一次会议通过的《中华人民共和国宪法修正案》，确定"国家实行社会主义市场经济"，表明市场导向的经济模式得到了国家根本大法的确认。1996 年，在八届全国人大四次会议上通过的《中华人民共和国国民经济和社会发展"九五"计划和 2010 年远景目标纲要》，把继续发展个体和私营经济作为今后五年发展国民经济必须坚持的方针，这是国家层面的施政目标。1999 年 3 月，九届全国人大

---

[1] 中共中央党史研究室. 中国共产党的九十年：改革开放和社会主义现代化建设新时期. 北京：中共党史出版社、党建读物出版社，2016：798.

[2] 中共中央文献研究室. 十四大以来重要文献选编（上）. 北京：人民出版社，1996：526-527.

[3] 中共中央党史研究室. 中国共产党的九十年：改革开放和社会主义现代化建设新时期. 北京：中共党史出版社、党建读物出版社，2016：811.

二次会议通过的《中华人民共和国宪法（1999修正）》，确定了社会主义初级阶段的基本经济制度，而民营经济的市场主体地位得到进一步的合法确认。

在这一过程中，广大个体私营企业主的政治地位得到极大提升。1993年3月，23名民营企业家以全国政协委员的身份，第一次走进人民大会堂，登上了参政议政的政治舞台。截至2002年11月，全国民营企业家中担任县级以上各级人大代表的共有9 065名，担任县级以上政协委员的有32 025名。① 政治地位的提高、逐渐改善的社会文化环境，激发了民营企业的创业热情，第二代民营企业家开始崛起。1992年，大批体制内人员纷纷下海，辞职下海的有12万人，没辞职却投身商海的超过1 000万人，形成了改革开放以来民营经济发展史上第一次大规模下海潮。② 截至20世纪90年代末，有3万余名留学归国人员创办了民营科技企业，2 000多名留学人员在全国50余家科技创业园创办了企业。③ 民营科技企业异军突起，成为我国经济发展的一个新增长点。创业人员文化素质的提高，使民营企业在量和质上有了双飞跃。同时，非公有制经济积极参与国有企业"抓大放小"改革，一些民营企业和外资企业通过并购在一般性竞争领域迅速做大了规模，有的甚至涉足基础设施和公用事业领域。从产权方面看，许多民营企业摘掉假的"红帽子"④，在市场经济的大潮中搏击成长。截至2002年底，我国个体工商户达2 377.5万户，从

---

① 庄聪生.中国民营经济四十年.北京：民主与建设出版社，2018：178.
② 张志勇.民营企业四十年.北京：经济日报出版社，2019：109.
③ 庄聪生.中国民营经济四十年.北京：民主与建设出版社，2018：131.
④ "红帽子"是改革开放初期，在制度发展不完善的情况下民营企业采取的做法。具体包括三种类型：一是挂靠型，挂靠在某一集体企业或单位名下，其实质仍是个体私营；二是出租转让营业执照型，主管部门办好集体营业执照，然后将经营执照出租或发包给个人经营；三是"假合作型"，在政府推动下，以"合作制"等名义，按集体企业登记领取营业执照，但实质仍是私营企业，不按集体企业制度进行管理，不需要提取公共积累。

业人员为 4 742.9 万人，注册资金为 3 782.4 亿元。私营企业达 243.5 万户，从业人员为 3 247.5 万人，注册资金为 24 756.2 亿元。[①] 个体私营经济等非公有制经济创造的增加值占 GDP 的三分之一。

三、科学发展阶段（2002—2012 年）

这一阶段从党的十六大到党的十七大，其特征是坚持"两个毫不动摇"方针，民营经济由低向高迈开转型升级、科学发展步伐。

随着我国社会主义基本经济制度的确立，各种所有制平等竞争、相互促进的新格局逐步形成，民营经济迈入转型升级、科学发展的阶段，支持非公有制经济发展的政策和理论得到了进一步的突破。2002 年 11 月，党的十六大隆重召开，大会提出"毫不动摇地巩固和发展公有制经济"与"毫不动摇地鼓励、支持和引导非公有制经济发展"，统称"两个毫不动摇"重大论断。[②] 同时，党的十六大还对这两种所有制经济的关系进行了新的概括，提出了"统一"的思想，即"统一于社会主义现代化建设的进程中，不能把这两者对立起来"。2007 年 10 月，党的十七大隆重召开，这次大会同样对不同所有制经济的地位进行了新的概括，第一次明确提出了"两个平等"的思想，即"坚持平等保护物权，形成各种所有制经济平等竞争、相互促进新格局"[③]。同时，相关法律也及时跟进。2004 年 3 月，十届全国人大二次会议通过的《中华人民共和国宪法（2004 修正）》，确立了民营企业家"社会主义事业的建设者"的社会身份，并明确

---

① 全国工商联研究室. 中国改革开放 30 年民营经济发展数据. 北京：中华工商联合出版社，2010：2-3.
② 中共中央党史研究室. 中国共产党的九十年：改革开放和社会主义现代化建设新时期. 北京：中共党史出版社，2016：900.
③ 胡锦涛. 胡锦涛文选：第 2 卷. 北京：人民出版社，2016：632.

了对民营企业合法权益的保护。2007年3月，十届全国人大五次会议通过了《中华人民共和国物权法》，该法历时13年的修改，是国家第一次以法律形式明确对公有财产和私有财产给予平等保护。除了法律外，两项对民营经济发展具有里程碑意义的政策也应运而生。2005年2月，国务院发布了"非公经济36条"，包含7大措施36条。这是新中国成立56年来首部以中央政府名义发布，以促进非公有制经济发展为主题的政策性文件。2010年5月，国务院又颁发了"新非公经济36条"，内容同样包含36条。这是新中国成立以来国务院出台的第一份专门针对民间投资的政策文件。短短几年时间，两个文件的出台，彰显了党和政府对民营经济的高度重视及解决公平竞争问题的决心。

在此期间，民营企业家的政治地位和社会认同进一步提高，在党的十六大上，共有7位民营企业家党代表出席大会。2002年受表彰的全国五一劳动奖章获得者中，有4位民营企业家获此殊荣，实现了零的突破。2004年，由中央统战部、国家发展改革委、人事部、国家工商总局和全国工商联联合举办的首届"优秀中国特色社会主义事业建设者"评选活动，共有100位民营企业家受到表彰，该活动也受到了党中央的高度重视和肯定。[1] 在这一段时期，中国非公有制经济步入了快速发展的轨道。截至2012年9月，我国登记注册的私营企业达1 059.8万户，注册资本金为29.8万亿元人民币，从业人员和投资者超过1.1亿人。个体工商户总数达3 984.7万户，注册资本金达1.88万亿元人民币，从业人员达8 457.7万人。[2]

---

[1] 黄孟复. 中国民营经济史·纪事本末. 北京：中华工商联合出版社，2010：398、399.

[2] 中华全国工商业联合会. 中华全国工商业联合会年鉴（2013）. 北京：社会科学文献出版社，2014：170.

四、高质量发展阶段（2012年至今）

这一阶段从党的十八大开始，其特征是提出在党的十八大、十九大、二十大精神指引下，构建"亲""清"新型政商关系，坚持"两个毫不动摇"，推动非公有制经济健康发展和非公有制经济人士健康成长。

随着"两个健康"发展和弘扬优秀企业家精神，我国非公有制经济由大到强迈进高质量发展新阶段。"两个健康"是指2008年国际金融危机爆发后，全球经济进入新一轮调整期，以习近平同志为核心的党中央对全面深化改革作出一系列战略部署，对非公有制经济发展提出了许多新思想、新论断和新举措，标志着我国非公有制经济迎来了一个新的历史发展机遇。2012年11月，党的十八大进一步提出了"平等使用生产要素、公平参与市场竞争、同等受到法律保护"的"三个平等"思想[1]，平等使用生产要素被提到国家战略高度。2013年11月召开了党的十八届三中全会，全会通过的《中共中央关于全面深化改革若干重大问题的决定》提出："公有制经济和非公有制经济都是社会主义市场经济的重要组成部分，都是我国经济社会发展的重要基础"，进一步提升了非公有制经济的地位；全会强调的"坚持权利平等、机会平等、规则平等，废除对非公有制经济各种形式的不合理规定，消除各种隐性壁垒，制定非公有制企业进入特许经营领域具体办法"，为非公有制经济发展扫除了制度障碍；全会提出的"公有制经济财产权不可侵犯，非公有制经济财产权同样不可侵犯"[2]，从法律上加强了对非公有制经济的保护。此后，我

---

[1] 胡锦涛. 胡锦涛文选：第3卷. 北京：人民出版社，2016：629.
[2] 中共中央关于全面深化改革若干重大问题的决定. 求是，2013（22）：3-18.

国不断推进各类所有制经济产权的法治化进程。2014年10月，党的十八届四中全会提出："健全以公平为核心原则的产权保护制度，加强对各种所有制经济组织和自然人财产权的保护，清理有违公平的法律法规条款。"[1]"两个不可侵犯"和全面推进依法治国，为民营企业安心走发展之路创造了更加有利的营商环境。2017年10月，党的十九大报告把"两个毫不动摇"写入新时代坚持和发展中国特色社会主义的基本方略，作为党和国家一项大政方针进一步确定下来。2022年10月，党的二十大提出："构建全国统一大市场，深化要素市场化改革，建设高标准市场体系。完善产权保护、市场准入、公平竞争、社会信用等市场经济基础制度，优化营商环境。"这一系列政策和举措为非公有制经济不断发展壮大提供了制度保障，标志着我国非公有制经济将迎来新的历史机遇和进入一个新的发展阶段。

政商关系是我国社会关系中的重要关系，也是民营企业发展中不可轻视的重要问题。官商勾结、寻租渔利等负面行为严重破坏社会公平和恶化社会心态，不利于社会主义核心价值观的确立和弘扬，不利于团结一心实现"中国梦"。2016年3月4日，习近平总书记在全国政协十二届四次会议民建、工商联界委员联组会上，把新型政商关系概括为"亲""清"两个字。在党的十九大报告中，习近平总书记进一步强调要构建"亲""清"新型政商关系。这些举措使不健康的政商关系及负面行为得到有效遏制和清除，并使政商关系朝着健康方向演进。企业家精神是民营企业发展的关键内在动力因素，也是党和国家建设社会主义核心价值观的重要内容。2017年9月8日，中共中央、国务院印发《关于营造企业家健康成长环境弘扬优

---

[1] 中共中央关于全面推进依法治国若干重大问题的决定. 求是，2014（21）：3-15.

秀企业家精神更好发挥企业家作用的意见》,界定了优秀企业家精神的内涵,提出了弘扬优秀企业家精神的政策举措和制度安排。进入2018年,恰逢改革开放40周年,针对民营经济的舆论波澜突起,"消灭私有制论""民营经济离场论""新公私合营论""加强企业党建和工会工作对民营企业进行控制"等各种"开倒车"的言论纷扰喧嚣,搅起一片不小的雾霾。在关键时刻,2018年11月1日党中央召开民营企业座谈会,习近平总书记主持会议并作重要讲话,再次重申党和国家坚持"两个毫不动摇"、推动非公有制经济健康发展和非公有制经济人士健康成长、坚持社会主义基本经济制度不变,高度肯定了民营经济的作用,并以"自己人"来定位民营企业和企业管理者,强调"在全面建成小康社会、进而全面建设社会主义现代化国家的新征程中,我国民营经济只能壮大、不能弱化"[1]。党的二十大报告第一次明确提出"促进民营经济发展壮大","完善中国特色现代企业制度,弘扬企业家精神,加快建设世界一流企业","支持中小微企业发展",有力地驳斥了社会上各种否定民营经济的奇谈怪论,宣示了中国共产党促进民营经济发展壮大的坚定决心。这大大增强了各级党委、政府以及社会各界对发展民营经济重要性的认识,在全社会营造了优化民营经济发展的浓厚氛围,给民营企业家吃了一颗"定心丸"。在此期间,党的基层组织覆盖面进一步扩大,产业集群和商会的党建工作加快发展,为民营企业家提供了更好的政治发展交流平台。[2] 据统计,截至2018年10月底,全国实有个体工商户7 137.2万户、私营企业3 067.4万户,相较于1978年的全国个体经营者以及允许私营企业登记的1989年,分别增长了500多

---

[1] 习近平. 在民营企业座谈会上的讲话. 人民日报,2018-11-02.
[2] 陈东,陈建军. 产业集群高质量发展与党建工作创新. 国家治理,2019(16):3-8.

倍和 338 倍。①

2020 年以来，全球疫情突发叠加逆全球化浪潮，给民营经济发展带来了很大的挑战。在此期间，党中央、国务院出台了系列支持民营经济发展的政策文件。2023 年 7 月 14 日，《中共中央 国务院关于促进民营经济发展壮大的意见》发布，提出了 31 条具体举措，涵盖民营经济的发展环境、政策支持、法治保障以及促进民营经济人士健康成长等八个方面，为推进民营经济高质量发展勾勒出新蓝图。除此之外，该文件对民营经济的战略定位作了清晰的表述。在中国共产党坚强有力的领导下，自 2012 年以来，民营经济在高质量发展之路上取得了长足进步：从税收方面看，2012—2021 年民企占比从 48％提升至 59.6％；从就业方面看，2012—2022 年规模以上私营工业企业吸纳就业占规模以上工业企业的比例从 32.1％提高至 48.3％；从数量方面看，2012—2022 年民企数量占比从 79.4％增长到 93.3％；从外贸方面看，民企从 2019 年起成为第一大外贸主体，2022 年的占比达 50.9％。②

第二节　非公有制经济发展的经验启示

改革开放以来，中国共产党坚持把马克思主义基本原理与中国具体实际相结合，通过解放思想、实事求是，对非公有制经济发展采取了符合时代发展特征的方针政策，推动了非公有制经济的蓬勃发展，取得了很多宝贵的经验。

---

① 林丽鹂，胡璐，于文静. 改革开放 40 年 全国个体工商户增长 500 多倍. 人民日报，2018－12－09.

② 陈炜伟，严赋憬. 进一步激发民营经济发展活力. 人民日报，2023－07－20.

一、党的领导是非公有制经济发展壮大的政治保证

党的领导是中国特色社会主义的最本质特征和最大优势。中国共产党拥有强大的领导力,它不仅是中国特色社会主义事业的领导核心,还是推进国家治理体系和治理能力现代化的领导核心。[①] 非公有制经济是在党的方针政策指引下发展起来的。改革开放40多年来,中国共产党从我国社会主义初级阶段的基本国情出发,继承、丰富和发展了马克思主义基本原理,形成了中国特色社会主义理论体系,带领全国人民开辟了中国特色社会主义道路,确立了以公有制为主体、多种所有制经济共同发展,按劳分配为主体、多种分配方式并存,以及社会主义市场经济体制,造就了经济发展的"中国模式",创造了世界经济增长史上"经济快速发展和社会长期稳定"两大奇迹。中国共产党还高度重视非公有制企业党建工作,早在2012年,中共中央办公厅就印发了《关于加强和改进非公有制企业党的建设工作的意见(试行)》[②],党的二十大报告继续强调,要"加强混合所有制企业、非公有制企业党建工作"。非公有制企业设立党组织,既扩大了党的执政基础、群众基础和社会基础[③],又有利于将党的政策、主张和党组织形成的意见及时贯彻到企业的决策中去。这些都为促进非公有制经济每一步的成长壮大提供了明确的发展方向,以及应该坚守的根本遵循。

党的十八大以来,习近平总书记高度重视推动非公有制经济健

---

① 韩庆祥,黄相怀,等.中国道路能为世界贡献什么(修订版).北京:中国人民大学出版社,2018:54.

② 中共中央办公厅印发《关于加强和改进非公有制企业党的建设工作的意见(试行)》.人民日报,2012-05-25.

③ 陈东,洪功翔,汪敏.党组织建设与民营企业投资:基于全国民营企业抽样调查江苏样本的实证研究.现代经济探讨,2017(10):7-14,53.

康发展和非公有制经济人士健康成长，并将其提到重大经济和政治问题的战略高度。他在不同场合重申坚持基本经济制度和"两个毫不动摇"方针，并多次深入民营企业进行考察调研，发表重要讲话来支持民营经济的发展壮大。他以"亲""清"两字来定义新型政商关系，将民营企业家和民营企业视为"自己人"。他还亲自给"万企帮万村"精准扶贫行动中受表彰的民营企业家回信，引领民营经济走向高质量发展。① 为了贯彻落实党的二十大继续强调的"毫不动摇鼓励、支持、引导非公有制经济发展"，2023年7月中共中央、国务院印发了《关于促进民营经济发展壮大的意见》②，提出了8方面31条政策措施，用以支持、促进、引导民营经济发展壮大；2023年8月，国务院印发了《关于进一步优化外商投资环境 加大吸引外商投资力度的意见》③，提出了6方面24条政策措施，就更好统筹国内国际两个大局，营造市场化、法治化、国际化一流营商环境，充分发挥我国超大规模市场优势，更大力度、更有效地吸引和利用外商投资，为推进高水平对外开放做了具体部署。这两个文件既是对过去历史经验的总结，也为未来非公有制经济的发展壮大提供了最为坚实的政治保障。

实践充分证明，支持民营经济发展，是党中央的一贯方针。④ 民营企业家"听党话、跟党走""走社会主义道路"的信念必须坚定不移，一刻都不能动摇。坚持"两个毫不动摇"，走中国特色社会主义道路、发展非公有制经济的实践必须坚定不移，一刻都不能偏离。

---

① 习近平回信勉励广大民营企业家：心无旁骛创新创造 踏踏实实办好企业. 人民日报，2018-10-22.
② 中共中央国务院关于促进民营经济发展壮大的意见. 人民日报，2023-07-20.
③ 国务院印发《关于进一步优化外商投资环境 加大吸引外商投资力度的意见》. 人民日报，2023-08-14.
④ 周文. 促进民营经济发展壮大. 经济日报，2023-10-25.

二、解放思想是非公有制经济发展壮大的重要推动力

党的十一届三中全会确定的解放思想、实事求是思想路线，为当代中国的伟大社会变革奠定了思想基础，揭开了党和国家历史发展的新篇章。正是一次次的解放思想，在全社会破除了姓"资"姓"社"的无谓争论，让陈旧落后的观念不再成为非公有制经济发展的无形障碍。在非公有制经济地位与作用的认识上，通过解放思想，抛弃了"非此即彼"的对立认识，形成了科学辩证的观念认知。此后，在公有制经济与非公有制经济的关系上、在计划经济与市场经济的关系上、在政府作用与市场作用的关系上，均有了全新的观念突破，形成了重大的理论创新成果。在实践层面，以解放思想为先导，不断扫除制约非公有制经济发展的各种体制机制障碍，推动非公有制经济发展走上快车道。20世纪70年代末，以农村改革的思想解放推动了个体经济的发展。20世纪80年代，以思想解放推动了"温州模式"和"苏南模式"的形成，使私营经济得到蓬勃发展。20世纪90年代，以思想解放推动了吸引外资和积极开展出口加工贸易，为私营经济、外资经济和港澳台经济发展打开了更广阔的发展空间。进入21世纪以后，以进一步的思想解放推动改革开放向纵深发展，积极拥抱全球产品的国际分工大潮。以加入WTO为契机，中国民营经济开始在国际上劈波斩浪。党的十八大以后，在解放思想的引领下，中国民营经济开始迎来高质量发展阶段，开启了全新的发展征程。

40多年改革开放的实践表明，非公有制经济的发展每前进一步都伴随着思想的不断解放、观念的不断更新。每当思想解放一步，非公有制经济就会发展一步。在进入新的发展阶段、站在新的历史起点后，我们要从把握中国特色社会主义理论体系的高度，认识非

公有制经济在我国以公有制为基础、多种所有制经济共同发展格局中的重要地位和作用；从坚持"两个毫不动摇"的高度，认识非公有制经济在社会主义市场经济中"平等准入"、"平等竞争"和"平等保护"的市场主体身份及权利，认识加快发展非公有制经济对经济增长、活跃市场、促进城乡就业、增加财政收入、富裕人民生活、促进社会和谐的战略性意义与无可替代的作用，从而进一步提高贯彻落实党中央关于鼓励、支持、引导非公有制经济发展政策的自觉性和积极性。

当前，非公有制经济发展面临着一些新的困难和问题，而解决这些问题同样需要继续大力推动思想解放。我们必须以习近平新时代中国特色社会主义思想为根本遵循，贯彻新发展理念，形成思想解放与推动双循发展理念互为促进，观念创新和实践求索相互激荡，不断破解思想上的僵化与故步自封的惰性。

三、健康稳定的营商环境是非公有制经济发展的决定因素

党的十八大以来，习近平总书记高度重视营商环境工作，多次要求营造稳定公平透明可预期的营商环境，强调要以优化营商环境为基础，全面深化改革。2019年10月，国务院颁布了我国在营商环境领域的第一部综合性行政法规《优化营商环境条例》[1]。2023年7月，《中共中央国务院关于促进民营经济发展壮大的意见》[2] 发布，从持续破除市场准入壁垒、全面落实公平竞争政策制度、完善社会信用激励约束机制、完善市场化重整机制四个方面，就"持续优化民营经济发展环境"和"充分激发民营经济生机活力"进行了系统

---

[1] 优化营商环境条例. 人民日报, 2019-10-24.
[2] 中共中央国务院关于促进民营经济发展壮大的意见. 人民日报, 2023-07-20.

部署。良好的政商关系和健康的营商环境对推动非公有制经济高质量发展均有重要作用。

全力营造优良营商环境是各级政府的基本职责。对于非公有制企业来说,它们关注营商环境主要体现在三个方面:一是要打造公平竞争环境。公平竞争是市场经济效率的根本保障。营造各类非公有制经济与公有制经济平等的市场环境,废除对非公有制经济各种形式的不合理规定,确保各种不同所有制经济公平参与市场竞争、平等使用生产要素、共同履行社会责任,既是重要的,也是必要的。二是要打造稳定政策环境。政策不能朝令夕改,不能新官不理旧事,也不能搞"一阵风""一刀切"。政策稳定不仅体现在执行层面上,更体现在制定层面上。要让民营企业家发展有信心,敢于长远投资、从长计议,保持政策的一以贯之是重要的。三是要打造良好法治环境。公有制经济财产权不可侵犯,非公有制经济财产权同样不可侵犯,保护产权不仅包括保护物权、债权、股权,还包括保护知识产权和其他各种无形财产权。党的二十大报告强调:优化民营企业发展环境,依法保护民营企业产权和企业家权益。这标志着我国产权保护制度实践将进入新的发展阶段,民营企业家的人身财产安全和每个公民的合法权益都将得到更有效的保护。此举对激励广大民营企业家放心投资、专心创新、安心经营和用心发展,必将产生积极的作用。

当前,全国要以改革创新的精神,以改革创新的办法,以法制化、市场化、国际化的标准,既要对症下药、革除当下的陋习顽疾,又要久久为功、着眼长远施策,让亲商、安商、富商观念在全国蔚然成风,让广大非公有制经济企业家安心、专心、放心、舒心谋发展,进一步优化区域和各地营商环境,推动非公有制经济走向更高质量、更均衡发展。

四、弘扬优秀企业家精神是非公有制经济发展的不竭动力

改革开放以来，民营企业家队伍不断发展壮大，企业家精神得到高度重视和大力弘扬，无数优秀企业家（如华为公司创始人任正非、京东集团创始人刘强东、吉利控股集团董事长李书福、比亚迪集团董事长王传福、腾讯集团董事长马化腾、红豆集团董事长周海江等）为推动我国经济持续繁荣、改革开放事业向纵深推进作出了突出贡献。中国民营经济能够创造如此突出的业绩，离不开每一位优秀民营企业家的企业家精神。

民营企业家是市场竞争的重要参与者，他们不断推陈出新、代际接力，既以自己的成功经验为改革开放事业积累了宝贵经验，也用自己的失败和不足为改革开放事业提供了有益的镜鉴。他们不等不靠、不满足于既往成绩，不忧不惧、勇于脱胎换骨，成为新时代不可缺少的稀有要素。他们弘扬优秀企业家精神，使持之以恒、锐意进取成为大部分民营企业家的精神风尚。他们实现了从吃苦耐劳、冒险开拓到大胆创新、精益求精、持续变革的蜕变，而诚信经营、造福社会等现代商业文明，已成为越来越多民营企业家的价值共识和不懈追求。

中共中央、国务院印发的《关于营造企业家健康成长环境 弘扬优秀企业家精神 更好发挥企业家作用的意见》[1]，充分体现出党中央对弘扬企业家精神的高度重视。随着非公有制经济的发展壮大，其自身的诚信精神、敬业精神、进取精神在社会上的影响也将逐渐扩大，民营企业家依靠自身的努力奋斗获得财富的经历，也将在社会

---

[1] 中共中央国务院关于营造企业家健康成长环境 弘扬优秀企业家精神 更好发挥企业家作用的意见. 人民日报，2017-09-26.

上形成示范效应，在党和政府的正确引导下，有助于形成公众爱岗敬业、勤奋工作的风气。同时，各级政府和社会组织有必要开展高素质企业家培育活动，加大对民营企业家的正向激励，以便在全社会营造出亲商、安商、富商的社会环境，激发企业家的创业、创新、创富精神。

实践充分证明，中国经济发展能够创造"世所罕见的经济快速发展奇迹和社会长期稳定奇迹"，民营企业家功不可没。面对第二个百年奋斗目标，我们仍需进一步营造健康良好的营商环境，弘扬优秀企业家精神，让企业家精神引领中国民营经济高质量发展。

第三节　非公有制经济发展取得的成绩

在党的方针政策的支持和引导下，一方面，个体经济和私营经济的发展不断实现量的增加和质的提高；另一方面，积极引进外资企业和港澳台企业，包括引进世界500强企业，壮大了非公有制经济的规模。如今，非公有制经济已成为我国社会经济可持续发展和高质量发展的重要力量。

一、成为推动经济增长的重要力量

非公有制经济是推动我国社会经济高质量发展的生力军，是推动我国建成富强民主文明和谐美丽的社会主义现代化强国、实现中华民族伟大复兴的重要力量，并无可争议地成为社会主义市场经济的重要组成部分。非公有制经济成为推动经济增长的重要力量，主要体现在以下三个方面：一是民营经济占国民经济的比重不断上升。习近平总书记在民营企业座谈会上指出，可以用"五六七八九"描述民营经济发展的具体特征，即民营经济为中国经济社会发展贡献了50%以上的税收，创造了60%以上的国民生产总值，产生了70%以上的技术创新成果，解决了80%以上的城镇劳动就业，民营企业数量占我国企业数量的90%以上。二是民营经济在拉动投资增长中的作用突出。民营经济已成为我国规模最大的投资主体，是支撑我国经济持续快速发展的重要引擎。2002年以后，民间投资总量稳步增长。截至2012年底，民间固定资产投资占全国城镇固定资产投资的比重达到60.4%，投资比重首次突破全国城镇固定资产投资总额的60%。2012年以后，该比重均保持在55%以上，2021年为56.5%。[1] 据国家发展改革委消息，2023年上半年，除房地产开发以外的民间投资同比增长9.4%，增速比全部投资高5.6个百分点；制造业民间投资增长8.4%，比制造业整体投资高出2.4个百分点，特别是清洁能源、电动汽车等领域的民间投资比较活跃；基础设施民间投资增长15.6%，比基础设施整体投资高出8.4个百分点，呈现出较强的投资信心和投资动力。[2] 三是民营经济的对外贸易增长迅速。2001年中国加入WTO以后，民营企业进出口总额占全国进出口总额的比重迅速上升。据海关统计，2012年民营企业进出口总额为1.15万亿美元，占我国进出口总额的31.6%，而到2022年民营企业的进出口总额占比达到50.9%，相比2021年提高了2.3%，年度占比首次超过一半，对我国外贸增长贡献率达到80.8%。[3]

二、成为促进产业转型升级的重要力量

近年来，民营企业产业转型升级步伐加快，成效显著，产业升

---

[1] 王欣. 新时代推动民营企业高质量发展：制度演进、现实刻画和未来进路. 产业经济评论，2022（4）：5-25.
[2] 国家发展改革委. 2023年上半年除房地产开发以外的民间投资同比增长9.4%. 扬子晚报，2023-07-24.
[3] 杜海涛，张芳曼. 我国进出口规模首次突破40万亿元. 人民日报，2023-01-14.

级态势明显。在民营企业发展初期,由于投资能力、抗风险能力以及国家准入等方面的限制,民营企业主要集中在一般竞争领域,技术含量较低。20世纪80年代末90年代初,民营企业主要集中于第二产业,并且总体集中于传统行业中。自1995年以后,民营企业的产业结构开始出现了明显的变化,从事第一产业和第三产业的企业数量、投资人数、雇工人数、注册资金等指标开始逐年增加。相应地,民营企业从事第二产业的比重有所减少,结构开始优化。党的十六大以后,民营经济可以进入的领域和行业迅速扩展,开始向重工业、基础设施和公用事业延伸,有的企业开始进入节能环保、新一代信息技术、高端设备制造业等新兴产业领域,民营经济已成为发展新技术、新产业、新业态的重要推动者。到2013年,民营企业数量在第一产业、第二产业和第三产业中的比重分别为3.16%、25.54%、71.30%。[①] 党的十八大以后,民营企业进入高质量发展阶段,转型升级步伐加快。党的二十大报告强调,必须把发展经济的重点放在实体经济上,聚焦新一代信息技术、人工智能、生物技术、新能源、新材料、高端装备、绿色环保等产业,以创新驱动为核心,培育新的竞争优势。2023年7月,中共中央、国务院发布的《关于促进民营经济发展壮大的意见》,进一步明确了民营企业在关键行业中的地位和方向,其中包括培育一批科技领军企业、"专精特新"中小企业和创新能力强的中小企业特色产业集群,为民营企业转型升级提供了更明确的方向。以全国工商联民营企业500强为例,2021年民营企业500强前十大行业,电气机械和器材制造业,计算机、通信和其他电子设备制造业分别由2020年的第六、第七位升至第五、第六位。从入围企业数量看,电气机械和器材制造业,计算机、通信和其他电

---

① 王钦敏. 中国民营经济发展报告(2014—2015). 北京:中华工商联合出版社,2016:5.

子设备制造业等行业入围企业数量较2020年均有所上升。综合、建筑业、批发业、房地产业等行业入围企业数量较2020年均有所下降，转型升级态势明显。①

三、成为参与市场竞争的重要力量

非公有制经济成为市场竞争的重要参与者，主要体现在以下三个方面：一是非公有制经济企业在市场主体中占绝大部分。根据国家市场监督管理总局的数据，截至2022年9月底，民营经济市场主体超过1.57亿户，其中私营企业4 740.8万户、个体工商户1.1亿户。② 民营企业和中小微企业有高度的重合性，据统计，截至2022年末，我国中小微企业数量已超过5 200万户，比2018年末增长51％。2022年平均每天新设企业2.38万户，是2018年的1.3倍。③ 二是非公有制经济是我国参与经济全球化的重要力量。在"引进来"和"走出去"两方面，为我国经济发展和密切与世界各国的联系作出了巨大贡献。中国民营经济实力的不断壮大和大力引进外资经济、港澳台经济，有利于提高我国的国际竞争力和国际影响力。2008年国际金融危机爆发，民营企业紧紧抓住了这个历史机遇，在国家鼓励企业"走出去"的战略支持下，主动出击，有重点、有步骤地开展境外投资，这一阶段涌现出一批规模大、效益好的企业。据《2015年度中国对外直接投资统计公报》统计，2015年我国民营经济境外并购金额占当年境外并购金额的75.6％，民营经济占我国对外投资的65.3％，在数量和金额上均首次超过公有制企业。党的

---

① 高云龙．中国民营经济发展报告（2020—2021）．北京：中华工商联合出版社，2022：18－19．
② 庄聪生．深刻把握党的二十大关于促进民营经济发展壮大的重要论述．人民政协报，2022－10－21．
③ 徐佩玉．中小微企业已超五千两百万户．人民日报海外版，2023－06－20．

十八大以来，民营企业积极投身国家重大战略决策部署，抓住"一带一路"的发展机遇，聚焦实体经济，以基础设施建设、建筑施工、电气机械、钢铁、房地产业以及计算机、通信和其他电子设备等具有竞争优势的行业为主。根据 2023 年海关总署披露的数据，一季度，我国有进出口实绩外贸企业 45.7 万家，同比增长 5.9%。其中，民营企业 38.4 万家，增加 7.5%，进出口 5.18 万亿元，增长 14.4%，占我国进出口总值的 52.4%。三是非公有制经济在经济发展中的地位不容置疑。外资经济和港澳台经济的引进，民营经济的发展，使得我国的市场产品供给无论是数量还是质量都有了大规模的提升，为人民群众追求美好生活提供了坚实的保障。2018 年 11 月，习近平总书记针对社会上否定、怀疑民营经济的言论，再次强调："非公有制经济在我国经济社会发展中的地位和作用没有变！我们毫不动摇鼓励、支持、引导非公有制经济发展的方针政策没有变！我们致力于为非公有制经济发展营造良好环境和提供更多机会的方针政策没有变！我国基本经济制度写入了宪法、党章，这是不会变的，也是不能变的。"① 党的二十大报告再次重申"两个毫不动摇"，表明了党的一贯立场和支持鼓励民营经济发展的方针政策没有改变。这回应了社会重大关切和民营企业的呼声期盼，及时给民营企业家送来了一颗"定心丸"。

四、成为推动科技创新的重要力量

党的二十大报告强调了科技、人才和创新在国家发展中的重要性，并指出：我们必须坚持科技是第一生产力、人才是第一资源、创新是第一动力，深入实施创新驱动发展战略，不断塑造发展新动

---

① 习近平. 在民营企业座谈会上的讲话. 人民日报，2018-11-02.

能新优势。这体现了党对当前国内外形势的清醒认识和对未来发展方向的明确指引。民营经济成为科技创新的重要力量，主要体现在以下四个方面：一是在技术创新中的作用不断增大。民营企业是推动经济发展和科技创新的重要力量，并在创新领域中扮演越来越活跃的角色。据统计，我国民营科技企业占全国高新技术企业数量的50%左右，全国65%左右的发明专利、70%左右的技术创新和80%以上的新产品都来自民营企业。[1] 另一份资料显示，从2022年7月公布的"2021年中国新经济企业500强"榜单看，民营企业数量为422家，占比84.4%，呈现出绝对优势。其中，在前20强中，有18家为各个领域的民营企业。截至2021年6月，中国共有民营上市公司2 819家，占我国境内上市公司总数（4 386家）的64%。其中，科创板民营上市公司占比80%，创业板民营上市公司占比86%。截至2022年9月1日，北京产权交易所累计上市110家企业，其中民营企业占比90%。2022年8月，在工信部公布的第四批4 397家国家级专精特新"小巨人"中，私营企业占比84%。[2] 二是研发费用不断提升，显示了民营企业正在成为国家创新的重要力量。全国工商联发布的《2022研发投入前1 000家民营企业创新状况报告》显示，上年度研发投入前1 000家民营企业的研发费用总额1.08万亿元，占全国研发经费投入的38.58%，占全国企业研发经费支出的50.16%，54.7%的企业具备高技术、高成长、高价值属性。[3] 三是研发人员占企业人数的比重逐渐攀升。根据全国工商联全国民营企

---

[1] 毛思捷. 民营经济是助推我国经济实现高质量发展的重要力量. 中华工商时报，2023-02-27.
[2] 易宪容. 非公有制经济仍是社会主义市场经济的重要组成部分. 光彩，2022（11）：8.
[3] 刘保林. 2022研发投入前1 000家民营企业创新状况报告. 中国产经，2022（17）：35-37.

业 500 强调查数据显示，2021 年全国民营企业 500 强研发人员占企业职工人数的比例超过 10%、3‰～10‰ 的分别为 158 家、130 家，较 2020 年增加了 38 家、21 家；占比在 1‰～3‰、小于 1‰ 的企业数量分别为 58 家、45 家，较 2020 年分别减少了 1 家、7 家。四是专利产出数量不断增加。相关数据显示，民营企业的技术创新已占全国总量的 65%，专利发明占 75%，80% 的新产品来自民营企业。① 根据全国工商联发布的《2012 中国民营企业 500 强调研分析报告》，2011 年中国民营企业 500 强申请有效专利数 74 631 项，其中国内有效专利 68 350 项、国外有效专利 6 281 项。而 10 年后，根据全国工商联经济部发布的《2022 中国民营企业 500 强调研分析报告》，2021 年中国民营企业 500 强国内外有效专利合计 633 922 项，其中国内有效专利 499 265 项、国外有效专利 134 657 项，均有大幅增长。

五、成为履行社会责任的重要力量

近年来，从捐款捐物、投资产业项目、创造就业岗位，到教育扶贫、健康扶贫、互联网扶贫等新模式新业态，以及"万企帮万村"的因地制宜、对症下药，广大民营企业纷纷帮助各地发展，积极履行社会责任。民营经济成为和谐社会的重要建设力量，主要体现在以下四个方面：一是民营经济已成为我国吸纳社会就业的主要渠道。就业是民生之本，是党和政府经济社会工作的第一要务。创造就业机会，助力改善民生，是民营企业推行共享发展的主要渠道，也是民营企业获取人口红利、快速增长和扩张的"法宝"。有数据显示，

---

① 高云龙，徐乐江. 中国民营企业社会责任报告 (2018). 北京：社会科学文献出版社，2018：87.

民营企业为城镇提供了80%的就业岗位，吸纳了70%以上的农村转移劳动力，大大缓解了社会就业压力。① 二是积极推动区域和城乡协调发展。民营企业积极参与国家重大战略，比如加强区域开发、振兴东北老工业基地、乡村振兴、对口扶贫，并呈现常态化、规范化、多元化、品牌化的特点，为解决区域和城乡经济差距、推动国家扶贫开发事业作出了历史性贡献。据统计，自党中央、国务院开展精准扶贫总体部署以来，近13万家民营企业精准帮扶13.91万个村，产业投入1 105.9亿元，公益投入168.64亿元，技能培训130.55万人，带动和惠及1 803.85万建档立卡贫困人口，为减贫事业贡献了"民企智慧"，也反映出我国民营企业效益和民营经济质量的显著提升。② 三是民营企业家对公益慈善的自觉性日益提高。民营企业家投身公益慈善的意识越来越强，他们积极参与各种公益慈善事业，并履行社会责任。党的二十大报告鼓励有意愿、有能力的企业、社会组织和个人积极参与公益慈善活动。实际上，许多民营企业家在这方面表现得很积极。从近几届中国慈善榜的数据来看，民营企业已成为大额捐款的主要力量，占榜单企业总数的70%以上，其捐款总额也超过了榜单总捐款额的80%。③《中国民营企业社会责任报告（2021）》显示，2017—2020年民营企业年捐款额分别为483亿元、450亿元、475亿元、631亿元，占当年企业捐赠额的比例为50.1%、50.6%、51.0%、51.8%，连续四年超过捐赠总额一半以

---

① 高云龙，徐乐江. 中国民营企业社会责任报告（2018）. 北京：社会科学文献出版社，2018：14.
② 高云龙，徐乐江. 中国民营企业社会责任报告（2022）. 北京：中国工商联合出版社，2023：53.
③ 庄聪生. 深刻把握党的二十大关于促进民营经济发展壮大的重要论述. 人民政协报，2022-10-21.

上。2021年中国慈善榜上榜民营企业958家，占上榜企业总数的63.4%，共计捐赠121.5亿元，超过企业总捐赠额的一半。[①] 四是民营企业对绿色发展的责任意识越来越强。长期以来，民营企业在注重自身绿色环保生产、减少环境负外部性的同时，还致力于水土流失防治、生物多样性保护、国土绿化、沙漠治理等生态保护治理与修复活动。以参加"国土绿化"行动为例，非公有制林业企业目前已占全国林业企业总数的70%以上，非公有制林业经济总量占全国林业产业总产值的68%以上[②]，同时出现了民营企业家王文彪领导的亿利集团数十年来在库布其沙漠坚持再造绿洲的先进典型。民营企业在推动绿色发展中的重要作用，也得到了生态环境部与全国工商联的高度肯定和重视。2019年1月，生态环境部和全国工商联联合印发了《关于支持服务民营企业绿色发展的意见》[③]，为推动生态环境保护事业和非公有制经济共同发展开辟了更广阔的平台。根据《中国民营企业绿色发展报告2022》的数据显示，约30%的民营工业企业编制过与"碳达峰、碳中和"相关的实施方案，而在高耗能行业，有53.5%的民营企业已经设立了专门的节能降碳职能部门，并积极应用减碳技术。[④]

第四节　中国式现代化对非公有制经济提出的新要求

随着中国经济迈入新的发展阶段，中国式现代化赋予了非公有

[①] 高云龙，徐乐江. 中国民营企业社会责任报告（2022）. 北京：中国工商联合出版社，2023：9、193.

[②] 王满. 绿色产业打造生态文明新局面. 中国林业产业，2014（11）：24-29.

[③] 生态环境部、全国工商联关于支持服务民营企业绿色发展的意见，2019-01-17.

[④] 高云龙，徐乐江. 中国民营企业绿色发展报告2022. 北京：中华工商联合出版社，2023：60、62.

制经济新的使命。非公有制经济的发展需要与国家、社会的发展目标相一致。当然，中国式现代化的实现，同样为非公有制经济发展带来了新的机遇和新的红利。

一、注重发展质量

党的二十大报告明确指出："高质量发展是全面建设社会主义现代化国家的首要任务。"[①] 经济的高质量发展最终需要企业的高质量发展予以实现，民营企业作为构成中国微观经济基础中规模最大的市场主体，其高质量发展对于支撑中国经济高质量发展至关重要。过去，由于我国经济体量不大，处于追赶阶段，所以民营经济的经济增长模式主要表现在数量高速增长和规模迅速扩大，但这种模式已经很难持续。在开启中国式现代化的新发展阶段，推动民营经济发展必须要树立高质量发展理念。因此，需要注意民营企业所提供产品和服务的质量，是否有助于我国产业链供应链安全，是否有助于我国关键技术突破和自主可控。只有这样的发展才是高质量的发展。对民营企业来说，既要按照党的二十大要求，努力做大做强，实现规模化发展目标，并培育一批行业龙头和世界级"链主"企业，引领并带动行业上下游配套企业高质量发展；也要鼓励走精走深，实现专业化发展，其目标是做"专精特新"和细分领域的隐形冠军，成为产业链中不可或缺的部分。同时，在引进外资企业和港澳台企业时，要严把质量关，一定要把环保不达标和亩均利税低于本地平均水平的企业拒之门外。

---

① 习近平. 高举中国特色社会主义伟大旗帜 为全面建设社会主义现代化国家而团结奋斗：在中国共产党第二十次全国代表大会上的报告. 人民日报，2022-10-26.

二、注重社会效益

非公有制经济是国民经济的重要组成部分,目前非公有制企业数量超过市场主体的90%。作为自主经营、自负盈亏的独立产品生产者,非公有制企业既要积极解决社会就业、按章纳税,也要在企业内部建立激发劳动积极性的利益分配机制,做大做强做优做实自己。"中国式现代化是物质文明和精神文明相协调的现代化。"非公有制企业也要在能力范围内,主动参与国家的扶贫减贫事业,关注社会困难群体,积极参与公益捐赠和慈善事业,参加国家各种扶贫事业,对接诸如"万企帮万村""希望工程""光彩事业""国家八七扶贫攻坚计划",以及积极参与对老少边穷地区的产业和就业扶贫。在回馈社会的过程中,不仅要给需要帮扶地区和人民进行补血,更要给他们进行"造血",通过实际行动树立良好的企业形象,减轻国家负担,传播正能量,实现企业发展和社会价值的有机统一。

三、注重绿色路径

经典现代化理论认为:经济现代化的核心是经济增长,路径是大力发展社会生产力。西方发达资本主义国家在过去的现代化过程中,出现了资源消耗过度、城市化过度,以及存在向大自然过度索取甚至破坏大自然、污染环境、生态危机等一系列问题。中国经济现代化需要吸取西方发达国家在发展中遇到的这些深刻教训,不能走先污染再治理的传统发展之路。一方面,中国的环境容量有限,在污染后,可能还来不及治理就已造成严重的生态后果;另一方面,后期治理所付出的成本也要远高于先期预防的成本。党的十八大以来,在习近平生态文明思想的指导下,经过多年来的强力治理,污染情况已得到显著改善，绿水青山受到人民群众的普遍拥护。"中国式现代化是人与自然和谐共生的现代化。"在新的发展阶段，更加注重绿色发展，不仅是经济社会发展的基本要求，也是民营经济在发展中的基本遵循。民营经济要加大绿色技术赋能，把技术创新与创新发展有效结合起来，充分参与国家"双碳"治理，为整个社会的绿色发展贡献力量。

四、注重"双循环"发展

党的二十大报告指出：中国坚持对外开放的基本国策，坚定奉行互利共赢的开放战略，更好惠及各国人民。当前，全球化遭遇巨大挑战，全球产业链不仅是逆全球化发展，而且开始分圈分层。过去的经济全球化是通过跨国公司在全球的产业布局和转移，以及供应商链主企业的国际外包订单来推动的，未来将是分圈层的全球产业链集群之间的竞争。这对我国过去嵌入全球价值链的发展模式带来了巨大的挑战，需要我国政府积极加强国内统一大市场建设，构建以国内大循环为主体、国内国际双循环相互促进的新发展格局。构建新发展格局，不仅需要国家公共部门的行动，还需要不同所有制经济体的共同参与。民营经济作为推动中国式现代化建设的有生力量，理应主动适应新的发展形势，参与国内价值链、产业链、供应链、创新链建设，推动全国统一大市场形成。在此基础上，有条件的民营企业要坚持走国际化道路，勇敢"走出去"，在国际竞争中劈波斩浪，不断提升自己的国际竞争力和现代化水平。

五、注重共同富裕

目前，世界上的现代化国家都是资本主义发达国家。许多关于后现代化的文献都批判了这些国家在贫富分化等方面的现代化病。[①]"中国式现代化是全体人民共同富裕的现代化。"从所有制结构看，国有经济是实现共同富裕的压舱石[②]，而包括集体经济、个体私营经济和外资经济等所有非国有经济在内的，具有经营自主性的民营经济，是实现共同富裕的基础力量。[③] 一方面，非公有制经济的发展既有利于把可分配的"蛋糕"做大做好，又有助于政府把"蛋糕"分得更合理、更公平。非公有制经济越发达，企业与企业主获得的利润越丰厚，创造的就业岗位就会越多，其职工的工资水平也会相应提高，经济发展的好处就可以由更多人分享，进而有利于增加人们收入，促进共同富裕。另一方面，非公有制经济的发展仍然存在一些问题，比如在带来经济发展、社会财富增长的同时，有可能带来不同社会群体间收入差距、财富差距的扩大，也有可能加剧地区之间的发展不平衡，加剧区域结构性矛盾等问题。因此，我们要引导和激励非公有制经济企业家，凝聚共谋共推共富的思想共识，在实现自身高质量发展的同时，更加公平地实施初次分配、积极参与第三次分配，积极承担带帮"后富"的历史使命。[④]

第五节　大力发展非公有制经济

发展非公有制经济，是坚持"两个毫不动摇"的基本要求。非

[①] 洪银兴. 中国式现代化论纲. 南京：江苏人民出版社，2023：307-308.
[②] 唐任伍，孟娜. 共同富裕的压舱石：国有企业的担当及其作用机制探微. 治理现代化研究，2022，38（2）：34-40.
[③] 唐任伍，马志栋. 民营经济助推实现共同富裕的实践逻辑、理论依据与路径选择. 理论与现代化，2023（3）：47-61.
[④] 吴文新，张芮昕. 新时代引导民营经济助推共同富裕的实践思考. 管理学刊，2023，36（1）：1-15.

公有制经济主要包括民营企业、中小微企业和外资企业。因此，推动民营企业高质量发展，支持中小微企业发展，以及积极吸引和利用外商投资，就成为推动非公有制经济发展自然而然的选择。

一、推动民营企业高质量发展

企业是国民经济的微观基础。经济的高质量发展最终是由企业的高质量发展予以实现的。[①] 截至2023年底，我国民营企业超过5 300万户，占企业总量的92%以上。[②] 民营企业作为中国经济微观基础中数量最大的市场主体，其高质量发展对于支撑中国经济高质量发展至关重要。

（一）锻造民营企业的持续发展能力

市场竞争犹如逆水行舟，不进则退。市场竞争比的是综合素质和可持续发展能力。因此，对民营企业进行素质再造工程，鼓励民营企业"练好内功"，促使众多民营企业将"综合素质劣势"转化为"综合素质优势"，是未来推动民营企业高质量发展的重要支撑。[③]

（1）培育高素质企业家群体。企业家是企业的灵魂。成功企业的背后都有一个或数个伟大的企业家。推动民营企业高质量发展，培育高素质企业家群体是关键。从企业家个体层面看，民营企业家要重视学习、勤于学习、善于学习，不断提高自身基本素质，及时更新经营理念、思想认识，把握市场经济运行规律和技术演变的最新趋势，不断提高企业的运营绩效。同时，要弘扬企业家精神，将对国家、社会和企业的使命感、责任感与个人的自我修养有机结合

[①] 黄速建，肖红军，王欣. 论国有企业高质量发展. 中国工业经济，2018 (10)：19-41.
[②] 林丽鹏，蔡华伟. 2023年新设经营主体3 273万户. 人民日报，2024-03-14.
[③] 王欣. 新时代推动民营企业高质量发展：制度演进、现实刻画和未来进路. 产业经济评论，2022 (4)：5-25.

起来，既要发挥创新创业精神，推动企业不断发展壮大，又要积极承担、履行社会责任。从政府和社会层面看，要开展对民营企业家培育、培训的统筹规划和专项行动，加大对社会贡献大的民营企业家的荣誉激励，建立完善对民营企业家的关爱机制，在全社会进一步营造尊重民营企业家、爱戴民营企业家的浓厚氛围。从企业层面看，要科学建立民营企业家的接班人机制，着眼于基业长青和可持续发展，创新接班人培养模式，确保新生代民营企业家肩负起重托，安全平稳、高质量地实现代际传承。

（2）健全民营企业的公司治理机制。实践证明，相互制衡的公司治理机制是确保公司有效运行的必备条件。鼓励民营企业家对民营企业进行现代企业制度改造，转变高度"家族化"治理模式，探索建立"控制权家族化、管理层社会化、股权激励普遍化"的新模式①，加快建立结构合理、运行高效、有效制衡的现代公司治理机制，基本条件是要对民营企业股权结构进行优化，有效改变"一股独大"的股权结构，为构建相互制衡的公司治理机制奠定制度基础。建立健全民营企业的公司治理机制，需要规范建立和设置股东大会、董事会、监事会和高级管理层的议事管理规则，并将其责权利落到实处；需要吸收企业职工参与企业民主化管理和公司治理活动；需要严格决策、执行、监督程序，将科学性、规范性与效率性有机结合起来；需要推动外部利益相关方参与公司治理，加强对民营企业决策和运营的外部治理；需要建立健全民营企业的内部控制程序和制度，加强内部监审，确保内审工作的独立性和有效性。②

---

① 赵丽．"十四五"时期我国民营经济高质量发展面临的问题与应对策略．中州学刊，2022（2）：13-19．

② 王欣．新时代推动民营企业高质量发展：制度演进、现实刻画和未来进路．产业经济评论，2022（4）：5-25．

（3）提升民营企业的现代化管理水平。管理也是生产力，现代化企业需要有现代化的管理相匹配。不少民营企业对企业管理重视不够，它们的管理理念、管理方法、管理工具跟不上形势，管理投入不足，基础管理水平不高，成为企业发展的短板。[1] 特别是不少民营企业缺乏风险防范意识和管理能力，不能有效应对频繁发生的"黑天鹅"事件所带来的外部冲击。有资料显示，当发生紧急事件时，只有49.6%的民营企业有应对危机的书面计划，远低于国有企业70%的比例。[2] 因此，提升民营企业的现代化管理水平非常重要。第一，引导民营企业从思想认识上重视企业的现代化管理，鼓励民营企业借鉴、学习和对标国内外优秀企业的经营理念及管理经验，不断提升现代化管理水平与管理能力。第二，推动民营企业转变粗放的管理模式，从战略管理、绩效管理、劳动纪律管理、内部控制等方面实行精细化管理，提高管理效能和效率。第三，鼓励和推动民营企业构建与完善面向全员的激励约束机制，既规范全体员工的行为，又最大限度地激发全体员工的创造潜能。第四，鼓励和引导民营企业建立健全风险管理机制，全面提升民营企业应对危机和突发事件的能力，确保在受到外部重大冲击时能够从容应对。第五，推动民营企业重视和加强内部文化建设，形成以企业为家、以企业为荣、关爱有加、充满活力、锐意进取的企业文化，充分发挥企业文化凝心聚力的功能。第六，引导和鼓励民营企业加强社会责任管理与实践，切实自愿履行社会责任，赢得利益相关方和社会的广泛认同，塑造良好的社会形象。

---

[1] 杨晓琰，郭朝先，张雪琪. "十三五"民营企业发展回顾与"十四五"高质量发展对策. 经济与管理，2021，35（1）：20-29.
[2] 李兰，仲为国，彭泗清，等. 企业家精神与事业传承：现状、影响因素及建议：2020·中国企业家成长与发展专题调查报告. 南开管理评论，2021，24（1）：213-226.

（二）推动民营企业创新发展

新发展格局开启了国内外产业链重构的历史性机遇和国产化替代的窗口期，催生了一系列新需求，带火了一批新模式、新业态，也是一些民营企业实施弯道超车、加快创新升级的好时机。

（1）提高对创新发展的认识。有一定实力和技术储备的民营企业应顺应转型发展的趋势，努力抢抓新业态、新产业、新市场、新空间、新蓝海，推动变革转型、模式创新，增强企业在逆势中增长的动能与本领。通过政策扶持民营企业，培训引导民营企业家在发展中更加重视创新引领——以技术革新提升竞争力，以品牌打造提升影响力，使他们敢于在市场大潮中与对手竞争，并以必胜的信念和信心、恒久的耐心和定力致力于以自主创新推动高质量发展。

（2）加快数字化变革。紧紧抓住数智变革的有利契机，通过思维引导、政策扶持、信息基础设施打造等措施，推动更多的民营企业及时转变发展思路，迎接信息化浪潮，加快信息化、数字化和智能化转型升级步伐。民营企业要高度重视科技人才培养和使用，以人才优势弥补规模劣势，为科技创新人才提供具有激励的制度环境，力所能及地投资员工的知识学习和技能培训，将企业投入的重点转向技术创新领域，提高研发投入比例，形成知识产权价值最大化。

（3）重视关键领域突破。民营企业要有自己的领地意识，在关键领域有自己的核心竞争力，不能盲目搞不可掌握的多元化，不能过于激进地冒险扩大规模、大举负债，要有产品服务和关键技术"护城河"。在有核心竞争力的前提下，民营企业还要掌握国内外市场发展的最新趋势，及时调整生产和服务经营方向，满足市场和消费者的需求，实现基于自身核心能力的规模增长。政府要加强政策支持和引导，推动民营企业识大势、谋大事，往"专精特新"和科技"小巨人"等方向发展,做"小池塘里的大青蛙",为提升我国产业竞争力和自主可控水平作出历史性贡献。

(4) 厚植民营企业新质生产力产业根基。习近平总书记在主持中共中央政治局第十一次集体学习时指出:"新质生产力是创新起主导作用,摆脱传统经济增长方式、生产力发展路径,具有高科技、高效能、高质量特征,符合新发展理念的先进生产力质态。"[①] 发展新质生产力,是广大民营企业实现高质量发展的必然选择。为此,广大民营企业要增强发展新质生产力的意识与紧迫感,主动适应新质生产力的发展要求,充分利用高等院校与科研院所的研发力量,以绿色生产、智能生产和全要素生产率的提高为目标,不断提升产品的技术含量和附加值,推动产业向更高层次发展。同时,民营企业要建立适应新质生产力发展的体制机制,持续提高自身的技术创新水平,激发新质生产力的强劲动能。

(三)健全民营企业成长生态

由于大多数民营企业的个体力量较弱,在遇到外部风险冲击时,其产业链供应链创新链容易断裂。因此,各地政府可以通过与行业组织、产业园区合作,构建产业发展链条,推动民营企业合力发展。

(1) 加强产业发展目标指引。针对众多民营企业产业泛化、核心产业与创新方向不明的问题,有关部门可以通过专家咨询和市场走访等方式,引领民营企业明确转型发展的方向,进一步凝缩产业目录,建链招商,让不同民营企业在产业链上相互支撑,形成产业创新链条,在国内外同一领域建立差异化的竞争优势。

(2) 做好"补链、延链和强链"工作。针对当前我国产业链供

---

① 习近平在中共中央政治局第十一次集体学习时强调:加快发展新质生产力 扎实推进高质量发展. 人民日报,2024-02-02.

应链创新链中的薄弱环节，通过政府推动和市场拉动进行修补和完善，特别是要主动吸引民营企业融入产业链中发挥作用，大型民营企业可以发挥链主作用，中小型民营企业则积极在局部链环上发挥作用，确保产业链的断环得到链接、孤环得到串联、弱环得到加固，使产业链的功能效应得以正常发挥。同时，注重纵向延伸产业链，横向拓宽产业链，让更多的上下游企业和横向相关性不大的企业融入产业链中，聚链成群，以实现产业链的完整性和稳定性。而民营企业的大规模融入，无论是链上引领，还是节点强化，都可以提高民营企业的竞争力，促进其可持续发展。

（3）完善产业公共服务平台。各地政府要根据产业集聚特征和民营企业的实际需求，采取政府引导和市场化运作相结合的方式，瞄准主导产业（如新材料、电子信息等）优势领域和人工智能、量子通信、基因工程等未来产业，重点建立一批公共服务平台，特别是技术型服务平台，在检验检测、小试中试、技术推广等方面为民营企业提供全方位专业化的精准服务。

（4）搭建政产学研合作平台。加快建立以企业为主体的产学研紧密结合的创新平台，改革现有自主创新的政府投入机制，并把民营企业纳入其中。支持和鼓励民营企业与高等院校及科研院所建立有效的产学研合作机制，形成稳定的收益和风险分担机制。鼓励高校、科研院所专家在民营企业兼职，并以智力、专利、技术入股，参与收益分配。加大创业创新园区的建设力度，优化面向民营企业的研发设计、创业孵化、检验检测认证、知识产权等科技服务。

（四）发挥行业商（协）会的聚合力

市场经济条件下，行业商（协）会在推动企业发展方面发挥了不可替代的重要作用。

（1）建立沟通协作机制。行业商（协）会熟悉民营企业的工作，是联系企业、沟通政府的桥梁纽带。有关政府部门有必要主动依托各级行业商（协）会，摸排民营企业的情况，听取诉求建议，并建立常态化的工作沟通协调机制，特别是在重大政策出台前要充分听取利益相关方民营企业的意见，推动建立健全因政策变动造成企业损失的补偿机制。通过行业商（协）会将政策宣传解读、人才技能培训、重大风险预警、会员法律援助、商事纠纷协调等服务促进工作落地落实落细。

（2）支持鼓励互帮互助。行业商（协）会是企业发展的"大本营""桥头堡"。在各种重大突发事件面前，行业商（协）会往往能灵活应对冲击影响，积极开展各种自救互助工作，如产业链、供应链互助，而"共享信息""共享员工""共享订单"等创造性做法为民营企业争取了时间，赢得了生机。

（3）创造行业商（协）会发挥作用的环境。有关政府管理部门有必要因势利导、包容协调，注重以深化行业商（协）会和企业"朋友圈"建设为抓手，围绕资金互扶、产业链互通、发展策略互谋等具体内容，定期组织交流沟通会，以促进各种行业商（协）会之间互联互助、各企业之间"抱团取暖"、齐心协力、共克发展困难。同时，要注重发挥海外中资行业商（协）会的作用，为民营企业沿"一带一路""走出去"创造条件、提供便利，凝聚更多应对不确定性挑战的智慧和力量。

（五）优化民营企业发展的法治环境

习近平总书记指出："要打破各种各样的'卷帘门'、'玻璃门'、'旋转门'，在市场准入、审批许可、经营运行、招投标、军民融合等方面，为民营企业打造公平竞争环境，给民营企业发展创造充足市场空间。"① 优化营商环境，除了在政策上加大支持力度外，更应该优化其发展的法治环境。

（1）做好服务民营企业的公益性法律援助。民营企业在发展过程中，不可避免地会遇到税收缴纳、合同履行、劳资纠纷、产权保护等相关法律问题。民营企业由于实力有限、专业人才缺乏，一般都不会也不想通过法律手段寻求解决之道。建议地方政府安排职能部门未雨绸缪、深入调研，组织法律专家团队为民营企业提供法律指导，让民营企业相信法治、依靠法治，在遇到困难时首先想到法治而不是"关系"；杜绝立案、判决、执行过程中的一切不公平事件，让民营企业家真正体会到法治的公平和神圣；要严肃查处资源分配过程中故意设租寻租、不收手不收敛、影响恶劣的腐败案件；依法严厉打击各类企业的商业贿赂行为，通过媒体公开曝光等有效方式形成持续震慑效应。

（2）优化民营企业面临的行政执法环境。大力规范行政、执法、司法领域自由裁量权过大问题。自由裁量权在面向民营企业时要宽窄适度、便于施行。一般来说，政府在执法过程中，即使有些不当，民营企业也会选择沉默，这就需要各级政府和有关部门要强化自我约束意识，严格遵守行政执法程序，尽可能减少违规执法现象，同时行政执法不宜超越必要性。在专项治理期间，针对民营企业的不同情况，有必要分别对待，避免"一刀切"。在实施行政处罚时，有必要兼顾处罚的合理性，避免过度处罚。民营企业投诉通道应依法保持畅通。对于民营企业投诉举报的"乱执法、随意执法"问题，必须及时查处、依法查处、有错必究，要依法依规问责有关责任人。政府有关部门还可以组织行政执法人员进行专业培训，提高他们的

---

① 习近平. 习近平谈治国理政：第3卷. 北京：外文出版社，2020：265-266.

依法行政素养。同时，要加强涉及民营企业的行政复议案件办理工作，及时审理相关复议申请，确保民营企业的合法权益得到切实维护。

（3）重点关注民营企业创新权益。对现行法律法规的相关条款和内容进行修订、补充及完善，以强化对民营企业创新发展中涉及的知识产权和商业秘密的管理与保护，从而提升法律保护的实际效果。鉴于当前侵犯民营企业知识产权的成本较低，我们应建立一种以知识产权市场价值为导向，补偿为主、惩罚为辅的侵权损害司法认定机制。通过提高民营企业知识产权被侵权的赔偿标准，增加对民营企业的侵权成本。同时，我们也应鼓励和支持民营企业运用法律武器来维护自身的合法权益，严厉打击假冒伪劣产品等侵犯知识产权的违法犯罪活动。对此，司法系统应给予一定的配合。例如，推广知识产权法庭试点经验，加快知识产权法院组建步伐；鼓励以调解、仲裁等非诉讼方式解决知识产权纠纷，建立健全知识产权法律援助制度。

（六）加强政务服务效率监督

当前，各级政府都在努力提高政务服务水平，以便为民营企业提供更好的营商环境；加强对政务服务效率的监督，对提高政务服务水平非常重要。

（1）提高政务服务效率。各地政府和服务部门要优化办事程序、精简办事流程，提前把工作做足做细做准。对规律性问题要清晰把握，形成科学化的统一服务模式。加强政策宣传解读，保证民营企业能及时、完整地获悉相关信息，尤其是关于减税降费、金融扶持、补贴奖励等民营企业十分关心的问题，及时答疑解惑可以更好地促进民营企业对相关政策的理解；以"一站式"服务方式实现政府服务效能的提高，建立高效便捷的政企沟通服务平台。明确政府各部门职权，坚持权责一致，建立权力与责任相匹配的运行机制。

（2）利用好现代信息技术。完善信息披露制度，运用大数据、云计算、移动互联网等技术，整合政务网络信息系统，加大推进政务诚信建设力度，在行政许可、政府采购招标投标、财政资金分配等重要领域，提高信息公开透明度，自觉接受社会公众监督，提高政府诚信水平，并切实解决政府承诺不到位、拖欠款项等历史遗留问题。

（3）加大政府内部监督。在对各级政府及其主要部门开展专项巡查的同时，加强涉企廉政风险防控机制建设。从严治党，对政府部门开展专项巡检；强化队伍建设，建立健全立体监督管理机制；规范内部控制，进一步提高内部管理水平，推进政府工作精细化、制度化、规范化发展；优化政府自身考核指标，建议各级政府在高质量发展指标考核中，增加政府主要领导赴企业调研、座谈的次数以及聆听民营企业困难的次数。

（4）发挥社会力量的监督作用。探索建立企业和社会对各级政府服务质量、工作作风的刚性评议制度，对不担当、乱作为或不作为的行为依法进行曝光和责任追究。在规章制度制定过程中，注意倾听民营企业的声音；在制定涉及民营企业权益的法规政策时，吸纳工商联、相关行业商（协）会、公益性社会组织等机构参与。发挥行业商（协）会推动行业自律的重要作用，逐步建立行业会员之间相互监督的体制机制。

二、支持中小微企业发展

当前，全球企业总数中约有 90% 为中小微企业。[1] 据不完全统

---

[1] 时元皓，杨一，许海林．一些国家加大支持中小微企业发展．人民日报，2023-09-14．

计，我国中小微企业数量也占据了市场主体的 90% 以上。截至 2023 年底，仅全国登记在册的个体工商户就达 1.24 亿户，支撑近 3 亿人就业。① 作为产业链和消费链的"毛细血管"以及市场"神经末梢"的中小微企业，在稳定增长、扩大就业、创业创新、改善民生、补链固链强链等方面发挥着举足轻重的作用。党的二十大报告明确指出："支持中小微企业发展。"

（一）推动中小微企业练好内功

中小微企业数量众多，水平参差不齐。支持中小微企业发展，推动中小微企业练好内功、提高管理水平是基础：一是各级政府相关部门要通过加强培训和个别辅导，帮助中小微企业健全管理制度，建立科学决策的机制与流程，建立现代企业制度。二是加强法制教育和社会主义核心价值观教育，增强中小微企业的法制意识、契约意识，使其恪守商业伦理、诚实经营、按章纳税、善待职工。三是通过加强理想信念教育，促进中小微企业经营者健康成长，增强中小微企业经营者对中国特色社会主义的信念、对党和政府的信任、对企业发展的信心、对社会的责任，成为听党话、跟党走、做坚定的中国特色社会主义事业建设者。② 2018 年 11 月 1 日，习近平总书记在民营企业座谈会上强调："非公有制经济要健康发展，前提是非公有制经济人士要健康成长。"③ 同样，中小微企业要健康发展，前提是中小微企业经营者要健康成长。四是培养中小微企业经营者的企业家精神，不要有"小进即满、小富即安"、自我满足、故步自封、不思进取的思想，要有"基业长青"的坚定信念与高远的目标

---

① 林丽鹂，沈亦伶.1.24 亿户个体工商户支撑近 3 亿人就业. 人民日报，2024-02-14.
② 洪功翔. 坚持和完善公有制为主体 多种所有制经济共同发展基本经济制度研究. 北京：中国经济出版社，2022：276.
③ 习近平. 在民营企业座谈会上的讲话. 人民日报，2018-11-02.

追求，无论在经营上遇到多大困难，都要有永不言败的意志力，有把企业做好的执着精神。五是实施中小微企业经营者及其管理人员的知识更新工程，不断提高他们的综合素质和应变能力，使他们能够把握市场发展趋势，主动进行自我变革和自我提升，做到"以变应变，以不变应万变"。

（二）健全政府支持政策体系

支持中小微企业发展是国际上通行的做法：一是落实落细、及时足额兑现各级政府已经出台的减税降费政策，不得以任何借口削弱支持力度，确保把该减的税费减到位，发挥好各项减税降费优惠政策的效能，为中小微企业发展赋动能、添活力。二是通过进一步降低税率、提高税收起征点、税收减免与返还等措施，加大税收优惠力度，减轻中小微企业的税收负担。三是密切关注财政收入征收工作的开展情况，严禁乱收费、乱罚款、乱摊派，对违法违规行为保持"零容忍"，坚决做到发现一起、处理一起、问责一起。四是持续扩大中小微企业产业发展基金，发挥财政资金的引导和带动作用，积极引导社会资本参与。各级政府应出台相关配套政策，积极鼓励中小微企业进行科技创新、绿色发展、数字信息化等，提高中小微企业的竞争力。五是加强中小微企业运行监测，及时掌握中小微企业面临的困难问题，进一步研究制定有针对性的政策措施。

（三）拓宽中小微企业的融资渠道

中小微企业融资难是全球普遍现象，但不能以此为借口而无所作为。恰恰相反，我们要创新思路，尽可能把工作做得更好：一是直接融资和间接融资双管齐下，构建面向中小微企业的多层次融资体系。通过银行金融机构的间接融资仍是中小微企业融资的主要渠道，要进一步加强银企对接力度，包括丰富融资对接线上线下模式，要加强中小微企业征信体系建设，有效解决银企信息不对称问题，从而降低融资成本和提高融资效率。二是落实创业担保贷款贴息政策，对符合条件的中小微企业和城镇就业困难人员、城镇登记失业人员、返乡创业农民工等重点就业群体申请的贷款，由创业担保贷款担保基金提供担保，财政部门给予贷款实际利率一定比例的财政贴息。三是发挥国家融资担保基金体系的引领作用，加大政府专业性融资担保机构对中小微企业的覆盖面，加大对中小微企业等经营主体的融资增信支持，进一步完善风险补偿分担机制，增强企业融资获得性。四是各级政府要积极利用中央财政支持普惠金融发展示范区奖补政策，引导银行等金融机构加大对中小微企业的支持力度，有效发挥财政资金的杠杆效应，促进普惠金融服务增量扩面、降本增效。[1] 五是积极引导中小微企业通过融资租赁、扩大股份等方式融资，减轻投资和经营压力，对高新技术和创新型中小微企业，鼓励抓住新三板深化改革的契机，从资本市场获取有效融资。六是鼓励银行业金融机构在风险可控的前提下，制定专门授信方案，选择部分具备条件的重点产业链、特色产业集群主导产业链，开展"一链一策一批"中小微企业融资促进行动，深化产融对接和信息共享，高效服务链上中小微企业，促进产业与金融良性循环。[2] 同时，还需要规范民间借贷市场，进一步拓宽中小微企业的融资渠道。

（四）塑造营商服务新形象

党中央、国务院高度重视深化"放管服"改革和优化营商环境工作。近年来，我国营商环境明显改善，但仍存在一些短板和薄弱

---

[1] 财政部关于加强财税支持政策落实 促进中小企业高质量发展的通知．财政部网站，2023 - 08 - 20．

[2] 关于印发助力中小微企业稳增长调结构强能力若干措施的通知．工信部网站，2023 - 01 - 14．

环节。同时，为适应高质量发展的新形势，不断塑造营商服务新形象是必要的。一是推进、完善"互联网＋监管"系统建设，实现与政府政务服务"好差评"系统的对接，全面提高事中、事后监管水平，努力构建"审批高效便民、监管精准有效、审管衔接协同"的审管协调联动机制，为中小微企业发展保驾护航。二是深化"放管服"改革，推动企业办事线上"一网通办"、线下"只进一扇门"、现场办理"最多跑一次"。三是出台企业投资项目全流程办事指南，推动各级审批服务制度化规范化程序化，实现"标准公布、受理公平、过程公开、结果公示"，着力营造"清、亲、诺"营商服务良好环境。四是加强部门工作人员作风整顿，加大纪检、宣传、督查等部门与营商环境主管部门联动力度，强化部门工作人员爱岗敬业教育，用好通报、约谈等机制，强化工作人员服务意识，诚心诚意为企业服务，暖心贴心解决企业难题，想方设法回应企业诉求，着力打造崇商、重商、安商、暖商的服务环境。五是坚持亲不逾矩、清不疏远，各级领导干部在民营企业遇到困难和问题的情况下更要积极作为、靠前服务，帮助解决实际困难。

（五）助力中小微企业创新发展

奋楫者先，创新者强。创新既是企业发展的第一资源，也是驱动生产力跃升的第一引擎。助力中小微企业创新发展，是支持中小微企业发展的关键一招。一是完善企业"画像"，完善对中小微企业的工作机制，实施"一企一策"动态管理，有针对性地送管理、送技术、送服务到中小微企业，从而补短板、锻长板。二是支持中小微企业"专精特新"发展，引导这些企业以创新为魂，加大创新投入，聚焦细分市场，加强与产业链链主企业上下游的协作配套，同时强调专业化程度，通过产业分工、利润分层获得行业领域内的相对优势。① 此外，对"专精特新"企业开展战略管理、工艺管理、生产现场诊断与咨询，重点提升中小企业在财务、质量、安全、用工、风险等方面的基础管理能力。三是数字化趋势对中小微企业提出了新的要求，有必要选取重点行业和相关中小微企业，遴选数字化服务商开发集成"小快轻准"的数字化服务和产品，供企业自愿选择，解决中小微企业"不敢转""不愿转""不会转"的问题，推动中小微企业加快数字化转型，促进数字经济和实体经济深度融合。四是分层支持头部企业"大做强、小升规"，中部企业差异化、配套化、补缺式发展。第一，重点强化头部企业培养。实施"规升巨"企业提升计划，支持头部中小微企业参与建设国家重点实验室、国家技术创新中心等，以及组成联合体参加政府采购与首台（套）示范项目。通过竞争，发展培育一批中小微企业成为国内外细分领域的行业"小巨人""隐形冠军""配套专家"，进而更大规模地培育一批独角兽企业、瞪羚企业。第二，建立"小升规"重点企业培育库，建立和落实《关于促进小微工业企业上规模的实施意见》②，进一步减轻新升规企业的负担，强化对新升规企业的融资支持和用地支持，强化对新升规企业的公共服务。第三，鼓励中部企业配套式、差异化、补缺式发展。鼓励中部中小微企业围绕大企业和头部企业的业务发展需要，开展高质量的零部件生产，提供高水平的配套服务。构建分层次的孵化培育体系，加强专业化众创空间在重点地区和细分领域的梯次布局，打造具有持续创新力和竞争力的中小微企业群体。鼓励中部中小企业探索和发展新模式、新产品，形成多样化、

---

① 董志勇，李成明."专精特新"中小企业高质量发展态势与路径选择．改革，2021（10）：1-11.

② 有的省市出台了《关于促进小微工业企业上规模的实施意见》，我们认为没有出台的要出台，已经出台的，要确保政策的贯彻落实。

差异化竞争优势。①

三、积极吸引和利用外商投资

外商投资是推动中国经济与世界经济共同繁荣发展的重要力量，是发展新质生产力和实现中国式现代化的有力支撑。回顾过去，利用外资、承接国际产业转移是中国学习发达国家先进技术与管理、融入国际生产网络的主要途径，也是中国经济大踏步赶上世界的重要原因之一。当前，积极吸引和利用外商投资，是推进高水平对外开放的重要内容，也是推动非公有制经济发展、中国式现代化以及中国经济与世界经济共同繁荣发展的重要力量。

（一）提高政治站位

利用外资一直是中国对外开放基本国策的重要内容。改革开放40多年来，中国外资政策与实践相互激荡，既铸就了中国世界贸易大国的地位，促进了中国经济实力的增强，也让我们结交了众多国际知名企业和知名企业家。这些知名企业和知名企业家已成为国际社会力挺中国不可小觑的重要力量。同时，这些在中国获得较好发展的外资企业，出于自身利益考量，也会成为西方国家逆全球化、与中国脱钩的反对者。因此，针对有人提出的中国经济增长早已不缺资金了，我们既要保持清醒的认识，更要提高政治站位。

（1）对外开放的需要。世界经济发展的经验告诉我们，开放则兴，封闭则衰。让外资进入或者是利用外资，是一个国家落实对外开放政策、参与经济全球化的具体举措。对外开放只有"进行时"，没有"完成时"。因此，让外资进入或者是利用外资，只有"进行

---

① 周适. 中小企业发展面临的趋势、问题与支持战略研究. 宏观经济研究，2022（7）：163-175.

时",没有"完成时"。习近平总书记在多个场合强调:"中国开放的大门不会关闭,只会越开越大。中国推动更高水平开放的脚步不会停滞!中国推动建设开放型世界经济的脚步不会停滞!中国推动构建人类命运共同体的脚步不会停滞!"① 中国不仅努力发展自己,也愿与大家携手共进,共同参与中国式现代化建设,共享中国高质量发展带来的巨大机遇。

(2) 解决发展不充分不平衡主要矛盾的需要。经过 40 多年的开放和发展,1978—2022 年我国的贸易伙伴从 40 多个国家和地区发展到 200 多个国家和地区,进出口总额从 206 亿美元提高到 62 701.1 亿美元,增长了 303 倍。其中,进口额从 109 亿美元提高到 27 095.7 亿美元,增长了 248 倍。② 然而,尽管中国是全球第二大经济体,是世界制造业大国,但中国仍是世界上最大的发展中国家,中国的制造业仍处于全球价值链中的低端水平,发展不充分不平衡问题依然突出。坚定扩大开放,积极吸引和利用外商投资,是迎面解决经济社会发展中主要矛盾的现实需要。

(3) 确保经济高质量发展的需要。积极吸引和利用外商投资,就是利用别国的资本、技术、智力和服务为本国经济发展服务,应该是多多益善。美国作为世界第一经济和科技大国,其 GDP 约为我国的 1.5 倍,但其吸引的外资至少是我国的 3 倍。③ 进入新时代,我国经济已经从中高速增长走向高质量发展,从制造大国走向"智造大国",这就更需要在开放条件下推进科技革命、创新发展和产业升级。我国仍然需要高度重视和虚心学习外资企业带来的先进技术、

---

① 习近平. 习近平谈治国理政:第 3 卷. 北京:外文出版社,2020:202.
② 根据《中国统计年鉴》数据整理。
③ 黄永富. 为什么要扩大开放再出发. 中国经贸导刊,2019 (11):37-39.

先进管理理念、体制机制和创新思维方法等,仍然需要学习外资企业对市场前景判断的前瞻性和战略性,仍然需要快速融入全球价值链、产业链、创新链。

(4)确保我国社会经济可持续发展的需要。在全球化时代,世界各国的分工合作、利益融合和相互依存不断加深。例如,我国石油、铁矿石的对外依存度近几年均在70%左右,每年进口大豆9 000多万吨,其他大宗商品的对外依存度也很高。开放是相互的,吸引和利用外资与对外投资也是相互的。目前,在不确定的国际复杂经济发展环境中,继续扩大我国对外开放的深度、广度,将有助于应对"反全球化"逆流的冲击,树立大国责任担当的形象,有助于提高我国经济的可持续发展能力,有助于提高我国在全球经济格局中的地位和影响力。

(二)进一步放宽外资市场准入

吸引和利用外商投资,进一步放宽外资市场准入、减少外资企业投资经营限制、提高外商投资自由度是必需的,但大国经济发展必须把安全问题上升到一个新的高度,牢固树立安全发展理念。[①] 可见,进一步放宽市场准入不是无边界的,而是以不损害国家安全为前提的。

(1)要合理缩减外资准入负面清单。党的二十大报告提出:"合理缩减外资准入负面清单。"2024年的《政府工作报告》提出:"继续缩减外资准入负面清单,全面取消制造业领域外资准入限制措施。"现行的外资准入负面清单有两种版本:一种是全国版外资准入负面清单,另一种是自由贸易试验区外资准入负面清单。其中,自

---

① 刘元春,范志勇. 构建新发展格局. 北京:中国人民大学出版社,2023:220.

由贸易试验区外资准入负面清单已实现制造业"清零"。建议商务部与国家发展改革委会同相关部门，抓紧修订全国版外资准入负面清单，早日做到制造业领域外资准入限制"清零"。同时，要根据经济发展情况的变化，及时、动态调整外资准入负面清单。

（2）要进一步扩大市场准入。国务院办公厅印发的《扎实推进高水平对外开放 更大力度吸引和利用外资行动方案》（以下简称《行动方案》）[①]，明确提出要开展放宽科技创新领域外商投资准入试点、扩大银行保险领域外资金融机构准入、拓展外资金融机构参与国内债券市场业务范围和深入实施合格境外有限合伙人境内投资试点，并就如何做好进一步扩大市场准入工作进行了具体部署，要求各级基层政府部门做好落实工作。

（3）更新扩大鼓励外商投资产业目录。一方面，要落实好《行动方案》所提出的"扩大鼓励外商投资产业目录和外资项目清单"的精神和要求；另一方面，通过召开座谈会、实地调研等多种形式，与外国商会、外资企业充分沟通，广泛听取各方面的意见和诉求，对外商投资产业目录进行修订。现行 2022 年版鼓励外商投资产业目录总条目达 1 474 条，包括"全国鼓励外商投资产业目录"519 条，"中西部地区外商投资优势产业目录"955 条。新修订的外商投资产业目录加大了对先进制造、高新技术、节能环保等领域的支持力度，中西部地区外商投资优势产业目录加大了对基础制造、适用技术、民生消费等领域的支持力度。同时，要积极支持将集成电路、生物医药、高端装备等领域外资项目纳入重大和重点外资项目清单，允许享受相应支持政策。

---

① 扎实推进高水平对外开放 更大力度吸引和利用外资行动方案. 中国政府网，2024-03-19.

（三）优化外商投资环境

习近平总书记在2018年博鳌亚洲论坛演讲中明确指出："投资环境就像空气，空气清新才能吸引更多外资。过去，中国吸引外资主要靠优惠政策，现在要更多靠改善投资环境。"① 当前，优化外商投资环境主要有两方面的重点工作：

一方面，推动相关政策落实落地生效。2023年8月，国务院专门印发了《关于进一步优化外商投资环境 加大吸引外商投资力度的意见》（以下简称《意见》），要求更好统筹国内国际两个大局，营造市场化、法治化、国际化一流营商环境，更大力度、更加有效吸引和利用外商投资。②《意见》提出了六个方面二十四条政策措施：一是提高利用外资质量，包括加大重点领域引进外资力度、发挥服务业扩大开放综合试点示范引领带动作用、拓宽吸引外资渠道、支持外商投资企业梯度转移、完善外资项目建设推进机制五条措施。二是保障外商投资企业国民待遇，包括保障外商投资企业依法参与政府采购活动、支持外商投资企业依法平等参与标准制定工作、确保外商投资企业平等享受支持政策三条措施。三是持续加强外商投资保护，包括健全外商投资权益保护机制、强化知识产权行政保护、加大知识产权行政执法力度、规范涉外经贸政策法规制定四条措施。四是提高投资运营便利化水平，包括优化外商投资企业外籍员工停居留政策、探索便利化的数据跨境流动安全管理机制、统筹优化涉外商投资企业执法检查、完善外商投资企业服务保障四条措施。五是加大财税支持力度，包括强化外商投资促进资金保障、鼓励外商

---

① 习近平. 习近平谈治国理政：第3卷. 北京：外文出版社，2020：195.
② 关于进一步优化外商投资环境 加大吸引外商投资力度的意见. 中小企业管理与科技，2023（16）：1-3.

投资企业境内再投资、落实外商投资企业相关税收优惠政策、支持外商投资企业投资国家鼓励发展领域四条措施。六是完善外商投资促进方式，包括健全引资工作机制、便利境外投资促进工作、拓展外商投资促进渠道、优化外商投资促进评价四条措施。① 这六个方面二十四条政策措施包括了方方面面，做好落实工作非常重要。

另一方面，主动帮助外商投资企业解决困难：一是建立外商投资企业联系服务制度。建议建立省、市、县（区）三级外商投资企业联系服务制度，安排专门的联络人，加强对外商投资企业的全流程跟踪服务。二是建立常态化交流机制。通过定期组织召开座谈会、走访调研企业、现场办公会等多种形式，与重点外商投资企业建立经常性联系，建立健全横向协作、纵向联动工作机制，全面及时了解外商投资企业的生产经营情况，合力解决外商投资企业反映的困难问题，帮助外商投资企业更好地生产经营。三是建立外商投资企业投诉处理机制。为了及时解决外商投资企业在发展中遇到的难题，有必要建立外商投资企业投诉处理联系机制，以便相关部门针对外商投资企业反映的急难愁盼问题，坚持关口前移，提前介入处置，有力有效地解决各类困难诉求，共同打造更优质的外商投资环境。

（四）增强外商投资企业投资中国的信心

我们常说：信心比黄金还重要。增强外商投资企业投资中国的信心，是吸引和利用外商投资的关键一招。

（1）积极向外商投资企业宣传我国的开放政策。对外开放是我国的一项基本国策，无论世界风云怎么变幻，不但中国对外开放的政策是一以贯之的，而且中国对外开放的大门只会越开越大。从邓

---

① 关于进一步优化外商投资环境 加大吸引外商投资力度的意见. 中小企业管理与科技，2023（16）：1-3.

小平到习近平，历届中央领导集体都强调和坚持对外开放。① 要通过宣传，让外商投资企业吃下"定心丸"。同时，要保持政策的稳定性：承诺的政策要兑现，不能新官不理旧账，也不能一任官员一个政策。

（2）增强外商投资企业的获得感。要落实已出台的各项政策举措，尤其是要落实税收支持政策、金融支持力度和用能保障。各有关部门要对政策落实情况进行动态跟踪，结合实地调研、企业座谈，及时发现和疏通堵点、难点，确保政策取得预期效果，增强外资企业实实在在的获得感。

（3）便利国际商务人员往来。为外商办理来华签证提供便利，对于外商投资企业管理人员、技术人员及其随行配偶和未成年子女，签证入境的有效期要适当放宽；优化外国人来华工作许可和工作类居留许可办理流程，采取"一口受理、并联审批"的方式，形成更加快捷高效的审批机制；加强部门协同，为引进的外籍人才在华工作、停居留、永久居留提供便利。

（4）积极推动转向制度型开放。制度型开放的实质是推动形成全面开放新格局。为了形成全面开放新格局，需要由商品和要素流动型开放转向制度型开放，全面对接国际高标准经贸规则，吸收和借鉴已有经验，对竞争、规则、国民待遇、人才流动、营商环境等制度安排进行优化。② 重点包括加强知识产权保护、健全数据跨境流动规则、积极推进高标准经贸协议谈判及实施以及加大对接国际高标准经贸规则试点力度四个方面。当然，制度型开放也要注意发展与安全的关系，要有防范和化解各种风险的意识与能力。

---

① 仇华飞，叶心明. 习近平对外开放战略理论与实践的继承和创新. 国外社会科学，2021（5）：4-12，156.

② 洪银兴. 中国式现代化论纲. 南京：江苏人民出版社，2023：307-308.

（五）主动出击招引外资

招引外资不能守株待兔，要系统谋划、主动出击。从各省、市、县（区）招引外资取得的实际成效看，往往是举措更务实的、工作更主动的、创新方法更多的，招引外资的效果更好。

（1）健全引进外资工作机制。我们在调查中了解到，省、市、县（区）三级政府中，鲜有专门针对招引外资的工作条例，因此有必要出台引进外资的工作条例，科学制定内容全面、层次清晰的招引外资考核办法，建立健全引进外资工作机制，系统谋划本地区招引外资工作。

（2）创新招引外资思路。一方面，要优化创新招引外资方式，增强招引外资工作实效。要强化资本思维，联合基金公司、银行、融资租赁公司等资本资源，开展资本招商，以资本引项目，以股权换项目。要紧盯外商龙头企业重大项目落地，通过产业链配套吸引关联外资企业，推动产业链、价值链、供应链、生态链体系逐步完善，提升产业集群发展水平，带动更高质量的招引外资。另一方面，发挥中国超大规模市场优势，以市场换项目，开放应用场景，让外商投资企业的投资有效益。

（3）建立智慧招商引资平台。鼓励地方政府各级招引外资部门，增强线上"云招商""直播招商"意识，通过与大数据公司合作，建立数字智慧招商引资平台，精准筛选有意向的外商投资企业，实现智慧招商、精准招商。各级地方政府不妨多学习借鉴江苏、安徽等省市招引外商投资企业的经验。[1]

（4）兑现招引外资绩效奖励。福建省统筹用好中央和省级商务

---

[1] 赵一纯，张纯．内陆型城市招引外资对策研究：以景德镇为例．中小企业管理与科技，2023（24）：52-54．

领域资金，按外商实际到资1%的比例（制造业企业按1.5%的比例）给予奖励，最高奖励1 000万元。尤其是对纳入国家标志性外资项目和省重点领域外资项目，按实际到资2%的比例给予奖励，最高奖励1 500万元。2023年，福建省实际使用外资高于全国1.5个百分点，规模提升至全国第8位。①

（5）打造吸引外资的"金字招牌"。在这一方面，安徽省的工作卓有成效。第一，主动出击，去往全国乃至全球各地，与企业家面对面、心对心地进行恳谈，积极开展全产业链招商，诚邀企业家到皖投资兴业。第二，"投资安徽行"是安徽省委、省政府打造的重要招商平台，海客圆桌会是专门联系服务外商、招引外资的省级层面机制化品牌性平台。安徽省委、省政府主要领导定期分别率省经贸代表团赴海外招商引资，全方位开展安徽投资环境推介。"投资安徽行"和海客圆桌会系列活动，提高了安徽的国际知名度和影响力，吸引了一大批重点外商投资企业来皖考察投资。② 截至2023年末，92家境外世界500强企业在安徽设立192家企业。

（6）服务好存量外商投资企业。将存量外商投资企业服务好了，使其获得感增强了，不仅它们会追加投资，而且会形成良好的示范效应，带动更多的外商投资企业来华投资兴业。2022年，国家发展改革委、商务部、工业和信息化部、自然资源部、生态环境部、交通运输部印发了《关于以制造业为重点促进外资扩增量稳存量提质量的若干政策措施》③，就如何服务好现有外商投资企业进行了具体部署，取得了很好的效果。因此，千万不能喜新厌旧，既要重视新

---

① 郑璜. 福建招引外资开启"倍速"模式. 福建日报，2024-02-22.
② 彭园园. 让外商投资宾至如归. 安徽日报，2023-11-23.
③ 关于以制造业为重点促进外资扩增量稳存量提质量的若干政策措施. 中小企业管理与科技，2022（19）：16-18.

引进的外商投资企业，也要服务好存量外商投资企业。

改革开放的伟大实践充分证明，坚持"两个毫不动摇"是由中国特色社会主义的性质和根本任务所决定的，是解放和发展生产力、建设中国式现代化的必然选择。坚持"两个毫不动摇"不是权宜之计，将贯穿于整个社会主义初级阶段。面向社会主义现代化建设新征程，广大理论工作者一定要立足中国大地，把马克思主义基本原理与中国国情相结合，以习近平新时代中国特色社会主义为根本遵循，不断推动理论创新，针对不断完善落实"两个毫不动摇"的体制机制提出真知灼见，为中华民族伟大复兴提供制度保障。

后 记

呈现在大家面前的这本著作，是本人主持的 2019 年度国家社会科学基金年度重点项目《坚持"两个毫不动摇"研究》（项目编号：19AJL001）的最终成果。项目立项后的当年 10 月，我们邀请多名国家社科评审专家举行开题论证与咨询会，就如何高质量完成项目研究进行了专题研讨，并分别赴中国宝武钢铁集团、中国南方电网、中冶华天、中钢天源、海螺水泥、铜陵有色、安徽合力、江淮汽车等中央和省属企业进行调研与访谈，历经四年最终完成该项研究。

作为高校教师，我们把项目研究与人才培养相结合，积极吸引研究生参与该项目研究，以训练他们的科研思维与问题意识、创新意识。在我的精心指导下，洪阳参与了第六章、第八章的部分工作，兰传春参与了第八章、第九章的部分工作，黄月参与了第七章的部分工作，苟波参与了第十章的部分工作，在此感谢他们的辛勤付出。

该部著作的突出特色和主要建树表现在以下四个方面：

（1）深刻阐释了坚持"两个毫不动摇"的丰富内涵。该著作第一篇"理论阐释"从三个方面拓展了对"两个毫不动摇"重大论断的研究。第一，从历史逻辑、理论逻辑与实践逻辑三个方面，阐释了为什么要坚持"两个毫不动摇"，为什么能够坚持"两个毫不动摇"，以及在实践中如何贯彻坚持"两个毫不动摇"基本方略。第二，从统一性、差异性与长期性三个方面，阐释了坚持"两个毫不动摇"是一个有机整体，既不能只强调发展公有制经济，更不能只强调发展非公有制经济，而是促进公有制经济与非公有制经济共同发展；公有制经济和非公有制经济在中国特色社会主义市场经济建设中的地位是不同的，坚持"两个毫不动摇"的政策内涵是有差异的，贯彻落实"两个毫不动摇"是以坚持公有制主体地位为前提的；坚持"两个毫不动摇"不是权宜之计，将贯穿于整个社会主义初级阶段。第三，从实现共同富裕目标的角度，进一步阐释了为什么"两个毫不动摇"的政策内涵是有差异的，为什么要强调巩固和发展公有制经济，为什么要强调坚持公有制为主体。

（2）旗帜鲜明地批驳在坚持"两个毫不动摇"上的种种错误观点和思潮。该著作第二篇"理论述评"对"消灭私有制论"、"民营经济离场论"和"新公私合营论"等怀疑否定民营经济的一些观点进行了批驳，指出了"所有制中性论"错误产生的根源和消极影响，揭示了少数中国学者为迎合西方语境，在海外文献上发表诋毁中国国有企业改革的文章、不利于坚持"两个毫不动摇"基本方略的事实。2022年12月，习近平总书记在中央经济工作会议上指出："一段时间以来，社会上对我们是否还搞社会主义市场经济、是否坚持'两个毫不动摇'有一些不正确甚至错误的议论。我们必须亮明态度、决不含糊，始终坚持社会主义市场经济改革方向，坚持'两个毫不动摇'。"[①] 我自认为是一个坚定的马克思主义者，所以在学术研

---

① 习近平. 当前经济工作的几个重大问题. 求是，2023（4）：4-9.

究中，我是敢于亮明态度的学者之一。这也是我的研究风格和责任担当。

（3）通过实证研究为坚持"两个毫不动摇"提供了学理支撑和实证依据。"两个毫不动摇"是新时代坚持和发展中国特色社会主义的基本方略，是党和国家的一项大政方针。该著作第三篇"实证研究"立足于国有经济与民营经济的共生发展关系[①]，首先以2013—2019年A股上市公司为样本，从要素获得、竞争参与两个维度构建了企业公平竞争指标体系，以分析竞争环境状况。研究发现：无论是从单个指标还是综合水平层面看，国有企业与民营企业之间均不存在"一边倒"的显著差异。然后，我们用三章篇幅，分别从市场规模效应、竞争效应和技术创新的空间溢出效应，证明和解释了国有经济与民营经济之间的共生发展关系。这些微观层面的研究很重要，它既关系到能不能坚持"两个毫不动摇"方针政策，又是构建中国自主知识体系、学术体系、话语体系和中国特色社会主义政治经济学需要研究的基础理论问题。同时，这些研究都是创新性的，鲜有学者关注这方面的研究。

（4）较好地实现了理论研究与咨政建议的有机结合。新时代新征程，推动高质量发展必须坚持"两个毫不动摇"，推动公有制经济和非公有制经济各展所长、相互促进、共同发展。该著作第四篇"对策研究"站在理论和实践、国际和国内、历史和现实的结合点上，从两个方面提出了相关对策建议。一方面，在分析我国公有制经济的建立、发展和演变，以及公有制经济基础性作用的基础上，从如何推动国有企业和国有资本做强做优做大，如何大力发展国有控股混合所有制经济，如何大力发展农村新型集体经济和城镇集体

[①] 洪功翔. 坚持和完善公有制为主体 多种所有制经济共同发展基本经济制度研究. 北京：中国经济出版社，2022：59-91.

经济五个方面，对"毫不动摇巩固和发展公有制经济"进行了深入的讨论，并指出：在当前，大力发展农村新型集体经济和城镇集体经济，对巩固和壮大公有制经济至关重要。另一方面，在梳理非公有制经济发展的历史脉络，总结非公有制经济发展的经验启示和所取得成绩的基础上，立足中国式现代化对非公有制经济提出的新要求，从推动民营企业高质量发展、支持中小微企业发展、积极吸引和利用外商投资三个方面，对"毫不动摇鼓励、支持、引导非公有制经济发展"进行了深入的讨论，提出了一些具有创新意义的对策建议。

坚持"两个毫不动摇"将贯穿于整个社会主义初级阶段，所以对"两个毫不动摇"的研究，只有新的起点而没有终点。今后，我们将继续在该领域精耕细作，以期为实现中国式现代化贡献自己的绵薄之力。尽管我们非常认真、努力，追求精益求精，但由于认识和水平局限性，本著作难免存在不足，还望读者批评指正。

本书的出版得到了安徽工业大学安徽创新驱动发展研究院的支持，在此表示感谢。

洪功翔
于安徽工业大学秀山校区

图书在版编目（CIP）数据

坚持"两个毫不动摇"研究/洪功翔著. -- 北京：中国人民大学出版社，2024.11. -- ISBN 978-7-300-33282-6

Ⅰ．F120.3

中国国家版本馆 CIP 数据核字第 20240MK135 号

坚持"两个毫不动摇"研究

洪功翔　著

Jianchi "Liangge Haobu Dongyao" Yanjiu

出版发行	中国人民大学出版社		
社　　址	北京中关村大街 31 号	邮政编码	100080
电　　话	010－62511242（总编室）		010－62511770（质管部）
	010－82501766（邮购部）		010－62514148（门市部）
	010－62511173（发行公司）		010－62515275（盗版举报）
网　　址	http://www.crup.com.cn		
经　　销	新华书店		
印　　刷	北京尚唐印刷包装有限公司		
开　　本	720 mm×1000 mm　1/16	版　次	2024 年 11 月第 1 版
印　　张	27.25 插页 3	印　次	2024 年 11 月第 1 次印刷
字　　数	320 000	定　价	118.00 元

版权所有　　侵权必究　　印装差错　　负责调换